Theologisieren mit Kindern und Jugendlichen
Herausgegeben von Anton A. Bucher, Gerhard Büttner, Veit-Jakobus Dieterich,
Petra Freudenberger-Lötz, Christina Kalloch, Friedhelm Kraft, Oliver Reis, Bert Roebben,
Hanna Roose, Martin Rothgangel, Thomas Schlag und Martin Schreiner

»Weil man halt ja nebenbei, so etwas gelernt hat ...«

Lernortspezifische Jugendtheologie
in Schule und Gemeinde

Jahrbuch für Kinder- und Jugendtheologie
Band 4

Herausgegeben von Oliver Reis, Hanna Roose,
Thomas Schlag und Patrik C. Höring

Calwer Verlag Stuttgart

Gedruckt mit freundlicher Unterstützung der Calwer Verlag Stiftung.
www.calwer-stiftung.com

ISBN 978–3–7668–4537–5

Umschlaggestaltung: Karin Sauerbier, Stuttgart
Satz und Herstellung: Karin Class, Calwer Verlag
Druck und Verarbeitung: Mazowieckie Centrum Poligrafii –
05-270 Marki (Polen) – ul. Słoneczna 3C – www.buecherdrucken24.de

E-Mail: info@calwer.com
Internet: www.calwer.com

Inhalt

I. Jugendtheologie und die Lernorte – eine religionspädagogische Differenz? Lernortspezifische Fragen

II. Von der Jugendtheologie aus gedacht: Wie lernortspezifisch ist die Jugendtheologie wirklich?

III. Veränderungen der pastoralen Lernorte als Chance und Herausforderung für die Jugend-Theologie

IV. Bisher jugendtheologisch unvermessenes Land

V. Reflexionen

VI. Buchbesprechung

Einleitung

Die Jugendtheologie wird kontextualisiert

In den Jahren 2018 und 2019 fanden zwei jugendtheologische Tagungen statt, die unabhängig voneinander geplant und durchgeführt wurden, die aber ein gemeinsames Ziel verfolgten, nämlich eine stärkere Kontextualisierung der Jugendtheologie von den Lernorten her:

Die Tagung »Getrennte Welten? Lernortspezifische Jugendtheologie in Schule und Gemeinde« vom 11.–13. März 2019 an der Universität Paderborn konzentrierte sich vor allem auf die Frage, ob die Lernorte Religionsunterricht und Gemeinde so spezifisch sind, dass sich die Jugendtheologie jeweils unterschiedlich auf die beiden Kontexte einstellen muss. Es sollte folglich darum gehen, einerseits diese Lernorte als Kontexte für die Jugendtheologie und andererseits die Jugendtheologie mit ihrer Passung zu den Lernorten zu untersuchen. Lassen sich die Lernorte so fassen, dass Schule oder Gemeinde als idealer Ort für die Jugendtheologie gesehen werden können? Und wie muss sich vice versa die Jugendtheologie stärker von den Lernorten her verstehen, damit sie in Schule und Gemeinde angemessen zum Zuge kommen kann? Die Paderborner Tagung hat durch ihren Fokus auf den Vergleich der Lernorte und die Auswirkungen auf die Jugendtheologie an den Lernorten die zweite Frage nach der Passung der Ju-

gendtheologie eher nur im Hintergrund mitverhandelt.

Genau diesen Aspekt aber hat die Tagung »Jugendtheologie als Paradigma einer Jugendpastoral?« des Instituts für Kinder- und Jugendpastoral im Erzbistum Köln »Religio Altenberg« vom 21.–22. November 2018 in Odenthal-Altenberg zum Thema gehabt. Sie klärt, inwiefern die Jugendtheologie sich noch viel mehr für religionspädagogische Prozesse an außerschulischen Lernorten eignet, wie vor allem die Jugendpastoral (Jugendarbeit/kirchliche Kinder- und Jugendhilfe), in ihrer gegenwärtigen Form allerdings an diesem Lernort auch an eine Grenze stößt. Weil die Beiträge der Tagung in Altenberg die Frage der Passung systematisch aufgreifen und damit der Jugendtheologie zurecht eine eigene Kontextualisierungsaufgabe vorlegen, haben wir uns entschlossen, beide Tagungen in diesem Jahrbuch für Kinder- und Jugendtheologie zusammenzuführen und unter die verbindende Leitaufgabe zu stellen, wie die Jugendtheologie stärker als bisher von den Anforderungen der Lernorte her zu denken ist und wie sie zugleich ihre Verfahren und Methoden auf mögliche Lernorte hin zu kontextualisieren vermag.

Durch die Kopplung der Beiträge beider Tagungen soll es damit möglich werden, diesen roten Faden möglichst klar zu entfalten und dabei die schulischen und außerschulischen Lernorte auf ihre jugendtheologische Innovationskraft hin differenzierter als dies bisher geschehen ist, wahrzunehmen. Gleichzeitig ist es durch entsprechende Markierungen im Inhaltsverzeichnis möglich, die Beiträge der jeweiligen Tagung zuzuordnen und diese somit je für sich zu lesen. Dass der Gesamtduktus dieses Bandes ein ökumenischer ist, mag schon allein durch die hier versammelten Autorinnen und Autoren von katholischer und evangelischer Seite deutlich werden. Dies zeigt sich aber auch daran, dass die Fragen nach der Zukunft von Kirche und die damit verbundene Herausforderung einer jugendgemäßen religiösen Kommunikationspraxis sowohl in beiden Volkskirchen wie auch in den unterschiedlichen konfessionellen und kooperativen Modellen des schulischen Religionsunterrichts gleichermaßen auf der Tagesordnung stehen. Dass sich in Hinsicht auf die angemessenen zukünftigen Bildungsstrategien in diesem Band durchaus auch konfessionelle Unterschiedlichkeiten markieren lassen, halten wir gerade für die weitere akademische, ökumenische und praktische Diskussion für außerordentlich fruchtbar.

In der ersten Abteilung des Bandes wird in grundsätzlicher Weise nach der Lernortspezifik und damit nach der religionspädagogischen Differenz einer Jugendtheologie an den unterschiedlichen Lernorten Schule und Kirche gefragt:

Hanna Roose eröffnet diese Thematik und damit das gesamte thematische Feld, indem sie darauf hinweist, dass einerseits Veröffentlichungen zur Jugendtheologie bisher kaum lernortspezifisch kontextualisiert werden, und dass andererseits Konfirmandenarbeit in kirchlicher Pro-

grammatik als gegen-schulischer Lernort modelliert wird. Diese Gleichzeitigkeit von Nicht-Thematisierung und Überpointierung veranschaulicht aus ihrer Sicht die Notwendigkeit, der Frage nach dem Verhältnis von Jugendtheologie(n) und Lernortspezifik verstärkt nachzugehen.

Für *Harald Schroeter-Wittke* liegt diese Abgrenzung der Lernorte Gemeinde und Schule nicht in den Eigenschaften der Lernorte an sich begründet. Viele Unterscheidungen wie authentisch hier, reflexive Distanz dort, Glauben hier und Performanz dort, hält er für künstlich. An beiden Orten wird im Als-ob gehandelt und an beiden Orten wird instruiert und begleitet. Wenn man die Orte überhaupt unterscheiden will, dann an institutionellen Rahmungen, die sich geschichtlich entwickelt haben.

Matthias Gronover beleuchtet die Frage religiöser Bildung vor dem Hintergrund »entschiedener Indifferenz«. Religiöse Indifferenz wird von ihm dabei als produktives Prinzip religiöser Lehr- und Lernprozesse gefasst. Als eine zentrale Zukunftsaufgabe benennt Gronover von hier aus die Verhältnisbestimmung von spiritueller Haltung und religiöser Bildung.

In der zweiten Abteilung des Bandes wird insbesondere anhand empirischer Einzelstudien aus der Perspektive der Jugendtheologie heraus sondiert, unter welchen Voraussetzungen Schule oder Gemeinde bzw. Jugendpastoral und kirchliche Jugendarbeit als geeignete Orte für die Jugendtheologie angesehen werden können und wie lernortspezifisch die Jugendtheologie eigentlich ausgerichtet ist bzw. sein sollte:

Bernhard Grümme zufolge postuliert Jugendtheologie mit ihrer Selbstqualifizierung als Theologie etwas, was nicht für alle Orte religiösen Lernens in gleichem Maß bzw. univok gebraucht werden sollte. Aus seiner Sicht machen der Religionsunterricht und die Gemeindekatechese einen unterschiedlichen Zugriff erforderlich, um so die Tendenz zur Vereinnahmung von Kindern und Jugendlichen über den Theologiebegriff zu vermeiden. Entlang der Unterscheidung von Theologie, Religion und Glaube entfaltet Grümme eine jugendtheologische Topologie, die die Voraussetzungen der unterschiedlichen Lernorte und deren spezifische Anforderungsprofile zu berücksichtigen vermag.

Ob die Jugendpastoral mit ihren verschiedenen Arbeitsfeldern der angemessene Ort für die Jugendtheologie ist bzw. inwieweit sich die Jugendtheologie als inspirierend für das Handeln in der Jugendpastoral erweist, beantwortet *Patrik C. Höring* ambivalent. Zum einen lösen seiner Ansicht nach der Begriff und der Anspruch bei Jugendlichen eher Befremden aus und die bisherigen Praktiken passen nur bedingt zu der für schulische Settings gedachten Struktur. Andererseits entdeckt Höring vor allem in der partizipatorischen Grundhaltung deutliche Konvergenzen zu Grundprinzipien insbesondere der kirchlichen Jugendarbeit.

In ihrem zweiten Beitrag zu dem hier vorgelegten Band untersucht *Hanna Roose* das Verhältnis zwischen theologischen Gesprächen und den Elementarstrukturen unterrichtlicher Interaktion, die Diskurse über offene Geltungsfragen unterbinden. Anhand einer Analyse von zwei Fallvignetten zeigt sie, dass die unterrichtlichen Elementarstrukturen nicht nur den schulischen Religionsunterricht, sondern auch die Gespräche im Rahmen der Konfirmandenarbeit prägen. Jugendtheologie erscheint insofern an beiden Lernorten als Fremdkörper. Der Beitrag macht deutlich, wie tiefgreifend der normative Anspruch ist, in unterrichtlich geprägten Kontexten theologische Gespräche zu führen.

Dass sich der thematisch ausgerichtete Vergleich von Bildungsprozessen an den Lernorten Schule und Kirche lohnt, machen *Anna Hans* und *Laura Otte* in ihrer Untersuchung jugendtheologischer Gespräche zu den Themen Liturgie und Kirchenraum und des entsprechenden Planspielsettings deutlich. Unter der Voraussetzung, dass Jugendarbeit von Freiwilligkeit, ehrenamtlicher Leitung und kairologischem Lernen geprägt ist, während den RU ein verpflichtender Charakter mit professionellem Kontakt und organisiertem Lernen auszeichnet, zeigen die Autorinnen auf, dass für eine jugendtheologische Bildungspraxis jeweils die möglichst genaue Analyse der Kommunikationsstrukturen und -bedingungen an den unterschiedlichen Orten notwendig ist.

Theresa Kohlmeyer zeigt in ihrer Auswertung eines empirischen Experiments zur Sprachdifferenzierung in den Kontexten Firmkatechese und Religionsunterricht auf, dass sich jugendtheologische Gespräche nicht automatisch einstellen und die Tiefgänge erlangen, die sich in unterschiedlichen jugendtheologischen Untersuchungen sonst erahnen lassen. Gerade deshalb ist es ihrer Ansicht nach notwendig, sich über die jeweils eingesetzten Methoden, das Setting sowie die jeweilige Gruppe bzw. Gemeinschaft als

Bedingungsfaktoren von jugendtheologischen Gesprächen bewusst zu sein.

Mirjam Zimmermann beleuchtet Jugendtheologie im Horizont der Resonanzpädagogik Hartmut Rosas. Sie sieht dabei große Schnittmengen zu den Leitlinien der Kinder- und Jugendtheologie sowohl am Lernort Schule wie am Lernort Kirche. »Dissonanzen« zu Rosas Entwurf vernimmt Zimmermann allerdings im Blick auf die Modellierung von Kompetenzorientierung sowie die Wahrnehmung des Anderen in pädagogischen Kontexten.

In der dritten Abteilung kommen nun stärker die pastoralen Lernorte und deren eigener theologischer Anspruch als Chance und Herausforderung für die Jugendtheologie in den Blick:

Hans-Joachim Höhn blickt aus systematisch-theologischer Perspektive auf das Projekt der Jugendtheologie und prüft dazu Relevanz und Reichweite des »sensus fidei«, d.h. des Glaubenssinnes der Gläubigen. Die Generation Jugend erscheint damit als ein eigener »locus theologicus« im Sinn eines relevanten Ortes theologischer Erkenntnis. Dass dabei Theologie und Existenz schnell in Spannung zueinander zu stehen kommen, benennt er als wesentliche Herausforderung für die Kirche in unserer Zeit.

Sandra Biebl und *Reinhold Boschki* untersuchen das Feld der gemeindlichen Katechese mit Jugendlichen daraufhin, ob das heutige Katecheseverständnis in seinen Zielen und Arbeitsformen von den kirchlichen Erwartungen ein sinnvoller Rahmen für die Jugendtheologie ist. Sie bejahen dies, kommen aber zugleich anhand einer kleinen Studie zu dem Schluss, dass sich die Katechesepraxis trotzdem

mit jugendtheologischen Arbeitsformaten schwer tut. Offenbar ist die Katechese in der Praxis (noch) nicht auf den gegenwärtigen Zielrahmen eingestellt.

Bert Roebben grenzt noch einmal die Jugend- von der Kindertheologie ab und fühlt sich vor allem durch einen Agnostizismus herausgefordert, wie er für die heutige Jugendgeneration kennzeichnend sei. Gerade die Jugendpastoral eigne sich, diesen Agnostizismen einen geschützten Erprobungsraum zu bieten, um ihnen performativ-erprobende, narrativ-verdichtete und kritisch-reflektierende Formen der Jugendtheologie entgegenzustellen.

Henrik Simojoki betrachtet von der Unterscheidung zwischen formaler, non-formaler und informeller Bildung aus das klassische evangelische Angebot der Konfirmandenarbeit und erläutert, inwiefern Konfirmandenarbeit zwischen formaler und non-formaler Bildung changiert. Diese Verortung verweist seiner Überzeugung nach auf die Notwendigkeit, die Theologie der Konfirmandenarbeit und die religionspädagogische Jugendforschung stärker als bisher systematisch miteinander zu verknüpfen.

Erlebnisse und Beobachtungen im Rahmen einer breiten Feldstudie auf dem XXVIII. Weltjugendtag in Rio de Janeiro deutet *Janieta Bartz* aus der Perspektive der Jugendtheologie. Dadurch ist sie in der Lage, das Verhalten der Teilnehmenden als Ausdruck einer eigenen theologischen Kompetenz wahrzunehmen. Dies bestätigt die Grundannahmen der Jugendtheologie, lässt aber zugleich Defizite in der Anlage jugendpastoraler Großevents und Desiderate im Blick auf zeit-, menschen- und botschaftsgemäße Formen der Katechese erkennen.

Laura Otte greift noch einmal die Konvergenzen zwischen dem partizipatorischen Ansatz von Jugendtheologie und Jugendpastoral auf und konkretisiert dies am Beispiel des Projektes »Kapelle aufmöbeln« im Bistum Osnabrück. Auch hier wird deutlich, wie ein Sich-Einlassen auf die Perspektiven junger Menschen fruchtbar für alle Beteiligten sein kann.

Dass es im Blick auf kirchliche Bildungs- und Lernorte wie auch in Hinsicht auf einzelne jugendliche Gruppen und religiöse Praktiken noch viel unvermessenes Land gibt, und hier somit die Chancen jugendtheologischer Praxis noch kaum ausreichend reflektiert werden, machen die Beiträge der vierten Abteilung dieses Bandes auf exemplarische Weise deutlich:

So fragt *Tobias Faix* vor dem Hintergrund der Ergebnisse der empirica Jugendstudie 2018 danach, ob und in welchem Sinn gerade bei hochreligiösen Jugendlichen von einer Theologie von Jugendlichen gesprochen werden kann. Dies bejaht Faix, indem er die quantitativen Ergebnisse sowie die qualitativen Selbstaussagen dieser Jugendlichen in Aufnahme des Resonanzraumgedankens Hartmut Rosas als eine Art Hermeneutik des Alltags interpretiert, in der auf theologische Weise die Beziehung zu Gott als Glaubenspraxis beschrieben wird, die die Kraft hat, die eigene Welt zu verwandeln.

Einen ganz besonderen jugendpastoralen Ort untersuchen *Judith Könemann* und *Rebekka Krain* mit kirchlichen Angeboten im schulischen Ganztagsangebot. Sie zeigen auf, wie schwierig es ist, an diesem Lernort ohne explizite religiöse Rahmen, die Prinzipien der kirchlichen Jugendarbeit wie Partizipation, Symmetrie und Autonomie unter schulischen Bedingungen aufrecht zu erhalten. Rollenasymmetrien, Lerncurricula und Zertifikate gewinnen an Bedeutung. Und selbst da, wo dies in Ansätzen gelingt, wird das Angebot nicht von sich aus zu einem Ort von inhaltlicher Jugendtheologie.

Dass auch die Berufswahl jugendtheologische Qualität haben kann, zeigt Katharina Karl anhand der Ergebnisse eines qualitativ-empirischen Forschungsprojektes mit jungen Menschen in der Berufsausbildung. Schon die Nähe des Begriffsfeldes »Beruf-Berufung« zeigt an, dass es hier um existentielle biographische Fragen geht, die, als Momente existentiellen Glaubens verstanden, Anknüpfungspunkte für jugendtheologisches Arbeiten bieten.

Der besonderen Herausforderung der Heterogenität stellt sich *Britta Hemshorn de Sánchez*. Sie versteht Jugendtheologie als Konkretisierung einer konstruktivistischen Religionspädagogik der Vielfalt, die es ermöglicht, mit Heterogenität produktiv umzugehen. Dazu gibt sie der Praxis hilfreiche Grundhaltungen mit auf den Weg.

Aus ostdeutscher Perspektive skizziert *Tobias Petzoldt* aktuelle sächsische Tendenzen im Blick auf junge Menschen im Glaubensbildungsraum Kirche. Er verweist darauf, dass die Identifikationswerte junger Christen mit Glauben und Kirche im Osten Deutschlands zu denen in anderen Regionen Deutschlands abweichen und hier von starken hochreligiösen Tendenzen ausgegangen werden kann. Was den Lernort Kirche und die Aufgabe einer Jugendtheologie angeht, zeigt sich, dass gerade gruppenorientierte Formate einen geeigneten Rahmen für die Glaubensbildung und -entwicklung solcher Jugendlichen bieten können.

Mit bilanzierenden und zugleich weiterführenden Reflexionen zur Gesamtthematik schließt die fünfte Abteilung dieses Bandes ab.

Oliver Reis erstellt rückblickend ein Tagungsprotokoll, in dem er das Thema der Paderborner Tagung in einen größeren religionspädagogischen Horizont einrückt. Wie passen konsequente Subjektorientierung (als Theologie von) und normative, sozial geprägte Glaubensüberzeugungen (als Theologie für) angesichts zunehmender (religiöser) Heterogenität zusammen?

Zugleich ist zu fragen, inwiefern nicht eine dichotome Unterscheidung der schulischen und außerschulischen Lernorte schon selbst ein Problem darstellt. So entfaltet *Thomas Schlag* bewusst die Zwischenräume zwischen beiden Lernorten und deren Logiken als einen eigenen theologiesensiblen und für die Theologie selbst notwendigen Raum. Die Jugendtheologie hat demzufolge gerade durch ihre prozessuale Sprach-Praxis in diesen Zwischenräumen ihren eigentlichen Sitz im Leben und verbindet damit, was Schule und Gemeinde oftmals künstlich trennen. In seiner Analyse führt Schlag zugleich wesentliche Einsichten der Beiträge beider Tagungen mit, so dass seine Überlegungen auch als produktive Aufnahme der hier angestoßenen Überlegungen gelesen werden können.

Im Rezensionsteil bespricht *Marion Keuchen* die Studie von Gerhard Büttner und Larissa Carian Seelbach »Kinder und die großen Antworten. Generationsübergreifende Impulse für Schule und Gemeinde« und *Theresa Kohlmeyer* widmet sich Gerhard Büttners »Elementarisierung im Religionsunterricht. Einführung in die Praxis«. Auch durch diese beiden Buchbesprechungen werden im Blick auf die Thematik des hier vorgelegten Bandes vor allem in Hinsicht auf die didaktischen Herausforderungen gelingender religiöser Kommunikation in Schule und Kirche weitere wichtige Impulse gesetzt.

Oliver Reis, Hanna Roose,
Thomas Schlag und Patrik C. Höring

Hanna Roose
Zwischen Nicht-Thematisierung und Überpointierung: Lernortspezifik und Jugendtheologie

1. Nicht-Thematisierung: Jugendtheologie als Programm für Schule und Kirche

Die Thematisierung einer lernortspezifischen Ausgestaltung von Jugendtheologie geht von zwei Prämissen aus:
1. Kirche und Schule unterscheiden sich als Lernorte.
2. Diese Unterschiede sind für die Ausgestaltung von Jugendtheologie relevant.

Die erste Prämisse dürfte unbestritten sein. Sie wurde jedoch bisher konzeptionell v.a. im Zusammenhang mit performativer Religionsdidaktik thematisiert.[1] Das Theologisieren mit Jugendlichen galt demgegenüber als ein »Programm für Schule und Kirche«[2], ohne dass lernortspezifische Überlegungen eine wesentliche Rolle spielten. Dieser weitgehenden Nicht-Thematisierung einer etwaigen Lernortspezifik von Jugendtheologie in jugendtheologisch profilierten Veröffentlichungen steht allerdings eine bisweilen überpointierte Abgrenzung der Konfirmandenarbeit bzw. der Sakramentskatechese von schulischem (Religions-)Unterricht in Lehrplänen und Handreichungen gegenüber, die für die Gestaltung theologischer Gespräche durchaus relevant ist.

Anhand des Lehrplans für Konfirmandenarbeit der Evangelischen Kirche von Westfalen geht der Beitrag dieser Überpointierung nach (2.) und fragt anschließend danach, inwiefern die unterschiedlichen Bedingungsgefüge schulischen und kirchlichen Unterrichts lernortspezifische Überlegungen jenseits von Überpointierung und Nicht-Thematisierung erforderlich machen (3.).

2. Überpointierung: Jugendtheologie als gegen-schulisches Programm

Die Orientierungshilfe sowie der Lehrplan für Konfirmandenarbeit aus der Evangelischen Kirche in Westfalen stehen exemplarisch für eine konzeptuelle Profilierung von Konfirmandenarbeit mit Hilfe einer Konstruktion von Schule als (negativem) Gegenhorizont. In dem Maß, in dem Jugendtheologie als ein der Konfirmandenarbeit affines Leitbild rezipiert wird, gerät es in diesem Kontext (implizit) zu einem gegen-schulischen Programm.

---

[1] Vgl. hierzu den Beitrag von Schroeter-Wittke in diesem Band.
[2] Veit-Jakobus Dieterich, Theologisieren mit Jugendlichen. Ein Programm für Schule und Kirche, Stuttgart 2012.

2.1 Schule als Gegenhorizont kirchlicher Konfirmandenarbeit

Im Lehrplan für Konfirmandenarbeit der Evangelischen Kirche von Westfalen wird Schule fast durchgängig als negativer Gegenhorizont konstruiert:

Auf *organisatorischer* Ebene erscheint die Schule als begrenzender Faktor. Die Konfirmandenarbeit muss sich angesichts hoher schulischer Anforderungen (Abitur nach 12 Jahren)[3] oder Unterricht auch am Nachmittag[4] knapper werdende zeitliche Freiräume suchen oder schaffen. Die Orientierungshilfe spricht explizit von »Konflikten«.[5] Absprachen sind erforderlich.[6] Trotz eines Runderlasses aus den 70er Jahren, in dem die Regierungspräsidien Arnsberg, Detmold und Münster darum bitten, Dienstag- und Donnerstagnachmittage für den Konfirmandenunterricht frei zu halten, gebe es in dieser Hinsicht »kein einklagbares Recht«[7]. In organisatorischen Zeitfragen muss sich die Konfirmandenarbeit letztlich meist der Schule mit ihren Zeitanforderungen unterordnen. Schule wird damit in erster Linie als bevorteilte *Konkurrenz* zur Konfirmandenarbeit konstruiert.

Programmatisch präsentiert sich die Konfirmandenarbeit als ein (potenzieller) Lernort, von dem Schule etwas lernen kann:

> »Anders als das öffentliche Bildungssystem differenziert die Konfirmandenarbeit nicht nach Bildungsniveaus. Sie ist ein Ort, an dem Jugendliche eines Jahrganges einander begegnen und miteinander und voneinander lernen können. Die Herausforderung liegt darin, die Konfirmandenzeit so zu gestalten, dass Jugendliche mit ihren unterschiedlichen Begabungen angesprochen werden und die Möglichkeit haben, ihre Kompetenzen einzubringen und weiter zu entwickeln. Die PISA-Studien haben die frühe Unterscheidung in Schulformen in die Diskussion gebracht. Eine Konfirmandenarbeit, der es gelingt, Jugendlichen eines Jahrganges ein gemeinsames Lernen zu ermöglichen, könnte Modell für andere Bildungskonzepte sein.«[8]

Diese Einschätzung reiht sich in bildungspolitische Bestrebungen der westfälischen Landeskirche ein, die dafür plädiert, länger gemeinsam zu lernen.[9] Die zugrunde liegende Fragerichtung zielt darauf, was die Schule von der Kirche – in diesem Fall von gelingender Konfirmandenarbeit – lernen kann. Die umgekehrte Frage, was Kirche von Schule lernen könnte, kommt in der Orientierungshilfe kaum in den Blick.

Der *Zielhorizont* von Konfirmandenarbeit wird in deutlicher *Abgrenzung* von schulischen Bildungsbemühungen entworfen:

---

3 Evangelische Kirche von Westfalen, Entdeckungsreise im Land des Glaubens. Eine Orientierungshilfe für Presbyterien und Mitarbeitende in der Konfirmandenarbeit, o.O. 2006, 9.
4 Ebd., 11.
5 Ebd., 34–35.
6 Ebd.
7 Ebd., 35.
8 Ebd., 11.
9 Evangelische Kirche von Westfalen, Fördern und Fordern – Leistung und Integration, 2005 (https://www.evangelisch-in-westfalen.de/fileadmin/user_upload/Angebote/Bildung/Paedagogik/foerdern_und_fordern_31-05-2005.pdf). Vgl. dazu auch – im Kontext der Landeskirche von Hannover – den (umstrittenen) Artikel von Friedhelm Kraft, Auf dem Weg zu mehr Bildungsgerechtigkeit? Zum Zusammenhang von Schulreform und Schulstruktur, in: Loccumer Pelikan 2/2009, 60–65.

»Der vorliegende Lehrplan übernimmt nicht einfach das zurzeit herrschende Grundmodell der Standardisierung von Themen, Inhalten, Organisationsformen und Methoden, der objektiven Vorgabe von Lernergebnissen und der Kompetenzerwartungen. Er benennt demgegenüber ›Lernchancen‹, die den Konfirmandinnen und Konfirmanden eröffnet werden. Damit bleibt der Ansatz der Subjektorientierung gewahrt. Zugleich wird der Unverfügbarkeit des Glaubens Rechnung getragen, den die Konfirmandenarbeit wohl ermöglichen möchte, den sie aber nicht ›machen‹ und bewirken kann.«[10]

Die Formulierung suggeriert, dass der schulische Religionsunterricht die Subjektorientierung – die für die Jugendtheologie zentral ist – der Standardisierung und Kompetenzorientierung geopfert habe und dass der Unverfügbarkeit des Glaubens im schulischen Kontext nicht ausreichend Rechnung getragen werde. Diese klare Abgrenzung gewinnt vor den Ausführungen zum Abschluss der Konfirmandenarbeit weiter an Profil:

»Eine sog. ›Konfirmandenprüfung‹ ist in der GOKA §15 nicht vorgesehen. Dennoch sollten die Konfirmandinnen und Konfirmanden zeigen können, was sie ihrer Selbsteinschätzung nach gelernt, verstanden und erkannt haben. Dies kann z.B. durch Präsentation eines ›Reisetagebuches‹ geschehen, das sie während der Konfirmandenzeit mit entsprechenden Lernergebnissen, Erinnerungen und Notizen geführt haben.«[11]

Interessant ist hier die Ambivalenz gegenüber überprüfbaren Lernergebnissen: Eine Prüfung soll es nicht geben, aber – so wird kompetenzorientiert formuliert – die KonfirmandInnen sollen

zeigen können, was sie gelernt haben. Dabei wird nun der Selbsteinschätzung der Konfirmandinnen und Konfirmanden großes Gewicht beigemessen. Es geht also nicht um einheitliche, von außen an die Einzelnen herangetragene Standards. Die Operationalisierungen, die vorgeschlagen werden, erinnern an neuere schulische Prüfungsformate wie das Portfolio. Die Konfirmandinnen und Konfirmanden werden so implizit darauf verpflichtet, die Konfirmandenarbeit so zu deuten, dass sie dort etwas (Sinnvolles) gelernt haben.

2.2 Die Affinität kirchlicher Konfirmandenarbeit zum theologischen Gespräch

Inhaltlich zeigt sich in dem Lehrplan und der Handreichung zur Konfirmandenarbeit eine programmatische Nähe zur Jugendtheologie. Der Lehrplan wählt als Grundmetapher das »Unterwegs-Sein«.[12] Die Konfirmandinnen und Konfirmanden bilden die Reisegruppe. Zentrale theologische Themen werden an diese Metapher anschlussfähig gemacht: Kirche wird mit Suche verbunden. Bibel und Wort Gottes sind der Reiseführer. Jesus Christus ist der Reisebegleiter. Taufe bedeutet: Ich gehöre dazu, Abendmahl gilt als Stärkung unterwegs. Gott suchen wird als das Motiv für die Reise ausgewiesen. Ich bin als Geschöpf Gottes mir selbst auf der Spur. Tod und Leben rü-

10 Evangelische Kirche von Westfalen, Gemeinsam auf der Suche nach einem Leben mit Gott. Lehrplan für die Konfirmandenarbeit, 2016, 37.
11 Ebd., 96.
12 Ebd., 7.

cken Grenzen in den Blick, Gottesdienst und Gebet eröffnen die Möglichkeit der Einkehr unterwegs. Die Zehn Gebote und das Gebot Jesu bieten Orientierung und helfen dabei, die Richtung zu halten. Schuld und Vergebung bedeuten Irrwege und Auswege. Die Übernahme von Verantwortung macht Christinnen und Christen auf ihrem Weg als solche erkennbar. Das Glaubensbekenntnis ermöglicht eine Standortbestimmung auf dem Weg.

Mit dieser inhaltlichen Programmatik ruft der Lehrplan zentrale theologische Themen auf. Er zielt also nicht (primär) auf eine Event-orientierte Ausgestaltung der Konfirmandenarbeit[13], sondern misst der theologischen Inhaltlichkeit einen vergleichsweise hohen Stellenwert bei. Der Lehrplan modelliert die Themen als offene Geltungsfragen, die (auch im Rahmen der Konfirmandenarbeit) bearbeitet, aber nicht abschließend beantwortet werden. Die Metaphorik ist durchgehend dynamisch. Es geht um einen unabschließbaren Deutungsprozess, in den jede und jeder Einzelne involviert ist. Der Abschluss der Konfirmandenarbeit wird dementsprechend gedeutet als ein Ankommen und Weitergehen.

In der Einführung des Lehrplans heißt es pointiert: »Konfirmandenarbeit ist aus der Perspektive von Konfirmandinnen und Konfirmanden zu gestalten.«[14] Die Subjektorientierung, die für die Jugendtheologie von fundamentaler Bedeutung ist, erhält damit auch in der Konfirmandenarbeit einen zentralen Stellenwert.[15] Der Lehrplan denkt Handlungsorientierung und das Theologisieren mit Jugendlichen dabei zusammen, denn jeweils gelten die Jugendlichen als Akteure:

»Handlungsorientierte Ansätze machen Jugendliche zu selbstständigen Akteuren ihrer religiösen Bildung. In jüngster Zeit wurde neu entdeckt, dass Kinder und Jugendliche in eigenen Worten zu theologisch bedeutsamen Erkenntnissen kommen (Theologisieren mit Jugendlichen).«[16]

Die Orientierungshilfe sieht in der Mitarbeit jugendlicher Teamerinnen und Teamer die Chance, auf Augenhöhe (theologische) Gespräche zu führen:

»Sie [die Jugendarbeit] profitiert davon, wenn Phasen des Unterrichtes von jugendlichen Ehrenamtlichen geleitet werden, denn hier trifft sie auf »Gleichgesinnte«, mit denen sie ins Gespräch kommen kann.«[17]

2.3 Jugendtheologie als gegenschulisches Programm?

Implizit begegnet uns Jugendtheologie im Lehrplan für die Konfirmandenarbeit der Evangelischen Kirche von Westfalen als gegenschulisches Programm. Voraussetzung dafür ist eine Kontrastierung beider Lernfelder: Während sich schulischer (Religions-)Unterricht über Kompetenzorientierung und Standardisierung definiert, fokussiert die Konfirmandenarbeit

13 Vgl. Thomas Klie, Lehrgang als Kirchgang. Performanzen evangelischer Religion im kirchlichen Unterricht, in: Bernhard Dressler / Thomas Klie / Martina Kumlehn (Hg.), Unterrichtsdramaturgien. Fallstudien zur Performanz religiöser Bildung, Stuttgart 2012, 301–316; 308–311.
14 Lehrplan (wie Anm. 10), 7.
15 Ebd., 8.
16 Ebd.
17 Orientierungshilfe (wie Anm. 3), 9.

die Subjektorientierung. Kompetenzorientierung und Subjektorientierung werden als einander ausschließende Konzepte modelliert. Jugendtheologie wird als ein subjektorientiertes und nicht als ein kompetenzorientiertes Leitbild verstanden.

Gerade in seiner Überpointierung stellt der Lehrplan für Konfirmandenarbeit der Evangelischen Kirche von Westfalen wesentliche Anfragen an eine lernortspezifische Ausgestaltung von Jugendtheologie: Was prägt schulischen, was kirchlichen Unterricht? (Wie) Lassen sich Subjektorientierung und Standardisierung vereinbaren? Was ist für Jugendtheologie konstitutiv, was bildet ihren »Kern« – und was können und müssen wir je nach Lernfeld variabel gestalten?

3. Lernortspezifische Überlegungen jenseits von Überpointierung und Nicht-Thematisierung: Das Bedingungsgefüge

In einer lernortspezifischen Perspektive scheint der kirchliche Kontext – konkret: die Konfirmandenarbeit – gegenüber dem schulischen auch jenseits programmatischer Überpointierungen *günstigere Bedingungen* für ein Theologisieren mit Jugendlichen zu bieten:

1. Die Zeitstrukturen sind in der Konfirmandenarbeit – gerade im Rahmen von Freizeiten – flexibler. Sie erlauben es, theologische Gespräche zu führen, die nicht in ein 45- oder 90-Minuten-Raster gepresst werden müssen und in einer Atmosphäre stattfinden können, die durch ein intensives Beisammensein geprägt ist.
2. In der Konfirmandenarbeit gibt es keine Leistungsbewertung im Sinne von Zensuren. Das befreit die Konfirmandenarbeit davon, überprüfbare Leistungen abzufragen und zu erbringen. Theologische Gespräche als Gespräche über offene Geltungsfragen, die keiner Falsch-Richtig-Logik folgen, könnten davon profitieren.
3. Konfirmandenarbeit ist nicht interreligiös geprägt. Zwar ist das Einverständnis gegenüber der christlichen Religion bei den zu Konfirmierenden durchaus unterschiedlich ausgeprägt. Anders als im schulischen Religionsunterricht finden sich jedoch in der Konfirmandenarbeit in der Regel keine Angehörigen anderer Religionen (z.B. des Islam). Theologische Gespräche im Kontext der Konfirmandenarbeit müssen sich also nicht mit der Frage auseinandersetzen, inwiefern sie in interreligiös geprägten Kontexten angemessen seien.[18]
4. Konfirmandenarbeit darf angesichts der anstehenden Konfirmation die Bereitschaft seitens der Konfirmandinnen und Konfirmanden voraussetzen, sich mit dem Anspruch des Einverständnisses mit der christlichen Religion auseinanderzusetzen. Der Vorwurf, Kinder und Jugendliche (vermeintlich) über den Theologiebegriff zu vereinnahmen, bezieht sich daher nur auf den schulischen, nicht jedoch auf den kirchlichen Kontext.[19]

---

18 Vgl. Ernstpeter Maurer, Theologie mit Kindern – eine christliche Spezialität? In: Anton A. Bucher u.a. (Hg.), »Vielleicht hat Gott uns Kindern den Verstand gegeben«. Ergebnisse und Perspektiven der Kindertheologie (JaBuKi 5), Stuttgart 2006, 26–37.
19 Bernhard Grümme, Zum Theologiebegriff in der Kinder- und Jugendtheologie, in: KatBl 4/14, 292–299.

5. Theologische Themen wie Taufe, Konfirmation, Vater-Unser, Glaubensbekenntnis und 10 Gebote haben (meistens) in der Konfirmandenarbeit einen zentraleren Ort als im schulischen Religionsunterricht der Mittelstufe.[20] Konfirmandenarbeit tendiert – anders als schulischer Religionsunterricht – nicht zur Religionskunde, die keinen Raum für theologische Gespräche zu unentscheidbaren Fragen lässt.[21]

6. Konfirmandenarbeit kann oft durch die Mitarbeit sogenannter TeamerInnen in kleineren Gruppen stattfinden. Eine kleinere Gruppengröße reduziert die Komplexität theologischer Gespräche.[22]

7. Durch die Mitwirkung von jugendlichen TeamerInnen, die Kleingruppen übernehmen, lassen sich in der Konfirmandenarbeit Gruppenkonstellationen herstellen, die symmetrischer angelegt sind als im Klassenplenum. Hier ließe sich eruieren, »ob und wenn ja in welcher Gestalt das theologische Gespräch unter Jugendlichen selbst eine Rolle spielt«.[23]

Während diese sieben Aspekte dafür sprechen könnten, dass jugendtheologische Gespräche am Lernort Kirche besser »aufgehoben« sind als am Lernort Schule, weisen zwei Aspekte vielleicht in die gegenteilige Richtung:

8. Die kognitive Heterogenität ist in der Konfirmandenarbeit z.T. größer als in schulischen (v.a. gymnasialen) Religionsklassen. Das könnte aus lerntheoretischer Sicht dafür sprechen, handlungs- und produktionsorientierte, individualisierte Methoden dem

(theologischen) Gespräch vorzuziehen.

9. Sofern zutrifft, dass Konfirmandenarbeit im Mainstream nach einem lebenszyklisch-segnenden Muster inszeniert wird[24], kann die überwiegend kognitive, gesprächsförmige Auseinandersetzung mit christlich-theologischen Kerninhalten zurücktreten gegenüber erlebnisbasierten »Events«. »Performiert werden hier [im Rahmen dieses Musters] vor allem Nähe- und Intensitätserfahrungen.«[25]

4. Fazit

Die Konfirmandenarbeit der Evangelischen Kirche von Westfalen präsentiert sich im Lehrplan und in der Orientierungshilfe als idealer Ort für das Theologisieren mit Jugendlichen: Es geht um einen gemeinsamen Weg, auf den sich

20 Die Fallbeispiele aus der Konfirmandenarbeit, die in den »Unterrichtsdramaturgien« (wie Anm. 13) dokumentiert sind, thematisieren das Vater-Unser, das Gebot der Nächstenliebe und die 10 Gebote.

21 Vgl. Rudolf Englert, Innenansichten des Religionsunterrichts. Fallbeispiele, Analysen, Konsequenzen, München 2014.

22 Vgl. Annike Reiß / Petra Freudenberger-Lötz, Didaktik des Theologisierens mit Kindern und Jugendlichen, in: Bernhard Grümme / Hartmut Lenhard / Manfred Pirner (Hg.), Religionsunterricht neu denken. Innovative Ansätze und Perspektiven der Religionsdidaktik – Ein Arbeitsbuch, Stuttgart 2012, 133–145.

23 Gerhard Büttner, Die Sozialgestalt(en) einer Jugendtheologie, in: Thomas Schlag / Friedrich Schweitzer (Hg.), Jugendtheologie. Grundlagen – Beispiele – kritische Diskussion, Neukirchen-Vluyn 2012, 139–154; 139.

24 Thomas Klie (wie Anm. 13), 309.

25 Ebd., 310.

alle an der Konfirmandenarbeit Beteiligten als Suchende begeben. Subjektorientierung wird groß geschrieben und keiner Standardisierung (und damit Leistungsbewertung) unterworfen. Der Lehrplan betont besonders das Fehlen einer Standardisierung und Leistungsbewertung (vgl. These 2). Er weist zentrale theologische Themen aus, die offene Geltungsfragen aufwerfen (These 5) und verweist auf die Chancen durch die Mitarbeit von Teamerinnen und Teamern (These 6) als »Gleichgesinnte[n]« (These 7). Hinsichtlich der möglichen Schwierigkeiten, theologische Gespräche im Rahmen der Jugendarbeit durchzuführen, ist auffällig, dass der Lehrplan Handlungsorientierung und das Theologisieren mit Jugendlichen unter dem Aspekt der Subjektorientierung und Selbsttätigkeit eng zusammenstellt (vgl. These 8). Die theologische Inhaltlichkeit erhält einen bedeutenden Stellenwert und wird programmatisch in der Weg-Metapher mit dem lebenszyklisch-segnenden Muster zusammen geführt (vgl. These 9). In ihrer Präsentation entwerfen Lehrplan und Orientierungshilfe dabei Schule als ihren negativen Gegenhorizont. Theologische Gespräche – so die Implikation – sind in der Konfirmandenarbeit sehr viel besser aufgehoben als im schulischen Religionsunterricht. Denn der schulische Religionsunterricht laufe mit seiner Standardisierung einer Subjektorientierung entgegen.

Diese Art der Darstellung macht deutlich, dass eine lernortsensible Thematisierung der Jugendtheologie notwendig ist. Angesichts einer Konstruktion von Schule als negativem Gegenhorizont im kirchlichen Kontext erscheint es grundsätzlich problematisch, religionspädagogische Leitbilder undifferenziert für Schule und Kirche zu bewerben. Offen ist allerdings, wie bzw. ob sich diese Programmatik auf der empirischen Ebene konkreter Konfirmandenarbeit niederschlägt.[26] Notwendig ist eine lernortsensible Betrachtung jugendtheologischer Theorie und Praxis, die ihre Nicht-Thematisierung überwindet und Überpointierungen vermeidet. Genau dies ist das Anliegen des vorliegenden Bandes.

---

26 Zur Konfirmandenarbeit gibt es mittlerweile umfangreiche empirische Studien (vgl. u.a. Friedrich Schweitzer, Konfirmandenarbeit erforschen, Gütersloh 2009; ders., Konfirmandenarbeit im Wandel, Gütersloh 2015). Darüber, was im Konfirmandenunterricht konkret geschieht, wissen wir auf der Grundlage teilnehmender Beobachtungen allerdings wenig. Es gibt im kirchlichen Feld bisher so gut wie keine Unterrichtsforschung. Eine Ausnahme bilden die drei Fallstudien in den »Unterrichtsdramaturgien« (wie in Anm. 13).

Harald Schroeter-Wittke
Als ob …
Was unterscheidet die Lernorte Schule und Gemeinde?

Wenn man sich mit Jugendtheologie beschäftigt, dann darf man nicht nur Texte betrachten. Ich betrachte daher zunächst Textilien, die ich unserer familiären Kleidungskiste entnommen habe.

1. T-Shirt I: *Schwarzes T-Shirt mit einem weißen Dirigenten, über dem steht: Ich bin hier der (in Notenschrift) C.H.E.F.* – Das ist Erwachsenentheologie: Die strukturelle Asymmetrie ist klar benannt!

2. T-Shirt II: *Grünes T-Shirt zum Dortmunder Kirchentag 2019 des Westfälischen Landesausschuss mit weißem Aufdruck »Glückauf und Halleluja«.* – Das ist Jugendtheologie, die sich Erwachsene ausgedacht haben.

3. *MSV-Trikot mit Zoo Duisburg*: Ups, dieses T-Shirt hatte ich gar nicht vorgesehen. Das hat sich offenbar von selbst unter die anderen T-Shirts gemischt. Vielleicht, weil es meine Jugendtheologie enthält, die mich auch im Alter noch prägt? Es hat Parallelen zur Kirche und ihrer Jugend. Da geht es häufig um Abstiegskampf – und mittlerweile auch um die Erfahrungen von 2. und 3. Liga. Aber glücklicherweise handelt es sich in diesem Fall um das Aufstiegstrikot von 2015.

4. *Schlabberlätzchen mit Aufdruck »Wenn Mama und Papa nein sagen, dann frage ich eben Oma und Opa!«* – Das ist Kindertheologie: Hier werden alle störenden Flecken aufgesaugt. Hier wird gegen allerlei Erwachsenenverbote angedacht – oft von Erwachsenen übergestülpt.

5. T-Shirt III: *Blaues T-Shirt mit weißem Aufdruck:*

> *ICH LIEBE*
> *es wenn*
> *MEINE ELTERN*
> *mich zocken lassen*

Das ist Jugendtheologie: Gekauft vom eigenen Taschengeld – doppelbödig, gnadenlos ehrlich, provozierend. Und mit dem Kleingedruckten aller Jugendtheologie: »es wenn«.

Freitag vor drei Wochen zum Abendessen saß mein Sohn, knapp 13 Jahre alt, mir mit diesem Blood-, Sweat- and Tears-Shirt gegenüber. Er hatte es sich selbst besorgt und lächelte mich vielsagend an.

Am selben Freitagabend um 22.30h: Ich gehe ins noch hell erleuchtete Zimmer meines Sohnes. Der spielt gerade Fortnite, seit ca. 4 Stunden.

Ich: Appedalle. Es ist halb elf. Ich glaub mein Hamster bohnert.

Er: Papa, es ist Wochenende.

Ich: Ja, und?

Er: Als ob …

Staunend steht er vor mir, als ob das völlig neu wäre und eigentlich vor den Menschenrechtsgerichtshof gehörte, dass 12jährige schon um 22.30h am Wochenende ins Bett müssten. Alter, komm, erzähl nix … Als ob …

Damit sind wir mittendrin im Thema: Als ob …

Ich habe meinen Sohn diesen Freitag gefragt, was er eigentlich mit diesem ›Als ob‹ so alles ausdrücken würde. Seine Antwort: »Ganz einfach Papa. Ich will dann 'ne Erklärung.« Ja, so einfach kann das Leben sein!

Ich nehme meinen Sohn gern beim Wort und komme zu meiner ersten These:

1. Das ‚Als ob' ist pädagogisch fruchtbar, weil es einen Raum für Erklärungen eröffnet

Ich differenziere Erklärungen dabei nach drei Richtungen:

1.1. Es geht um Beziehung: Hier wird jemand aufgefordert, die Beziehung zum anderen zu klären und sich in Bezug auf den anderen zu erklären.

1.2. Es geht um Informationen, um das Durchschauen von Sachverhalten, um Gründe, die allgemein einleuchten und die jenseits unserer Beziehung Plausibilität beanspruchen können. Es geht darum, dass jemand für einen anderen etwas erklärt.

1.3. Es geht um Positionsbestimmung, so wie bei der *Barmer Theologischen Erklärung*. Erklären, wofür man steht und was man verwirft. Erklären, wo Grenzen zu ziehen sind: Das kann durchaus viel Luft, Elastizität und Offenheit haben, wenn man Grenzen zieht. Aber Grenzenlosigkeit ist für uns Menschen in dieser Welt keine lebbare Option. Aus Erklärungen können Bekenntnisse werden. Ich wurde z.B. auf die Barmer Theologische Erklärung als ein Bekenntnis meiner Kirche ordiniert. Aber diese Erklärung war nicht sogleich ein Bekenntnis, dann wäre sie gar nicht erst zustande gekommen. Sondern diese Erklärung ist erst einige Jahrzehnte später zum Bekenntnis geworden. Zur Beruhigung für alle, die im RU Übergriffe befürchten: Die allerwenigsten Erklärungen haben das Zeug zum Bekenntnis.

Als ob – das befördert pädagogische Prozesse.

2. Das ‚Als ob' ist das Lebenselixier für einen Religionsunterricht an der öffentlichen Schule

Bernhard Dressler hat diesen Punkt in seinen Publikationen immer wieder hervorgehoben.[1] Ihm geht es darum, »auf der Künstlichkeit schulischen Lernens zu insistieren« (192), weil sich die Schule der Auflösung der unmittelbaren Einheit von Leben und Lernen verdankt. Deshalb kann Schule geradezu definiert werden »als Moratorium des ›Lebensernstes‹« (192). Das, was dort getrieben und gelernt wird, bleibt vorerst ohne größere Konsequenzen für das Leben. Damit muss Schule nicht ständig auf Aktualitäten eingehen, die sich zudem immer rasanter ändern. Vielmehr gilt: »Schulisches Lernen ist relativ anlassunabhängig und kann nur deshalb planvoll sein. Die Schule kann sich damit so weit wie möglich unabhängig von Zeitmoden machen.« (193) Das ohnehin kaum prognostizierbare künftige Leben bildet daher auch nicht den Horizont des Kompetenzerwerbs.

---

1 Zuletzt in: B. Dressler, Religionsunterricht. Bildungstheoretische Grundlegungen, Leipzig 2018. Die folgenden Seitenzahlen beziehen sich auf das dortige Kapitel: »Die Schule als Ort religiöser Bildung« (189–211).

Denn zukünftige Zwecke sind nicht sicher bekannt. Dressler widerspricht daher dem Spruch »Non scholae sed vitae discimus« als schulischem Leitsatz und stellt stattdessen folgenden Zusammenhang her: »Weil wir *für die Schule* lernen, und deshalb überhaupt etwas lernen, werden wir etwas für das Leben gelernt haben« (193). Vor diesem Hintergrund beschreibt er den schulischen Raum von seiner eigenen Sache her als »Probehandeln« und »Probedenken«, als einen »Schutzraum des ›als ob‹« (194). Schule beinhaltet damit als Lern- und zunehmend als Lebensort eine eigene Welt, in der es dann auch so etwas wie Schulreligion – Dressler nennt dies »eine innerschulische Religionspraxis« (210) – geben kann, die wiederum performativ an die Sachverhalte heranführt, die im Religionsunterricht eine Rolle zu spielen haben. Dies aber setzt voraus, dass »der Unterschied zwischen Schule und Kirche […] von keiner Seite her mehr zu verwischen [ist]« (211).

Vor diesem Hintergrund macht Dressler deutlich, dass das Ziel des Religionsunterrichts nicht etwa Wertevermittlung oder das Kennenlernen von Religion als einem nicht unwichtigen Faktor für das Gewordensein unserer Gegenwart in Deutschland ist, sondern, ausgerichtet an Grundgesetz Artikel 4, die »Befähigung zur urteilsfähigen Inanspruchnahme des Grundrechts auf negative und positive Religionsfreiheit« (11). »Religiöse Bildung soll also sichern, dass« für eine religiöse wie »für eine religiös abstinente Lebensform urteilsfähig optiert wird und nicht aus einem Ressentiment heraus« (199). Der Religionsunterricht hat daher nach Grundgesetz Art. 7,3 die Aufgabe zu lehren, dass Religion keine Privatangelegenheit ist, sosehr sie das auch ist, sondern dass Religion aufgrund der positiven Religionsfreiheit auch in öffentlichen Räumen gestaltet werden darf, soll und kann. Dressler folgert daraus: »Wenn Kinder und Jugendliche lernen sollen, das Grundrecht auf aktive Religionsfreiheit urteilsfähig in Gebrauch zu nehmen, brauchen sie Erfahrungen mit öffentlichen Gestaltungsformen von Religion« (211). Und genau diese Erfahrungen hat die Schule als Probehandeln, Probedenken, im Modus des »Als ob« anzubieten und argumentativ zu reflektieren. Das Bildungsziel wäre hier verfehlt, wenn am Ende alle sagten: »Ja, dazu hat dann jeder eben seine eigene Meinung.«

3. Dieser Modus des ‚Als ob' markiert aber nicht den Unterschied zwischen den Lernorten Schule und Gemeinde

An diesem Punkt haben Bernhard Dressler und ich uns intensiv gerieben. Ich will diesen Punkt aus meiner Sicht noch einmal vertiefen. Unstrittig ist das ›Als ob‹, das wir beide für den Religionsunterricht als unabdingbaren Modus betrachten. Strittig ist, inwiefern dieses ›Als ob‹ als Differenzkriterium zu einer sogenannten authentischen Religionspraxis sinnvoll bzw. hilfreich ist. Klar ist auch, dass der Unterschied zwischen den Lernorten Schule und Kirche bzw. Gemeinde deutlich markiert sein muss, soll der Religionsunterricht seine bisherige Stellung im gesellschaftlichen und staatlichen Rechtsgefüge auf Dauer behalten. Aber was macht diesen Unterschied aus?

Hier helfen m.E. weder die Kategorien des ›Als ob‹ weiter noch die des »Authentischen«[2]. Das ›Als ob‹ gehört nach Paulus in 1. Kor 7,29–31 sozusagen zur DNA christlichen Lebens: Haben als hätte man nicht. Dies betrifft nach Paulus, der an diesem Punkt ausschließlich Männer anredet, die Ehepartnerin genauso wie den Besitz, das Weinen, die Freude; es betrifft die gesamte christliche Weltnutzung. Begründung: »Denn das Gehabe dieser Welt vergeht« (1. Kor 7,31).[3] So übersetzt Christine Gerber hier das griechische Wort *schema*. Hos mä – wie nicht, als ob – so lautet das griechische Wort hier in 1. Kor 7. Diese hos-mä-Struktur bestimmt die Lebensführung aller Christinnen und Christen und daher auch das Leben in der Gemeinde. Sie kann nicht allein für den schulischen Religionsunterricht reserviert bleiben.

Es kommt etwas Historisches hinzu, nämlich die radikale Transformation des volkskirchlichen Christentums unserer Breitengrade in den vergangenen ca. 50 Jahren mit ihren kulturellen Revolutionen von Popkultur, Medien, Digitalisierung, Demokratisierung etc. All dies hat auch in den Kirchen seinen Niederschlag gefunden und neue Gestalten und Frömmigkeiten des Christentums hervorgebracht, die bis vor kurzem als flächendeckende Frömmigkeitspraxis noch als undenkbar galten: vom Gehorsam zum Sich-Einmischen, von weitgehend als homogen erlebten Kulturen und Milieus zur Pluralisierung erlebter Kulturen und Milieus, von der Bindung an vorgegebene Lehren zur individuellen Lebensgestaltung in jeglicher Hinsicht inklusive der allgegenwärtigen Probleme der Qual der Wahl, von der strengen Kirchenbankordnung zur offenen Bestuhlung von Kirchen, vom sonntäglichen Hauptgottesdienst zu einer Vielzahl von Kasual-Gottesdiensten, von der

Passionsfrömmigkeit zum Weihnachtschristentum etc. Die vormals durch Liminalität gekennzeichneten Rituale werden zunehmend liminoid. Victor Turner, der diese ritualtheoretische Perspektive entwickelt hat, hat dies vor 30 Jahren auf die schöne Formulierung gebracht: »Vom Ritual zum Theater.«[4] Ich erweitere es nach 30 Jahren popkultureller globaler Entwicklung: vom Ritual zum Event. Hier ist die Freiwilligkeit der Teilnahme entscheidend, während es beim Liminalen hieß: Mitgehangen – mitgefangen! Das gibt es eben auch nicht mehr in der Kirche. Rituale z.B. wollen persönlich mitgestaltet, zuweilen gar ausgestaltet werden. Kirche wird zunehmend als Event inklusive der dazu gehörenden Eventualität genutzt.[5] Deshalb gilt: Das ›Als ob‹ charakterisiert eben auch den Lernort Gemeinde.

Dazu kommt, dass auch auf der Gemeindeseite die Rede vom Authentischen problematisch geworden. »Authentizität«[6] ist eine »Zuschreibungs-

---

2 Vgl. dazu F. Dinger, Religion inszenieren, Tübingen 2018, passim (Sachregister).
3 C. Gerber, Ehelos, ehefrei oder haben als hätte man nicht? Enthaltsamkeit als Lebenskonzept nach dem 1. Korintherbrief, in: A. Bieler / C. Gerber / S. Petersen / A. Standhartinger (Hg.), Weniger ist mehr. Askese und Religion von der Antike bis zur Gegenwart, Leipzig 2015, 56.
4 V. Turner, Vom Ritual zum Theater. Der Ernst des menschlichen Spiels, Frankfurt/M. 1989; vgl. dazu H. Schroeter-Wittke, Übergang statt Untergang. Victor Truners Bedeutung für eine kulturtheologische Praxistheorie, in: ThLZ 128 (2003), 575–588.
5 Vgl. H. Schroeter-Wittke, Event(uelle) Kirche, in: R. Janus / F. Fuchs / H. Schroeter-Wittke (Hg.), Massen und Masken. Kulturwissenschaftliche und theologische Annäherungen, Wiesbaden 2017, 71–78.
6 C. Wiesinger: Authentizität. Eine phänomenologische Annäherung an eine praktisch-theologische Herausforderung, Tübingen 2019.

kategorie« (112), keine Eigenschaft, ein »Resonanzphänomen« (283), insbesondere, was Bildungsprozesse angeht, und nichts, was »in Besitz zu nehmen oder einzufordern« (285) wäre. Diese religiöse Authentizität nur in der Gemeinde und nicht in der Schule zu verorten, wäre ebenso unangemessen wie das ›Als ob‹ nur in der Schule und nicht auch in der Gemeinde wahrnehmen zu wollen.

4. Was noch alles kein Unterschied ist zwischen den Lernorten Schulen und Gemeinde

1. Konfessionalität:[7] In beiden Lernorten spielt das jeweilige Bekenntnis eine Rolle.

2. Professionalität:[8] In beiden Lernorten spielt das öffentliche Erklären, die öffentlich zugängliche Erkenntnis eine Rolle. Kein Professor, der nicht auch Konfessor wäre. Keine Erkenntnis ohne Bekenntnis. Es gehört zur (nicht nur wissenschaftlichen) Redlichkeit, dass beides offen gestanden sein muss, wenn es nicht unter Machtmissbrauchsverdacht fallen soll.

3. Performativität: In beiden Bereichen wird nicht nur gedacht, sondern auch performt: Darstellung und Mitteilung hatte Schleiermacher das genannt. Performance führt dabei auch immer eine reflexive Dimension mit sich. Ob es hier für den Religionsunterricht einen strukturellen Unterschied zu anderen Schulfächern gibt, wie Florian Dinger in seiner sehr gründlichen Dissertation »Religion inszenieren« zum performativen Religionsunterricht andeutet, wenn er zwischen »artifizieller und authentischer Performance«[9] differenziert, erscheint mir letztlich zweifelhaft. Denn

im Englischunterricht bin ich auch nicht in England, im Sportunterricht nicht im Sportverein, im Musikunterricht nicht im Konzert etc. Dennoch übe ich Englisch, Sport und Musik aus. Strukturell Vergleichbares gilt für das Verhältnis von Religion und Religionsunterricht. Der Performanceforscher Marvin Carlson geht von der Grundeinsicht aus, dass »doing« und »performing« zu unterscheiden sind: »The difference between doing and performing [...] would seem to lie not in the frame of theatre versus real life but in an attitude – we may do actions unthinkingly, but when we think about them, this introduces a consciousness that gives them the quality of performance.«[10] In Schulen wie in christlichen Gemeinden geht es um »to perform religion«, nicht einfach um »to do religion«. Christlicher Glaube ist »denkender Glaube«[11], insofern er weder eine Un-

7 Vgl. dazu P. Steinacker: Ohne Konfession kein christlicher Glaube? Konfessionen als Ausdruck des Pluralismus im Christentum, in: M. Lasogga / M. Rein / E. Blanke (Hg.), Weltanschaulicher und religiöser Pluralismus – Herausforderungen für den christlichen Glauben. Theologisches Symposium anlässlich des 100. Geburtstags von Carl Heinz Ratschow, Hannover 2013, 73–109.

8 Vgl. dazu S. Leonhard, Religionspädagogische Professionalität. Eine empirisch-theologische Studie im Horizont des Pathischen, Göttingen 2018.

9 F. Dinger, Religion inszenieren [wie Anm. 2], 294.

10 M. Carlson, Performance. A Critical Introduction, London 1996, 4.

11 Vgl. dazu, eine Formulierung Harnacks aufgreifend, C.H. Ratschow, Das Christentum als denkende Religion, in: Ders., Von den Wandlungen Gottes. Beiträge zur Systematischen Theologie, Berlin/New York 1986, 3–23; sowie P. Steinacker, Denkender Glaube und Kritische Theorie. Reflexionen zum Verhältnis der Theologie Carl Heinz Ratschows zur Frankfurter Schule, in: NZSTh 30 (1988), 149–162.

mittelbarkeit noch ein ex opere operato kennt. Diese performative Dimension bedeutet zugleich, »Gestalten als Form des Erkennens«[12] wahrzunehmen. Für den Religionsunterricht etwa heißt dies, sich viel Gedanken darüber zu machen, wie ein solches Gestalten unterrichtlich Gestalt finden kann.

4. Vertrauensbildung: Schule wie Gemeinde geht es darum, dass Vertrauen gebildet werden kann und wird: von der Einbildung über die Grundbildung – aufgeteilt in Grundwissen, Abgrundwissen und Vorabgrundwissen – bis hin zur Ausbildung: Glaube ist Vertrauenssache. Vertrauen stellt das Ergebnis eines Bildungsprozesses dar. Schulen und Gemeinden bewegen sich hoffentlich im Rahmen vertrauensbildender Maßnahmen.

Konfessionalität, Professionalität, Performativität, Vertrauensbildung: Ich werde diesen Zusammenhang jetzt mit einem Break versuchen aufzuführen.

BREAK:
WAS FÜR EIN VERTRAUEN

Hemd ausziehen, darunter T-Shirt IV: Offizielles grünes Kirchentags-T-Shirt Dortmund 2019:

Auf eine Sprechblase am Herzen, die auch Luftballons darstellen, hinweisend: Hier stand mal drauf: »Was für ein Vertrauen (2. Kön 18,19)«. Aber nach zweimal Wäsche war der Aufdruck weg. Nun ist nur noch eine Leerstelle da. Offenbar ist Vertrauen eine ganz schön brüchige Angelegenheit, schnell weggewischt, wie weggepustet. Dennoch: Wenn man im Rücken eine Verheißung hat, dann kann man auch mit solchen Leer- und Lehrstellen leben – gerade jugendtheologisch:

Umdrehen, auf dem Rücken von T-Shirt IV steht: »Schöner als wie woanders«.

Genug der Textilien – ich komme nun zum Text. Ich lese Ihnen einen längeren Bibeltext vor, der die Vertrauensfrage stellt. Aus ihm stammt die Kirchentagslosung für Dortmund: Was für ein Vertrauen. Dieser Text kreist implizit auch um die Frage des ›Als ob‹ und zeigt, dass Vertrauen vor allem in Krisen wächst. Dieser Text zeichnet religionsgeschichtlich die erste große Bewährungsprobe des Monotheismus nach, der aus der Ohnmacht geboren wird, nicht aus der Allmacht. Wäre diese Geschichte damals anders ausgegangen, wären wir heute keine Christen. Interessanterweise gehört dieser Text überhaupt nicht zu unserem Grundrepertoire an Geschichten vom jüdischen und christlichen Glauben.

Wir schreiben das Jahr 701 vor Christus. Ein riesiges Heer steht vor den Toren Jerusalems und bedroht die Stadt. Der biblische Text berichtet, es sollen mindestens 185.000 Menschen gewesen sein. Es handelt sich um ein Heer der Assyrer. Seit Jahrzehnten schon unterjochen sie mit grausamer Hand alle Völker, die sich ihnen entgegenstellen.

So war es 20 Jahre zuvor auch schon mit dem Nordreich Israel geschehen. Damals war dessen Hauptstadt Samaria von den Assyrern platt gemacht worden. Die Bevölkerung war ins assyrische Großreich deportiert worden. Und von woanders entwurzelte Menschen waren im Nordreich angesiedelt worden. Viele Menschen waren damals nach Jerusalem

---

12 R. Lankau, Gestalten als Form des Erkennens. Kreativität und (Digital-)Technik in Kunstpädagogik und Mediengestaltung, München 2014.

geflohen. Das hatte zu einem ungeheuren Wachstumsschub dieser kleinen Stadt geführt mit all den sozialen, wirtschaftlichen und baulichen Problemen, die solch eine Fluchtwelle mit sich bringt. Aus den Zurückgebliebenen und den Hinzugetriebenen entstanden im ehemaligen Nordreich Israel die Samaritaner, die dann später von den Bewohnern des Südreichs Juda nicht mehr als ihresgleichen angesehen werden. Wir kennen das aus der Geschichte vom barmherzigen Samaritaner, die Jesus 730 Jahre später erzählen wird.

Aber da sind wir noch lange nicht, sondern wir befinden uns vorerst immer noch 701 vor Christus vor den Toren Jerusalems. Die Assyrer haben soeben Lachisch eingenommen. Lachisch, das war die wichtigste Festung Judas, die als uneinnahmbar galt, die war nun dem Erdboden gleichgemacht. Und nun stehen die Assyrer vor den Mauern Jerusalems mit überlegener modernster Waffentechnik und Kriegsführung. Die Assyrer z.B. haben tausende Pferde. Die Jerusalemer wissen noch nicht einmal, wie Reiten geht.

In den Mauern Jerusalems sehen wir einen verzweifelten König, Hiskia, und einen Propheten, Jesaja. Dieser ringt und wirbt verzweifelt darum, alle Macht und alle Ohnmacht auf den einen Gott zu setzen, auf den Gott, der auch das in seiner Hand hält, was diese Übermacht da draußen aufbietet. Drinnen: Zittern, Zagen, Bangen. Und draußen: Großmacht, Großkotz, Spott und Hohn.

Und dann ergreift Rabschake, der oberste Heerführer des assyrischen Königs, das Wort. Und seine Rede stampft das Selbstbewusstsein der Jerusalemer in Grund und Boden. Wenn Worte töten könnten – hier werden sie gesprochen. Normal kann da kein Gras mehr wachsen, und jedes Vertrauen ist wie weggepustet. Und in der Tat: Am Ende seiner vernichtenden Rede steht Sprachlosigkeit – doch anders, als man sich das denkt.

2. Könige 18,17–37 (Bibel in gerechter Sprache): [17]Doch der König von Assur sandte Tartan, Rabsaris und Rabschake mit einem großen Heer aus Lachisch zum König Hiskija nach Jerusalem. Sie zogen hinauf und kamen nach Jerusalem. Als sie nun hinaufgezogen und angekommen waren, blieben sie an der Wasserleitung des oberen Teiches stehen, die an der Straße des Walkerfeldes liegt. [18]Dann riefen sie den König, aber es traten zu ihnen nur der Palastvorsteher Eljakim ben-Hilkija, der Schreiber Schebna und der Sprecher Joach ben-Asaf hinaus. [19]Rabschake sagte zu ihnen: »Sagt zu Hiskija: So spricht der Großkönig, der König von Assur: Was ist das für ein Vertrauen, auf das du baust? [20]Du hast nichts als Lippengeschwätz geredet – zum Krieg aber braucht man guten Rat und Macht! Also: Auf wen vertraust du, dass du dich von mir politisch losgesagt hast? [21]Du vertraust wohl auf Ägypten, dieses geknickte Schilfrohr, das allen, die sich darauf stützen, in die Hand dringt und sie durchbohrt! Denn so macht es der Pharao mit allen, die auf ihn vertrauen. [22]Wenn ihr aber nun zu mir sagt: ›Wir vertrauen auf die Ewige, unsere Gottheit!‹ Ist es nicht so, dass Hiskija ihre Kulthöhen und ihre Altäre verschwinden ließ und er zu Juda und Jerusalem gesagt hat: ›Nur vor diesem Altar in Jerusalem sollt ihr euch niederwerfen!‹? [23]Nun also: Gehe doch mit meinem Herrn, dem König von Assur, eine Wette ein: Ich werde dir 2.000 Pferde geben – kannst du mir für sie Reiter geben? [24]Wie willst du auch nur einen Statthalter, selbst einen der Unbedeutendsten von den Vasallen meines Herrn, zum Umkehren bewegen? Du vertraust ja selbst nur auf Ägypten, auf seine Wagen und seine

Gespanne! [25]Zudem: Bin ich denn ohne die Ewige gegen diesen Ort hinaufgezogen, um ihn zu zerstören? Die Ewige selbst hat zu mir gesagt: ›Zieh hinauf gegen dieses Land, um es zu zerstören!‹« [26]Da sagten Eljakim ben-Hilkija, Schebna und Joach zu Rabschake: »Sprich doch mit deinen Untergebenen auf Aramäisch, denn wir verstehen es! Sprich nicht mit uns vor den Ohren des Volkes, das sich an der Stadtmauer aufhält, auf Judäisch!« [27]Daraufhin sagte Rabschake zu ihnen: »Hat mich etwa mein Herr nur zu deinem Herrn und zu dir gesandt, um diese Dinge zu besprechen? Oder nicht etwa auch zu den Menschen, die innerhalb der Stadtmauern wohnen und die mit euch Kot essen und Urin trinken?« [28]Rabschake stand erneut auf, rief mit lauter Stimme auf Judäisch, sprach und sagte: »Hört das Wort des Großkönigs, des Königs von Assur! [29]So spricht der König: Lasst euch nicht von Hiskija täuschen, denn er kann euch nicht aus meiner Hand retten! [30]Hiskija soll euch doch nicht auf die Ewige vertrösten, wenn er sagt: ›Auf jeden Fall wird uns die Ewige retten! Diese Stadt wird nicht in die Hand des Königs von Assur gegeben!‹ [31]Hört nicht auf Hiskija! Denn so spricht der König von Assur: Schließt mit mir ein Friedensabkommen! Tretet zu mir über, dann wird eine jede von euch unter ihrem Weinstock und ein jeder unter seinem Feigenbaum essen und alle werden Wasser aus ihrer Grube trinken, [32]bis ich komme! Dann werde ich euch in ein Land, das wie euer Land ist, mitnehmen, in ein Land von Getreide und Most, in ein Land von Brot und Weinbergen, in ein Land von Olivenbäumen und Honig – ihr werdet leben und nicht sterben! Hört nicht auf Hiskija, der euch verführt, indem er sagt: ›Die Ewige wird uns retten!‹ [33]Hat es denn irgendeine von den Gottheiten der Völker vermocht, das eigene Land aus der Hand des Königs von Assur zu retten? Wo sind denn die Gottheiten von Hamat und Arpad? [34]Wo sind die Gottheiten von Sefarwajim, Hena und Awa? Ja, haben sie etwa Samaria aus meiner Hand gerettet? [35]Wer von all diesen Landesgottheiten hat ihr Land aus meiner Hand gerettet? Ja, soll nun etwa die Ewige Jerusalem aus meiner Hand retten?« [36]Das Volk aber schwieg und antwortete ihm mit keinem Wort, denn es gab einen Befehl des Königs, und der besagte: »Ihr dürft ihm nicht antworten!« [37]Darauf gingen der Palastvorsteher Eljakim ben-Hilkija, der Schreiber Schebna und der Sprecher Joach ben-Asaf zu Hiskija, während sie ihre Kleider zerrissen. Sie berichteten ihm die Worte von Rabschake.

Als ob … Nicht-Antworten als Bekenntnis: Was für eine Geschichte – mit dem Vertrauen! Hier steht der eine Gott auf dem Spiel, der die ganze Welt in seinen Händen hält. Das Vertrauen auf diesen Gott hat nichts in der Hand, was es vorweisen oder zeigen könnte. Dieser Glaube an den einen Gott scheint ohnmächtig zu sein gegenüber der Übermacht dieses Rabschake. Die Einwohner Jerusalems damals halten an ihrem, dem einen Gott fest – gegen allen Augenschein! Darin wurden sie unterwiesen – Evangelische Unterweisung, könnte man sagen. Sie setzen ihr Vertrauen darauf, dass Gott sie unterhält – Gute Unterhaltung[13]. Und sie unterstellen dieser Welt in all ihrer Aussichtslosigkeit, dass dieser eine Gott sie nicht verlassen wird – eine mutige Unterstellung, die alles verändert. Wie ging die Geschichte damals weiter?

Ziemlich verrückt. Warum, weshalb, wieso – wir wissen es nicht – aber Tatsache ist: Die Assyrer zogen plötzlich völlig hektisch wieder ab. Die Archäologen bestätigen dies heute anhand von Ausgrabungen, die keine Zerstörung Jerusalems

---

13 Vgl. dazu H. Schroeter-Wittke, Art. Unterhaltung, in: TRE 34 (2002), 397–403.

belegen. Die Historiker wissen um diesen Rückzug auch aus assyrischen Quellen. Aber niemand weiß genau, warum. Waren es innenpolitische Konflikte im assyrischen Großreich, die den plötzlichen Rückzug veranlassten? Waren es Wetterumschwünge mit plötzlichen Regenfällen, die aufgrund des Schlammes die Streitwagenmacht mit ihren Pferden zum Rückzug zwang? War es eine plötzliche Epidemie im Heereslager, worauf die biblische Erklärung hindeutet, derzufolge ein Engel Gottes in einer Nacht 185.000 Menschen im assyrischen Lager tötete?

Vielleicht ist es gut, dass wir das nicht wissen. Das zarte Pflänzchen Vertrauen, das noch da war, als es allen die Sprache verschlagen hatte – das setzt sich durch – und wir wissen nicht wieso, weshalb, warum. Damals hat dieses Vertrauen in den einen Gott in aussichtsloser Situation dafür gesorgt, dass sich der Glaube an den einen Gott ausbreiten konnte und durchsetzte – bis zu uns heute! Es ist ein Glaube, der aus der Ohnmacht geboren nicht, nicht aus der Allmacht!

Wenn dieser Gestus unsere Lernprozesse und -atmosphären in Schulen und Gemeinden bestimmt, dann mache ich mir wenig Sorgen. Dieser Glaubensgestus ist alles andere als großspurig. Vielmehr basiert er auf der Erfahrung, dass Evangelische Unterweisung zu guter Unterhaltung und mutigen Unterstellungen führt: »Fides creatrix divinitatis« – sagt Martin Luther im Verein mit vielen Mystikern: der Glaube – eine Schöpferin der Gottheit. Der Glaube schafft die Gottheit.[14]

Nicht Anweisung, sondern Unterweisung, nicht Unterwerfung, sondern Unterhaltung und Unterstellung, nicht

Untergang, sondern Übergang statt Untergang. Christliche Religionslehre als vertrauensbildende Maßnahme – hüben wie drüben, in Schule und Gemeinde.

5. Was aber unterscheidet dann noch die Lernorte Schule und Gemeinde?

Ich nenne 12 Punkte, die Religionsunterricht von »kirchlicher Katechese« unterscheiden und die sich gemäß der Anforderung Bernhard Dresslers in drei Kategorien ordnen lassen: »substanziell, curricular und methodisch«.[15]

5.1 Substanzielle Unterschiede

5.1.1 Grundgesetz – Kirchenrecht
Religionslehre im Lernort Schule basiert auf dem Grundgesetz, im Lernort Kirche auf dem Kirchenrecht.

5.1.2 Lehrer – Pfarrer
Religionsunterricht in der Schule geben in der Regel Lehrkräfte, die mindestens eine zweite Fachkompetenz haben, die sie hoffentlich konstruktiv mit einspielen. In der Gemeinde lehren Menschen, die zumeist so genannte Volltheologie studiert haben und treiben und mitunter dadurch drohen, betriebsblind zu werden.

5.1.3 Zwang/Pflicht – Freiheit/Freiwilligkeit
Die Schule kommt gleich nach dem Gefängnis: Sie ist Zwang. Es besteht Schulpflicht. Die Kirche ist ein Lernort, der

---

14 Vgl. dazu H.-M. Barth: Fides creatrix divinitatis. Bemerkungen zu Luthers Rede von Gott und dem Glauben, in: NZSTh 14 (1972), 89–106.
15 B. Dressler, Religionsunterricht [wie Anm. 1], 204.

prinzipiell auf Freiheit und Freiwilligkeit basiert, auch wenn das in der Praxis mitunter anders empfunden wird.

5.2 Curriculare Unterschiede

5.2.1 Religion als Privatsache und öffentliche Angelegenheit – Religion als Gemeinschaft

Im Lernort Schule begegnet Religion vor allem als Privatsache und als öffentliche Angelegenheit, in der Gemeinde begegnet sie vor allem als Gemeinschaftsbildung.

5.2.2 Lebenverstehenlernen – Glaubenlebenlernen

Im Lernort Schule geht es um Lebenverstehenlernen, im Lernort Gemeinde um Glaubenlebenlernen

5.2.3 Benotung – Geschenke

Daher gibt es im Lernort Schule versetzungsrelevante Noten bis zum Abitur, im Lernort Gemeinde hingegen gibt es mit Erreichen der Religionsmündigkeit viele Geschenke.

5.2.4 Urteilsfähigkeit/Bildung als Gut – Taufe/Abendmahl/Predigt (Grethlein) als Gut

Im Lernort Schule ist das Bildungsziel[16] die Urteilsfähigkeit über Religion, im Lernort Gemeinde sind es Taufe und Abendmahl.[17]

5.3 Methodische Unterschiede

5.3.1 45-Minuten-Takt – andere Zeitformate

Im Lernort Schule wird in der Regel im 45-Minuten-Takt gelehrt, im Lernort Gemeinde in anderen Zeitformaten, z.B.

halbe Samstage, Konfi-Camps, Projekttage.

5.3.2 Klassenraum – andere Räume

Der Lernort Schule ist räumlich in der Regel durch den Klassenraum begrenzt, der Lernort Gemeinde kann verschiedene Räume sehr anders als Lernarrangement nutzen.

5.3.3 Distanzierung – Vergemeinschaftung/ Gemeinschaftserlebnis

Der Lernort Schule betont in seinem Lernarrangement die Distanzierung als notwendiges Mittel des Lernens, der Lernort Gemeinde das Gemeinschaftserlebnis, die Vergemeinschaftung.

5.3.4 Schulreligion – Gemeindereligion / Kirchenreligion / Medienreligion / Zivilreligion

Der Lernort Schule bezieht sich auf Schulreligion als Praxiserfahrung, der Lernort Gemeinde auf Gemeindereli-

16 Vgl. dazu R. Anselm, Gemeinsam der Lebenswirklichkeit zugewandt? – Ethische Theologie und Religionspädagogik, in: Theo-Web 12 (2013) 2, 54–63: »Gerade strukturelle Asymmetrien«, die Schule wie Kirche notgedrungen kennzeichnen, können »nur durch die Beziehung auf ein gemeinsam verfolgtes Gut, nicht aber durch den Verweis auf gegenseitige Rechte und Pflichten, in einen dienlichen Ausgleich gebracht werden« (60).
17 Vgl. C. Grethlein, Christsein als Lebensform. Eine Studie zur Grundlegung der Praktischen Theologie, Leipzig 2018, der die weitgehende Verengung der Religionspädagogik auf den Lernort Schule kritisch reflektiert: »Inhaltlich geht durch die Engführung auf den Unterricht der bei Jesu Auftreten und Wirken unauflösbare Zusammenhang mit den beiden anderen Modi der Kommunikation des Evangeliums weitgehend verloren, dem gemeinschaftlichen Feiern und dem Helfen zum Leben.« (30)

gion, Kirchenreligion, Medienreligion, mitunter auch Zivilreligion.

5.3.5 Religionskulturpädagogik – Gemeindekulturpädagogik

Für beide Lernort würde ich daher den Kulturbegriff als »gestaltete Mitte« in die jeweilige Begrifflichkeit einführen. Zum Lernort Schule gehört die Religionskulturpädagogik, zum Lernort Gemeinde die Gemeindekulturpädagogik.[18]

6. Revision der Evangelischen Unterweisung?

Der performativen Religionspädagogik ist von manchen vorgeworfen worden, sie würde verkappt Evangelische Unterweisung restituieren. Dazu eine vorletzte Bemerkung: Die Evangelische Unterweisung gehört ja zu den Prügelknaben der Religionspädagogik. Auf gar keinen Fall wollen wir Evangelische Unterweisung! Auf gar keinen Fall wollen wir Missionierung in der Schule! Ich misstraue diesen Abgrenzungen in ihrer flächendeckenden selbstverständlichen Absolutheit und vermute, dass bei einer kritischen Beschäftigung mit der Evangelischen Unterweisung vieles in Erinnerung gebracht werden würde, was uns heute weiter helfen könnte in Schule und Gemeinde. Auch die gemeinhin gängigen Vorstellungen von Mission würden sich dann womöglich als ziemlich veraltet herausstellen. Wenn sich jetzt hier einige fragen, ob ich für eine Revision der Evangelischen Unterweisung plädiere, dann sage ich: Ja, und? Als ob … Oder wie ich es auf einer Postkarte fand: »Mit vollem Einsatz spielen, als ob ob ob ist.« (Birgit Kempker)

7. ›Als ob‹ als Überlebensmittel

Gestern spätabends kam mir zufällig ein Text in die Finger, den ich nicht mehr in meinen Gesamtduktus einpflegen konnte, den ich Ihnen allerdings auch nicht vorenthalten will. Manche Fundstücke tragen ja das Signum des ›Al ob‹. Dieser Text zeigt die zahlreichen Facetten des ›Als ob‹, von der Wirklichkeitsbestreitung über den Widerstand gegen eine als gnadenlose Totalität zu erlebende Wirklichkeit bis hin zum Überlebensmittel. Es handelt sich um einen Text des Kabarettisten Leo Straus (1897–1944)[19], den er kurz vor seinem Abtransport ins KZ Auschwitz für eine Revue im KZ Theresienstadt verfasst hat:

> Als ob[20]
> Ich kenn ein kleines Städtchen,
> Ein Städtchen ganz tipptopp,
> Ich nenn es nicht beim Namen,
> Ich nenns die Stadt Als-ob.
>   Nicht alle Leute dürfen
>   In diese Stadt hinein,
>   Es müssen Auserwählte
>   Der Als-ob-Rasse sein.

18 Vgl. dazu G. Fermor / H. Schroeter-Wittke, Vertrauens-Bildung in evangelische Übergänglichkeit. Eine Einführung in Gemeindekultur- und -medienpädagogik, in: P. Bubmann u.a. (Hg.), Gemeindepädagogik. Ein Studienbuch, Berlin/Boston ²2019, 209–230.
19 Vgl. V. Kühn (Hg.), Deutschlands Erwachen. Kabarett unterm Hakenkreuz 1933–1945. Kleinkunststücke Band 3, Berlin/Weinheim 1989, 386.
20 Zit. nach ebd., 273f. Der Song wurde von der Norwegerin Bente Kahan eingespielt auf der CD »Kurt Gerron's Karussell. Lieder der 20er bis 40er Jahre.« TV Ventures / Red Moon 1999, Nr. 19.

Die leben dort ihr Leben,
Als obs ein Leben wär,
Und freun sich mit Gerüchten,
Als obs die Wahrheit wär.
    Die Menschen auf den Straßen,
    Die laufen im Galopp –
    Wenn man auch nichts zu tun hat,
    Tut man doch so als ob.
Es gibt auch ein Kaffeehaus
Gleich dem Café de l'Europe,
Und bei Musikbegleitung
Fühlt man sich dort als ob.
    Und mancher ist mit manchem
    Auch manchmal ziemlich grob –
    Daheim war er kein Großer,
    Hier macht er so als ob.

Des Morgens und des Abends
Trinkt man Als-ob-Kaffee,
Am Samstag, ja am Samstag,
Da gibts Als-ob-Haché.
    Man stellt sich an um Suppe,
    Als ob da etwas drin,
    Und man genießt die Dorsche
    Als Als-ob-Vitamin.
Man legt sich auf den Boden,
Als ob das wär ein Bett,
Und denkt an seine Lieben,
Als ob man Nachricht hätt.
    Man trägt das schwere Schicksal,
    Als ob es nicht so schwer,
    Und spricht von schönrer Zukunft,
    Als obs schon morgen wär.

Matthias Gronover
Religiöse Bildung in Gemeinde und Schule vor dem Hintergrund entschiedener Indifferenz

Auf die Frage eines Lehrers, was Heilige wohl für Katholiken bedeuten, antwortet ein Schüler »vielleicht wie ein Gott« und ein anderer, »wie Jesus«.[1] Die Schüler sind sich inhaltlich nicht sicher und artikulieren vage Vorstellungen. Sie sind indifferent. Dem Lehrer wird erst im Nachgespräch zu diesem Unterricht deutlich, dass entscheidend gewesen wäre, die Indifferenz des Gesprächs aufzugreifen und weiterzuentwickeln.

Die Szene ist typisch für die Bildungsarbeit in der Gemeinde und Schule. Diese lebt davon, dass sich die Beteiligten authentisch und schwungvoll mit religiösen Themenstellungen auseinandersetzen. Nicht umsonst ist von einem lebendigen Gespräch die Rede, wenn bemerkt wurde, dass es mit Leidenschaft und Interesse geführt wurde. In diesem Beitrag geht es darum, die konstitutive Rolle religiöser Indifferenz in diesen Bildungsprozessen herauszustellen. Denn sowohl Leidenschaft als auch Interesse sind Ausdruck emotionaler und sprachlicher Suchprozesse und damit entscheidend für den Erfolg von Bildung. Die suchende Dynamik im Lernraum, die sich aus vagen Unbestimmtheiten ergibt, wird hier als Indifferenz bezeichnet. Zugleich gelingt religiöse Bildung nur dann, wenn wichtige Unterscheidungen in den Dialog einbezogen werden, damit Falsches erkannt wird und sich Richtiges bewähren kann. Entschiedene Indifferenz konturiert religiöse Bildungsprozesse, in denen sich die Vagheit kommunikativer Suche und die Präzision von sachlich, sozial und affektiv gefestigten Haltungen begegnen. Sie ist damit vom Indifferentismus zu unterscheiden, der profillos und unverbindlich bleibt. Entschiedene Indifferenz transportiert dagegen das religionspädagogische Paradox, durch kommunikative Offenheit religiöse Urteilfähigkeit zu erwerben.

In einem ersten Schritt konturiere ich sowohl Religionsunterricht als auch Katechese als Lernorte, die unterschiedlich normativ durchsetzt sind. Der Religionsunterricht als res mixta folgt theologischen und bildungspolitischen Vorgaben, um religiöse Bildung im öffentlichen Raum der Schule umzusetzen. Katechese folgt Zielen der religiösen Mündigkeit, der Gemeindebildung und theologischen Vorstellungen vom gelingenden Leben, je nach konkretem Ort mit unterschiedlichen Schwerpunkten und in ganz bestimmten Mischungsverhältnissen.

In einem zweiten Schritt gehe ich auf den Aspekt der Entschiedenheit in Bildungsprozessen ein. Diesen sehe ich v.a. in der Orientierung am Subjekt, gerade

---

1 Friedrich Schweitzer / Albert Biesinger, Gemeinsamkeiten stärken — Unterschieden gerecht werden. Erfahrungen und Perspektiven zum konfessionell-kooperativen Religionsunterricht, Freiburg i.Br./Gütersloh 2002, 157.

wenn es um Begründungsstrukturen religiöser Bildung geht. Der dritte Schritt diskutiert religiöse Bildung unter den Voraussetzungen religiöser Heterogenität. Unter dem Stichwort der Heterogenitätsfähigkeit wird der Aspekt der Entschiedenheit untermauert, weil sie bedeutet, Differenzen von klaren Standpunkten zu ziehen.

Einsichten aus der Empirie religiöser Heterogenität geben einen Hinweis auf die fortdauernde Entwicklung im Blick auf Religion und zeigen, wie sich der Religionsunterricht und die Katechese diesen Herausforderungen stellen könnten. Ich fasse dies im vierten Abschnitt zur entschiedenen Indifferenz als Topos der Theoriebildung zusammen.

1. Religionsunterricht und Katechese

Religiöse Bildung begleitet junge Menschen in ihrer religiösen Identitätsfindung, ermöglicht und eröffnet Wege zu Toleranz und Gerechtigkeit, macht die Notwendigkeit von Religion in der Gesellschaft sichtbar und regt zur Entwicklung einer eigenen Position mit Blick auf zentrale religiöse Fragen an. Dabei sollte religiöse Bildung unterscheidungsstark religiöse Bekenntnisse und subjektive Positionalitäten bilden, um in Schulen und Gesellschaft einen Beitrag zu wechselseitigem Verständnis zu leisten. Unterscheidungsstärke und Entschiedenheit setzt dabei Indifferenz und Offenheit voraus. Ich spreche deswegen von entschiedener Indifferenz, was zum einen auf Entscheidungen verweist, das Fremde und Andere überhaupt in den Diskursraum Kirche und Unterricht zuzulassen; und zum anderen einem Relativismus begegnen soll,

der losgelöst von Tradition und Theologie auf die Einebnung religiöser Unterschiede setzt. Die Demarkationslinie zwischen Religion und Gesellschaft verläuft empirisch, das ist für das Verständnis wichtig, nicht mehr zwischen den Religionen, sondern zwischen gläubigen und areligiösen Menschen.[2] Je nachdem, wer alles zur Katechese eingeladen wird, müssen die Katechetinnen und Katecheten nicht nur zur katholischen Tradition Auskunft geben können, sondern prinzipiell zu allen religiösen Traditionen. Für den Religionsunterricht gilt dies schon lange. Und zwar nicht *obwohl* Katechese und Religionsunterricht katholische Bildungsveranstaltungen sind, sondern *weil* sie katholisch sind.

Diesen Herausforderungen muss sich religiöse Bildung insgesamt stellen, sowohl in den allgemeinbildenden und berufsbildenden Schulen als auch in der Katechese.

Betrachtet man die Bildungsgänge in Deutschland im Gesamten, kommt man für das Jahr 2017/18 auf 8.346.707 Schülerinnen und Schüler, davon 2.225.768 an Gymnasien und 2.490.462 an Beruflichen Schulen.[3] Dem Religionsunterricht in beiden Schularten kommt also eine eminent wichtige Rolle zu. Ohne

2 Gert Pickel, Religiositäten(n) Heranwachsender – Wo und wie Kinder und Jugendliche in Deutschland heute Erfahrungen mit Religion und Spiritualität machen, in: Winfried Verburg (Hg.), Anknüpfungspunkte?! Schülerreligiositäten als Potenzial religiöser Bildung, München 2018, 14–38.
3 Statistisches Bundesamt Wiesbaden (Hg.) (2019), Schülerzahlen, in: https://www.destatis.de/DE/Themen/Gesellschaft-Umwelt/Bildung-Forschung-Kultur/Schulen/Tabellen/allgemeinbildende-beruflicheschulen-schularten-schueler.html [Zugriff: 31.07.2019].

ihn würden auch die ca. 1,4 Millionen Auszubildenden im Dualen System ohne religiöse Bildung sein.

Grundlage für die Erteilung des Religionsunterrichts ist das Grundgesetz. Der Religionsunterricht wird in Übereinstimmung mit den Grundsätzen der jeweiligen Religionsgemeinschaft erteilt (Art. 7 Abs. 3 Grundgesetz). Die Kirchen formulieren unterschiedlich akzentuierte Vorgaben zum Verständnis ihres jeweiligen Religionsunterrichts. Auf evangelischer Seite erschien hier zuletzt 2014 die Denkschrift »Religiöse Orientierung gewinnen«.[4] Auf katholischer Seite umreißt eine Verlautbarung der deutschen Bischöfe aus dem Jahr 1991 die spezielle Situation des »Religionsunterrichts an berufsbildenden Schulen«[5] und die neueste Verlautbarung der Deutschen Bischöfe zur »Zukunft des konfessionellen Religionsunterrichts«[6] 2016 geht auf die besonderen Herausforderungen der heutigen Zeit ein. All diese Papiere machen deutlich, dass der Religionsunterricht bekenntnisgebunden ist und in der jeweiligen konfessionellen Verantwortung erteilt wird. Die religionspädagogische, offene Orientierung an religiösem Kompetenzerwerb und den Subjekten des Lernens wird unterstützt und kontrastiert durch das entschiedene Festhalten an der Bekenntnisgebundenheit des Unterrichts.

Nach Monika Jakobs ist das Ziel der Katechese der »mündige, kritische Glaubende. In der Pluralität der religiösen Angebote hat Katechese wie auch religiöse Bildung in gewisser Weise die Funktion des Konsumentenschutzes: Der Einzelne soll dabei unterstützt werden, religiöse Angebote beurteilen zu können, und etwa falsche Heilsversprechen

und Abzockerei als solche zu erkennen«.[7] Ungeachtet dessen, dass Kritikfähigkeit in sich voraussetzungsreich ist und einen Standpunkt außerhalb der Kritik voraussetzt (den es nicht geben kann), ist wichtig, dass es im katechetischen Lernen um Glaubende geht, also um ein Selbstverhältnis, das nicht einfach in Kirche oder Gesellschaft aufgeht. Die Bischöfe beschreiben dies durch die Betonung des »gelingenden Lebens«, das die Katechese ermöglichen solle. Das »gelingende Leben«, welches das Arbeitspapier bei der Synode der Bistümer Deutschlands 1974 als Zielperspektive benennt, folgt dem Modell der Bewährung des Evangeliums in der Gesellschaft[8], ist aber insofern unbestimmt und indifferent, als sowohl das Gelingen des Lebens als auch das Leben selbst nicht trennscharf bestimmbar sind. Blickt man auf die bischöflichen Verlautbarungen insgesamt, so richten sich diese auf die Balance zwischen Individuum und Kirche: »Aus dem wech-

---

4 Rat der Evangelischen Kirchen in Deutschland (Hg.), Religiöse Orientierung gewinnen. Evangelischer Religionsunterricht als Beitrag zu einer pluralitätsfähigen Schule. Eine Denkschrift des Rates der Evangelischen Kirche in Deutschland, Gütersloh 2014.

5 Sekretariat der Deutschen Bischofskonferenz (Hg.), Zum Religionsunterricht an berufsbildenden Schulen, Bonn ²1991.

6 Sekretariat der Deutschen Bischofskonferenz (Hg.), Die Zukunft des konfessionellen Religionsunterrichts. Empfehlungen für die Kooperation des katholischen mit dem evangelischen Religionsunterricht, Bonn 2016.

7 Monika Jakobs, Neue Wege der Katechese, München 2010, 139.

8 Vgl. Gemeinsame Synode der Bistümer in der Bundesrepublik Deutschland, Das katechetische Wirken der Kirche. Arbeitspapier, in: Dies. (Hg.), Ergänzungsband. Arbeitspapiere der Sachkommissionen. Offizielle Gesamtausgabe II, Freiburg i.Br. 1977, 31–102.

selseitigen Zusammenhang zwischen dem individuellen Glaubensweg, dem in der kirchlichen Tradition gewachsenen Glaubensbekenntnis und den in der Gemeinschaft erfahrbaren Glaubensvollzügen soll die Katechese als dynamischer Prozess Gestalt gewinnen.«[9]

Das schließt ein, dass Katechese selbst nicht nur durch die Kirche getragen wird, sondern diese auch konstituiert. Dazu passt, dass die Bischöfe im Zeitraum von 1997 bis 2004 den Akzent ihrer Argumentation vom systematisch-theologischen Begründungszusammenhang der Katechese hin zu einem ekklesiologisch fundierten, gesellschaftsorientierten Argumentationsstrang verschoben haben. In diesem spielen »Kulturleistungen« von Christen eine wichtige Rolle.[10] Katechetisches Lernen ist damit nicht nur kirchengebunden, sondern in einem strengen Sinn auch kulturgebunden. Diese Entgrenzung des Lernens (weil es nicht mehr an konkrete gemeindliche Orte gebunden ist) beabsichtigt kontinuierliche Selbstbildung, die vor allem differenzsensibel machen soll. Dabei ist zu betonen, dass das »gelingende Leben« nur in all den Brüchen und Leiderfahrungen des Menschen und durch diese hindurch gelingen kann.

Katechetisches Lernen ist in pädagogischer Hinsicht mit Blick auf die gesellschaftsgestaltende Kraft des Evangeliums hin zu entfalten (›Kulturleistung‹). In theologischer Hinsicht ist dieses Lernen kein individualistisch enggeführtes Objekt, sondern vom sozialen Kontext zu bestimmen (›Gemeindebildung‹, ›Beziehungslernen‹). Insgesamt geschieht katechetisches Lernen im Modus des Glaubens, wobei es dadurch profiliert ist, dass

es den Glauben zu verstehen gibt, ohne sich »mit dem Zwang zum Einverständnis«[11] zu verbinden.

Sowohl der Religionsunterricht als auch die Katechese zielen Mündigkeit an und ziehen ihre begründenden Argumente aus gesellschaftlichen und theologischen Erkenntnissen. Je nach Adressatenkreis der Argumentation werden dazu entweder kohortenspezifische Merkmale betont (1,4 Mio. Auszubildende in Deutschland bzw. um die 800.000 Kommunionkinder in der Katechese), der jeweilige Beitrag des Bildungsangebots für ein »gelingendes Leben« hervorgehoben oder aber – im Sinne einer Bildung im engeren Sinne – entsprechende Kompetenzen aufgerufen, die gestärkt werden. Diese Zielformulierungen bewegen sich in einer doppelten Relativität zwischen den Subjekten der Bildung und den normativen Rahmenvorgaben von Schule und Kirchen.

Dadurch entsteht aber eine Ungleichzeitigkeit, die es unbedingt zu beachten gilt. Sowohl die Legitimationsverfahren des Religionsunterrichts als auch diejenigen für die Katechese unterliegen hohem Transformationsdruck. Bernd Schröder hat die gesellschaftlichen Veränderungen mit Blick auf Kirchlichkeit zusammengefasst: Neben einem quantitativen Rückgang der Kirchenmitgliedschaft hat

---

9 Sekretariat der Deutschen Bischofskonferenz (Hg.), Katechese in veränderter Zeit, Bonn ³2016, 16f.

10 Matthias Gronover, Katechese als Übung. Eine Grundlegung, Münster 2012, 117.

11 Bernhard Dressler, Performative Religionsdidaktik. Theologisch reflektierte Erschließung von Religion, in: Ders. / Thomas Klie/ Martina Kumlehn, Unterrichtsdramaturgien. Fallstudien zur Performanz religiöser Bildung, Stuttgart 2012, 15–42, hier 19.

sich auch deren Ausgestaltung verändert. Es gebe eine »Vielfalt an Partizipationsmustern und Glaubensverständnissen mit Tendenz zur distanzierten Kirchlichkeit.«[12] Außerdem macht Schröder eine erhebliche Differenz zwischen den Denkmustern der Kirchen und der Gesellschaft aus. Während erstere traditionsgeleitet seien, sei die heutige Gesellschaft eher traditionsdistanziert eingestellt. Schließlich gehe es auch um die »Einebnung christlicher Kirchen in die religionsplurale Gesellschaft« sowie um die zunehmende innerkirchliche Transformation verschiedener »Praxen in Richtung Teilnehmer- und Subjektorientierung«.[13] Religiöse Transformationsprozesse betreffen das Selbstverständnis der Kirchen und damit religiöse Bildung im Religionsunterricht und Katechese und zwingen gerade dazu, bei Wahrung identitätsstiftender Merkmale gleichzeitig zukunftsoffen zu agieren.

2. Theologische Option für unterscheidungsstarke religiöse Bildung

In der pluralen Gesellschaft ist es eine große Herausforderung, sich selbst und anderen gegenüber verlässliche Strukturen aufzubauen und verschiedenste Erwartungshaltungen zu erfüllen. Liebe sieht sich zu Treueschwüren gezwungen (symbolisiert in Vorhängeschlössern an Brückengeländern) und wird zugleich als zerbrechlich erlebt; Arbeit wird als Selbsterfüllung gefeiert und ist zugleich ein Burnoutfaktor; Gesundheit ist ein Geschenk und wird zugleich als Produkt eigener Bemühungen betrachtet. Im individuellen Leben diese Differenzen in eine kohärente Sinnstruktur zu bringen, ist sehr schwierig. Die Regeln der Partnerschaft sind andere als die der Gesundheit, des Sports oder auch der Bildung. Wir wechseln ständig diese Systemlogiken, betreten je andere Räume und sollten dabei auch dann Orientierung haben, wenn beispielsweise der Partner sagt, etwas mehr Sport wäre gut für einen, die Arbeit aber kaum Zeit dafür lässt.

Michael Meyer-Blanck verortet Religion genau in den Übergängen zwischen diesen Logiken und Ansprüchen, also zwischen Gesunderhaltung, Bildung, Wirtschaft, Recht, Kunst und Liebe. »Die Religion als die fundamentierende Unterscheidung lehrt die Kunst der Übergänge zwischen den verschiedenen Systemlogiken als die spätmoderne Lebenskunst schlechthin«.[14] In diesem Zitat stecken zwei theologische Referenzen religiöser Bildung: Einmal seine Rückbindung an denjenigen Menschen, der nach der Kunst zu leben trachtet und die oben beschriebenen Übergänge schaffen muss. Das ist nicht nur ein Erfordernis in der pluralen Gesellschaft, sondern eines der Selbstdisziplin und der Kunst, mit sich selbst gnädig zu sein. Zum anderen setzt dieses Verständnis von Religion voraus, unsere

---

12 Bernd Schröder, Religionspädagogische Aufgaben angesichts des Wandels institutionellen Christentums, in: JRP 30 (2014), 110–121, hier 110.
13 Ebd.
14 Michael Meyer-Blanck, »Identität« als Leitbegriff des Religionsunterrichts an berufsbildenden Schulen. Die Bedeutung von Glaube und Religion für die Bildung der beruflichen Identität, in: Reinhold Boschki u.a. Person – Persönlichkeit – Bildung. Aufgaben und Möglichkeiten des Religionsunterrichts an beruflichen Schulen (Glaube – Wertebildung – Interreligiosität, Bd. 11), Münster 2017, 111–122, hier 91.

Gesellschaft als vielfältig, partikular verstanden zu haben, um die verschiedenen Logiken zu durchschauen und Übergänge überhaupt bewusst gestalten zu können. Religiöse Bildung kann sich angesichts der schwierigen Frage nach der Lebenskunst nie nur theologisch begründen, sondern muss bildungstheoretisch und sozialsensibel argumentieren.

Zugleich ist das eine bleibende Herausforderung. So schreibt Englert mit Blick auf eine pluralitätsfähige Religionspädagogik, sie müsse »die Ansicht überwinden, religiöse Pluralität bedeute das Nebeneinander durchwegs gleich gültiger Standpunkte. Religionspädagog/innen hätten von daher dazu beizutragen, dass sich ›diffuse‹ bzw. unterscheidungsschwache in Richtung ›markanter‹ bzw. unterscheidungsstarker Pluralität entwickeln kann.«[15] Praktisch hieße das, die Subjekte zur religiösen Bildung zu befähigen, fremde Perspektiven zu übernehmen und Differenz einzuüben. Die Subjekte der Bildung sollen die Frage nach der Wahrheit stellen und sich diesbezüglich persönlich positionieren. Diffuse oder indifferente Pluralität wird also nicht allein durch Kognition und Lernzuwachs in Unterscheidungsstärke und Entschiedenheit übersetzt, sondern durch die Haltungen, die angesichts von Pluralität eingenommen werden.

3. Religiöse Bildung in Religionsunterricht und Katechese unter den Voraussetzungen religiöser Heterogenität

Spätestens seit Beginn dieses Jahrtausends stellt religiöse Heterogenität einen, wenn nicht sogar den zentralen Bezugspunkt religionspädagogischer Reflexion dar.[16] Im Unterschied zur Pluralität betont Heterogenität die wechselseitige Inkommensurabilität von Standpunkten und stärkt damit die Eigenständigkeit von Selbstzuschreibungen, weil das vielleicht mögliche, einende Gemeinsame (z.B. das Abstraktum Religion) nicht von Anfang an veranschlagt wird. Zahlreiche Studien zeigen, dass mit der Individualisierung des Glaubens Heterogenität gesteigert wird. Katechese und Religionsunterricht müssen sich dem gleichermaßen stellen.

Zur Profilierung von religiöser Heterogenität auf der Individualebene kann man zunächst an verschiedene Beobachtungen religiöser Differenzen anschließen, die die Religionspädagogik bereits kennt. Dann wird das Bild religiöser Heterogenität durch *positionelle, stilistische, kontextuelle und biographische* Differenzen durchzogen.[17] *Positionelle* Differenzen beziehen sich auf den Inhalt des Glaubens. Hier finden sich unterschiedliche Lesarten einer der christlichen Konfessionen ebenso wie die Unterschiede zwischen den christlichen Konfessionen und die Unterschiede zwischen dem Christentum und nicht-christlichen Religionen.

15 Rudolf Englert, Skizze einer pluralitätsfähigen Religionspädagogik, in: Friedrich Schweitzer u.a., Entwurf einer pluralitätsfähigen Religionspädagogik (Religionspädagogik in pluraler Gesellschaft, Bd. 1), Freiburg i.Br./Gütersloh 2002, 102.
16 Bernhard Grümme, Heterogenität in der Religionspädagogik. Grundlagen und konkrete Bausteine, Freiburg i.Br. 2017.
17 Rudolf Englert, Dimensionen religiöser Pluralität, in: Friedrich Schweitzer u.a., Entwurf einer pluralitätsfähigen Religionspädagogik (Religionspädagogik in pluraler Gesellschaft, Bd. 1), Gütersloher/Freiburg i.Br. 2002, 17–50.

In der säkularen Gesellschaft gehören auch nicht-religiöse Weltanschauungen zum Reservoir der Glaubens- und Sinnkonstruktionen junger Menschen. *Stilistische* Differenzen bezeichnen die Art und Weise, wie individueller Glaube gelebt wird. Darin kann man einen

- subjektiven Stil, der Glauben aus einer strikt egozentrischen Perspektive begreift, gemäß der nur das eigene Erleben ausschlaggebend ist,
- einen instrumentellen Stil, der einer als übermächtig erfahrenen transzendenten Autorität gerecht werden will,
- einen beziehungsorientierten Stil, dessen Glaube aus der Beziehung zum sozialen Umfeld erwächst,
- einen reflektierten Stil, der den eigenen Glaubensstandpunkt in der Auseinandersetzung mit den Sinnangeboten des Umfelds gewinnt,
- und einen dialogischen Stil, der im Sinn einer pluralistischen Grundhaltung den eigenen Glauben als einen Weg unter vielen versteht, unterscheiden.[18]

Kontextuelle Differenzen beziehen sich auf soziale Merkmale, die individuelles Erleben prägen und damit zu unterschiedlichen Glaubenserfahrungen führen. Hierbei sind die Merkmale Milieu, Alterskohorte, Geschlecht und Persönlichkeit entscheidend. Die SINUS-Studien weisen darauf hin, dass sich eine institutionell getragene Religiosität vor allem in den traditionellen Milieus mit höherem Bildungsgrad antreffen lässt, während in sämtlichen Milieus mit niedrigerer Bildung kaum noch Bezüge zu Religion in irgendeiner Form anzutreffen ist.[19] *Biographische* Differenzen schließlich sind durch die individuelle Lebenserfahrung und die persönliche Verarbeitung dersel-

ben grundgelegt. Sie verweisen darauf, dass die persönliche Lebensgeschichte einen entscheidenden Faktor religiöser Vielfalt darstellt. In diesem Kontext ist auch die enge wechselseitige Beziehung von Religion und Kultur, beziehungsweise von religiöser und kultureller Sozialisation zu betrachten.[20] Quer zu diesen religiösen Differenzen liegen Faktoren, die religiöse Heterogenität entscheidend ausmachen: Interreligiosität, die Frage nach Bildungsgerechtigkeit sowie nach Geschlecht und Macht.[21] In der Summe erweist sie sich somit als vielschichtig und komplex.

Im schulischen Religionsunterricht bildet religiöse Heterogenität den interaktiven Kontext eines konfessionell organisierten Unterrichtsfachs. Die Konzeption eines zeitgemäßen konfessionellen Religionsunterrichts reagiert auf diese interaktive Grundbedingung, indem sie ihren Schwerpunkt von der Zielsetzung auf ihren Ausgangspunkt und Bezugsrahmen verschiebt.[22] Es geht

18 Heinz Streib, Religion as a Question of Style. Revising the Structural Differentiation of Religion from the Perspective of the Analysis of contemporary-Pluralistic Situation of Religion, in: IJPT 7 (2003), 1–22.
19 Carsten Wippermann / Marc Calmbach, Wie ticken Jugendliche? Sinus-Milieustudie U27, Düsseldorf 2008.
20 Klaus von Stosch / Sabine Schmitz / Michael Hofmann, Kultur und Religion. Eine interdisziplinäre Bestandsaufnahme, Bielefeld 2016, 7–12.
21 Bernhard Grümme, (wie Anm. 16).
22 Matthias Gronover, Konfessionalität in religiöser Heterogenität im Religionsunterricht an berufsbildenden Schulen, in: Albert Biesinger u.a. (Hg.), Integration durch religiöse Bildung. Perspektiven zwischen beruflicher Bildung und Religionspädagogik (Glaube, Wertbildung, Interreligiosität, 1), Münster u.a. 2012, 173–188.

dem konfessionellen Religionsunterricht nicht mehr primär darum, Kinder und Jugendliche mit der eigenen Konfession vertraut zu machen. Darauf wurde weiter oben schon verwiesen. Zuerst geht es kirchlich verantworteter, religiöser Bildung in Katechese und Religionsunterricht darum, die Schülerinnen und Schüler zu einer Auseinandersetzung mit Religion aus einer bestimmten konfessionellen Perspektive anzuregen, um so Orientierung in einer religiös pluralen Welt zu gewinnen. Diese Auseinandersetzung erfolgt im Spannungsfeld zwischen Konfessionalität und Subjektorientierung, und zwar sowohl auf inhaltlicher Ebene wie auch auf der Beziehungsebene. In jedem Fall zielt religiöse Bildung auf die Subjekte und nimmt daher deren Perspektiven auf und deren Zugänge zum Glauben ernst. Lerntheoretisch gründet diese Position in der Einsicht, dass Menschen immer nur im Kontext ihres eigenen Vorverständnisses eines Sachverhalts neue Informationen zu diesem verarbeiten. Das ist eines der zentralen Anliegen der Jugendtheologie. Es geht dieser Theologie um das Aufzeigen einer den Jugendlichen »selbst verfügbaren Möglichkeit, religiöse Fragen mit Hilfe theologischer Reflexion zu klären«.[23] Die Wahrheitsansprüche der religiösen Traditionen und die (Glaubens-)erfahrungen und -haltungen der Lernenden begegnen sich »auf Augenhöhe«.[24] Das ist der entscheidende Punkt für das Verständnis dieser Bildungsprozesse. Denn aus der Begegnung entspringen Indifferenz und Vagheit, gerade weil weder die Tradition noch die Erfahrung die Oberhand gewinnen. Einleitend wurde dies aus unterrichtspraktischer Perspektive schon deutlich. Auch aus akademischer

Perspektive drängt dieser Ansatz an die Oberfläche: »Man könnte sagen: Es geht auf dieser Linie um eine Entspezifizierung des Christlichen im pädagogischen Handeln; und zwar insofern, als an die Stelle dessen, was die christliche Religion von anderen Religionen unterscheidet, nämlich den Glaubensinhalten, ins Zentrum das rückt, was man den humanen Sinn der christlichen Kernbotschaft nennen könnte«.[25]

4. Entschiedene Indifferenz in Religionsunterricht und Katechese

In der 23. seiner geistlichen Übungen betont Ignatius von Loyola, der Übende solle sich »gegenüber allen geschaffenen Dingen in allem, was der Freiheit unserer freien Entscheidungsmacht gestattet und ihr nicht verboten ist, indifferent« machen.[26] Nicht das Materielle und geistig Beherrschbare gebe Halt und Sicherheit, sondern Demut und Lob gegen-

23 Thomas Schlag / Friedrich Schweitzer, Rückfragen – Klärungen – Perspektiven, in: Dies. (Hg.), Jugendtheologie. Grundlagen – Beispiel – kritische Diskussion, Neukirchen-Vluyn 2011, 165–180, 173.

24 Rudolf Englert, Connection impossible? Wie konfessioneller Religionsunterricht Schüler/innen ins Gespräch mit Religion bringt, in: Eva-Maria Kenngott / Ders. / Thorsten Knauth (Hg.), Konfessionell – interreligiös – religionskundlich. Unterrichtsmodelle in der Diskussion, Stuttgart 2015, 19–30, hier 24.

25 Rudolf Englert, Was wird aus Religion? Beobachtungen, Analysen und Fallgeschichten zu einer irritierenden Transformation, Ostfildern 2018, 165.

26 Ignatius von Loyola, Geistliche Übungen. Nach dem spanischen Autograph übersetzt von Peter Knauer SJ, Regensburg 2008, 39.

über Gott. Erst von einer indifferenten Haltung her könne Nächstenliebe aus wahrer Gottesliebe erfolgen. Das ist ein faszinierender spiritueller Ansatz, der m. E. auch für eine lehrende Haltung im Religionsunterricht und Katechese tragbar ist. Wenn ich als Religionslehrerin oder Religionslehrer im Sinne einer kritischen Indifferenz offen für andere religiöse Haltungen und Einstellungen bin, kann ich diese wertschätzend miteinander ins Gespräch bringen und so zu wechselseitiger Perspektivenübernahme und Anerkennung anregen. Gleichwohl ist wichtig, die eigene religiöse Position als Christ oder Christin entschieden einzubringen. Diese Entschiedenheit wirkt oft wie ein Katalysator für auf Verständigung und Anerkennung abzielende Unterrichtsprozesse.

Der Erziehungs- und Bildungsauftrag der Schule lässt sich nicht mehr unter Absehung von den Beziehungen zwischen den verschiedenen Religionen und Weltanschauungen erfüllen – Werteerziehung bezieht sich traditionell auf den Religionsunterricht und den Ethikunterricht. Allerdings ist das nunmehr eine Aufgabe aller Schulfächer. Der Religionsunterricht muss sich schulpädagogisch verorten. Schülerinnen und Schüler sowie Auszubildende aller Religionen und Konfessionen sind nicht trotz ihrer Religion im Religionsunterricht willkommen, sondern gerade mit ihrer Religion.[27] Die Jugendlichen bringen unterschiedliche Haltungen, Überzeugungen und Glaubenspositionen selbstverständlich in ihren Schulalltag mit und können der religiösen und weltanschaulichem Vielfalt nicht ausweichen, sondern müssen sich mit ihr auseinandersetzen und einen angemessenen Umgang mit der Vielfalt

erlernen. Strukturanalog gilt das für die Katechese.

Eine entschiedene religiöse Bildung geht an beiden Lernorten nicht der Neigung zur Vergleichgültigung nach.

»Kontraproduktiv wäre es, der Neigung zu religiöser Gleichgültigkeit und Unverbindlichkeit entgegenzukommen, religiöse und weltanschauliche Lebenskonzepte einzuebnen und sie zu verharmlosen. Wo religiös motivierte Konflikte, in vermeintlich toleranter Absicht, von vornherein gemieden werden, besteht die Gefahr, dass diese sich untergründig und unreflektiert im schulischen und außerschulischen Miteinander auswirken. Ein pädagogisch verantwortlicher Umgang mit religiösen und weltanschaulichen Orientierungen darf sich nicht mit deren vordergründiger Abdrängung in einen nicht mehr dem Dialog und der Auseinandersetzung zugänglichen Raum der Subjektivität begnügen, sondern muss sich der Aufgabe stellen, eine konstruktive Pluralitätsfähigkeit bei Kindern und Jugendlichen zu fördern und entwickeln zu helfen.«[28]

Dazu gehört auch eine klare Position im Blick auf die Wahrheitsfrage. Die Entscheidung, diese Frage wach zu halten, geht guter Bildung voraus. Sie darf nicht vernachlässigt werden.

»Zum Rollenverständnis heutiger Religionslehrer/innen gehört offenbar – in der Grundschule deutlicher noch als in den

27 Andreas Obermann / Matthias Gronover, Konfessionell-kooperativer Religionsunterricht als Einladung für alle. Ein Vorschlag, in: rabs 2 (2017), 2–8.

28 Rat der Evangelischen Kirchen in Deutschland (Hg.), (wie Anm. 4), 108.

weiterführenden Schulen – dass man sich nicht nur mit seiner eigenen Überzeugung, sondern überhaupt mit eigenen inhaltlichen Eingaben stark zurückhält. Das heißt, die Zurückhaltung der Lehrer/innen gilt nicht nur für Formen bekenntnishafter Rede, bei der man sich mit seinem eigenen Glaubensstandpunkt in den Unterricht einbringt, sondern auch für die fachliche Expertise, bei der es beispielsweise um sachkundliche Hintergründe, vertiefende Erklärungen, perspektivische Weitungen usw. geht.«[29]

Die Generation der heute 15- bis 25-Jährigen hat eine kritische Haltung gegenüber religiösen Institutionen, stellt aber andererseits weit mehr als ihre Elterngeneration innerhalb dieser Kritik religiöse Fragen. Sie verbinden offenbar ihre existenziellen Fragen nicht mit institutionalisierten Angeboten der Kirchen, sondern beziehen diese direkt auf ihr Leben. Wichtig ist dabei der Befund, dass solche Fragen und Suchbewegungen nicht jenseits der Diskurssysteme der Religionen (sei es die Sprache der Kirchen, Synagogen oder Moscheegemeinden) stattfinden, sondern Jugendliche sich an den Deutungs- und Sprachangeboten der Religionen orientieren, sich dazu verhalten und konstellativ damit umgehen. Das wird derzeit bei der Analyse und Ausarbeitung derjenigen Themen deutlich, die Jugendliche im Rahmen einer Repräsentativstudie in Baden-Württemberg als ihre wichtigen Themen benannt haben.[30] Tod, Theodizee, Schöpfung und Urknall, Kirche und Kirchenkritik, Religion und Glaube in meiner Biografie, Gott und Gottesvorstellungen sowie die Pluralität der Religionen interessieren Jugendliche ungebrochen. Dabei sind sie auf das religiöse Sprachangebot angewiesen.[31]

Der Befund, dass einmal aus einer der Kirchen ausgetretene Menschen nicht wieder zurückfinden, ist für den Religionsunterricht nicht uninteressant, weil er nur noch einmal unterstreicht, dass religiöse Indifferenz nicht zuerst nach Institutionen verlangt, sondern nach Differenzorientierung durch Bildung und in ihr nach entschiedenen Begegnungen. »Religiöse Sozialisation trägt Religiosität, fehlende religiöse Sozialisation untergräbt sie oder entzieht ihr die Entstehungsmöglichkeit. Aus dieser Beurteilung lässt sich relativ gut auf einen Effekt schließen – eine steigende *religiöse Indifferenz*. Sie ist dann geprägt durch fehlendes religiöses Wissen, fehlende Erfahrung mit religiösen Praktiken und das Gefühl, dass Religion eigentlich für das eigene Leben gar nicht notwendigerweise gebraucht werde«.[32]

Religiöse Indifferenz nimmt zu und wird auch in Zukunft diagnostiziert werden. Allerdings liegt jeder Indifferenzdiagnose die Beobachtung von Differenz

29 Rudolf Englert / Elisabeth Hennecke / Markus Kämmerling, Innenansichten des Religionsunterrichts. Fallbeispiele, Analysen, Konsequenzen, München 2014, 115–116.
30 Friedrich Schweitzer u. A., Jugend – Glaube – Religion. Eine Repräsentativstudie zu Jugendlichen im Religions- und Ethikunterricht, Münster/New York 2018.
31 Die Ausarbeitung und Diskussion dieser Themen wird 2019 unter dem Titel »Jugend – Glaube – Religion 2« in derselben Reihe wie Anm. 29 erscheinen.
32 Evangelische Kirche in Deutschland (Hg.), Engagement und Indifferenz. Kirchenmitgliedschaft als soziale Praxis. V. EKD-Erhebung über Kirchenmitgliedschaft, Gütersloh 2013, 68, vgl. auch Gert Pickel, Engagement und religiöse Indifferenz. Kernergebnisse der fünften Kirchenmitgliedschaftsuntersuchung, in: Materialdienst, 78/2 (2015), 43–58.

voraus. So ist religiöse Indifferenz in der Logik der Kirchenmitgliedschaftsuntersuchung eine Funktion der Differenz von starken Glaubenssätzen und bloßer Glaubensmeinung. Eine Reformulierung dieser Differenz würde hier ansetzen und anhand der platonisch-aristotelischen Unterscheidung zwischen *episteme* und *doxa* herausarbeiten, wie starke, strukturierte Glaubenssätze auf dem Boden subjektiver Haltungen (und dann auch subjektiver Doxologien) entstehen und umgekehrt. Im Kern liegt hier auch der Unterschied zwischen den Lernorten religiöser Bildung in Schule und Gemeinde. Wo es in der Schule auf religiöse Kompetenz im Modus der Überprüfung und Bewährung in den Denkmustern der Spätmoderne ankommt, ist die Gemeinde der Ort, der als ein bereits bewährter Ort des Glaubens erfahren werden soll.

Religiöse Indifferenz im Horizont religiöser Bildung ist keine pejorativ zu verstehende Diagnose, sondern produktiv aufzufassendes Prinzip religiöser Lehr- und Lernprozesse. Gerade, wenn religiöse Sozialisation bei vielen Schülerinnen und Schülern sowie Auszubildenden weitgehend nicht vorhanden ist und diese dann in Gemeinde und Schule auf religiös tief sozialisierte Gläubige treffen (die Religionslehrkraft oder Mitschüle-

rinnen und -schüler), muss der Aspekt der Indifferenz und Suche, der jeder Religion innewohnt, besonderes religionspädagogisches Gewicht erhalten.[33] So kann jedenfalls gewährleistet werden, dass alle Beteiligten ihre persönliche Form, mit Religion umzugehen, auch von der Seite anschauen können, um dann auch zu einer unterscheidungsstarken und entschiedenen Urteilsfähigkeit zu kommen. Dass dabei das Verhältnis von Spiritualität beziehungsweise einer spirituellen Haltung und religiöser Bildung diskutiert werden muss, halte ich für eine zentrale Zukunftsaufgabe. Dann wird auch deutlich werden, dass religiöse Urteilfähigkeit vor dem Hintergrund entschiedener Indifferenz die Kompetenz zur Urteilsenthaltung einschließt.[34]

33 Stefanie Lorenzen, Religiöse Indifferenz – eine religionspädagogische Herausforderung zwischen Nicht-Religiosität und religiöser Unentschiedenheit, in: Bernd, Schröder / Jan, Hermelink / Silke, Leonhard (Hg.), Jugendliche und Religion. Analysen zur V. Kirchenmitgliedschaftsuntersuchung der EKD, Stuttgart 2017, 109–126.
34 Matthias Gronover, Religiöse Indifferenz als Chance für religiöse Bildung, in: Engagement. Zeitschrift für Erziehung und Schule 4 (2019), 163–170.

Bernhard Grümme
Theologie bei Jugendlichen?
Skizzen einer jugendtheologischen Topographie

Wahrscheinlich haben wir die Herausforderung der Konfessionslosigkeit in ihrer Radikalität noch nicht begriffen. Inzwischen sitzen teilweise mehr als ein Drittel konfessionsloser Schülerinnen und Schüler im Religionsunterricht. Sicher, Konfessionslosigkeit ist ein schillernder Begriff, wie Gerd Pickel und andere Experten für dieses Phänomen in aller Klarheit aufzeigen. Zwar liegt die größte Gruppe der Konfessionslosen in der Überschneidung von Konfessionslosigkeit und Religionslosigkeit. Diese können sich nicht einmal vorstellen, wie Menschen an religiöser Praxis partizipieren. Dies verdichtet sich bis hin zu einer eigenen materialistischen Weltanschauung. Aber daneben gibt es Konfessionslose, die durchaus religiös sind, Kirchenmitglieder, die religionslos sind, bekennende Atheisten, die gleichwohl die Ordnungskraft des Christentums und dessen karitative Bedeutung anerkennen, ohne auch nur von ferne die Religiosität als Motivation auch nur verstehen zu können.[1] Die Herausforderungen an den konfessionellen Religionsunterricht sind offensichtlich. Ob das Votum für den Konfessionell-Kooperativen Religionsunterricht der Radikalität dieser Anfragen entspricht, darf bezweifelt werden. Damit aber wird – und das ist der Grund für diesen Exkurs gleich am Anfang, der bei näherem Hinsehen keiner war, sondern mitten in das mit aufgegebene Thema

führt – meines Erachtens auch das Programm der Kinder- und Jugendtheologie massiv herausgefordert, und zwar wesentlich tiefgreifender, als sie dies bislang wahrgenommen hat. Gewiss, sie stellt sich auf verschiedenen Ebenen dem Phänomen der religiösen, kulturellen und gesellschaftlichen Diversität. Aber sie treibt die damit verbundenen Anfragen nicht bis in jene Tiefe hinein vor, an der sich schon begrifflich ihr Selbstverständnis als Vollzug von Theologie entscheidet. Kann man für einen Religionsunterricht mit Konfessionslosen von kinder- bzw. jugendtheologischen Prozessen sprechen? Was ist das für ein Bild der Subjekte, was für ein Begriff von Theologie, von Glauben, von Religion? Kurz, und das ist meine These, die sicher provokativ ist, aber wir brauchen ja auch etwas zum Diskutieren: Jugendtheologie postuliert mit ihrer Selbstqualifizierung als Theologie etwas, was meines Erachtens nicht für alle Orte religiösen Lernens im

1 Vgl. Ulrich Kropac, Konfessionslosigkeit. Religionsunterricht vor einer unterschätzten Herausforderung, in: RpB 79, 2018, 33–44; Gerd Pickel, Vom Narrativ zur Realität? Religionssoziologische Überlegungen zu Säkularisierung und Relevanzverlust von Religion als Triebkraft für eine Verblassen von Gott in der Gesellschaft, in: Julia Knop (Hg.), Die Gottesfrage zwischen Umbruch und Abbruch. Theologie und Pastoral unter säkularen Bedingungen, Freiburg i.Br. 2019, 111–129.

gleichen Maße, also univok, gebraucht werden sollte. Der Religionsunterricht und die Gemeindekatechese machen, bei aller engen Verwandtschaft doch ein unterschiedlichen Zugriff erforderlich. Andernfalls kann sie sich nicht frei machen von einer Tendenz, alle Kinder und Jugendlichen über den Theologiebegriff zu vereinnahmen Deshalb plädiere ich für eine jugendtheologische Topologie.

Diese These versuche ich in drei Schritten zu erläutern und zu begründen. 1. Versuche ich eine Aporie im Theologiebegriff der Jugendtheologie analytisch freizulegen; 2. greife ich eine religionspädagogische Anregung zur Unterscheidung von Glaube, Religion und Theologie auf, die ich dann 3. als Grundlage für eine Topologische Unterscheidung fruchtbar mache. Unbeschadet der unterschiedlichen Voraussetzungen und religiösen Entwicklungsaufgaben von Kindern und Jugendlichen argumentiere ich dennoch wegen der intrinsischen Verbindung von Kinder- und Jugendtheologie aus beiden Perspektiven heraus, mit jugendtheologischem Schwerpunkt.

1. Uneigentliche Theologie?
Versuch einer Selbstlegitimation

Für die bislang weithin etablierte Kinder- und Jugendtheologie bleibt neben didaktischen und soziologischen Anfragen ein Punkt besonders klärungsbedürftig: der Theologiebegriff. Vor allem systematisch-theologische Kolleginnen und Kollegen zeigen oft kein Verständnis für die theologische Leistungsfähigkeit der Kinder. Kinder als Theologen zu begreifen, würde an der Sache und am Vollzug der Theologie als Glaubenswis-

senschaft vorbeigehen. Von anderer Seite wird ihr in derselben Sache vorgeworfen, durch dieses Selbstverständnis die Subjekte zu vereinnahmen und damit ihr selbst gesetztes Postulat der Subjektorientierung und Pluralitätsfähigkeit zu unterlaufen. Es ist nun hoch interessant zu sehen, welche Strategien Kinder- und Jugendtheologie entwickelt, um diese Vorwürfe zu parieren. Sie entwickelt, grob gesagt, zwei Strategien: die Strategie der Ausdifferenzierung und die der Ausweitung durch Analogisierung.

Die Ausdifferenzierung will den theologischen Charakter der Kindertheologie dadurch sichern, dass sie nicht rundweg jede Kindermeinung zur Religion zur Theologie erklärt. Vielmehr unterscheidet sie drei verschiedene Weisen der Kindertheologie, die sie streng aufeinander bezieht: eine Theologie der Kinder, mit Kindern und für Kinder. Kindertheologie bzw. Jugendtheologie sind erst dort gegeben, wo Kinder bzw. Jugendliche auf der Basis ihrer kognitiv-entwicklungspsychologischen Voraussetzungen über sich selber und ihre Weise, Gott zu denken und zur Sprache zu bringen, reflektieren.[2] Kindertheologie zielt auf Urteil ab, nicht lediglich auf Meinen oder Glauben. Durch Kommunikation und Dialog, durch Begleitung und durch Konfrontation mit Elementen religiöser und theologischer Tradition sollen die

---

2 Friedrich Schweitzer, Was ist und wozu Kindertheologie?, in: JaBuKi, 2, 2003, 9–18, 10; vgl. Mirjam Zimmermann, Kindertheologie als theologische Kompetenz von Kindern. Grundlagen, Methodik und Ziel kindertheologischer Forschung am Beispiel der Deutung des Todes Jesu, Neukirchen-Vluyn 2010, 84–88.

Jugendlichen, wie es bei Thomas Schlag und Friedrich Schweitzer heißt, in ihrer »theologischen Kompetenz« gefördert werden.[3]

Die Strategie der Ausweitung durch Analogisierung hingegen arbeitet mit einer Ausdehnung des Theologiebegriffs. Allen Beteiligten ist klar, dass der klassische wissenschaftliche Theologiebegriff ungeeignet ist, die spezifischen Leistungen von Kindern zu verstehen. Kein mehrjähriges intensives Studium, keine wissenschaftstheoretische und wissenschaftsmethodische Bildung ist hier vorausgesetzt, kein Fachdiskurs. Allerdings greift man auf das Arsenal der Theologie selber zurück, um die beeindruckenden Denkleistungen der Kinder zu würdigen. Für Rahner trägt jeder Glaube ein reflexives Moment in sich. Jenseits des Elfenbeinturms würde Kindertheologie zu einer alltagspraktischen weisheitlichen Theologie der getauften Laien.[4] So gesehen sei der Unterschied zwischen der Theologie der Professionellen und jener der Laien »allenfalls graduell, nicht aber essentiell«.[5]

Diese Strategie könnte man deshalb als eine Ausweitung durch Analogisierung bezeichnen, weil der theologische Wissenschaftsbegriff hier eine enorme, um nicht zu sagen: homöopathische Ausdehnung erfährt, durch die allerdings eine seiner zentralen Bestandteile übersehen wird. Von ihrem Ansatz her ist christliche Theologie mit Max Seckler als »Glaubenswissenschaft« zu bezeichnen (*Seckler*), wobei beide Teile dieser Qualifizierung – Wissenschaft und Glaube – ernst zu nehmen sind. Theologie will unter dem Eindruck der Offenbarung dem Glauben nach wissenschaftlichen Kriterien nachdenken und ihn für sich und

vor anderen verantworten. Darum ist der »Glaube im Sinne persönlichen Gläubigseins als selbstverständliche Voraussetzung des Theologietreibens anzusehen«.[6] Ähnliches hat jüngst die Erfurter Systematikerin Julia Knop formuliert und genau darin das Spezifikum gegenüber der Religionswissenschaft gesehen: »Theologie ist daher im strengen Sinn Reflexion eines Bekenntnisses, Hermeneutik des geglaubten Gottes, rationale Verantwortung einer Option, keine allgemeine, alles und jeden umfassende Philosophie und Anthropologie«.[7] Die Kindertheologie und Jugendtheologie jedoch machen mit ihrem weiten Theologiebegriff stillschweigend eine Voraussetzung, die im säkularen wie heterogenen Gegenwartskontext alles andere als selbstverständlich ist: die Glaubensvoraussetzung.[8] Es mag ja sein, dass jeder gläubige Mensch ein denkender Mensch ist. Aber ist damit eine reflexive Kinderäußerung insofern

---

3 Thomas Schlag / Friedrich Schweitzer, u.a. (Hg.), Jugendtheologie. Grundlagen – Beispiele – kritische Diskussion, Neukirchen-Vluyn 2012, 9.

4 Vgl. Wilfried Härle, Was haben Kinder in der Theologie verloren? Systematisch-theologische Überlegun-gen zu Projekt einer Kindertheologie, in: JBKTh, 3, 2004,11–28, 25f.

5 Anton Bucher, Kindertheologie: Provokation? Romantizismus? Neues Paradigma, in: JBKTh, 1, 2002, 9–27, 11.

6 Max Seckler, Theologie als Glaubenswissenschaft, in: HFTh, (2000) 4, 132–184, 145.

7 Julia Knop, Gott: ein Menschheitsthema? Zeitgenössische Prämissen und unzeitgemäße Einreden, in: Julia Knop (Hg.), Die Gottesfrage zwischen Umbruch und Abbruch. Theologie und Pastoral unter säkularen Bedingungen, Freiburg i.Br. 2019, 161–177, 177.

8 Vgl. Christina Kalloch u.a., Lehrbuch der Religionsdidaktik. Für Studium und Praxis in ökumenischer Perspektive, Freiburg i.Br. 2009, 316ff.

sie kindertheologisch eingestuft wird, bereits eine Artikulation des Glaubens?

Man könnte auch auf diesem Feld eine Form der Ausweitung versuchen. Die Theologiegeschichte bietet hierfür reichhaltiges Anschauungsmaterial. Die Theologie des universalen Heilswillens Gottes ermöglichte so unterschiedliche Argumentationsfiguren wie die Theologie der *fides implicita*, des Votums oder des Anonymen Christentums. Dies schmälert nicht die Relevanz eines Glaubensbekenntnisses, würdigt aber die Menschen aller Konfessionen, Religionen und Weltanschauungen in ihrer Freiheit und Gottesbegabung vor Gott. Dabei ist nun die Perspektive entscheidend: es geht hier nicht um eine subtile Vereinnahmung der Menschen für den christlichen Glauben. Es geht um eine innertheologische und kirchliche Selbstklärung darüber, dass aus menschlicher Perspektive niemandem die Möglichkeit des Heils abgesprochen werden darf. Das gottgeschenkte Heil ist größer als die Kirche. In diesem Sinne arbeitet katholische Theologie seit dem II. Vatikanum mit dieser positiven Glaubensunterstellung für jeden Menschen.[9]

Mehr oder weniger implizit aber machen Kindertheologie und Jugendtheologie eine zumindest vergleichbare Unterstellung, indem sie von einem Glauben oder zumindest Glaubenwollen ausgehen, damit eben reflexive religiöse Äußerungen der Kinder als theologisch qualifiziert werden können. Die fundamentale Divergenz besteht nun darin, dass Kindertheologie und Jugendtheologie nicht soteriologisch argumentieren. Ihr geht es primär um einen erkenntnistheoretischen Zugriff. Sie wollen zeigen, dass Kinder und Jugend-

liche theologisch erkennen und denken können. An dieser Stelle liegt aber genau das Problem. Soteriologisch bleibt diese Glaubensunterstellung gerade für die gegenwärtige Unübersichtlichkeit verschiedener Religionen und religiöser Orientierungen im Zeitalter der Globalisierung bis heute unverzichtbar. Dies aber bereits als erkenntnistheoretisch gegebene und als mehr oder weniger implizit vollzogene Positionierung für jeden Menschen zur Geltung zu bringen, würde dessen Freiheit unterlaufen. Die immanente Vereinnahmungstendenz von Kinder- und Jugendtheologie findet hierin ihren Grund.

Auch der rührige Versuch einer Vertrauenssemantik, kindliches Vertrauen als Beleg einzuführen, bleibt der Unterstellung eines »vorhandenen Einverständnisses« (K.-E. Nipkow) der Kinder mit der biblischen Glaubensbotschaft verhaftet.[10] Eine solche Unterstellung kann angebracht sein für die Gemeindekatechese und Jugendkatechese, wenngleich auch dort inzwischen massive Pluralisierung- und Heterogenitätsphänomene aufzufinden sind. Auch hier greifen wie in der Schule die Säkularisierungsphänomene, hier kann man mit Nipkow die von ihm zusätzlich bemühte Hermeneutik des »noch zu suchenden Einverständnisses« applizieren, weil hier eher eine prozesshafte Hermeneutik

9 Vgl. Karl Rahner, Grundkurs des Glaubens. Einführung in den Begriff des Christentums, Freiburg i.Br. 1976, 180–303.

10 Vgl. Mirjam Zimmermann [wie Anm. 2], 90ff; Christian Butt, Kindertheologische Untersuchungen zu Auferstehungsvorstellungen von Grundschülerinnen und Grundschülern, Göttingen 2009, 35–48.

jugendlicher Religiosität weiterführt.[11] Gewiss, es mag den Druck der Familie, vielleicht sogar in bestimmten Regionen immer noch den der peer group geben. Aber – und das ist der entscheidende wie signifikante Unterscheidungsmerkmal zum Religionsunterricht – die Jugendlichen sind freiwillig hier, losgelöst von schulischen Systemzwängen. Sie können sich projekthaft engagieren, können sich jederzeit wieder lösen.

Eine solche Unterstellung mag überdies angebracht sein für pastoraltheologische Annäherungen, wie jüngst Rainer Bucher ganz eindrucksvoll aus einem Forschungsprojekt über die Theologie von Müttern herausgestellt hat, die ihr totgeborenes Kind betrauern. Diese Trauer ist selbst ein Ort einer abduktiv konstruierten Theologie. Aber dies steht eben im Horizont des vorausgesetzten Glaubens im Sinne eines Festmachens in Gott.[12] Für den Religionsunterricht allerdings verhält es sich anders. Dort wäre eine solche Glaubensunterstellung ein Rückschritt hinter die Selbstmodernisierung religionspädagogischer Arbeit, die religiöse Bildung in der Schule und in der Katechese bewusst getrennt hat. Dadurch aber unterläuft die Jugendtheologie das eigene Anliegen, die Subjekte unter den Bedingungen der pluralisierenden und säkularisierenden Transformation des Religiösen wirklich ernst zu nehmen und – anzuerkennen. Kinderheologie und Jugendtheologie geraten an dieser Stelle geradezu in eine aporetische Situation. Möglicherweise sind sie stärker einem Homogenitätsideal des christlichen Milieus verhaftet als ihnen gemäß ihrer eigenen Intention lieb sein kann. Kinder und Jugendliche werden in ihrer Art, mit ihren Entwicklungsaufgaben umzugehen,

für etwas in Anspruch genommen, was ihnen möglicherweise fremd ist, was sie nicht verstehen oder nicht wollen. Wenn diese Beobachtung zuträfe, dann wäre die Kinder- und Jugendtheologie nicht hinreichend offen für die unterschiedlichen Wege der Kinder und Jugendlichen, dann wäre sie zu wenig heterogenitätsfähig.[13] Anton A. Buchers kritisches Votum gegenüber einem romantisierenden Kinderbild der Kindertheologie wäre auch glaubensbegrifflich durchzubuchstabieren. Bislang sei es nämlich »unterblieben, Kinder selber zu fragen, ob sie sich als ›Theolog/innen‹ verstehen, was man ihnen ohnehin operational und verständlich umschreiben müsste«.[14]

2. Kritische Fortschreibungen

Allerdings gibt es respektable Lesarten der Kindertheologie wie der Jugendtheologie, die sich dieser Problematik stellen.[15] Ich

11 Vgl. Karl Ernst Nipkow, Bildung in einer pluralen Welt. Bd. 2: Religionspädagogik im Pluralismus, Gütersloh, 1998, 223; 232; 241; 252.

12 Vgl. Rainer Bucher, Gottesfrage und christliche Theologie in kapitalistischen Zeiten, in: Julia Knop (Hg.), Die Gottesfrage zwischen Umbruch und Abbruch. Theologie und Pastoral unter säkularen Bedingungen, Freiburg i.Br. 2019, 199–213, 206ff.

13 Vgl. Bernhard Grümme, Öffentliche Religionspädagogik, Bildung in pluralen Lebenswelten, Stuttgart 2015, 251–277.

14 Anton A. Bucher, An wirklichen Kindern vorbei, und doch unersetzbar: Kinderbilder, in: JRP, 20, 2004, 62–73, 71.

15 Vgl. Thomas Schlag / Friedrich Schweitzer, Brauchen Jugendliche Theologie? Jugendtheologie als Herausforderung und didaktische Perspektive, Neukirchen-Vluyn 2011; Thomas Schlag / Friedrich Schweitzer, Jugendtheologie. Grundlagen – Beispiele – kritische Dis-

konzentriere mich auf einen Vorschlag Miriam Schambecks, weil sie in strenger und konsistenter Weise ›Religion‹ und ›Glaube‹ unterscheidet und daraus dann die Unterscheidung von Theologie und Theologisieren entwickelt, an die ich anknüpfen kann. Ich versuche nun ihr Argument zu rekonstruieren. Am Beispiel empirischer Studien zu Glücksvorstellungen von Kindern zeigt Schambeck die Verwobenheit religiöser und theologischer Tradition mit lebensweltlich-kulturellen Vorstellungen. Glück scheint für viele im spätmodernen Kontext zur subjektiven Ausdrucksform theologischer Heils- und Erlösungsvorstellungen geworden zu sein.[16] Kinder setzen sich im Lichte ihrer lebensweltlich verwurzelten Denkvoraussetzungen eigenständig mit theologierelevanten Themen auseinander, entwickeln eigene Zugänge, eigene Perspektiven, eigene Konstrukte, beziehen eine eigene Position und verarbeiten dabei auch Impulse, die ihnen durch andere Kinder und durch Erwachsene gegeben werden. Diese Äußerungen als theologierelevant, ja sogar theologieproduzierend zu qualifizieren bedeutet allerdings noch nicht, diese selber für theologisch zu halten. An dieser Stelle nimmt Schambeck eine entscheidende terminologische Klärung vor. Religion ist einerseits ein Diskurssystem, andererseits angebunden an lebensweltliche Erfahrungen. Sie ist in ihrer subjektiven Gestalt das, was Transzendenz oder was Unbedingtheit im Menschen selber »zum Klingen« bringt, und in objektiver Gestalt dasjenige, was ihm in Form von Traditionen, Institutionen und Riten entgegenkommt.[17] Bestimmte Phänomene und Erfahrungen können nun als religiös gedeutet werden. Subjekte können eine religiöse Deutung für das eigene Leben übernehmen, indem sie für die eigene Lebensdeutung fruchtbar

gemacht, mittels der eigenen Lebensdeutungen aktualisiert und geschichtlich bezeugt werden.[18] Diese Ingebrauchnahme ist ein Akt der gnadengetragenen Freiheit, der theologisch Glaube genannt wird. Damit lassen sich Glaube, Religion und Theologie unterscheiden. Theologie ist die »Reflexion des Glaubens«, ist also nicht ohne diese Verwurzelung in diesem Diskurssystem zu verstehen.[19]

Vor dem Hintergrund dieser Unterscheidungen wird klar, warum für Schambeck die von ihr im Rahmen ihrer empirischen Studie analysierten Kinderäußerungen keine Theologie betrieben. Weder griffen sie explizit auf die jüdisch-christliche Tradition zurück, weder brachten sie ein »logisch konsistentes Konzept von Glück und Heil« ein noch verorteten sie »sich selbst ausdrücklich im Glauben«.[20] Für Schambeck setzt demnach Kindertheologie den frei gewählten Standpunkt des Glaubens voraus. Ohne eine solche Positionierung

kussion, Neukirchen-Vluyn 2012; Mirjam Zimmermann, Kindertheologie als theologische Kompetenz von Kindern. Grundlagen, Methodik und Ziel kindertheologischer Forschung am Beispiel der Deutung des Todes Jesu, Neukirchen-Vluyn 2. Aufl. 2012.

16 Miriam Schambeck, Was das Theologisieren mit Kindern über das Geschäft der (Praktischen) Theologie und das Verständnis des Religionsunterrichts verrät. Bausteine einer Wissenschaftstheorie, in: Norbert Mette / Matthias Sellmann (Hg.), Religionsunterricht als Ort der Theologie, Freiburg 2012, 265–283, 266–270.

17 Miriam Schambeck, Wann gelingen religiöse Lernprozesse?, in: KatBl, 137, 2012, 440–447, 441.

18 Vgl. Miriam Schambeck [wie Anm. 17], 442.

19 Vgl. Miriam Schambeck [wie Anm. 16], 277.

20 Vgl. ebd. 273.

keine Kindertheologie. Darum aber kann der RU kein Ort der Theologie sein, weil hier die Glaubensvoraussetzungen in der öffentlichen Schule nicht gegeben sind. Aber dieser ist geprägt von Übersetzungsprozessen zwischen den Lebensdeutungen der Schülerinnen und Schüler und der Glaubenstradition. Die kritische Reflexion von Religion ist ein »genuin theologisches Geschäft, das im Religionsunterricht zu leisten ist. Insofern ereignet sich im Religionsunterricht m.E. auch Theologie«.[21] Schambeck differenziert folgerichtig fein zwischen einer glaubensbasierten ›Theologie‹ und einer ›theologischen Arbeit‹ in Übersetzungsprozessen, durch die »Theologie »auch ›auf neue Füße gestellt‹ wird«.[22] Zwar ist RU deshalb kein *locus theologicus*, keine Bezeugungsinstanz des christlichen Glaubens, in der »das Wort Gottes höchste Norm« praktischen Vollzugs ist.[23] Wohl aber ist er ein Andersort der Theologie, ein Ort des »Theologisierens«,[24] der von außen fremdprophetisch Impulse für Kirche und Theologie einbringen kann.

Diese Unterscheidung zwischen Theologie und Theologisieren kann nun Horizonte eröffnen, um unterschiedliche Orte der Kindertheologie mit unterschiedlicher Logik und Zielsetzung zu profilieren. So wie der RU nicht nur religions-, sondern auch theologierelevant ist, aber wegen des Glaubensvorbehalts kein Ort der Theologie selber sein kann, so müsste auch die Kindertheologie verschiedene Orte voneinander abheben. Damit aber zeichnet sich der Sinn und Ertrag einer Unterscheidung ab, die ich eine kindertheologische und jugendtheologische Ortslehre nenne, eine Topographie.

3. Topographie und Semantik. Perspektiven

Nimmt man diese Differenzierungen zwischen Religion und Theologie sowie zwischen Theologisieren und Theologie auf, ergibt sich eine topographische Unterscheidung verschiedener kindertheologischer bzw. jugendtheologischer Vollzugsorte. Die traditionelle Qualifizierung der *loci theologici* dient als eine Art Profilierungskriterium. Ein solcher ausgezeichneter Bezeugungsort »authentischer Heilserfahrung und authentischen Heilsverständnisses« kann und darf der RU nach seinem Selbstverständnis als Ort von religiöser Bildung im Un-terschied zu Orten der Katechese nicht sein.[25] Theologie wird eingespielt, um Religion beurteilen zu können und um selber zumindest fähig zu sein, Religion gläubig in Gebrauch zu nehmen. Kindertheologie an diesem Lernort kann in diesem Sinne kein theologischer Ort sein. Von Kindertheologie bzw. Jugendtheologie kann deshalb hier streng genommen nicht gesprochen werden.

Anders in katechetischen Zusammenhängen. Unter den Bedingungen der Spätmoderne versteht sich Katechese als diakonische Begleitung der Menschen in ihrem persönlichen Glau-

---

21 Vgl. ebd. 280.
22 Vgl. ebd. 281.
23 Hermann Josef Pottmeyer, Normen, Kriterien und Strukturen der Überlieferung, in: HFTh, 4, 2000, 85–108, 92.
24 Vgl. Miriam Schambeck [wie Anm. 16], 281.
25 Vgl. Hermann Josef Pottmeyer [wie Anm. 23], 104.

bensweg.[26] In diesem binnenkirchlichen Rahmen kann Kindertheologie bzw. Jugendtheologie von einem »schon vorhandenen Einverständnis« oder wenigstens von einem »noch zu suchenden Einverständnis« (K.-E. Nipkow) der Kinder ausgehen und dieses subjektorientiert weiter zu entfalten suchen. Hier wäre demnach sehr wohl der Begriff Kinder- bzw. Jugendtheologie angebracht, ohne immanenten Vereinnahmungstendenzen religionsferner Kinder bzw. Jugendlicher zu unterliegen.

Kindertheologie bzw. Jugendtheologie sind infolgedessen in Zielsetzung und Form unterschiedlich anzulegen: im (weit zu fassenden) kirchlich-katechetischen Kontext sind sie auf mündiges Wachsen im Glauben orientiert, bewegen sich die Kinder in einem mehr oder weniger expliziten religiösen, theologischen und kirchlichen Sprachspiel. Die erfahrungsbezogene Teilnehmerperspektive ist grundlegend. Anders im Religionsunterricht: Dieser macht probeweise mit dem religiösen, theologischen und auch kirchlichen Sprachspiel vertraut. Teilnehmerperspektive und Beobachterperspektive sind hier jedoch strikt im Dienste kritisch-beurteilender Bildung aufeinander bezogen. Dies kann und muss angesichts der enormen Heterogenität der Schülerschaft, die in den nächsten Jahren noch zunehmen wird, noch intensiviert werden. Insofern stellt die Präsenz von Konfessionslosen im Religionsunterricht nicht nur eine enorme Bereicherung dar, weil hier das Spektrum der eingebrachten Perspektiven geweitet wird. Er wird zum Laboratorium einer tatsächlich heterogenitätsfähigen Kinder- und Jugendtheologie.[27]

Dies erhöht nun aber vor allem die Legitimations- und Klärungsbedürftigkeit des eigenen Selbstverständnisses als Kinder bzw. als Jugendtheologie ganz erheblich. Denn angesichts des eingangs skizzierten Phänomens der Konfessionslosigkeit ist der Referenzpunkt über den der Religion hinauszutreiben, um tatsächlich die selbstgesetzten Ziele einer Jugendtheologie anzuvisieren. Klar ist, dass beide, Glaube wie Theologie, sich nicht in der Beobachterperspektive erreichen lassen. Wenn man Hans Joas liest (mit seinem Zusammenhang von Erfahrung, Sakralisierung, Wertebildung), dann verwickelt Religion die Subjekte von vornherein in einen Prozess, der nur aus diesem Prozess heraus von den Subjekten zu reflektieren ist.[28] Ähnliches gilt für den theologischen Diskurs. Es ist faszinierend zu lesen, dass in aktuellen Entwürfen sowohl von katholische Seite Christoph Theobald wie von protestantischer Seite Ingolf Dalferth im Glaubensbegriff unterscheiden zwischen 1. einem Lebensglauben, 2. einem religiösen und dann noch 3. einem offenbarungstheologischen Glauben, die jeweils eine eigene Dignität haben und nicht etwa hierarchisch ineinander aufzuheben sind (etwa den Lebensglauben auf den Offenbarungsglauben hinzuordnen). Dies hätte wiederum Konsequenzen für

---

26 Vgl. Monika Jakobs, Neue Wege der Katechese, München 2010, 23–30.
27 Vgl. Bernhard Grümme, Heterogenität in der Religionspädagogik. Grundlagen und konkrete Bausteine, Freiburg i.Br. 2017, 318–334.
28 Vgl. Hans Joas, Die Macht des Heiligen. Eine Alternative zur Geschichte der Entzauberung, Berlin 2017.

einen mehrgliedrigen Theologiebegriff.[29] Ähnliches ist im aktuellen Buch Rudolf Englerts zu lesen zu einem hybriden, vieldimensionalen Religionsbegriff.[30] Offensichtlich ist sowohl der Theologie- wie der Religionsbegriff in sich plural wie prozessual zu fassen. All diese Annäherungen müssten freilich meines Erachtens noch weiter ausdifferenziert werden über den engen Referenzrahmen von Religion selber. Erst dann könnten die Konfessionslosen in ihrer Heterogenität sich als gleichberechtigte Teilnehmer am RU begreifen. Wenn derzeit Begriffe wie »Reflektierte Positionalität« mit Verve in der Religionspädagogik verschiedentlich ins Spiel gebracht werden, dann verweist dies in eine Richtung, von der auch die Kinder- und Jugendtheologie ungemein profitieren könnten.[31] Sie müssten sich allerdings von eben dieser semantischen Pluralität der Begriffe ›Theologie‹ und ›Religion‹ zu denken geben lassen.

Daneben bleiben freilich ganz erhebliche Baustellen, wobei ich mich auf zwei konzentriere: Erstens müsste sich eine solche Topographie terminologisch niederschlagen. Eine solche topographisch verwurzelte Terminologie könnte der Kindertheologie und der Jugendtheologie ihre Heterogenitätsfähigkeit zurückgeben – und damit ihren unverzichtbaren Rang innerhalb religiöser Subjektorientierung.

Könnte man nicht unterschieden zwischen Kindertheologie und Jugendtheologie im Bereich der Gemeinde und Katechese und dem Begriff ›kindertheologisches Denken‹ bzw. ›jugendtheologisches Denken‹ für Schule und außerkatechetische Zusammenhängen? Das wäre trennscharf zur Kinderphilosophie, aber bleibt dies nicht doch zu kognitiv?

Zweitens: Eingeordnet in die Diskussionen um einen spatial turn wäre der von Macht- und Reifizierungsprozesseen durchsetzte Charakter der Topographie sowie des Theorem des locus theologicus kritisch zu reflektieren. Raum ist gerade in seiner Differenz zum Ort ein umkämpfter Begriff, wie etwa Michel Certeau eindrucksvoll herausstellt.[32] Reflektiert Kinder- und Jugendtheologie hinreichend selbstkritisch auf die ihr zugrundeliegenden Konstruktionen? Wenn ich jugendtheologische Ortsunterscheidungen vornehme, unterliege ich diesen Mechanismen. Hier wäre also eine kritische Selbstreflexivität einzubringen, die wohl erst Kinder- und Jugendtheologie heterogenitätsfähig machen würde.

29 Vgl. Christoph Theobald, Christentum als Stil. Für ein zeitgemäßes Glaubensverständnis in Europa, Freiburg 2018, 75–124; Ingolf U. Dalferth, God first. Die reformatorische Revolution der christlichen Denkungsart, Leipzig 2018, 57–111.

30 Vgl. Rudolf Englert, Was wir aus Religion? Beobachtungen, Analysen und Fallgeschichten zu einer irritierenden Transformation, Ostfildern 2018, 241–305.

31 Vgl. Michael Domsgen, Art.: Ehe und Familie, in: Das wissenschaftlich religionspädagogische Lexikon (www.wirelex.de), 2016 (22.5.2019, 8.54 Uhr) Permanenter Link zum Artikel: http://www.bibelwissenschaft.de/stichwort/100059/

32 Vgl. Christian Bauer, Marco A. Sorace (Hg.), Gott anders wo? Theologie im Gespräch mit Michel de Certeau, Ostfildern 2019, 225–251.

Patrik C. Höring
Jugendtheologie als Paradigma einer Jugendpastoral? Konvergenzen und Grenzen eines religionsdidaktischen Konzepts in außerschulischen Lernsettings

Die vor knapp zehn Jahren im Anschluss an die Kindertheologie entstandene religionspädagogische Perspektive einer Jugendtheologie, die zunächst in der evangelischen schulischen Religionsdidaktik entstanden ist, nun aber auch in außerschulischen Kontexten[1] und in beiden Konfessionen reflektiert wird, scheint nicht nur anschlussfähig zu sein an das zeitgenössische Theologieverständnis, sondern erscheint auch als kompatibel mit den Grundüberzeugungen kirchlicher Jugendarbeit, verstanden als eine Form außerschulischer Jugendbildung, wie sie im Sozialgesetzbuch, Achtes Buch (SGB VIII), verstanden wird.[2]

1. Jugendtheologie und die Prinzipien von Jugendpastoral und Kirchlicher Jugendarbeit

Jugendpastoral wird hier ganz allgemein verstanden als eine altersspezifische Form kirchlichen Handelns bzw. als die theologische Perspektive auf das Handeln kirchlicher Träger im Bereich der Kinder- und Jugendhilfe.[3] Unter sie fallen die klassischen Felder der *Kirchlichen Jugendarbeit* durch Verbände, in den Gemeinden und den Einrichtungen der Offenen Kinder- und Jugendarbeit. Sie bilden die Mitte der Jugendpastoral, die sich von dort aus weiter ausfaltet bis zur Jugendsozialarbeit, den Erziehungshil-

fen und der Jugendhilfe im Schulbereich einerseits und zu katechetischen, geistlichen und jugendgemeindlichen Angeboten andererseits (siehe Tabelle S. 55).

Das Konzept einer Jugendtheologie korreliert dabei insbesondere mit dem Selbstverständnis von Jugendarbeit und ihren zentralen Prinzipien wie Freiwilligkeit, Selbstorganisation, Partizipation:

»(1) Jungen Menschen sind die zur Förderung ihrer Entwicklung erforderlichen Angebote der Jugendarbeit zur Verfügung zu stellen. Sie sollen *an den Interessen junger Menschen anknüpfen und von ihnen mitbestimmt und mitgestaltet* werden, sie *zur Selbstbestimmung befähigen* und zu gesellschaftlicher Mitverantwortung und zu sozialem Engagement anregen und hinführen« (§11 SGB VIII; eigene Hervorhebungen; P.H.).

1 Vgl. etwa Th. Schlag / B. Roebben, (Hg.), »Jedes Mal in der Kirche kam ich zum Nachdenken«. Jugendliche und Kirche [Jahrbuch für Jugendtheologie Bd. 4], Stuttgart 2016.

2 Vgl. dazu S. Schmidt, Gesetzliche Rahmenbedingungen der Jugendarbeit in Deutschland, in: A. Kaupp / P.C. Höring, (Hg.), Handbuch Kirchliche Jugendarbeit, Freiburg i.Br. 2019, 88–96; J. Faulde, Kirchliche Jugendarbeit als Teil der Kinder- und Jugendhilfe, in: ebd., 394–409.

3 Vgl. P.C. Höring, Begriffliche Präzisierung: Jugendseelsorge – Jugendarbeit – Jugendpastoral, in: A. Kaupp / P.C. Höring (Hg.), Handbuch Kirchliche Jugendarbeit, Freiburg i.Br. 2019, 18–23.

Jugendpastoral: Handeln der Kirche mit, durch und unter jungen Menschen				
Ganztagsangebote an Schulen; Schulsozialarbeit; Schulpastoral, Tage religiöser Orientierung	Jugendsozialarbeit (§ 13 SGB VIII) Beratung, Migrationsdienste, Freiwilligendienste, Jugendwohnen, Jugendberufshilfe Erzieherischer Kinder- und Jugendschutz (§ 14 SGB VIII) Erziehungshilfen (§ 27ff) Tageseinrichtungen für Kinder	**Jugendarbeit** (§11 SGB VIII) Jugendverbände, Jugendgruppen in Kirchengemeinden, Offene Kinder- und Jugendeinrichtungen (Jugendzentren, Jugendheime), in Form von Aktionen (72-Stunden-Aktion; Sternsinger); Jugendbildungsstätten	Katechetische und liturgische Angebote, Firmkatechese, Jugendgottesdienste; Exerzitien/Einkehrtage	Jugendkirchen; Neue geistliche Gemeinschaften; Events; Wallfahrten; Weltjugendtage
Selbstorganisiertes Christsein mit oder ohne feste Struktur: Bewegung, Netzwerk, virtuelle Plattform				

So wie diese Prinzipien von Jugendarbeit heute auch das Handeln in anderen Feldern, etwa in der Katechese, prägen, so kann auch die Jugendtheologie in allen Handlungsfeldern einer Jugendpastoral inspirierend sein. Welche Parallelen sind also zwischen Jugendtheologie und Jugendarbeit auszumachen?

2. Konvergenzen zwischen Jugendarbeit und Jugendtheologie

2.1 Für die Jugendarbeit ist spätestens seit den 1970er Jahren das in der Sozialen Arbeit bis heute zentrale Prinzip der *Orientierung an der Lebenswelt* leitend. Dahinter steckt vor allem die entsprechende, von Hans Thiersch entwickelte Theorie[4], die mehr sein will als ein bloßes ›Abholen des Klienten, wo er steht‹[5].

So nimmt auch die Jugendtheologie zunächst die Lebenswelt junger Menschen in den Blick und die in ihr vorfindlichen bzw. in ihr individuelles Lebenskonzept bereits eingebackenen religiösen Spuren, d.h. ihre Fragen und ihre ersten Antworten auf die großen Fragen des Lebens. Schon in den 1980er Jahren sprach Hans Schmid von einer ihnen eigenen »Weisheit«.[6] Dass in den individuellen Lebenskonzepten heutiger junger Menschen

4 Vgl. v.a. H. Thiersch, Lebensweltorientierte Soziale Arbeit. Aufgaben der Praxis im sozialen Wandel, Weinheim/München 1992 (⁸2012).
5 Vgl. K. Grundwald / H. Thiersch, Lebensweltorientierung, in: H.-J. Otto / H., Thiersch (Hg.), Handbuch Soziale Arbeit, München ⁴2011, 854–663; auch U. Deller / R. Brake, Soziale Arbeit. Grundlagen für Theorie und Praxis, Opladen / Toronto 2014, 24–29.
6 Vgl. H. Schmid, Die Weisheit von Berufs- und Hauptschülern, in: KatBl 113 (1988), 549–555.

bereits eine Menge an (auch christlich geprägter) Religion eingegangen ist, ist auch die Grundthese des religionspädagogischen Konzepts einer »Abduktiven Korrelation« von Hans-Georg Ziebertz.[7] Solcherlei religiöse Rudimente finden sich nach wie vor an den unterschiedlichsten Orten unserer Gegenwartskultur und sie scheinen den religionsfeindlichen Mechanismen der Moderne trotzen zu wollen. Ob religiöse Motive in der Popmusik oder der Literatur, in der bildenden Kunst[8] oder eben in den Dokumenten adoleszenter Lebensweise – mit Peter L. Berger können glaubende Menschen sie als »Spuren der Engel« deuten[9].

2.2 Ein zweiter Aspekt ist die *Subjektorientierung*. In pädagogischen und praktisch-theologischen Konzepten ist sie heute weitgehend Konsens.[10] Auch für die Jugendpastoral gilt – hier im Wortlaut der Leitlinien der Deutschen Bischofskonferenz von 1991, der an die Würzburger Synode anknüpft:

> »Die Jugendlichen selbst haben durch Taufe und Firmung Anteil an der Sendung Jesu Christi und sind dazu berufen, Kirche zu sein und Kirche mitzugestalten. Sie sind deshalb nie nur Adressaten kirchlicher Heilssorge, sondern immer auch eigenständig Handelnde. Sie bringen ihr spezifisches Charisma in die gesamte Gemeinschaft der Gläubigen ein.«[11]

Ähnlich formuliert es auch Papst Franziskus in seinem Nachsynodalen Schreiben »Christus vivit«: »Ich möchte unterstreichen, dass die jungen Menschen selbst die in Jugendpastoral Tätigen sind – begleitet und angeleitet, doch frei, um voll Kreativität und Kühnheit immer neue Wege zu suchen«[12].

Die Wertschätzung der Jugendlichen als Subjekte ihres Handelns in der Jugendpastoral und der Jugendarbeit findet in der Jugendtheologie ihren Anknüpfungspunkt im Bemühen um die »subjektive Religion« eines jeden einzelnen. Der junge Mensch ist selbst der zentrale Akteur, nicht das Objekt eines Bildungsprozesses. Er selbst muss sich in der Auseinandersetzung mit den Antworten aus der theologischen Tradition und den kritischen Rückfragen durch den Moderator eine eigene Antwort erschließen. Oder

7 Vgl. H.G. Ziebertz / St. Heil / A. Prokopf (Hg.), Abduktive Korrelation. Religionspädagogische Konzeption, Methodologie und Professionalität im interdisziplinären Dialog, Münster 2003.

8 Vgl. das Journal of Religion and Popular Culture (Toronto) und als Fundgrube die Wikipedia-Seite »Religion in popular culture«.

9 Vgl. P.L. Berger, Auf den Spuren der Engel. Die moderne Gesellschaft und die Wiederentdeckung der Transzendenz, Frankfurt am Main 1970.

10 Vgl. R. Boschki, Subjekt, in: WiReLex (2016) https://www.bibelwissenschaft.de/stichwort/100312/ (01.04.2019). In der Jugendarbeit reicht dieses Prinzip bis in die Zeit der Jugendbewegung zu Beginn des 20. Jahrhunderts zurück. Vgl. dazu P.C. Höring, Markenkern Partizipation. Strukturen der Teilhabe und Mitverantwortung in katholischer Jugend(verbands)arbeit gestern und heute, in: Zeitschrift für Pastoraltheologie 40 (2020–1), 131–143.

11 Die deutschen Bischöfe. Pastoralkommission: Leitlinien zur Jugendpastoral, hg. v. Sekretariat der Deutschen Bischofskonferenz, Bonn 1991, 8. Vgl. Ziele und Aufgaben kirchlicher Jugendarbeit, 290, in: L. Bertsch u.a. (Hg.), Gemeinsame Synode der Bistümer in der Bundesrepublik Deutschland, Offizielle Gesamtausgabe I, Freiburg i.Br. 1976, 288–311.

12 Nachsynodales Schreiben »Christus vivit« von Papst Franziskus an die jungen Menschen und das ganze Volk Gottes, hg. v. Sekretariat der Deutschen Bischofskonferenz, Bonn 2019, Nr. 203.

vielleicht tut es nicht einmal der Jugendliche, sondern die Sache erschließt sich ihm selbst.

2.3 Wenn hier subjektive, vorwissenschaftliche Theologie der Jugendlichen mit der wissenschaftlichen Theologie bzw. der Tradition der Kirchen wirklich in ein Gespräch auf Augenhöhe eintritt, dann realisiert sich ein drittes zentrales Kennzeichen von Jugendpastoral: *Partizipation.* Die Übernahme von Mitverantwortung ist für die Jugendarbeit zentral. Und so trägt auch hier die Mitwirkung der Jugendlichen entscheidend zum Prozess bei. Diese Mitwirkung ist zugleich jene Lernerfahrung, die zur weiteren Reifung und der Übernahme von Verantwortung in Kirche und Gesellschaft führt.[13]

Diese Mitwirkung ist ein verbrieftes Recht aller Christgläubigen aufgrund der Beauftragung durch Jesus Christus selbst in der Taufe.[14] Und so hat die Kirche immer wieder beteuert, wie wertvoll ihr der Dialog mit den jungen Menschen ist, etwa im Dekret über das Laienapostolat des Zweiten Vatikanischen Konzils »Apostolicam actuositatem« (1962–65):

>»Die Erwachsenen mögen dafür Sorge tragen, mit den Jugendlichen in ein freundschaftliches Gespräch zu kommen, das beiden Teilen erlaubt, den Altersabstand zu überwinden, sich gegenseitig kennenzulernen und die je eigenen reichen Werte einander mitzuteilen. Die Erwachsenen mögen die Jugend zunächst durch ihr Beispiel, bei gegebener Gelegenheit auch durch klugen Rat und tatkräftige Hilfe zum Apostolat anregen. Die Jugendlichen mögen sich um Achtung und Vertrauen gegenüber den Erwachsenen bemühen; und wenn sie auch von

Natur aus dem jeweils Neuen zuneigen, mögen sie doch auch lobenswerte Überlieferungen geziemend achten« (AA 12).

Die Absicht, einen Dialog ›auf Augenhöhe‹ zu führen, wenn Erwachsene sich in der Jugendarbeit engagieren, lässt auch der Beschluss der Würzburger Synode zu »Zielen und Aufgaben kirchlicher Jugendarbeit« (1975) erkennen:

>»Wo Erwachsene zur Mitwirkung in der Jugendarbeit bereit sind, sollte das vor allem ein Angebot der Kommunikation sein, das heißt: zum Gespräch und zu echter Teilnahme [...]. Ihre Lebenserfahrung soll die Erfahrung des jungen Menschen deuten, seine Probleme lösen helfen, aber sie kann nicht von vornherein die einzig gültige Deutung, die einzig richtige Lösung sein.«[15]

Auch Papst Johannes Paul II. fordert in seinem Schreiben »Christifideles Laici« 1988/89 einen »offenherzigen, klaren und mutigen Dialog«, denn: »Die Kirche hat der Jugend viel zu sagen, und die Jugend hat der Kirche viel zu sagen«.[16] Schließlich ist es Papst Franziskus, der 2019, ebenfalls im Anschluss an die vorangegangene Bischofssynode, das Konzept der Synodalität als zentralen Weg für die

---

13 Zur Praxis der Partizipation vgl. auch den Beitrag von L. Otte in diesem Band.
14 Zur theologischen Relevanz von Partizipation vgl. P.C. Höring, Jugendlichen begegnen. Arbeitsbuch Jugendarbeit [PTHe 152], Stuttgart 2017, bes. 227–345.
15 Ziele und Aufgaben kirchlicher Jugendarbeit, 299.
16 Nachsynodales Apostolisches Schreiben »Christifideles laici« über die Berufung und Sendung der Laien in Kirche und Welt, hg. v. Sekretariat der Deutschen Bischofskonferenz, Bonn ⁴1991, Nr. 46.

Kirche markiert und für das Handeln in der Jugendpastoral empfiehlt:

»Die Jugendpastoral kann nur synodal sein, das heißt, einem ›gemeinsamen Vorangehen‹ Gestalt geben. Dies beinhaltet eine ›Wertschätzung der Charismen, die der Heilige Geist je nach Berufung und Rolle eines jeden Glieds [der Kirche] durch die Dynamik der Mitverantwortung schenkt. [...] Von diesem Geist beseelt, können wir uns zu einer partizipativen, mitverantwortlichen Kirche entwickeln, die in der Lage ist, den Reichtum der Vielfalt, aus der sie besteht, zur Geltung zu bringen und dabei auch den Beitrag von Laien, einschließlich junger Menschen und Frauen, von Personen des geweihten Lebens sowie von Gruppen, Verbänden und Bewegungen dankbar willkommen zu heißen. Niemand sollte ins Abseits gedrängt werden oder beiseite treten müssen.‹«[17]

Nun sind Absichtsbekundungen das eine. Wer die unterschiedlichen Realisierungsformen von Partizipation bedenkt, dem wird unweigerlich auffallen, dass jungen Menschen nur recht beschränkte Möglichkeiten der Mitwirkung an den Entwicklungen in der Kirche offenstehen. Legen wir die Stufenleiter von Partizipation zugrunde, wie sie etwa Straßburger/ Rieger oder Wright u.a. im Anschluss an Arnstein beschreiben[18], dann wird man eingestehen müssen, dass selbst Vorstufen von Partizipation in der Kirche oft nicht erreicht werden.[19]

9 Selbstorganisation	Übersteigt Partizipation
8 Entscheidungsmacht	Partizipation
7 Teilweise Entscheidungskompetenz	Partizipation
6 Mitbestimmung	Partizipation
5 Einbeziehung	Vorstufen von Partizipation
4 Anhörung	Vorstufen von Partizipation
3 Information	Vorstufen von Partizipation
2 Anweisung	Keine Partizipation
1 Instrumentalisierung	Keine Partizipation

17 Nachsynodales Schreiben »Christus vivit« von Papst Franziskus, Nr. 206 (unter wörtlicher Bezugnahme auf das Abschlussdokument der Synode).

18 Vgl. G. Strassburger / J. Rieger, Bedeutung und Formen der Partizipation – Das Modell der Partizipationspyramide, in: dies (Hg.), Partizipation kompakt. Für Studium, Lehre und Praxis sozialer Berufe, Weinheim, Basel 2014, 12–29; M.T. Wright / H. von Unger / M. Block, Partizipation der Zielgruppe in der Gesundheitsförderung und Prävention, in: M.T. Wright (Hg.), Partizipative Qualitätsentwicklung in der Gesundheitsförderung und Prävention Bern 2010, 35–52; S.R. Arnstein, A Ladder of Citizen Participation, in: Journal of American Institute of Planners 35 (1969), 216–244.

19 Vgl auch E. Kröger (Hg.), Wie lernt Kirche Partizipation. Theologische Reflexion und praktische Erfahrungen (Angewandte Pastoralforschung 2), Würzburg 2016.

Wie weit die Realität dem Ideal hinterherhinkt, beweist ein Blick auf die Synode der katholischen Bischöfe 2018 zum Thema »Die Jugend, der Glaube und die Berufungsunterscheidung«.[20] Ihr war zwar eine Umfrage unter jungen Menschen und eine eigene »Vorsynode« mit verschiedensten Vertretern der Alterskohorte vorausgegangen. Bei der Synode selbst aber waren nur einzelne Vertreter der Jugend zugelassen, jedoch ohne Stimmrecht – an ein paritätisches ist gar nicht zu denken. Ökumenische Konvergenzen werden deutlich, wenn man wahrnimmt, dass auch auf den Synoden der Evangelischen Kirche(n) in Deutschland die Jugendvertreter nur in wenigen Fällen Stimmrecht besitzen.[21] Immerhin durchziehen das römische Abschlussdokument, auf das Papst Franziskus in »Christus vivit« häufig Bezug nimmt, dann doch zahlreiche Aussagen, die zumindest ein »Zuhören« inzwischen favorisieren und Jugendpastoral insgesamt als synodalen Vorgang skizzieren.[22] Vergleichen Sie selbst, auf welcher Stufe der Partizipationsmöglichkeiten man sich damit befindet!

3. Chancen einer Jugendtheologie: Das hypothetische Denken der Adoleszenz

Worin liegen die besonderen Chancen einer Jugendtheologie im Blick auf ihre Adressaten? Kindertheologie war entstanden aus dem Erstaunen über und die Wertschätzung für die kreativen Antwortversuche von Kindern auf die großen Fragen des Menschseins. Jugendtheologie nun aber kann sich auf die mit der Pubertät einsetzenden, neuen Denk-

möglichkeiten in der Adoleszenz beziehen. Bei aller Skepsis gegenüber den klassischen Stufenmodellen religiöser Entwicklung[23], wird man gleichwohl zugeben dürfen, dass die in der Kinderzeit tauglichen Antworten zunehmend fraglich und über Bord geworfen werden. Anthropomorphe Konstrukte weichen zurück. Abstrakt-hypothetisches Denken dominiert. Es könnte eigentlich alles auch ganz anders sein, Wirklichkeit kann immer auch grundsätzlich anders gedacht werden. Vor allem eine gewachsene Symbolkompetenz ermöglicht es im Jugendalter, biblische Erzählungen oder rituelle Handlungen zu entziffern und sachgemäß zu verstehen als das, was sie sind: keine Reportagen, sondern Symbolgeschichten; keine magischen Rituale, sondern Symbolhandlungen.[24]

20 Vgl. https://www.dbk.de/themen/kirche-und-jugend/bischofssynode-jugend-2018/ (18.03.2019). Einen Eindruck von der Synode vermittelt J. Wübbe, Nachwort: Jugend und Kirche auf dem Hinter-grund der Römischen Bischofssynode 2018, in: A. Kaupp / P.C. Höring (Hg.): Handbuch Kirchliche Jugendarbeit, Freiburg i. Br. 2019, 561–566.

21 Vgl. https://www.ekd.de/orientierungshilfe-familie/mitbestimmung-von-jugendlichen-und-jungen-erwachsenen-in-der-39872.htm (23.11.2018); https://www.evangelisch.de/inhalte/128211/10-11-2015/ekd-synode-bremen-waehlt-neuen-rat (23.11.2018).

22 Vgl. Bischofssynode, XV. Ordentliche Generalversammlung: Die Jugendlichen, der Glaube und die Berufungsunterscheidung. Abschlussdokument, Vatikanstadt 2018, bes. Nr. 6–9. 114–134; Nachsynodales Schreiben »Christus vivit«, Nr. 203.208.

23 Vgl. etwa C. Klein / H. Streib / B. Keller, Religiöse Entwicklung, Forschungszugänge, in: WiReLex, https://www.bibelwissenschaft.de/stichwort/100219/ (18.03.2019).

24 Vgl. F. Schweitzer, Lebensgeschichte und Religion. Religiöse Entwicklung und Erziehung im Kindes- und Jugendalter, Gütersloh [7]2010,

Hier werden weitere Konvergenzen erkennbar: Jugendtheologie reklamiert das Fragen und Suchen als gemeinsame Grundbewegung von Jugendalter und Theologie. Denn auch Theologie ist eigentlich weniger durch das Antwortgeben gekennzeichnet als vielmehr durch das Fragen nach Gott. Das weitere Voranschreiten der Religionsdidaktik weg von einem rein vermittelnden Konzept zu subjektorientierten Konzepten der Aneignung[25] folgt damit auch einem bestimmten Verständnis von Theologie.

Diese Jugendtheologie, die sich – wie die Kindertheologie – in dreifacher Weise versteht, nämlich als (1) eine »Theologie von Jugendlichen«, d.h. das eigene, jugendgemäße Reflektieren und ggf. Kommunizieren über theologisch relevante Sachverhalte, (2) eine »Theologie für Jugendliche«, d.h. eine altersgemäße Darlegung theologischer Inhalte und Aussagen, und (3) einer »Theologie mit Jugendlichen«, d.h. der wechselseitige Diskurs zwischen den bereits vorhandenen Deutungsversuchen der Jugendlichen und der wissenschaftlichen Theologie[26], lässt sich daher subjektorientierten (religiösen) Bildungskonzeptionen zuordnen. Mit diesem Dreiklang wird markiert, dass Jugendliche eben nicht nur eine ihnen gemäße Art und Weise der Verkündigung bzw. der Theologie benötigen. Eine solche gab es seit den verschiedenen Katechismen der Reformationszeit bis heute. Jugendliche haben mindestens ebenso nötig Räume und Möglichkeiten, in denen sie selbst zu einer eigenen Weise der Lebensdeutung ermutigt werden und diese erproben können. Diese Wertschätzung für ihre Weise des Theologisierens erst lässt eine ›Theologie *mit* Jugendlichen‹ zu, in der der Glaube der Jugendlichen und der tradierte Glaube in einen kritischen, wechselseitigen Dialog verwickelt werden.

4. Voraussetzung: Ein neues Verständnis von Theologie

Die Voraussetzung für ein solches Konzept aber ist ein entsprechendes Verständnis von Theologie, das bereits soeben erkennbar wurde. Was meint also in diesem Zusammenhang Theologie?

Die dreifache Richtung des Konzeptes einer Jugendtheologie weist daraufhin, dass hier durchaus unterschiedliche Qualitäten von Theologie interagieren. Sie sollten daher weder miteinander gleichgesetzt noch gegeneinander ausgespielt werden. Die ›Theologie *von* Jugendlichen‹ darf als eine eigene Form einer Laien- oder Alltagstheologie, einer

bes. 202–214; A. Pfeifer, Wie Kinder Metaphern verstehen. Semiotische Studien zur Rezeption biblischer Texte im Religionsunterricht der Grundschule, Bibel – Schule – Leben 3, Münster 2002; A.A. Bucher, Gleichnisse verstehen lernen. Strukturgenetische Untersuchungen zur Rezeption synoptischer Parabeln, Fribourg 1990.

25 Vgl. bspw. U.F. Schmälzle, Von der Vermittlung zur Aneignung. Überlegungen zum Paradigmen-wechsel in der Katechese, in: F.-P. Tebartz-van Elst (Hg.), Katechese im Umbruch. Positionen und Perspektiven [FS D. Emeis], Freiburg i.Br. 1998, 32–44; U. Becker / C.Th. Scheilke (Hg.), Aneignung und Vermittlung. Beiträge zur Theorie und Praxis einer religionspädagogischen Hermeneutik, Gütersloh 1995.

26 Vgl. Th. Schlag / F. Schweitzer, Brauchen Jugendliche Theologie? Jugendtheologie als Herausforderung und didaktische Perspektive, Neukirchen-Vluyn 2011, bes. S. 53–134.

»Ordinary Theology« (Jeff Astley)[27], verstanden werden, die sich – mindestens mal bei Getauften – auf die Begabung mit dem Heiligen Geist gründet. Es ist eine Grundüberzeugung, nicht nur der evangelischen, sondern auch der katholischen Kirche, dass ihre Gläubigen über einen ›Glaubenssinn‹ (sensus fidei) verfügen, der in der theologischen Debatte und im Leben der Kirche eine entscheidende Rolle spielt (vgl. Zweites Vatikanisches Konzil: Lumen Gentium 12,35).[28]

Es geht also weder um eine Überhöhung der Kompetenz Jugendlicher noch eine Degradierung der wissenschaftlichen Theologie. Als Partner eines Dialoges ist gerade die je eigene Kompetenz beider gefragt, um die Vorstellungen Jugendlicher zu differenzieren, zu ergänzen und zu erweitern. Freilich: Die Ernsthaftigkeit dieses Dialoges wird sich daran messen müssen, inwiefern dieser Diskurs auch Rückwirkungen auf die wissenschaftliche Theologie nach sich zieht.

5. Religiöses Lernen heute: Zwischen Expedition und Obduktion

Dieses Konzept der Neuakzentuierung des gemeinsamen Theologisierens trifft allerdings in eine Zeit, in der mehr die Folgen einer jahrzehntelangen, schleichenden Entkirchlichung bedauert werden und daher religiöse Lern- und Bildungsprozesse sich eher als eine Expedition in eine terra incognita darstellen. Performative Konzepte, die auf dem Hintergrund der Diasporasituation in Ostdeutschland entstanden sind, stellen daher das (erstmalige) Vorstellen und Zeigen, Erkunden und Erleben von Aus-

drucksformen christlichen Glaubens in den Vordergrund.[29]

Wie kann in einer solchen Situation von Theologisieren gesprochen werden, wenn es doch den meisten Jugendlichen heute allein schon sprachlich kaum möglich zu sein scheint, Glaubensaussagen selbst zu formulieren oder vorgelegte zu entschlüsseln? Es sei denn, man qualifiziere jede irgendwie geartete Artikulierung eines eigenen Standpunktes (und auch das ist ja mitunter schon viel!) als eine irgendwie geartete Artikulation von Glauben und erklärte sie damit zu Theologie. Thomas Schlag, einer der Protagonisten der Jugendtheologie, macht daher deutlich: »Ohne Glaubensüberzeugung lässt sich theologisch kaum sachgemäß reden und reflektieren.«[30] Ist die Rede von der ›Theologie der Jugendlichen‹ also doch eher Illusion oder Suggestion?

Andererseits lässt die inzwischen breite empirische Forschung zu diesem

27 Vgl. J. Astley, Ordinary Theology. Looking, Listening, and Learning in Theology, Aldershot 2002; ders., »Ordinary Theology« und Jugend, in: Bert Roebben / Thomas Schlag (Hg.), »Jedes Mal in der Kirche kam ich zum Nachdenken«. Jugendliche und Kirche (Jahrbuch für Jugendtheologie 4), Stuttgart 2016, 26–41.
28 Vgl. dazu den Beitrag von H.-J. Höhn in diesem Band.
29 Vgl. S. Leonhard / Th. Klie (Hg.), Schauplatz Religion. Grundzüge einer Performativen Religionspädagogik, Leipzig 2003, freilich auch H. Mendl, Religion erleben. Ein Arbeitsbuch für den Religionsunterricht, München 2008.
30 Th. Schlag, Von welcher Theologie sprechen wir eigentlich, wenn wir von Jugendtheologie reden?, 13, in: P. Freudenberger-Lötz / F. Kraft / Th. Schlag (Hg.), »Wenn man daran noch so glauben kann, ist das gut«. Grundlagen und Impulse für eine Jugendtheologie (Jahrbuch für Jugendtheologie 1), Stuttgart 2013, 9–23.

Thema erkennen, dass es durchaus gelingen kann, Jugendlichen ihre individuellen ›Theologien‹ im Kontext religiöser Bildungsprozesse zu entlocken.[31] Und auch im Fall des Fehlens religiöser Vorerfahrungen, wenn die eigene Glaubenserfahrung dünn, das eigene Glaubensbekenntnis lückenhaft und die eigene Glaubensgewissheit noch längst nicht Gewissheit ist, können Jugendliche zum theologischen Diskurs animiert werden, indem sie zu einem Perspektivwechsel eingeladen werden unter der vorläufigen Annahme, ›dass es Gott gäbe‹[32].

Schließlich lässt sich, mindestens einmal unter den Besuchern eines konfessionellen Religionsunterrichts und gemeindenaher Formen Kirchlicher Jugendarbeit, auch faktisch mehr an Spuren religiöser Deutungen des Alltags finden als gemeinhin angenommen. Vertreter des Konzepts einer »Abduktiven Korrelation« bauen darauf, dass in den pluralen Erfahrungswelten der jungen Menschen heute und in deren eigener, individueller Semantik Glaubenstraditionen je schon korrelativ eingeschmolzen sind.[33]

Aufgabe religiöser Bildung kann es daher sein, diese Amalgame ureigener Erfahrungen und subjektiver Deutungen auf dem Hintergrund zuhandener, kulturell oder familial vermittelter Komponenten freizulegen, zu sortieren, zu klären und durch die Auseinandersetzung mit den Aussagen wissenschaftlicher Theologie anzureichern. Damit kann auch Jugendtheologie als Form eines ›dritten Wegs‹ zwischen einer reinen Adressatenorientierung und der einseitigen Orientierung an einer zu vermittelnden Tradition oder Doktrin verstanden werden. Wie der »Abduktiven Korrelation« geht es auch einer Jugendtheologie dar-

um, das »habituelle Zeichen- und Traditionsreservoir, das auch heute im alltäglichen Vollzug – wie verdeckt auch immer – angewandt wird, wahrzunehmen und der kritischen Reflexion zugänglich zu machen«[34].

6. Didaktische Konkretisierung: Erheben – Konfrontieren – Kommunizieren

Mit der von Veit-Jakobus Dieterich für das schulische Unterrichten vorgeschlagenen Schrittfolge (siehe Kasten) kann sich der Lernprozess grob an den drei Aspekten »Theologie von Jugendlichen«, »Theologie für Jugendliche«, »Theologie mit Jugendlichen« anlehnen: Auf die »Erhebung der Schülerpositionen« und deren Analyse durch die Klasse und die Lehrkraft folgt die Präsentation, Aneignung und eigene Wiedergabe theologischer »Fremdpositionen«, welche durch einen »mehrschichtigen« und »multiperspektivischen Dialog« abgeschlossen wer-

31 Vgl. Jahrbuch für Jugendtheologie Bd. 1–5, Stuttgart 2012–2017. Bemerkenswerte Beispiele einer eigenständigen theologischen Reflexion junger Menschen entdeckt J. Bartz, Jugendpastoral auf neuen Wegen. Der XXVIII. Weltjugendtag in Rio de Janeiro und sein Beitrag für die Kirche vor Ort, Berlin 2017 (vgl. auch ihren Beitrag in diesem Band).

32 Vgl. auch J. Ratzinger, Europa in der Krise der Kulturen, 82, in: M. Pera / J. Ratzinger, Ohne Wur-zeln. Der Relativismus und die Krise der europäischen Kultur, Augsburg 2005, 62–84.

33 Vgl. H.G. Ziebertz / St. Heil / A. Prokopf (Hg.): Abduktive Korrelation. Religionspädagogische Konzeption, Methodologie und Professionalität im interdisziplinären Dialog, Münster 2003.

34 A. Prokopf / H.G. Ziebertz, Abduktive Korrelation – Eine Neuorientierung für die Korrelationsdidak-tik?, 33, in: RpB 44/2000, 19–50.

den.[35] Spätestens hier werden dann Parallelen nicht nur zu den bereits genannten subjektorientierten Konzepten, sondern auch zu Didaktiken der Aneignung und des Konstruktivismus erkennbar.

---

1. *»Theologie von Jugendlichen«*
   a) Formulierung – Erhebung der Schülerpositionen (Pluralität)
   b) Analyse und Diskussion der eigenen Positionen in der Schulklasse (Besprechung von, Beschäftigung mit und Analyse von Schülertexten – (Freier) Dialog der Schülerpositionen = Theologisieren 1
   c) Analyse der Schülertexte durch die Lehrkraft

2. *»Theologie für Jugendliche«*
   a) Auswahl und Präsentation der Fremdpositionen durch die Lehrkraft (Pluralität)
   b) (Kreative) Aneignung der Fremdpositionen durch die Schulklasse
   c) Präsentierung theologischer Positionen durch Jugendliche für Jugendliche = Theologisieren 2

3. *»Theologie mit Jugendlichen«*
   a) Planung und Präparation des mehrschichtigen Dialogs durch die Lehrkraft
   b) Durchführung des multiperspektivischen Dialogs = Theologisieren 3
   c) Evtl. eigene Positionierung der Lehrkraft

Ob sich der Unterrichtsverlauf tatsächlich fest dieser Abfolge unterwirft, darf bezweifelt werden. Und gerade im Kontext außerschulischer Settings wird man einen derart strengen Verlauf wohl kaum finden. Dennoch können die Schritte als Pole eines Gesamtgefüges verstanden, auch dort Orientierung bieten. Letztlich folgen sie bekannten Vorgehensweisen, die zunächst die Sicht der Adressaten auf eine spezifische Fragestellung zu erheben versuchen, diese systematisiert und gemeinsam analysiert. Der mit dem zweiten Schritt vorgeschlagene Perspektivwechsel erweitert die jugendliche Sichtweise. Ihnen ist nicht nur bewusst, es könnte auch ganz anders sein, sie ahnen vielleicht auch: Wir sind nicht allein. Daher ist die Auseinandersetzung mit bestätigenden, ergänzenden, korrigierenden und konfligierenden Positionen geboten. Es ist unerlässlich, sich in diese Perspektiven einzufühlen, sie verstehen zu versuchen, um so in einen inneren und äußerlich geführten Dialog eintreten zu können. Hier wird Horizonterweiterung möglich, Bildung erlebt.

7. Jugendtheologie aus der Sicht junger Menschen

Ist aber das Konzept einer Jugendtheologie realistisch? Wie werden junge Menschen auf eine solche Einladung reagieren? Dabei ist klar, dass der Begriff ›Jugendtheologie‹ selbst als Fachbegriff nicht geeignet ist, junge Menschen für das zu gewinnen, was hier skizziert wird. Dennoch sollte eine kleine Stichprobe unter kirchennahen Jugendlichen einen

---

35 V.-J. Dieterich, Theologisieren mit Jugendlichen als religionsdidaktisches Programm für die Sekundarstufe I und II, 49, in: P. Freudenberger-Lötz / F. Kraft / Th. Schlag (Hg.): »Wenn man daran noch so glauben kann, ist das gut«, 35–49.

ersten Einblick ermöglichen. Es handelte sich dabei um insgesamt 59 Ministrantinnen und Ministranten im Alter von 10 bis 24 Jahren, die am Rande eines diözesanen Treffens mittels eines Fragebogens auf drei offene Fragen antworten konnten:

(1) Was fällt dir spontan zum Stichwort »Theologie« ein?
(2) Was fällt dir spontan zum Thema »Jugendtheologie« ein?
(3) Jemand behauptet, auch du seist ein Theologe/eine Theologin. Was würdest du ihm antworten?

7.1 Zur Frage des Theologieverständnisses

Exemplarische Antworten auf diese Frage lauteten:
– »Es ist eine Studie. zum Thema Religion jeder Priester und Papst hat es« (m., 13)
– »Religion, Religionsunterricht in der Schule« (w., 16)
– »Die Wissenschaft sich mit Gott/Göttern in allen Religionen zu befassen.« (m., 18)

Zu Themenfeldern geclustert, ergibt sich folgende Verteilung:

Wissenschaft/ Studium	Religionsunter- richt / Glaubens- vermittlung	Religion/Kirche/ Gott/Lehre d. Glaubens	Keine Angabe / nicht zuzuordnen
22	6	18	13
N = 59; Alter: 10–24 Jahre; alle Ministranten			

Der Mehrheit ist der Begriff offensichtlich geläufig, und sie bringt ihn in zutreffender Weise mit dem Themenfeld »Religion/Glaube« in Verbindung. Mitunter stehen konkrete Personen, die Theologie studiert haben (Priester, Religionslehrer), für den Begriff. Die Beobachtungen überraschen nicht sonderlich, sind doch alle Befragten in einer konkreten Gemeinde und zumal im liturgischen Vollzug engagiert.

7.2 Zum Verständnis von »Jugendtheologie«

Exemplarische Antworten lassen erkennen, wie sich die oben erläuterten drei Dimensionen einer Jugendtheologie in den spontanen Aussagen der Befragten wiederfinden:
– »Vermittlung des Glaubens an Jugendliche« (m., 18)
– »Theologie so einfach, dass sie auch Jugendliche verstehen« (m., 20)
– »was Jugendliche über Gott & Religion denken« (w., 18)
– »Ansichten und Standpunkte Jugendlicher zu ihrem Glauben und zu ihren Ansichten zur Kirche« (m., 19)

Wiederum zu Themen geclustert, ergibt sich folgendes Bild:

Glaube, für Jugendliche vereinfacht	Konkrete Formen (Religionsunterricht, Jugendarbeit)	Gemeinsame religiöse Praxis junger Menschen	Nachdenken über Gott und Glauben	Keine Angabe/ nicht zuzuordnen
12	15	6	7	19
N = 59; Alter: 10–24 Jahre; alle Ministranten				

Am häufigsten werden konkrete Formen pastoralen Handelns genannt, die die Befragten kennen und praktizieren: Messdienerarbeit, Jugendverbände, Aktionen und Religionsunterricht. Andere assoziieren eine vereinfachte Form von Theologie für Jugendliche im Rahmen der Glaubensweitergabe. Einige wenige nennen den konkreten, gemeinsamen Glaubensvollzug und das Nachdenken über Religion und Glaube. Es überrascht aber auch nicht, dass Vielen der Begriff nichts sagt, weil er im Kontext von Jugendarbeit (noch) nicht geläufig und ohnehin ein neues Kompositum ist.

7.3 Die Rolle junger Menschen im Konzept einer Jugendtheologie

Darauf angesprochen, jemand spreche ihnen selbst die Rolle eines Theologen/ einer Theologin zu, reagieren die Befragten etwa wie folgt:

– »Bin ich nicht. man muss es studieren und das habe ich nicht« (w., 19)
– »Theologin auf niedrigem Niveau (Papst, Bischof höher gestellt), meine Glaubensüberzeugung trotzdem wichtig, jeder ist wichtiger Teil im Gesamtkonzept« (w., 22)
– »Wenn man sich mit jm anderen über Religion/Glauben unterhält und man z.B. Erfahrungen austauscht« (w., 16)
– »Stimmt in gewisser Weise, da wir als Ministranten oft über Gott nachdenken und uns mit ihm beschäftigen« (w., 19)
– »Ich mache mir viele Gedanken über Religion … Also ja. Allerdings habe ich nicht studiert, wenn du das meinst« (w., 15)

Die verschiedenen Antworten wurden wiederum geclustert:

Ja	Ja, unter gewissen Bedingungen	Nein	Keine Ahnung / keine Angabe
15	3	21	20
N = 59; Alter: 10–24 Jahre; alle Ministranten			

Die Zahl derer, die keine Antwort geben, steigt noch einmal an. Eine Ablehnung des formulierten Zuspruchs wird in der Regel mit dem Verweis auf das für das Theologietreiben notwendige Studium begründet. Zustimmende Antworten erfolgen nur unter Bedingungen oder /mit Einschränkungen (»Theologin auf niedrigem Niveau [Papst, Bischof höher gestellt]«).

Aber: Unter der kleineren Gruppe jener, die zustimmend antworteten, gibt es durchaus eine sensible Wahrnehmung, dass über den Glauben nachdenken und austauschen auch als eine Form von Theologie/Theologisieren verstanden werden kann.

8. Fazit

Jugendtheologie macht zurecht auf das Vorhandensein und den Wert jugendlicher Antwortversuche auf die ›großen Fragen des Lebens‹ aufmerksam. Im schulischen Kontext kann dies eine Subjektorientierung fördern, die nicht in eine rein schüler- oder problemorientierte Konzeption überschlägt. In der Kirchlichen Jugendarbeit schließt das Verständnis noch sehr viel enger

an Grundüberzeugungen des pädagogischen und pastoralen Handelns an. Freilich formuliert das Konzept einer Jugendtheologie auch einen Anspruch, indem es dazu ermutigt, trotz Entkirchlichung und Enttraditionalisierung nicht davor zurückzuschrecken theologische Diskurse anzuzetteln. Eine Praxis, in der man schnell der Gefahr der Theologieabstinenz zu erliegen droht, weil fälschlicherweise angenommen wird, Jugendliche seien für Theologie nicht zu begeistern, könnte davon profitieren. Und auch in der Katechese könnten Konzepte, die nicht nur den non-kognitiven Bereich (Erlebnis, Atmosphäre, Beziehung, Gemeinschaftlichkeit) akzentuieren wollen, eine sach- und adressatengemäße Auseinandersetzung mit theologischen Fragestellungen realisieren. Dabei nimmt Jugendtheologie nicht in Anspruch, das alleinige religionsdidaktische Konzept zu sein. Vielmehr lässt sie sich eher als religionspädagogische Perspektive begreifen, die gewohnte korrelative, elementare oder performative Konzepte des religiösen Lernens zu durchdringen in der Lage ist, und pädagogische Konzepte der Jugendarbeit sinnvoll zu ergänzen weiß.

Hanna Roose
Theologische Gespräche in Schule und Kirche und die Elementarstrukturen unterrichtlicher Interaktion: Verhältnisbestimmungen

1. Die Spannung zwischen theologischen Gesprächen und den Elementarstrukturen unterrichtlicher Interaktion

Zentral für die Jugendtheologie ist bekanntlich ihre Subjektorientierung. Der (schulische oder kirchliche) Religionsunterricht soll von den »großen«[1], »unentscheidbaren«[2] theologischen Fragen der Jugendlichen ausgehen (nicht von den Fragen der Lehrkräfte). Er soll Jugendlichen zutrauen, dass sie über selbstreflexive Formen des Nachdenkens über religiöse Vorstellungen verfügen. Die Schülerinnen und Schüler bzw. Konfirmandinnen und Konfirmanden sollen darin unterstützt werden, in Auseinandersetzung mit der biblisch-christlichen Tradition ihre je eigenen Antworten auf ihre »großen Fragen« zu finden. Von zentraler Bedeutung sind dabei theologische Gespräche, in denen sich die Lehrkraft *mit* der Gruppe auf die Suche begibt (Ideal der *Symmetrie*). Diese Idealvorstellung theologischer Gespräche liegt quer zur Interaktionslogik des klassenöffentlichen Unterrichts, wie Thomas Wenzl sie rekonstruiert hat. Zusammenfassend schreibt er:

> »Die Analyse der Interaktionsprozesse, die die Fragen der Schüler in den (...) Fallrekonstruktionen auslösen, offenbart, dass es Lehrern äußerst schwer fällt, sich auf diskursive Erörterungen von Schülerfragen jenseits der Normalform des Unterrichts einzulassen. Mehr noch: Anhand der Art und Weise, wie die Fragen der Schüler ungeklärt wieder aus dem Unterrichtsgespräch ausgeschlossen werden, lässt sich ableiten, dass der klassenöffentliche Unterricht materiale Bildungsansprüche von Schülern als konstitutiv gegenschulische Ansprüche bestimmt.«[3]

Die »Normalform des Unterrichts« sieht Wenzl einerseits durch Melderegel (wer sich äußern möchte, muss sich melden und warten, bis er/sie drankommt) und Redepflicht (wer drangenommen wird, muss sich äußern), andererseits durch die Interaktionsstruktur Initiation (Impuls, meist Lehrerfrage) – Reply (durch Schülerinnen und Schüler) – Evaluation (durch die Lehrkraft) geprägt.[4] Ab der 5. Klasse gehen die Schülerinnen und Schüler zunehmend souverän mit Melderegel und Redepflicht um und durchbrechen öfter das IRE-Muster, indem sie

1 Rainer Oberthür, Kinder und die großen Fragen, München 1995.
2 Heinz von Foerster, Lethologie. Eine Theorie des Erlernens und Erwissens angesichts von Unwissbarem, Unbestimmbarem und Unentscheidbarem, in: Reinhard Voß (Hg.), Die Schule neu erfinden, Neuwied/Kriftel ⁴2002, 14–32.
3 Thomas Wenzl, Elementarstrukturen unterrichtlicher Interaktion, Wiesbaden 2014, 113.
4 Ebd., 15–43.

eigene Fragen formulieren. Dass es sich dabei lediglich um punktuelle Durchbrechungen des nach wie vor strukturgebenden IRE-Musters handelt, zeigt sich daran, dass die Erlaubnis zu Fragen erst von der Lehrkraft eingeholt werden muss. Die Schlussfolgerung, die Wenzl daraus zieht, ist – gerade im Blick auf theologische Gespräche im (zunächst: schulischen) Religionsunterricht – weitreichend. Sie sei deshalb ausführlich zitiert:

> »Wenngleich die Zulassung (Schülerfragen) und die aktive Herstellung (unterrichtliche Diskussionen) manifest öffentlicher Gesprächsmomente im klassenöffentlichen Unterricht im Laufe der Schulzeit immer selbstverständlicher wird …, bleibt doch festzuhalten, dass der klassenöffentliche Unterricht die Hürde zu einer Praxis eines öffentlichen Diskurses nicht nimmt. Empirisch beobachtbare öffentliche Gesprächsmomente werden den Charakter des bloß Zugelassenen nicht los.« [5]

Folgt man dieser Einschätzung, dann sprengen theologische Gespräche – als diskursive Erörterungen offener Geltungsfragen – *grundsätzlich* die Normalform des klassenöffentlichen Unterrichts. Dieser Unterricht steht nach Wenzl im Dienst nicht etwa eines materialen, sondern eines formalen Bildungsanliegens: des Sich-Allgemein-Machens des Subjekts. Durch Melderegel und Redepflicht entfaltet sich im Klassenunterricht eine Interaktionsstruktur, »die in einem besonderen Maß geeignet ist, zu einer Reproduktion einer Haltung beizutragen, die es Schülern ermöglicht, ihren Geist unabhängig von ihrer aktuellen inneren Beteiligung in den Dienst jeweils der

Sache zu stellen, die ihnen gerade vorgesetzt wird.« [6] Die Schülerinnen und Schüler lernen, im Unterricht nur solche Fragen zu stellen, die von klassenöffentlichem Interesse sind und gerade zum Thema gehören. *Individuelle* Schülerfragen können daher nicht konstitutiv für den Unterricht sein:

> »Gerade bezogen auf den klassenöffentlichen Unterricht führt offensichtlich kein Weg von dieser unbeständigen und flüchtigen Neugierde, die bei den individuellen Schülern natürlich auch noch von ganz unterschiedlichen Gegenständen angezogen wird, zu einem Unterricht, bei dem sich *alle* Schüler auf die *gleiche* Sache zu konzentrieren haben.« [7]

Individuelle materiale Bildungsinteressen stellen für den klassenöffentlichen Unterricht eine *strukturelle* Überforderung dar. Wie groß hier die Distanz zum Programm einer Kinder- und Jugendtheologie ist, zeigt zum Vergleich ein Zitat von Rainer Oberthür:

> »Wer Kinderfragen mit religionspädagogischem Interesse auswertet, erhält Einblicke in das, was sie fasziniert oder abschreckt, freut oder ängstigt. Es entsteht ein Katalog von ›Schlüsselthemen‹ für den Religionsunterricht mit der Möglichkeit, die jeweiligen Fragen der Kinder (und nicht die Lehrerfragen) zum Ausgangspunkt des Unterrichts zu machen.« [8]

Aus jugendtheologischer Sicht sind angesichts dieser Distanz diejenigen Unterrichtssequenzen besonders interessant, in

---

5 Ebd., 95.
6 Ebd., 43.
7 Ebd., 106.
8 Rainer Oberthür (wie Anm. 1), 14.

denen die typische Interaktionslogik dadurch unterbrochen wird, dass Schüler/innen von sich aus (»ungefragt«) Fragen stellen, so dass der Unterricht interaktionslogisch an Freiheitsgraden gewinnt[9]. (Inwiefern) Kommt es hier zu theologischen Gesprächen? Ich präsentiere zu dieser Frage zwei Fallvignetten: eine aus dem schulischen (2.) und eine aus dem kirchlichen (3.) Kontext.

2. Fallvignette aus dem schulischen Religionsunterricht

Die Fallvignette firmiert im Jahrbuch für Kinder- und Jugendtheologie als Beispiel eines theologischen Gesprächs.[10] In einer 9. Gymnasialklasse wird das Gleichnis vom großen Weltgericht (Mt 25,31–46) thematisiert.

»(1) Michael: Ich habe noch eine Frage, weil es ist ja so, dass in einigen Bibelstellen auch Jesus irgendwelchen Menschen quasi in gewisser Weise eine zweite Chance gibt/

(2) L: Ja.

(3) Michael: Weil die irgendwie/ ich meine, das war irgendwie bei dem Steuereintreiber, der gestohlen hat oder sowas.

(4) L: Ja.

(5) Michael: Da hat Jesus ihm eine zweite Chance gegeben.

(6) L: Mhm (bejahend).

(7) Michael: Und beim Jüngsten Gericht ist das ja jetzt ja nicht so.

(8) L: Mhm (bejahend).

(9) Michael: Irgendwie passt das für mich jetzt nicht so ganz zusammen, weil im Jüngsten Gericht ist er ja selber (?) quasi zu denen, die was Falsches gemacht haben.

(10) L: Mhm (bejahend). Am Jüngsten Gericht sind so/, wie der Text das hier schil-

dert, die Würfel sozusagen gefallen, ja. Die Entscheidung ist getroffen. Kennt ihr andere biblische Texte, wo das anders ist? Ich meine, du deutest da gerade etwas an. Fallen dir andere Texte ein, die dem vielleicht widersprechen?

(11) Michael: Ja, ich glaube es war irgendwie einer/ in einem Text, wo jem/ wo er in eine Stadt kam/

(12) L: Mhm (bejahend).

(13) Michael: Und da war halt jemand vom Volk quasi total verachtet, weil irgendwie halt immer zu viel Zoll, glaube ich, irgendwie erhoben hat an Waren/

(14) L: Ja. Mhm (bejahend).

(15) Michael: Und dann hat Jesus sich aber dem quasi erbarmt und hat dem eine zweite Chance gegeben (unv.)/

(16) L: Mhm (bejahend). Genau, das war zu Lebzeiten, genau. Zachäus war das, den du meinst. Der hat zu Lebzeiten eine zweite Chance erhalten und wurde dann wieder auch Teil der Gemeinschaft, genau. Das ist ein wichtiger Hinweis. Also mhm (bejahend). Was ist hier an dem Text dann anders, als bei der Zachäusgeschichte? Daniel, du hattest dich gemeldet.

(17) Daniel: Ich wollte noch was // anderes sagen. //

(18) L: // Ja, gerne. Dann // ergänze gerne noch etwas.

(19) Daniel: Ich glaube/ ich habe auf jeden Fall mal von so einer Geschichte gehört, von einem Bettler, der blind war /

---

9 Ebd., 151–152.

10 Anika Loose, »(…) wenn man sich da an den anderen orientiert, dann findet man immer jemanden, der sich schlechter als man selbst benimmt und der es wahrscheinlich eher verdient hätte, in die Hölle zu kommen (…)« – Theologisieren als Einübung in einen nichtfundamentalistischen Umgang mit der Bibel, in: Hanna Roose / Gerhard Büttner / Thomas Schlag (Hg.), »Es ist schwer einzuschätzen, wo man steht«. Jugend und Bibel, JaBuKiJu 2, Stuttgart 2018, 70–79.

(20) L: Ja.

(21) Daniel: Und dem Jesus quasi dann wieder das Sehen geschenkt hat.

(22) L: Mhm (bejahend).

(23) Daniel: Obwohl den auch alle verachtet haben /

(24) L: Mhm (bejahend).

(25) Daniel: Als der (unv.)

(26) L: Weißt du noch, wie der hieß? Wissen die anderen das? Kleiner Exkurs. Jana.

(27) Jana: Bartimäus?

(28) L: Genau, prima. Mhm (bejahend). (.) Felix gerne nochmal.

(29) Felix: Aber, die Geschichte von dem Bettler, die trifft sich da jetzt ja auch. Denn Jesus hat ja damit einem der Geringsten geholfen und wenn er selbst sagt, was ihr einem dieser / meiner geringsten Brüder getan habt, das habt ihr mir getan. Dann ist das ja kein Widerspruch dagegen. Er hat ja einem der Geringsten geholfen. Bei diesem Zachäus, der / na gut, das wundert mich jetzt. Man kann das so sehen, dass er, weil er verachtet wird zu den Geringsten gehört, aber wenn man es jetzt / wenn er so weiter gelebt hätte, wie er gelebt hat, würde er ja wohl eher zu den Verfluchten gehören.«[11]

2.1 Die Sequenz in jugendtheologischer Perspektive

In ihrer Analyse fokussiert Anika Loose in jugendtheologischer Perspektive den hermeneutischen Umgang der Jugendlichen mit dem biblischen Text. Sie stellt fest:

1. »Die Jugendlichen nehmen Widersprüche und Unstimmigkeiten wahr (Chancengeber Jesus vs. Bild vom König / Menschensohn als Richter) und versuchen diese selbst zu entkräften.

2. Die Jugendlichen lesen die Bibelstelle mit Hilfe von bereichsspezifischem Vorwissen und stellen Bezüge her (z.B. zu Zachäus und Bartimäus).

3. Die Jugendlichen argumentieren theologisch, indem sie Bezüge zu biblischen Textstellen herstellen (»er selbst sagt, was ihr einem dieser meiner geringsten Brüder getan habt, das habt ihr mir getan«).

4. Die Jugendlichen knüpfen an die Beiträge ihrer Mitschüler an, denken weiter und bringen neue Impulse ein.

5. Mit ihren Impulsen bestimmen sie maßgeblich den Gesprächsverlauf.«[12]

Insofern ist das Gespräch in jugendtheologischer Perspektive durchaus als gelungen zu bewerten.

2.2 Die Sequenz vor dem Hintergrund der Elementarstrukturen unterrichtlicher Interaktion

Unterzieht man die Sequenz einer Relecture vor dem Hintergrund der Elementarstrukturen unterrichtlicher Interaktion, so zeigt sich ein anderes Bild.

Michael stellt seine Frage nicht direkt, sondern kündigt sie an (»Ich hab noch eine Frage«). Diese Ankündigung markiert, dass die Normalform des Unterrichts, in der die Lehrkraft die Fragen stellt, grundsätzlich in Kraft ist, hier aber durchbrochen wird. Der Schüler wartet allerdings nicht ab, ob ihm die Erlaubnis, seine Frage zu stellen, erteilt wird. Offenbar gilt (ihm) das Stellen von Fragen – nach Ankündigung – als zulässig. Michael setzt nun zu einer längeren (3; 5; 7; 9) Erläuterung an (»weil«) und formuliert in (9) schließlich sein Problem (»Irgendwie passt das für mich jetzt nicht

---

11 Ebd., 73.
12 Ebd., 74.

so ganz zusammen«). Damit ist eine offene Geltungsfrage angerissen: Während Jesus anderen eine zweite Chance gibt, tut er genau das im Gericht nicht. Mit der Weigerung, im Gericht zu vergeben (eine zweite Chance zu geben), gehört »er ja selber (?) quasi zu denen, die was Falsches gemacht haben« – und müsste sich selbst verdammen. Die Ausführungen von Michael werden von der Lehrkraft engmaschig bestätigt (2; 4; 6; 8). In den bestätigenden Einwürfen manifestiert sich die Deutungshoheit der Lehrkraft (die anderen Schülerinnen und Schüler, die ja »mithören«, verhalten sich nicht so).

Die Lehrkraft bestätigt wiederum die Ausführungen von Michael (10). Inhaltlich bezieht sich die Bestätigung darauf, dass im Jüngsten Gericht alles entschieden ist. Die eigentliche Frage von Michael greift sie nicht auf, sondern richtet ihrerseits eine Wissensfrage an die Klasse: »Kennt ihr andere biblische Texte, wo das anders ist?« Damit ist die Normalform des Unterrichts zunächst wieder hergestellt. Im direkten Anschluss adressiert die Lehrkraft Michael: »Ich meine, du deutest da gerade etwas an. Fallen dir andere Texte ein, die dem vielleicht widersprechen?« Ohne auf die eigentliche Frage von Michael eingegangen zu sein, fragt die Lehrkraft nach weiteren, »anderen« Texten, »die dem vielleicht widersprechen«. Einen solchen Text hatte Michael ja gerade genannt und so verlegt er sich darauf, die Erzählung, die er meint, genauer auszuführen. Interaktionslogisch wiederholt sich nun das Muster aus Erläuterung (11; 13; 15) und engmaschiger Bestätigung durch die Lehrkraft (12; 14; 16).

Die Lehrkraft betont, dass das bei Jesus »zu Lebzeiten« so war, und sie benennt die biblische Figur, von der die Rede ist:

Zachäus, der eine zweite Chance bekam (16). Die Ausführungen von Michael würdigt sie als »wichtige[n] Hinweis«. Das »also« markiert dann den Übergang zur nächste Frage der Lehrkraft: »Was ist an dem Text dann anders, als bei der Zachäusgeschichte?« Die Antwort auf diese Frage hat Michael bereits gegeben, sie war der Anlass für seine Eingangsfrage. Die Lehrkraft »arbeitet« Michaels Ausführungen also »klein«: Sie modelliert kleinschrittige Wissensfragen, präsentiert sich als Expertin und spannt die Sequenz so wieder in die Normalform des Unterrichts ein. Das zeigt sich auch daran, dass sie anschließend Daniel das Rederecht erteilt. Dass die Lehrkraft Letzteres explizit vermerkt (»Daniel, du hattest dich gemeldet«), weist darauf hin, dass Michael sich vorher nicht bei jeder einzelnen Äußerung gemeldet hatte. Im »klassenöffentlichen Zwiegespräch« war die Meldepflicht zeitweilig – nur für Michael – ausgesetzt. Jetzt ist sie wieder in Kraft.

Daniel bittet indirekt um Erlaubnis, nicht direkt auf die Frage zu antworten, sondern »noch etwas // anderes« sagen zu dürfen (17). Er schließt damit an die Frage der Lehrkraft an: »Kennt ihr andere biblische Texte, wo das anders ist?« (10) Die Lehrkraft erlaubt Daniel »gerne« (2x), etwas zu »ergänzen«. Manifest ist sie also sehr offen für weitere Beiträge. Jetzt geht es nicht mehr um eine geschlossene Wissensfrage, sondern um eine offene Aufzählung. Bei der Schilderung von Daniel (19; 21; 23; 25) wiederholt sich das Muster engmaschiger Bestätigung (20; 22; 24), das schon bei Michael zweimal vorkam. Anschließend stellt die Lehrkraft wiederum – als Expertin – eine Wissensfrage, die sie zunächst nur an Daniel, dann an die ganze Klasse richtet (26). Die Frage nach dem Namen der biblischen Figur bezeichnet sie dabei selbst als »kleinen Exkurs«. Er dient hier der Inszenierung einer weiteren »Normal-Sequenz« aus Frage – Antwort (27) – Evaluation (28).

Felix (der sich offenbar auch gemeldet hat), darf anschließend »gerne nochmal« etwas beitragen (28). Das »nochmal« erstaunt zunächst, denn Felix war in dieser Sequenz noch gar nicht dran. Es könnte anzeigen, dass die Lehrkraft den Beitrag von Felix als weitere Ergänzung einordnet (vgl. 18). In diese Richtung weist der adversative Anschluss von Felix (»aber«). Er ergänzt nichts, sondern es folgt eine diskursive Erläuterung, die darauf zielt, dass die Erzählungen von Zachäus und von Bartimäus nicht im Widerspruch zum großen Weltgericht stehen. Er präsentiert eine »glatte« Lösung, die jedoch Michaels ursprüngliche Frage nicht trifft (s.o.). Damit ist diese Phase beendet.

Das Verhalten der Lehrkraft in dieser Sequenz lässt sich einem von Wenzl beschriebenen Lehrertypus zuordnen. Dieser »ist habituell dadurch gekennzeichnet, dass er auch dort, wo der klassenöffentliche Unterricht seine Normalform verlässt, wodurch der Unterricht interaktionslogisch an Freiheitsgraden gewinnt, an der Gesprächsrollendifferenz zwischen Lehrer und Schüler und der damit einhergehenden Beanspruchung von Geltungshoheit über die inhaltlichen Aussagen im Unterricht festhält.«[13] Die Lehrkraft ist manifest zwar offen für die Fragen und Bemerkungen der Schülerinnen und Schüler, latent hält sie jedoch stark an der dominanten Lehrerrolle fest: Sie modelliert offene Geltungsfragen in geschlossene Wissensfragen oder offene Aufzählungen um, evaluiert engmaschig und erteilt das Rederecht nach Meldung.

Zu einem auf Dauer gestellten Diskurs, bei dem alle »auf Augenhöhe« agieren, kommt es nicht.

Für den schulischen Unterricht insgesamt hält Wenz fest:

»Die ›Frageüberhänge‹, die der Unterricht in sich erzeugt, also die Fragen, für deren Klärung er sich nicht mehr verantwortlich fühlt, stellen dieser These zufolge kein Scheitern an einem unterrichtsimmanenten Bildungsanspruch dar, sondern sie bringen zum Ausdruck, dass der Unterricht sich selbst als eine soziale Praxis bestimmt, die nicht für die Befriedigung individueller materialer Bildungsansprüche zuständig ist. Durch das legitime Nicht-Einlösen von Bildungsansprüchen weist der Unterricht sozusagen immer wieder über sich hinaus – auf eine außerunterrichtliche Realität, in der gehaltvolle Bildungsansprüche erst befriedigt werden können.«[14]

Aus jugendtheologischer Sicht drängt sich die Frage auf: Wo könnte diese außerunterrichtliche Realität in der Lebenswelt Jugendlicher liegen, in der gehaltvolle Bildungsansprüche – also z.B. Diskurse über offene religiöse Geltungsfragen – ihren Platz haben? Kommt hier die Konfirmandenarbeit ins Spiel?

3. Fallvignette aus der kirchlichen Konfirmandenarbeit

Die Sequenz findet im Rahmen einer Wochenendfreizeit zum Thema »Das Glaubensbekenntnis« statt. Auch bei diesem Gesprächsausschnitt handelt

---

13 Wenzl (wie Anm. 3), 151–152.
14 Ebd., 218.

es sich dezidiert nicht um ein »best practice Beispiel« für jugendtheologische Gespräche (aber auch nicht um ein »worst-practice Beispiel«), sondern um ein Alltagsgespräch aus der Konfirmandenarbeit. Die Konfirmandinnen und Konfirmanden sind 13–14 Jahre alt und stehen kurz vor der Konfirmation. Nachdem die Gruppe am Abend zuvor bereits in der Unterkunft angekommen ist und die Freizeit mit einem gemeinsamen Abendprogramm begonnen hat, ist der zweite Tag in verschiedene Unterrichtseinheiten und Freizeitphasen eingeteilt. Am Nachmittag können sich die Konfirmandinnen und Konfirmanden aussuchen, ob sie zu dem Glaubensbekenntnis ein »Anspiel« entwerfen, eine Fotocollage erstellen oder ein eigenes Glaubensbekenntnis schreiben wollen. Für diese Arbeitsphase sind drei Stunden vorgesehen. Dem Schreiben eines eigenen Glaubensbekenntnisses geht ein Gespräch über das Apostolische Glaubensbekenntnis voraus. Die Konfirmandinnen und Konfirmanden sollen sagen, welche Worte im Glaubensbekenntnis sie nicht »brauchen« und danach aufzählen, was ihnen am Glaubensbekenntnis fehlt. Die Gruppe setzt sich aus dem Pfarrer, drei Teamerinnen und Teamern und acht Konfirmandinnen und Konfirmanden zusammen. Alle sitzen auf Stühlen im Kreis.[15]

1 P: Gibt es sonst noch was, was ihr vermisst?
2 Kw1: Ich hab ne Frage
3 P: Mhm
4 Kw1: Warum is eigentlich das Kreuz also sozusagen das Zeichen von Gott, weil Jesus an dem Kreuz getötet wurde? (4 Sek. Pause) Hab ich noch nie verstanden.
5 P: Mhm

6 Km1: Ein Zeichen dafür, dass … irgendwie vergeben wird. Also dass … Jesus ja für unsere Sünden gestorben ist und dass man einfach (…) ich weiß nich, man kann das nich Respekt nennen aber so sich daran erinnert. Kann das sein? (kurzes Auflachen)
7 Kw1: Lacht ebenfalls kurz.
8 P: Wir betreten jetzt nun die große Bühne [theatralisch] (…) der schweren Kost innerhalb der Theologie. Ähm (…) man sagt das immer so. Jesus ist für unsere Sünden am Kreuz gestorben.
[Störung: Jemand kommt herein, das Gespräch wird unterbrochen; 29 Sek.]
9 P: Also das is ne, das hängt zusammen mit verschiedenen Bildern und Glaubensvorstellungen, die es damals gab. [Der Pfarrer skizziert die alttestamentliche Tradition vom Sündenbock und die Satisfaktionslehre.]
10 Ähm, dieser Glaube, ich kann auch wieder nur von mir reden, äh, es gibt Menschen, die sich da wirklich dran festhalten, ähm, ich, ich nehme den wahr, ich ich kann dem was abgewinnen, aber für mich is das nich so das ähm das TOUchende äh in diesem Kreuz, das da eben is. Für mich is dieses Kreuz als Zeichen der Liebe, dass da einer is, der das alles aushält, was Menschen ihm antun. Und der NICHTS macht. Der immer von Gewaltlosigkeit geredet hat, der gesagt hat, das is der Weg, wenn ihr auf dieser Welt was ändern wollt, dann nur, wenn ihr EINMAL aufhört, diese Kette der Gewalt zu durchbrechen. Und der hat nich nur davon geredet, sondern der hat das auch ertragen, der hat das ertragen bis oben ans Kreuz. Und deswegen is das für

---

15 Da wir für Videoaufnahmen keine Erlaubnis erhalten haben, beruht das Transkript (Fiona Alfringhaus) auf Beobachtungsprotokollen (Jasmin Eichholtz und Natalie Gabisch) und Audiomitschnitten.

mich so das Bild, dass die Liebe Gottes, die er uns zeigt, wirklich das Schlimmste aushält und erträgt, was andere ihm antun, und der nichts macht. Und das is für mich dieses Erlösende an dem Kreuz zu sagen dieser Gewaltverzicht, dieser dieses Opfern für andere, dieses Aushalten, auch wenn das schwer is, ich das nie er- auch erleben könnte, und auch nicht träu- me, da ich wünsch mir das ja nich, das mal eben unter Beweis zu stellen, aber so stell ich mir wirklich wahre Liebe vor, die das aushält, sogar. selbst das Schlimmste, was Menschen untereinander sich antun können.

11 Km2 (unterbricht): Aber ich glaub trotz- dem, weil Gott so gesehen, alle Zeit seit- dem das ja passiert is, hat ja Gott eigent- lich gar nix mehr gemacht, also sich in gar nichts mehr eingemischt, weil er da vielleicht ja n bisschen enttäuscht von uns war, weil wir halt seinen Sohn so gesehen umgebracht haben. [P hustet.] Also ich hätte, also wär ich jetzt Gott, wär ich n bisschen, wär ich schon ziemlich

12 P: Angepisst.

13 Km2: Ja angepisst, ich wollt's nur nich so sagen. Würde jemand jetzt einfach mei- nen Sohn umbringen. Nur weil er viel- leicht König geworden wäre.

14 P: Wir sind an einer Stelle, wo's richtig interessant wird. Wir bauen nämlich jetzt ganz viele Sachen …, reißen wir Fässer auf, die wir jetzt auf dieser Freizeit eigent- lich gar nich so alle lösen können, die kön- nen wir behalten, ne. Das is so'n Dings, es ging ja erst mal um versuchen Fragen zu erklären. Diese Diskussion können wir gerne noch machen. Aber das würde heut Nachmittag diesen Rahmen sprengen, ähm, was Gott damit gemacht hat. Aber: merken: Es verbinden Leute alle was ganz Untersch (…). Aber es is diese Frage zu- mindest so mit diesem Kreuz n bisschen geklärt. Ihr müsst mal drauf achten, in Kirchen gibt es unterschiedliche Kreuze. …

Die Analyse erfolgt wiederum zum einen vom jugendtheologischen Leitbild her: Wie stellt sich die Praxis dar, wenn ich jugendtheologische Maßstäbe an sie anle- ge?[16] Wie viel Jugendtheologie »steckt« in der beobachteten Praxis? Zum anderen wird auch diese Sequenz in den Rahmen der »Elementarstrukturen unterrichtli- cher Interaktion« gestellt.[17]

3.1 Die Sequenz in jugendtheologischer Perspektive

Die Sequenz entspricht in mehreren Punkten jugendtheologischen Normen:

- Es geht um eine Frage, die von einer Jugendlichen aus eigener Initiative ge- stellt wird (2). Sie fordert damit eine diskursive Auseinandersetzung ein. Der Pfarrer lässt die Frage zu (3).

- Bei der Frage handelt es sich zweifel- los um eine zentrale theologische Fra- ge.

- Der Pfarrer antwortet nicht gleich selbst, sondern lässt einen Konfir- manden mit einem Antwortversuch zu Wort kommen (6; Theologie von Jugendlichen).

- Statt die Frage eindeutig zu beantwor- ten, markiert der Pfarrer sie als eine sehr wichtige und anspruchsvolle (8: »die große Bühne (…) der schweren Kost innerhalb der Theologie«).

---

16 Vgl. Annike Reiß / Petra Freudenberger-Lötz, Didaktik des Theologisierens mit Kindern und Jugendlichen, in: Bernhard Grümme / Hartmut Lenhard / Manfred Pirner (Hg.), Re- ligionsunterricht neu denken. Innovative An- sätze und Perspektiven der Religionsdidaktik – Ein Arbeitsbuch, Stuttgart 2012, 133–145.

17 Die Analyse erfolgte in Kooperation mit Prof. Dr. Fabian Dietrich und Nele Kuhlmann.

- Der Pfarrer formuliert – ganz im Sinne der Konfirmandin, die gefragt hat (2: »eigentlich«) – implizit den Anspruch, vorgeprägte Wendungen aus der biblisch-christlichen Tradition nicht einfach hinzunehmen, sondern kritisch zu beleuchten (8: »man sagt das immer so«).
- Der Pfarrer präsentiert sich als theologischer Experte und bringt zwei *unterschiedliche* Deutungen des Kreuzes aus der biblisch-christlichen Opfer-Tradition ein (9; Theologie für Jugendliche). Er markiert damit, dass es mehrere mögliche, christliche Antworten auf die Frage gibt.[18] Er präsentiert kontrovers, was im theologischen Diskurs kontrovers diskutiert wird.[19]
- Der Pfarrer positioniert sich zur gestellten Frage persönlich (10). Er grenzt sich von beiden christlichen Traditionen, die er referiert hat, ab (»aber für mich is das nich so das ähm das TOUchende äh an diesem Kreuz«) und markiert seine eigene (ethische) Deutung des Kreuzes als eine unter vielen möglichen (»ich kann auch wieder nur von mir reden«). Die beiden referierten Positionen schätzt er explizit Wert (»ich kann dem was abgewinnen«). Damit spannt der Pfarrer (vordergründig) einen Diskussionsraum auf, in dem unterschiedliche (christliche) Meinungen ihren Platz haben und persönliche Stellungnahmen erwünscht sind (Theologie mit Jugendlichen).
- Ein Konfirmand bringt seine eigene Ansicht zur Frage ein und markiert sie als Widerspruch zur Antwort des Pfarrers (12: »Aber ich glaub trotzdem«). Der Jugendliche markiert die Meinung des Pfarrers damit als eine

unter mehreren. Hier deutet sich ein symmetrischer Dialog an.

Kritisch oder zumindest ambivalent erscheinen aus jugendtheologischer Sicht folgende Aspekte:

- Der Pfarrer etikettiert die Frage als (zu) »schwere Kost« innerhalb der Theologie (8).
- Die Diktion des Pfarrers schwankt zwischen einer theologischen Fachsprachlichkeit, die den Konfirmandinnen und Konfirmanden (und den Teamerinnen und Teamern) nur schwer zugänglich sein dürfte, und einer betonten Lässigkeit (»beamen«, »das Touchende«, »angepisst«), die sich dem Jugendjargon anpasst und anbiedernd wirken könnte.
- Km2 deutet die Ausführungen des Pfarrers auf originelle Weise um (Theologie von Jugendlichen): Während der Pfarrer das »nichts Machen« im Sinne von Gewaltlosigkeit positiv konnotiert, deutet Km2 es negativ um, und zwar im Sinne eines Rückzugs von Gott aus dieser Welt aus Verärgerung über die Menschen, die seinen Sohn getötet haben. Diese Umdeutung schließt in gewisser Weise an die Satisfaktionslehre an. Gott zieht sich – in seiner Ehre gekränkt – von den Menschen zurück.

---

18 Vgl. Veit-Jakobus Dieterich, Einleitende Überlegungen, in: ders. (Hg.), Theologisieren mit Jugendlichen. Ein Programm für Schule und Kirche, Stuttgart 2012, 9–27; 18.
19 Vgl. Herbert Schneider, Der Beutelsbacher Konsens, in: Wolfgang Mickel (Hg.), Handbuch zur politischen Bildung, Bonn 1999, 171–178.

Eine entscheidende Differenz liegt darin, dass es bei der Satisfaktionslehre Gott ist, der seinen Sohn für die Menschen opfert, um sich ihnen wieder zuwenden zu können, während es bei Km2 die Menschen sind, die Jesus töten, so dass Gott sich von ihnen abwendet. In entwicklungspsychologischer Perspektive zeigt sich hier eine Autonomievorstellung, die den Menschen die Verantwortung zuschreibt. Der Pfarrer greift diese Deutung aber nicht auf. Er führt das Gespräch nicht fort, sondern bricht es ab, indem er es als »richtig interessant« markiert, gleichzeitig aber darauf hinweist, dass es um Fragen geht, »die wir auf dieser Freizeit eigentlich gar nicht so alle lösen können«. Vielmehr geht es darum, die Fragen »zu behalten« und zu einem späteren Zeitpunkt zu behandeln (»Diese Diskussion können wir gerne noch machen. Aber das würde heut Nachmittag diesen Rahmen sprengen.«). So sehr die Betonung, dass »große« theologische Fragen nicht abschließend beantwortet werden können, im jugendtheologischen Duktus liegt, so sehr enttäuscht doch – in jugendtheologischer Perspektive – der Abbruch an dieser Stelle, an der es – auch nach Einschätzung des Pfarrers – gerade interessant wird. Der Hinweis auf den zeitlichen Rahmen (»heut Nachmittag«) legt die Vermutung nahe, dass nicht genug Zeit zur Verfügung steht, um weiter zu diskutieren. Das ist allerdings erstaunlich. Die Sequenz dauert – mit Unterbrechung – ca. 7 Minuten. Für die Arbeitseinheit sind drei Stunden vorgesehen. Am Vormittag haben die Konfirmandinnen und Konfirman-

den 45 Minuten darauf verwandt, die Worte des Glaubensbekenntnisses, die einzeln auf Zetteln notiert waren, in die richtige Reihenfolge zu bringen. Dass es an der Zeit kaum liegen kann, zeigt auch die Tatsache, dass der Pfarrer die Thematik des Kreuzes dann doch nicht abschließt, sondern weitere Ausführungen zu Kreuzen mit und ohne Corpus anschließt (nicht transkribiert).

Aus jugendtheologischer Sicht drängt sich die Schlussfolgerung auf, dass der Pfarrer sich zwar als theologischer Experte und – mit Einschränkung – als aufmerksamer Zuhörer einbringen kann, nicht aber als stimulierender Gesprächspartner. Er bringt die einzelnen Deutungen nicht ins Gespräch, er fragt nicht zurück, er bricht ab, wenn es spannend wird. Letztlich betritt nur er die »große Bühne« des theologischen Diskurses.

3.2 Die Sequenz vor dem Hintergrund der Elementarstrukturen unterrichtlicher Interaktion

Was aus jugendtheologischer Perspektive erstaunt und als misslicher Einzelfall angesehen werden könnte – Abbruch des Gesprächs »wo's richtig interessant wird« (ohne zeitliche Not) – erweist sich vor dem Hintergrund der »Elementarstrukturen unterrichtlicher Interaktion« als Normalfall des klassenöffentlichen Unterrichts. Hier deutet sich an, dass sich das Gespräch im Rahmen der Konfirmandenarbeit – trotz ihrer programmatischen Abgrenzung von der Schule – latent nach einer schulischen Interaktionslogik konstituiert:

In den Gruppengesprächen der Konfirmandenfreizeit gibt es weder eine Melderegel noch eine Redepflicht. Wer etwas sagen möchte, darf »drauflosreden«; wer nichts sagen möchte, muss das auch nicht. Umso stärker fällt auf, dass die Konfirmandin (auch hier) ihre Frage nicht direkt äußert, sondern ankündigt und abwartet, bis der Pfarrer die Erlaubnis erteilt, sie zu stellen (»Mhm«). Damit ist der Raum als ein klassenöffentlicher (im Sinne Wenzls) markiert. Im Anschluss an ihre Frage, auf die der Pfarrer zunächst nicht (verbal) reagiert, schiebt sie eine Legitimation nach, die ihre Frage zugleich als eine dringliche markiert (4: »Hab ich noch nie verstanden.«) Kw1 fordert damit eine diskursive Auseinandersetzung ein. In dem »warum?« schwingt eine kritische Note mit, die vermeintliche Antwort »weil Jesus am Kreuz getötet wurde« unterstreicht im Gegenteil die inhaltliche Fraglichkeit. Das »eigentlich« signalisiert, dass etwas dahinterstecken muss, das nicht offen zutage liegt und nicht klar benennbar ist (»sozusagen«). Der Pfarrer moderiert durch sein »Mhm« das Gespräch (5). Er bestätigt die Frage (als legitim).

Km1 versucht, eine Antwort zu formulieren (6): Das Kreuz dient als Erinnerungszeichen. Die Formulierung erfolgt zögerlich, das »irgendwie«, das »ich weiß nich«, das »man kann das nich Respekt nennen«, das »so« und das abschließende »kann das sein« signalisieren Unsicherheit, die durch das kurze Auflachen unterstrichen wird. Km1 präsentiert seine Antwort als eine, die der Bestätigung (durch den Experten, also den Pfarrer) bedarf. Die Frage von Kw1 (4) wird so indirekt als eine modelliert, auf die es (eine) richtige und falsche Antwort(en)

gibt. Der Pfarrer reagiert aber weder mit einer Bestätigung noch mit einer Ablehnung (8). Er rahmt die Frage (4) als »schwere Kost innerhalb der Theologie«. Der Ausdruck »schwere Kost« ist negativ konnotiert, anders als etwa die Ausdrücke »anspruchsvoll«, »spannend«, »herausfordernd«. Die Frage ist gleichsam eine Nummer zu groß für die Gruppe der Konfirmandinnen und Konfirmanden. Die »große Bühne« die sie jetzt betreten, kann nur der Pfarrer bespielen.

Springen wir zum Ende der Sequenz. Der Pfarrer hat zwei traditionelle Glaubensvorstellungen (9: »Es gab zum Beispiel«, 10: »dann gibt es diese Sache«) präsentiert. Anschließend grenzt sich der Pfarrer von diesen beiden Deutungen ab (10: »aber für mich is das nich so das ähm das TOUchende äh in diesem Kreuz«). Jetzt geht es um seine persönliche, individuelle Überzeugung (»für mich«). Der Pfarrer deutet das Kreuz für sich ethisch (Gewaltlosigkeit), ohne diese Position als eine zu markieren, die auch sonst in der Theologie vertreten wird. Damit stehen sich in seiner Darstellung zwei traditionelle Deutungen, die er ablehnt, und seine eigene, die er unter direktem Bezug auf die biblische Überlieferung entfaltet, gegenüber. Die Darstellung wird hier lebendiger, Jesus kommt in direkter Rede engagiert zu Wort (»wenn ihr auf dieser Welt was ändern wollt, dann nur, wenn ihr EINMAL aufhört, diese Kette der Gewalt zu durchbrechen«). Der Stil ist an dieser Stelle nicht diskursiv, sondern eher predigtartig. Umso erstaunlicher ist, dass ein Konfirmand den Pfarrer unterbricht und einen kritischen Einwand formuliert (11: »aber ich glaub trotzdem«). Der Konfirmand bittet nicht um Erlaubnis, er wartet auch nicht ab, bis der Pfarrer »fertig« ist. Der Pfarrer ist nicht mehr derjenige, der die Turn-Organisation steuert. Hier brechen offene, diskursive Geltungsfragen auf. Aus der »Predigt« wird ein kritisches Forum.

Der Pfarrer lässt sich unterbrechen, er unterbindet den Einwand nicht und kritisiert Km2 auch nicht dafür. Im Gegenteil: Als der Konfirmand zögert, hilft er ihm mit einem Wort weiter (12: »angepisst«). Die Wortwahl orientiert sich am Jugendjargon. Km1 greift das Wort zustimmend auf, kritisiert es aber indirekt als unangemessen (»ich wollt's nur nich so sagen«). Der Pfarrer lässt Km2 ausreden, geht anschließend inhaltlich aber gar nicht auf dessen Einwand ein (14). Das kritische Forum wird beendet, nachdem es gerade erst eröffnet wurde. Spannend ist, wie das geschieht. Der Pfarrer verlässt die Ebene, auf der gleichberechtigt über offene Geltungsfragen diskutiert werden könnte und begibt sich auf eine Metaebene: »Wir sind an einer Stelle, wo's richtig interessant wird.« Diese »Stelle« beschreibt er dann mit zwei unterschiedlichen Bildern. Das erste Bild ist positiv-konstruktiv ausgerichtet: »Wir bauen nämlich jetzt ganz viele Sachen« Von hier aus liegt die Schlussfolgerung nahe, dass es sich anbietet, weiter zu bauen. Hier bricht der Pfarrer ab und wählt ein anderes Bild: »reißen wir Fässer auf«. Dieses Bild suggeriert etwas ganz anderes: Aufgerissene Fässer müssen repariert und gestopft werden, damit nicht alles ausläuft. Das »Aufreißen« muss gestoppt werden, es schadet den Fässern. Die Redewendung heißt eigentlich: »Fässer aufmachen«. Dass der Pfarrer hier vom »Aufreißen der Fässer« spricht, unterstreicht die Destruktivität des Bildes. Die Freizeit (!) bietet nicht die Gelegen-

heit, die aufgerissenen Löcher zu stopfen, oder – wiederum mit einem anderen Bild – die aufgeworfenen Probleme zu »lösen«. Die Frage von Kw1 und der Einwand von Km2 werden damit nachträglich indirekt als »Probleme«, schärfer: als »Störungen« qualifiziert. Diesen Eindruck »korrigiert« der Pfarrer nun, indem er – positiv – auf die Bedeutung von Fragen hinweist: »die können wir behalten«, »es ging ja erst mal um versuchen Fragen zu erklären«. Die Diskussion, die damit (eigentlich) angestoßen ist, verschiebt der Pfarrer auf einen unbestimmten späteren Zeitpunkt (»Diese Diskussion können wir gerne noch machen.«).[20] Die Erklärung folgt: »Das würde heut Nachmittag diesen Rahmen sprengen.« Inwiefern, bleibt allerdings offen. Das abschließende Resümee umfasst drei Aspekte: Es geht erstens darum, sich (was?) zu merken (Den Merksatz bricht der Pfarrer ab.), zweitens darum, dass alle Leute mit dem Kreuz etwas Unterschiedliches verbinden und drittens – adversativ angeschlossen – dass »aber« »diese Frage zumindest so mit diesem Kreuz n bisschen geklärt« sei. Inhaltlich überrascht das, denn die offene Diskussion war ja gerade erst eröffnet worden. Formal überrascht, dass der Pfarrer, nachdem er den Diskurs beendet hat, nun einen weiteren Aspekt zum Kreuz nachschiebt (Kreuze mit und ohne Corpus).

Wenzl beschreibt diese Strategie als eine typische, um Diskurse über Geltungsfragen zu unterbinden:

Der Lehrer »schiebt …, nachdem er die Fragen der Schüler bereits zu deren

---

20 Während der Freizeit erfolgte eine entsprechende Diskussion nicht.

Befriedigung beantwortet hat, gelegentlich noch einen ergänzenden Antwortkommentar nach. Er verlängert damit also von sich aus die Erörterungen der Fragen der Schüler noch um einen Sprechakt – allerdings unter der Bedingung, dass die Schüler schon mit der inhaltlichen Auseinandersetzung abgeschlossen haben. … Das Nachschieben erörternder Kommentare [befriedigt] das Bedürfnis des Lehrers, als jemand zu gelten, der immer bereit ist, auf Fragen von Schülern einzugehen.«[21]

Die Sequenz erweist sich damit als doppelbödig: Manifest gibt es ideale Bedingungen für ein theologisches Gespräch: Die überschaubare Gruppe der Konfirmandinnen und Konfirmanden sitzt im Kreis, der zeitliche Rahmen ist sehr flexibel, es gibt weder Redepflicht noch Melderegel, eine Konfirmandin bringt eine theologische Frage ein und der Pfarrer lässt die Frage zu, er spielt ausführlich unterschiedliche Deutungsmodelle ein und hält seine eigene Position als eigene Position nicht zurück. Latent schlägt eine schulische Interaktionslogik durch, die die Behandlung individueller materieller Bildungsansprüche nur als Exkurse rahmen kann. Der Pfarrer unterbindet einen Diskurs, indem er die Frage von Kw1 als zu schwer (»schwere Kost«) einstuft und nach dem diskursiven Einwand von Km2 abbricht.

Insofern fügt sich die Szene aus der Konfirmandenarbeit trotz der sehr unterschiedlichen Bedingungen fast nahtlos in die von Wenzl beschriebene schulische Interaktionslogik ein. Zwei Aspekte fallen allerdings auf:

■ Der Einwand von Km2 (11) durchbricht die schulische Logik. Hier scheint für kurze Zeit eine Deutung der Situation durch, nach der so etwas wie ein symmetrischer Dialog tatsächlich möglich ist.

■ Die Spannung zwischen manifester Aufgeschlossenheit und latenter Unterdrückung ist beim Pfarrer ausgeprägter als in vielen Beispielen, die Wenzl aus der Schule anführt. Statt einer kurzen Erklärung präsentiert der Pfarrer ausführlich und engagiert *unterschiedliche* Deutungen. Er »hängt« an der Frage des Kreuzes, kommt kaum von ihr los und »degradiert« dennoch die Gruppe zum Publikum ohne eigene Deutungsmacht.

4. Abschließende Überlegungen

Bezüglich der Frage einer lernortsensiblen Jugendtheologie hat der Beitrag gezeigt, dass im Gespräch mit Konfirmandinnen und Konfirmanden trotz sehr unterschiedlicher Gesprächsbedingungen eine typisch schulische Interaktionslogik greift. Im Rahmen dieser unterrichtlichen Interaktionslogik, die das schulische und das kirchliche Handlungsfeld (fast) gleichermaßen prägt, erscheint das theologische Gespräch an *beiden* Lernorten als Fremdkörper. (Wo) Gibt es aber dann einen passenden Ort für jugendtheologische Gespräche, wenn sich die Konfirmandenarbeit empirisch nach einer analogen schulischen Interaktionslogik generiert und Familien als Ort religiöser Bildung oft kaum in Frage kommen? Jugendtheologisch gedacht müsste die Antwort lauten: Theologische

---

21 Wenzl (wie Anm. 3), 208–209.

Gespräche sollten – was die »großen Fragen« angeht – genau die außerunterrichtliche Realität abbilden, von der Wenzl schreibt – und zwar im kirchlichen *und* im schulischen Unterricht. Sie durchbrechen konstitutiv und normativ die Normalform des Unterrichts.

Die Beobachtungen zeigen, wie tiefgreifend der normative Anspruch ist, in unterrichtlichen Kontexten theologische Gespräche zu führen. Dieser Anspruch ist auf der manifesten Ebene nur bedingt bearbeitbar: Die Lehrerin und der Pfarrer würden ihre eigene Haltung und ihre Art der Gesprächsführung wahrscheinlich als äußerst geeignet für theologische Gespräche einschätzen. Latent unterbinden sie aber – auf unterschiedliche Weise – Diskurse zu offenen, theologischen Geltungsfragen im Gespräch mit den Jugendlichen. Es geht also um nicht weniger als darum, bestimmte eingespielte Muster unterrichtlicher Interaktion zeitweise aufzubrechen. Die Einübung in (jugend-) theologische Gespräche ist für alle Beteiligten an beiden Lernorten eine Herausforderung, die die Veränderung habitualisierter Kommunikationsformen impliziert.

Theologische Gespräche verhalten sich zu den Elementarstrukturen unterrichtlicher Interaktion allerdings nicht einfach konträr, sondern vielmehr *parasitär*. Sie brauchen Schülerinnen und Schüler, die »sich allgemein machen« und sich dadurch alle zur gleichen Zeit auf *eine* Frage einstellen können. Sie rahmen individuelle Fragen schüler- und lehrerseitig als Fragen von allgemeinem Interesse. Oberthür empfiehlt nicht, jeder individuellen Frage von Kindern zu jedem Zeitpunkt im Unterricht nachzugehen. Er spricht vielmehr von einer »Zwischenphase« des Sammelns von Fragen, die sich zu »Schlüsselfragen« verdichten und *als solche* zum Ausgangspunkt von Unterricht werden können. Dieses parasitäre Verhältnis ist von der Jugendtheologie im Rahmen wahrgenommener Theorie-Praxis-Differenzen zu reflektieren. Das heißt im Einzelnen:

Jugendtheologische Leitbilder müssen klären,

- wie weit sie sich interaktionslogisch von der »Normalform« des Unterrichts entfernen wollen.[22]
- welchen Bildungsbegriff sie wie stark gewichten möchten. M.E. wäre es wichtig, auch für theologische Gespräche einen Bildungsbegriff zu stärken, der nicht ausschließlich »subjektorientiert« auf die individuelle, »authentische« Aneignung und Äußerung zielt, sondern explizit auch auf das »berufsförmige« Sich-allgemein-Machen im Blick auf theologische Fragen. Dadurch würde die individuelle Glaubensdimension abgeschattet und die gemeinschaftlich-gesellschaftliche Dimension in theologischen Gesprächen aufgewertet.

---

22 Hier ist ein vergleichender Blick auf »literarische Gespräche« weiterführend. Vgl. Hanna Roose, Literarische und theologische Gespräche – eine interdisziplinäre Perspektive, TheoWeb 15 (2016), 207–222.

Anna Hans / Laura Otte
Unser perfekter Gottesdienst(raum) – Jugendtheologische Gespräche zu Liturgie und Kirchenraum in Schule und Jugendverband

1. Einleitung

> »Also ich fand's auch besser als meinen Religionsunterricht und es wurde wirklich nach meiner Meinung gefragt und nicht pseudo nach meiner Meinung gefragt.« (Jugendverbandler)
> »Also ich fand's eigentlich so relativ interessant, weil es mal was Neues war anstatt so normalem Unterricht.« (Schülerin)

So lauten zwei Antworten von Jugendlichen auf die Frage, wie ihnen die letzte Stunde gefallen hat. Zuvor haben sie ein Planspiel zum Thema »Unser perfekter Gottesdienst(raum)« durchgeführt und schrittweise einen eigenen Kirchraum gestaltet. Dabei stammt die erste Äußerung von einem Jugendlichen aus einem Jugendverband (JV) und die zweite von einer Schülerin im Religionsunterricht (RU).

In diesen beiden Äußerungen zeigen sich auf den ersten Blick viele Ähnlichkeiten, die auch in einer genaueren Analyse hervortreten. So heben beide hervor, dass sich das Vorgehen vom »normalen« RU unterscheidet – also auch der Jugendliche, der das Spiel gar nicht im Kontext des RU durchgeführt hat. Es sei eine Abwechslung und damit eine Verbesserung. Eine solche handlungsorientierte Methode der Jugendtheologie – diese Zuschreibung wird im Folgenden noch näher erläutert werden – scheint sich aus Sicht der Beteiligten also in beiden Bereichen zunächst anzubieten. Beim zwei-

ten Hinsehen zeigen die beiden Aussagen allerdings auch einen deutlichen Unterschied. Während die Schülerin bei der Begründung der Abwechslung an ihrem Lernort (RU) stehenbleibt, ergänzt der Jugendverbandler seine Aussage mit einem weiteren Argument, das das Setting im JV vom schulischen RU zu unterscheiden scheint: Es werde wirklich nach seiner Meinung gefragt und nicht nur »pseudo«.

Der Frage, welchen Einfluss dabei der jeweilige Lernort auf das Theologisieren mit Jugendlichen hat, lässt sich anhand von videographischen Aufzeichnungen zweier Planspiel-Settings nachgehen. Hierfür wird zunächst der theoretische Hintergrund der Frage aufgezeigt (Abschnitt 2) und das Forschungsdesign vorgestellt (Abschnitt 3). Der in Abschnitt 4 vorgestellten Auswertungsmethodik wird bei der Ergebnisdarstellung (Abschnitt 5) gefolgt. Im Fazit (Abschnitt 6) wird herausgearbeitet, welche Chancen und Herausforderungen beide Lernorte für die Jugendtheologie bereithalten.

2. Theoretischer Hintergrund – Jugendtheologie in Schule und Jugendverband

Für die Analyse der Planspielsettings werden in einem ersten Schritt die Lernorte Schule und Gemeinde, bzw. in diesem Kontext speziell der katholische RU und die katholische JV, unterschieden. Dabei lassen sich zur grundsätzlichen Unterscheidung religionspädagogischer Lernorte verschiedene Systematiken finden. In Anlehnung an Helmut Fend hat Christian Grethlein zehn Gesichtspunkte zur Profilierung von Lernorten herausgearbeitet, die eine für unsere Zwecke hilfreiche Unterscheidung ermöglichen.[1] Er fokussiert mit seinen Kategorien stark den Aspekt der Kommunikation. Da »das Gespräch bzw. der Dialog«[2] ein zentrales Merkmal des Theologisierens darstellt, bietet sich diese Systematisierung zur Unterscheidung der Orte an. Eine zusammenfassende Übersicht findet sich in der folgenden Tabelle:

Gesichtspunkte zur Profilierung	Konfessioneller RU	Gruppenstunde im Katholischen JV
Zahl der interagierenden Personen	Ca. 12–25 Schülerinnen und Schüler (SuS); eine Lehrkraft	Ca. 5–20 Kinder oder Jugendliche und 2–3 jugendliche oder (junge) erwachsene Gruppenleitungen
Dauer der Kommunikation	Klare Begrenzung durch Schulstunden auf Zeitraum zwischen 45 und 90 Minuten, in wöchentlicher Regelmäßigkeit	Flexible Zusammenkunft mit einer Dauer von ca. 60–120 Minuten im regelmäßigen Rhythmus von 1–4 Wochen
Alter der Kommunizierenden	Altershomogene Lerngruppe bestimmt durch Schuljahr und deutlich ältere Lehrkraft	In der Regel altershomogene Gruppe und Gruppenleitungen, die i.d.R. nur wenig bis maximal 10 Jahre älter sind
Form und Intensität der Beziehung der Kommunizierenden	Organisierte und zielgerichtete Kommunikation, professionelle Beziehung, ggf. private Beziehungen zwischen SuS	Offene Kommunikation, meist ohne Trennung zwischen professionell und privat
Verhältnis und Status der Kommunizierenden zueinander	Lehrkraft mit deutlich höherem Status, Abhängigkeit durch Notengebung, ggf. Macht-/Statusunterschiede in Gruppe der SuS	partizipatives und demokratisches Miteinander, Machtgefälle durch Verantwortung und Vorbildfunktion der Gruppenleitung
Interesse der Kommunizierenden aneinander	Professionelles Interesse, (vorgegebene) Ziele zu erreichen	Grundsätze von Freiwilligkeit und Zweckfreiheit: gemeinsame Erlebnisse, Spaß haben, zweckfreie Kommunikation
Gleichheit und Differenz bei der Behandlung der Kommunizierenden	Ungleichbehandlung in Rechten und Pflichten, Autoritäts- und Kompetenzgefälle, konkrete Gestaltung abhängig von Lehrkraft	Demokratische Struktur: Leitung von Mitgliedern gewählt, partizipatives Entscheiden und Aushandeln von Regeln

1 Vgl. Christian Grethlein, Art. »Lernorte religiöser Bildung«, in: Mirjam Zimmermann / Heike Lindner (Hg.), Wissenschaftlich Religionspädagogisches Lexikon im Internet (www.wirelex.de), hier 11.

2 Veit-Jakobus Dieterich, Einleitende Überlegungen, in: Veit-Jakobus Dieterich (Hg.), Theologisieren mit Jugendlichen. Ein Programm für Schule und Kirche, Stuttgart 2012, 9–27, hier 9.

Grundlage für die (Un-)Gleichbehandlung	Schulregeln und Gesetze, Abhängigkeit durch Notengebung, Einstellung der Lehrkraft	Demokratische Grundstruktur laut Satzung, hoher Wert von Partizipation
Leitende Normen der Kommunikation	Regeln der Schule und der Klasse, Orientierung an Disziplin und funktionalem Arbeiten	Tradierte und gemeinsam festgelegte Regeln, Orientierung am Wohl der Gruppe
Spezifik des Orts, an dem kommuniziert wird	Schule/Klassenzimmer, starke zeitliche und räumliche Vorstrukturierung	Pfarrheim/Gruppenraum, offene, z.T. selbst gestaltete Umgebung, wechselnde Nutzung des Raumes

Abb. 1: Profilierung der Lernorte angelehnt an Systematisierung nach Grethlein

Nimmt man zudem den (institutionellen) Rahmen in den Blick, kann auf eine Ausdifferenzierung von Angela Kaupp zurückgegriffen werden, die für JV und RU eine Unterscheidung hinsichtlich des Grades der Verpflichtung, des Grades der Professionalität der Kontaktperson und der schwerpunktmäßigen Lernform vornimmt.[3] Demnach ist Jugendarbeit geprägt von Freiwilligkeit, ehrenamtlicher Leitung und kairologischem Lernen. Ganz im Gegensatz dazu zeichnet den RU ein verpflichtender Charakter aus, mit professionellem Kontakt und organisiertem Lernen. Dabei ist zu beachten, dass der institutionelle Rahmen und die Gruppe aufeinander einwirken und sich nicht eindeutig voneinander trennen lassen.

Es stellt sich die Frage, wie sich diese Unterscheidungen auf die Jugendtheologie an beiden Orten auswirken. Dabei ist Jugendtheologie oder das Theologisieren mit Jugendlichen als eine inzwischen weit verbreitete Grundhaltung und Arbeitsform religiöser Bildung zu verstehen, die sich durch einige spezifische Merkmale und Ziele auszeichnet. Zentral ist dabei, mit welcher Grundhaltung jungen Menschen begegnet wird. Diese sollte darauf ausgerichtet sein, »Heranwachsende in ihrem theologischen Denken, Fragen und Suchen ernst zu nehmen,

d.h. insbesondere auch sie als prinzipiell gleichberechtigte Dialogpartner wertzuschätzen.«[4] Darin lassen sich die beiden zentralen Merkmale der Jugendtheologie erkennen: Neben der Theologie sind die Subjektorientierung und der genannte gleichberechtigte Dialog[5] wesentlich. Die Gleichberechtigung wird hier sowohl bezogen auf alle am Gespräch Beteiligten als auch auf die Theologie, in dem Sinne, »dass auch eine biblische Aussage im Dialog denselben Stellenwert besitzt wie jede begründete Position der Schüler/innen«[6]. »Deshalb wird diese Form der ›Theologie‹ auch als radikal demokratisch angesehen:

3 Vgl. Angela Kaupp, Kirchliche Handlungsfelder im Umfeld von Jugendarbeit: Religionsunterricht, Schulpastoral und Katechese, in: Angela Kaupp / Patrik C. Höring (Hg.), Handbuch kirchliche Jugendarbeits, Freiburg u.a. 2019, 374–390, hier 386.

4 Annike Reiß, Art. »Jugendtheologie«, in: Mirjam Zimmermann / Heike Lindner (Hg.), Wissenschaftlich Religionspädagogisches Lexikon im Internet (www.wirelex.de) 2015, hier 1.

5 Vgl. Veit-Jakobus Dieterich, Einleitende Überlegungen (wie. Anm. 2), 9.

6 Veit-Jakobus Dieterich, Theologisieren mit Jugendlichen als religionsdidaktisches Programm für die Sekundarstufe I und II, in: Petra Freudenberger-Lötz / Friedhelm Kraft / Thomas Schlag (Hg.), »Wenn man daran noch so glauben kann, ist das gut«. Grundlagen und Impulse für eine Jugendtheologie, Stuttgart 2013, 35–49, hier 42.

Jeder hat das Recht und das Potenzial, Theologie zu betreiben; Theologie ist kein Privileg von Akademikern oder kirchlichen Theologen.«[7]

Die Analyse der beispielhaft durchgeführten Planspielsettings ermöglicht es, lernortspezifische Chancen und Herausforderungen für das Theologisieren herauszuarbeiten.

3. Forschungsdesign

Ausgangspunkt der explorativen Forschung[8] war die Frage, wie das gleiche Planspiel von jungen Menschen an den Lernorten RU und JV gespielt wird. Unterscheidet sich hier das jugendtheologische Gespräch und wenn ja, inwiefern? Welche Herausforderungen stellen sich beim Theologisieren und welche Perspektiven zeigen sich mit Blick auf die Lernorte?

Das Planspiel wurde dabei dem jugendpastoralen Partizipationsprojekt des Bistums Osnabrück namens »Kapelle aufmöbeln« entnommen. Dieses wurde von Juni 2014 bis Juli 2015 in der katholischen Jugendbildungsstätte Haus »Maria Frieden« des Bistums durchgeführt. Dabei ging es um die Neugestaltung der hauseigenen Kapelle.[9]

Dieses Planspiel wurde nun mit einer Gruppe junger Menschen in einem JV und im RU gespielt und der Spielverlauf videographiert. Die Methode zielte darauf ab, allen Jugendlichen einen niederschwelligen Einstieg zum Thema zu bieten und unterschiedliche, neben argumentativen z.B. kreative und haptische Zugänge zu eröffnen. Dabei ermöglicht das Planspiel ein handlungsorientiertes und materialbezogenes Theologisieren der Jugendlichen zum Thema Liturgie

und Kirchenraum und entgeht einer Verballastigkeit von Jugendtheologie.

Im konkreten Planspiel-Setting haben die jungen Menschen nach einer Einstiegsübung die Spielbox des Planspiels inklusive einer Spielanleitung erhalten. Dieses von der Architektengruppe »die Baupiloten BDA« entwickelte Planspiel wurde vorab für den Forschungskontext leicht modifiziert. Den jungen Menschen wurde im Rahmen des Planspiels folgende Aufgabe gestellt: »Stellt euch einen dauerhaften Ort für einen Gottesdienst vor. Wie sieht dieser aus, wenn ihr ihn frei/ohne Vorgaben und Einschränkungen (Finanzen/Regeln) gestalten dürft?« Die jungen Menschen haben das Planspiel dann (z.T. mithilfe der externen Moderation) selbstständig durchgespielt und schrittweise einen eigenen Gottesdienstraum entwickelt. Im Anschluss daran wurde eine Reflexion der Methodik durchgeführt und so die Einheit beendet.

Das beschriebene Planspiel wurde in je einer Gruppe an den zwei Lernorten

7 Bert Roebben / Thomas Schlag, Jugendtheologie: Konkretisierungsmöglichkeiten für die kirchliche Jugendarbeit, in: Angela Kaupp / Patrick C. Höring (Hg.), Handbuch kirchlicher Jugendarbeit, Freiburg u.a. 2019, 441–456, hier 444.

8 Hinweis: Diese Studie wurde durchgeführt für die im März 2019 in Paderborn durchgeführte Tagung »Getrennte Welten? – Lernortspezifische Jugendtheologie in Schule und Gemeinde«, die der Frage nachging, inwiefern lernortspezifische Rahmenbedingungen und Settings die Kommunikationsweisen von, für und mit jungen Menschen im theologischen Gespräch beeinflussen und prägen.

9 Das Planspiel wurde ausführlich vorgestellt in: Laura Otte, Partizipation macht Kirche. Vorstellungen junger Menschen hinsichtlich Sakralraum und gelebter Liturgie als Ergebnis einer qualitativ-empirischen Untersuchung im Rahmen des Projektes »Kapelle aufmöbeln«, Dortmund 2016. Vgl. auch den Beitrag in diesem Band, S. 180–191.

durchgeführt. Um eine möglichst gute Vergleichbarkeit zu schaffen, wurden bei der Auswahl der Gruppen einige Merkmale beachtet. So stammen beide Gruppen aus dem gleichen regionalen Bereich und befinden sich auf dem Weg zum Abitur. Des Weiteren sind alle Teilnehmenden, bis auf eine Ausnahme, (mindestens) dahingehend katholisch geprägt, dass sie in der Schule den katholischen RU besuchen. Die Ausnahme bildet eine Teilnehmerin in der Gruppe des JVs, die konfessionslos ist. Diese ist aber seit vielen Jahren aktiv in einem katholischen JV. Beide Gruppen lassen sich dem Jugendalter zuordnen.

Die Gruppe am Lernort JV setzte sich aus Mitgliedern einer wöchentlich im Gemeindehaus der Kirchengemeinde stattfindenden Gruppenstunde zusammen. Alle Jugendlichen sind schon lange aktive Mitglieder in dem JV und nehmen regelmäßig an der Gruppenstunde sowie an der jährlichen Ferienfreizeit teil. Mit Ausnahme der erwähnten konfessionslosen Teilnehmerin haben die Jugendlichen an der Firmvorbereitung der Gemeinde teilgenommen, zu der u.a. eine Fahrt nach Taizé gehörte. Das Planspiel fand während einer normalen Gruppenstunde im Pfarrheim statt, zu der zwei weibliche und zwei männliche Jugendliche anwesend waren. Der Zeitrahmen war für die Jugendlichen so flexibel, dass ohne Zeitdruck gearbeitet werden konnte und sich im Anschluss an das Spiel ein längeres Reflexionsgespräch ergab.

Die Schulgruppe bestand aus fünf Schülerinnen und einem Schüler (SuS) des katholischen RU einer achten Klasse an einem städtischen Gymnasium. Das Planspiel wurde während der neunzigminütigen Religionsstunde durchgeführt und schloss lose an eine Unterrichtsreihe zum Thema Kirchenbau an. Die Durchführung fand im normalen Unterrichtsraum der Lerngruppe statt, der vorher mit zwei Gruppentischen vorbereitet wurde, wobei eine zweite, nicht beobachtete SuS-Gruppe das Planspiel ebenfalls im Raum durchführte.

4. Auswertungsmethodik

Die Auswertung des Videomaterials erfolgte mithilfe eines inhaltsanalytischen Verfahrens nach Mayring.[10] Hierbei wurden beide Videosequenzen mit einer Länge von 83.24 Minuten und 66.25 Minuten hinsichtlich der eingangs formulierten Forschungsfragen (s. Abschnitt 3) durchgesehen. In einem ersten Durchgang wurden die Kategorien induktiv entwickelt und dann mithilfe einer Literaturrecherche in einem zweiten Schritt deduktiv ausgeschärft und auf das Material angewendet. Erst nach diesen beiden Schritten wurde dann das in den Kategorien gesammelte Material miteinander verglichen und in Beziehung zueinander gesetzt.

Das Kategoriensystem beruht dabei auf der durch das Tagungsthema angeregten Fragestellung.[11]

Die so entstandenen Kategorien werden durch einen oder mehrere Indikatoren operationalisiert und im Folgenden kurz vorgestellt:

---

10 Vgl. Philipp Mayring, Qualitative Inhaltsanalyse. Grundlagen und Techniken, Weinheim [12]2015, 69–73.
11 Vgl. die »Einleitung« dieses Bandes, S. 9–14, hier S. 9.

Theologisieren	
Schwerpunkt Gespräch (»-isieren«) *(s. Abschnitt 5.1)*	*Schwerpunkt Inhalt (»Theologie«)* *(s. Abschnitt 5.2)*
Gleichberechtigung und Symmetrie[12] ■ Verteilung der Redeanteile ■ Eigeninitiative der Teilnehmenden ■ Art der Kommunikation über Entscheidungsprozesse ■ Gleichwertigkeit von Konzepten der Jugendlichen und der Tradition Diskursiver Dialog[13] ■ Eigene Positionierung der Teilnehmenden ■ Argumentativer Grundcharakter des Gesprächs ■ Verknüpfungen und Vernetzungen der Aussagen	Beziehung zum Gottesdienst(-raum) ■ Sprache aus der Außenperspektive über Kirchenraum und Gottesdienst ■ Ausdruck von persönlicher Involviertheit Verhältnis von Tradition und Neuem ■ Rückgriff auf und Umgang mit bekannten Strukturen von liturgischen Räumen und Formen ■ Deklarierung von Neuerungen
Lernort und Beteiligte *(s. Abschnitt 5.3)*	
Schwerpunkt Lernort	*Schwerpunkt Beteiligte*
Atmosphäre und Rahmenbedingungen ■ Einfluss von Rahmenbedingungen (s. Abschnitt 2) auf das Gespräch – direkt oder über die Erzeugung einer bestimmten Atmosphäre (Implizite) Zielperspektiven ■ Lernort bedingt eine bestimme Zielperspektive der Jugendlichen für das Gespräch (s. Abschnitt 2)	Gruppenkonstellation ■ Bedeutung der Sprachgemeinschaft[14] ■ gemeinsame Vorerfahrungen und gemeinsames Vorwissen Individuelle Voraussetzungen ■ Vorerfahrungen und Vorwissen der Jugendlichen

12 Da die Jugendlichen im beschriebenen Setting selbstständig und möglichst ohne Einfluss der Moderation agieren, ist in diesem Fall der Fokus auf die Gleichberechtigung zwischen den Teilnehmer/innen und die Symmetrie des Gesprächs unter ihnen gerichtet.

13 Die diskursive Grundstruktur spielt eine zentrale Rolle im jugendtheologischen Gespräch, um den Jugendlichen den Aufbau einer reflexiven Kompetenz im Umgang mit der religiösen Tradition zu ermöglichen. Vgl. dazu Veit-Jakobus Dieterich, Einleitende Überlegungen (wie. Anm. 2), 11.

14 Vgl. Gerhard Büttner, Braucht die Jugendtheologie eine »ekklesiologische« Fundierung?, in: Veit-Jakobus Dieterich (Hg.), Theologisieren mit Jugendlichen. Ein Programm für Schule und Kirche, Stuttgart 2012, 70–78, hier 72f.

5. Ergebnisse

Entsprechend der in der Datenanalyse gebildeten Oberkategorien gliedern sich auch die Forschungsergebnisse in die verschiedenen Bereiche auf.

5.1 Theologisieren als Gespräch

Das Gelingen des Theologisierens muss sich in erster Linie an den Merkmalen und Zielen von Jugendtheologie messen lassen. Dabei ist vor allem eine dialogische Grundhaltung unter Gleichberechtigung aller Beteiligten zu nennen. Die videographierten Durchführungen zeigen, dass in beiden Gruppen grundsätzlich eine Möglichkeit zur Gleichberechtigung der Gesprächsbeteiligten gegeben ist, in der alle zu Wort kommen können und Meinungen oder Positionen nicht aktiv zurückgedrängt werden. Dies lässt sich unter anderem durch die Struktur des Planspiels begründen, das einen niederschwelligen Zugang zur Beteiligung bietet. Diese Möglichkeit wird von den Teilnehmenden allerdings unterschiedlich genutzt. Die Jugendlichen im RU verhalten sich insgesamt zurückhaltender und zeichnen sich durch einen geringeren Grad an Eigeninitiative und Selbstorganisation aus. Die Moderation muss im RU zu Beginn und Ende der Durchführung mehr Hinweise zur Weiterarbeit am Spiel geben und besonders die Übergänge zwischen den Phasen des Spiels sind eher von Schweigen und Abwarten begleitet. Die Jugendlichen im JV finden eher eine Struktur der Zusammenarbeit. Die gleichberechtigte Partizipation der Jugendlichen zeigt sich besonders im Blick auf das Treffen von Entscidun-gen. Die Möglichkeit, Rückmeldungen zu Vorschlägen anderer Teilnehmenden zu geben und so Entscheidungen zu beeinflussen wird in der Schule deutlich weniger genutzt, auch auf explizite Nachfrage einzelner SuS hin. In Bezug auf die Symmetrie des Dialogs lässt sich im JV als Besonderheit herausstellen, dass die konfessionslose Teilnehmerin sich in Teilen zurückhaltender als die anderen Jugendlichen verhält und Möglichkeiten der Beteiligung am Geschehen nicht nutzt. Dies zeigt sich zum Beispiel bei der Auswahl von sogenannten Aktivitätenplättchen, bei der sie als einzige keine Plättchen sortiert oder liest.

Die Herstellung eines Dialoges gestaltet sich in beiden Gruppen eher als schwierig, wodurch die kritische Reflexivität als Zielperspektive des Theologisierens zum Teil nicht eingelöst wird. Dabei ist das Gespräch der Jugendlichen im JV noch deutlich diskursiver als das der SuS. Dies zeigt sich auf der Ebene der persönlichen Positionierung, bei der die Jugendlichen im JV öfter dadurch auffallen, dass sie eine eigene Position benennen und diese mit einer persönlichen Bedeutung belegen, wie bspw. »Kerzen-anzünden find ich immer richtig cool.« (JV_m2). Die Gruppe im RU äußert eher intuitive Vorschläge, die ohne weitere Zusammenhänge im Raum stehen und nicht weiterverfolgt werden, wie »Ich würd' ›Ruhe finden‹ und ›in den Himmel blicken‹ zusammen machen.« (RU_w2). Die Auswahl aus vielfältigen, durch das Spielmaterial vorgegebenen Möglichkeiten für die atmosphärische Gestaltung des Raumes und von Bewegungen in diesem werden in beiden Gruppen oft weniger aus Gründen der eigenen Meinung heraus getroffen, sondern aus logischen Zusammenhängen und Passungen. Auch dieses Vorgehen ist im RU noch deutlich stärker wahrzunehmen als im JV (s. Abschnitt 5.3).

Auf der Ebene des argumentativen Grundcharakters des Gespräches und der daraus folgenden Verknüpfung und Vernetzung unterschiedlicher Aspekte zeigt sich das gleiche Bild. Die Jugendlichen argumentieren mit Blick auf das gesamte Spiel eher wenig für ihre (in der Schule schon insgesamt wenigen) Positionen und setzen den Argumenten anderer noch seltener Gegenargumente entgegen. Bei genauerer Betrachtung der einzelnen Spielphasen zeigt sich, dass die stärkste Argumentation bei der Überprüfung des schon entstandenen Produktes – in Form eines Kirchenraumentwurfes samt den darin stattfindenden Aktivitäten und der atmosphärischen Gestaltung – entsteht. Hier können die Jugendlichen auf eine sichtbare Grundlage Bezug nehmen, wodurch das Argumentieren erleichtert zu sein scheint. Den Jugendlichen im JV gelingt es insgesamt deutlicher, Verknüpfungen zu schon genannten Aussagen herzustellen und Positionen noch einmal aufzugreifen, sodass in Teilen ein diskursiver Dialog entstehen kann.

Der gleichberechtigte Dialog mit der zu Grunde liegenden Glaubenstradition zeigt sich in den beiden Gruppen deutlich unterschiedlich. Die Jugendlichen im Verband äußern stärker, dass sie ihre Position gleichwertig zu den Vorgaben der Tradition sehen und diese gegeneinander abwägen können, wie der Wortwechsel zeigt: »Wir brauchen auch was Liturgisches, es ist ja schließlich 'ne Kirche.« (JV_m1) – »Das ist 'ne Zukunftsvision, wir können machen, was wir wollen.« (JV_w1). In der Schule

lassen die Jugendlichen ihre eigenen Ideen deutlich hinter denen der Tradition zurück, sodass diese ihre eigenen Wünsche und Vorstellungen überdeckt. Dies könnte im Zusammenhang damit stehen, dass die SuS insgesamt sehr auf Begriffe fixiert sind und den Dialog insbesondere über die richtige Bedeutung dieser Begriffe aufbauen (s. Abschnitt 5.3). Die Unterschiede in Bezug auf den Umgang mit der Tradition werden im genaueren Blick auf die Gesprächsinhalte besonders deutlich.

5.2 Inhalte des Theologisierens

Die Spannung von für die Teilnehmenden bekannten Strukturen und Zukunftsvisionen, bildet den Aspekt, unter dem die Inhalte der Gespräche analysiert werden. Dabei zeigt sich, dass im RU oft auf Bekanntes zurückgegriffen und dieses als gegeben hingenommen wird. Auch nach mehrmaliger Erinnerung durch die Moderation, dass eine Zukunftsvision entwickelt werden dürfe, lässt sich beobachten, wie Entscheidungen mit der Begründung »das ist so typisch« getroffen werden. Auch gibt es kaum Äußerungen zur persönlichen Bedeutung von traditionellen Elementen und auch nur vereinzelt eine Idee der Abänderung dieser Traditionen. Als Neuerungen werden ein Glasdach und die Möglichkeit sich hinzulegen deklariert. Allerdings wird genau dieser Bereich des Liegens am Ende des Planspiels von den SuS als der für sie wichtigste Ort im Raum bewertet und beides, Glasdach und Liegen, als Potenzial ihres Entwurfs benannt. Dies könnte darauf hindeuten, dass gerade durch die eigenen Ideen für die Jugendlichen ein

Bezug zum gestalteten Raum hergestellt wird, der auch zu mehr Identifikation mit diesem führt.

In der Gruppe des JVs wird die Frage, was essentiell zur Kirche gehört, diskutiert und auf gemeinsame bzw. mehrere Teilnehmende verbindende Hintergrundfolien rekurriert. Auffällig ist hierbei, dass die konfessionslose Teilnehmerin (JV_w2) die Frage, was zu einer Kirche gehöre, anbringt und die Diskussion hierzu mehrmals aufleben lässt, wie z.B. in diesem Dialog: »Ich möcht' meditieren« (JV_w1) – »Das ist halt ne Kirche, ne.« (JV_w2) – »Meditieren kann man doch in jedem Glauben« (JV_w1) – »In Taizé haben wir auch immer meditiert« (JV_m2). Die Teilnehmenden konstruieren dabei Kirche mit für sie bedeutsamen, traditionellen Elementen wie Kommunion austeilen oder beichten, wobei es ihnen wichtig ist, dass die traditionellen Bestandteile offen und sinnhaft ausgestaltet werden. Der Bezug auf Bekanntes geschieht dabei in Abgrenzung und wird mehrfach als zu überwinden angesehen, wie z.B.: »Es soll auf jeden Fall gut riechen, weil ich find zum Beispiel Weihrauchgeruch, ein bisschen ist ok, aber zu viel …« (JV_m2). Die Teilnehmenden im JV entwerfen einen Raum, den sie an verschiedenen Stellen als »neu« bezeichnen. So werden zum Beispiel Treppen wie in einem Amphitheater als neu diskutiert, wobei die ausgewählten Aktivitäten etc. eher einem traditionellen Bild von Kirche zuzuordnen sind. Von ihnen werden die Bereiche für Gemeinschaft und zum Ruhe finden als wichtige Funktionen der Kirche bezeichnet. Die Jugendlichen im Verband heben dabei deutlich die Kirche als Andersraum hervor, der sich von der Umwelt abgrenzen soll. Dies wird u.a. an einer Diskussion um die Internetnutzung deutlich: »Im Internet surfen‹ könnte man vielleicht draußen machen.« (JV_m1) – »Ja, aber das kann ich auch zu Hause machen, warum muss ich das in der Kirche machen?« (JV_w1). In der Schule scheint hingegen eine Vorstellung von Kirche als von den Einzelnen angenommener, verdeckter Konsens zu existieren, über den aber kein offener Abgleich erfolgt, wie sich in dieser Aussage einer Schülerin zeigt: »Ich würd jetzt auch nicht unbedingt lachen, weil sich das nicht so gehört« (RU_w3).

Zusammenfassend scheint die Tradition für die Jugendlichen im JV eher als echte Gesprächspartnerin zu dienen, die die Freiheit lässt, selbst sensibel eine Auswahl aus ihrem Angebot zu treffen, während sie für die SuS mehr eine starre Hintergrundfolie zu sein scheint, die nur in wenigen Fällen mit eigenen Ideen überzeichnet werden darf.

Diese Unterscheidung lässt sich ebenfalls im Aspekt der persönlichen Involviertheit der Teilnehmenden und an ihrem Sprachgebrauch diesbezüglich sehen. Die SuS beschreiben das Geschehen in einem Gottesdienst aus einer Außenperspektive, wenngleich sie Kenntnisse über den Ablauf und die Begebenheiten der eigenen Kirche einbringen. Dies zeigt sich in der überwiegenden Verwendung der Pronomen »die« oder »man« oder Formulierungen wie: »da wo Menschen nach vorne gehen und Hostien holen« (RU_m5). Anders gestaltet es sich in der Gruppe der Jugendlichen aus dem JV. Diese sprechen, mit einigen Ausnahmen durch die konfessionslose Teilnehmerin, in der Regel nicht aus einer Außenperspektive, sondern betonen mehrfach, dass sie einen persönlichen Bezug zu

Kirchenraum und Liturgie haben. Es werden eigene (negative) Erfahrungen eingebracht, die in einer Zukunftsvision überwunden werden wollen. Vor allem im Nachgespräch zum Planspiel äußern sich die Teilnehmenden aus dem JV eindeutig und explizit aus einer emotionalen Verbundenheit bzgl. der Gestaltung zukünftiger Gottesdienstformate in der Kirche bzw. im Zeltlager, wie »das ist für mich das, was ich in der Kirche machen möchte« (JV_w1). Im Vergleich ließe sich hier die Verbindung ziehen, dass die größere Involviertheit den Jugendlichen im Setting des Planspiels mehr Mut gibt, Veränderungen an den gegebenen Umständen herbeizuführen während ein Blick aus der Außenperspektive nicht die Berechtigung miteinschließt, die Kirche von anderen, die dort heimisch sind, zu ändern.

5.3 Lernort und Beteiligte

Die Rahmenbedingungen der Lernorte erzeugen eine unterschiedliche Atmosphäre, die sich ebenfalls in den Gesprächen zeigt. Eine lockere Atmosphäre in der Gruppe des JVs steht so bspw. einem Unterrichtssetting gegenüber, das von Störfaktoren begleitet ist. Die SuS zeigen zum Ende eine deutlich abnehmende Motivation, wohingegen die Jugendlichen in der Gruppenstunde über die normale Gruppenzeit hinaus bleiben, um sich an einem intensiven Reflexionsgespräch zu beteiligen.

Daneben scheint der Lernort unterschiedliche (implizite) Zielperspektiven bei den Jugendlichen hervorzurufen. Dies wird mehr im Kontext der Schule deutlich, die von ihrer Struktur her

schon auf zielgerichtetes Arbeiten ausgerichtet ist (s. Abschnitt 2). Die SuS zeigen in ihren Strategien zur Auswahl von Gestaltungselementen, dass sie daraufhin arbeiten, eine Aufgabe zu lösen. Es geht darum, Wissen richtig anzuwenden und eine richtige Lösung zu finden. Dabei wählen sie Elemente aus, die zueinander zu »passen« scheinen, wie sich in Dialogen wie diesen zeigt: »Wo würdet ihr ›ruhig‹ zu tun?« (RU_w5) – »Vielleicht zu ›Ruhe finden‹.« (RU_w1); »Ich habe noch was fürs Kreuz: ›vertraut‹, weil am Kreuz da hängt ja Jesus dran und der ist einem aus den Geschichten vertraut.« (RU_m1). Dies scheint einer schulischen Arbeitslogik zu entsprechen, die auch Hanna Roose bei SuS entdecken konnte, wenn sie von »richtig-falsch-Logiken«[15] spricht. Daneben argumentieren die SuS stark auf der Ebene von Begriffsdefinitionen, sodass keine eigene Bedeutung konstruiert wird. Stattdessen wird der Versuch unternommen, vorhandene Deutungen mit der Aufgabe zu verbinden. In der Reflexion machen die SuS deutlich, dass sie in der Stunde nichts gelernt hätten, da sie »nichts Neues« wüssten.

Im JV ist eine Zielperspektive schwerer zu erkennen, was damit zusammenhängen kann, dass dieser Raum von zweckfreier Kommunikation gekennzeichnet ist (s. Abschnitt 2). In der Reflexion werden die erarbeiteten Ideen auf die eigene Gemeinde übertragen und im Kontext einer explizit für junge Menschen gestaltete Gottesdienstfeier in der Gemeinde betrachtet. Ob diese Per-

15 Hanna Roose, Jugendtheologie in Partnerarbeit?, in: Theo-Web 17 (2018), 146–163, hier 152.

spektive allerdings schon während der Durchführung des Planspiels bei den Jugendlichen eine Rolle spielte, lässt sich anhand der Daten nicht beantworten. Es zeigt sich in Bezug auf das konkrete Setting allerdings, dass der Lernort JV den Vorteil von konkreten Anwendungs- und Erfahrungsfeldern bietet, auf die sich die Jugendlichen mit ihren Überlegungen zum Planspiel beziehen können. Die Anwendung auf eine bestimmte Kirche bzw. Gemeinde hin bietet der Lernraum RU nicht.

Neben dem Lernort beeinflussen auch die Beteiligten die in das Gespräch eingebrachten Inhalte. Während im JV gemeinsame Erfahrungen das Gespräch dominieren, ist es in der Schule gemeinsames Wissen. Dieses führt im RU zu einem gemeinsamen fachlichen Sprachvokabular und zu einem gemeinschaftlichen (fachlichen) Sprachspiel. Dagegen gibt es im JV in Blick auf Fachbegriffe mehr Klärungsbedarf. Die eingebrachten gemeinsamen Erfahrungen haben im JV andersherum aber einen positiven Einfluss auf die Atmosphäre. Die (Sprach-)Gemeinschaft konstituiert sich in diesen Fällen also auf der Basis von Wissen und bzw. oder Erfahrung. Beide Aspekte machen demnach einen gemeinsamen Austausch möglich, setzten aber einen unterschiedlichen Fokus im Gespräch.

derung ist, ein argumentatives und nicht unterkomplexes Gespräch unter den Jugendlichen aufzubauen. Dies benötigt ein hohes Maß an Kommunikationskompetenz und Dialogfähigkeit, die langsam aufgebaut und geübt werden müssen. Damit ist auch das Theologisieren in gewisser Weise eine Übungssache. Bernd Schröder kritisiert dabei die oftmals vorgenommene »Konzentration auf das gesprochene Wort«[16]. Hier scheint die gewählte Methode des Planspiels eine Überwindung des verballastigen und kognitiven Zugangs zu schaffen. Der Materialbezug mit Kärtchen, die sprachliche Anregungen bieten und in ihrer Vielfalt die Möglichkeiten zum Denken anregen, sowie die Orientierung an einer konkreten Aufgabe bieten hierbei einen niederschwelligen Einstieg.

Gleichzeitig ist es auch denkbar, dass die Fokussierung des Spiels auf die Auswahl von unterschiedlichen Plättchen dazu beiträgt, dass die Jugendlichen oft auf der Ebene von logischen Passungsprozessen statt auf einer (Be-)Deutungsebene diskutieren. Hier zeichnet sich als Unterscheidung der beiden Lernorte ab, dass dieser Effekt im RU deutlich stärker zu erkennen ist. Die kaum zu überwindende Passungslogik und Begriffsorientierung stellen eine Herausforderung an das Theologisieren in der Schule dar, die

6. Fazit

Die Analyse der jugendtheologischen Gespräche an den beiden Lernorten RU und JV zeigt Herausforderungen und Chancen für das Theologisieren mit Jugendlichen. Es bestätigt sich in beiden Gruppen, dass es eine große Herausfor-

16 Bernd Schröder, Kommunikation des Evangeliums – gemeindepädagogische Perspektive auf die Kinder- und Jugendtheologie, in: Thomas Schlag / Hanna Roose / Gerhard Büttner (Hg.), »Was ist für dich der Sinn?« Kommunikation des Evangeliums mit Kindern und Jugendlichen. Jahrbuch für Kinder- und Jugendtheologie, Band 2, Stuttgart 2018, 219–229, hier 223.

durch die Konstitution des Lernraums als ziel- und leistungsorientiert begründet sein könnte. Das Muster dieses Raumes ist es, Erwartungen zu erfüllen, Bekanntes zu wissen und etwas richtig zu machen. Dies zeigt sich auch in der starken Verhaftung der SuS in der Tradition, die als kaum durch eigene Vorstellungen und Wünsche veränderbar angesehen wird. Demgegenüber bietet der JV als Ort prinzipiell zweckfreier Kommunikation größere Chancen für ein tatsächlich offenes und ungehemmtes Gespräch.

Daneben beeinflussen die äußeren Rahmenbedingungen der Orte und die Zusammensetzung der Gruppe die Gesprächsbereitschaft der Jugendlichen. Hier bieten die größere Vertrautheit im JV und die freiwillige Anwesenheit ebenfalls eine Chance für ein offenes jugendtheologisches Gespräch, wohingegen im RU die Beobachtung von Carsten Gennerich eine Rolle spielen könnte, dass »Vertrauensgrenzen in Schulklassen auch eine Zurückhaltung bedingen [können], so dass individuelle Reflexionen nicht in den öffentlichen Diskurs gebracht werden.«[17] Ebenso lenkt die Gruppenzusammensetzung aufgrund der (gemeinsamen) Vorerfahrungen den Fokus des Gesprächs scheinbar auf Wissen oder auf Erfahrung. Dabei stellt es vermutlich eine größere Herausforderung dar, den Erfahrungsbezug in den Religionsunterricht einzubringen, da die SuS sehr unterschiedlich religiös und gemeindlich sozialisiert sind. Im JV liegt demgegenüber die Herausforderung darin, dass eine gemeinsame Sprach- und Wissensbasis gefunden bzw. wenn nötig geschaffen wird, die in Schule obligatorisch anvisiert wird.

Ein besonderes Potenzial des Lernortes JV liegt auch im direkten praktischen Bezug, den die Anbindung an die Liturgie und Spiritualität des Verbandes und hier auch an die Gemeinde bietet. Damit ergibt sich neben einem praktischen Horizont des Gesprächs und einer Rückgriffsmöglichkeit auf Erfahrungen auch die Möglichkeit der Einnahme einer Innenperspektive, die im RU nicht zu beobachten war. Es bietet sich ein Referenzrahmen, »der eine über Reflexion hinausweisende Perspektive freisetzt, etwa Gemeinschaft«[18]. Dies wird im JV durch die von Beginn an eingeübten und gelebten Strukturen von Partizipation unterstützt.

Die Professionalisierung des Lernortes Schule stellt wiederum einen Unterschied gegenüber der ehrenamtlichen Leitung durch andere Jugendliche und junge Erwachsene im JV dar. Die Gesprächskompetenzen und das theologische Fachwissen der Lehrkräfte könnten gerade das Einspielen einer Theologie für Jugendliche in das Gespräch gezielter ermöglichen und einem unterkomplexen Dialog vorbeugen. Daneben ist nicht zu vernachlässigen, dass der RU eine größere und heterogenere Gruppe von Jugendlichen erreicht, die die Gesprächsqualität bereichern kann, wenn alle SuS sich tatsächlich offen daran beteiligen.

17 Carsten Gennerich, Religiöses Lernen als Sinnkonstruktion: Bedingungsstrukturen in Schule und Gemeinde, in: Theo-Web 9 (2010), 85–99, hier 88.
18 Bernd Schröder, Kommunikation des Evangeliums – gemeindepädagogische Perspektive auf die Kinder- und Jugendtheologie (wie Anm. 16), 228.

Mit Blick auf die gesamten Untersuchungsergebnisse lässt sich im Kontext vielfältiger weiterer Erfahrungen festhalten, dass Unterricht und Jugendverband in sich schon sehr different sein können. Daher scheint eine generelle Unterscheidung der Lernorte Schule und Gemeinde weniger sinnvoll als eine genauere Analyse der Kommunikationsstrukturen und -bedingungen an diesen Orten, um ein jugendtheologisches Gespräch dort in geeigneter Weise anzubahnen. So kann es für den weiteren wissenschaftlichen Diskurs hilfreich sein, differenzierter insbesondere auf das große Feld der Jugendarbeit in Gemeinde zu blicken, da die hier aufgezeigten Charakteristika des Jugendverbandes sich deutlich von den Charakteristika gemeindlicher Katechese unterscheiden. Lernortdifferenziertes und -spezifiertes Nachdenken über das Theologisieren mit Jugendlichen sollte diese Unterschiede wahr- und ernstnehmen.

Theresa Kohlmeyer
Zur scheinbaren Bedingungslosigkeit jugendtheologischer Gespräche

Dieser Beitrag geht der Frage nach der Lernortspezifik der Jugendtheologie so nach, dass er in einer kleinen Erhebung mit zwei unterschiedlichen Lerngruppen an beiden Lernorten untersucht, ob sich die unterschiedlichen sprachlichen Anforderungen am Lernort Schule und am Lernort Gemeinde in den Settings des Religionsunterrichts und der Sakramentenkatechese so deutlich unterscheiden, dass sich auch die theologischen Gespräche mit Jugendlichen in ihrer sprachlichen Struktur deutlich unterscheiden. Diese These lässt sich sprachtheoretisch begründen und leuchtet intuitiv ein. Eine anderer sprachtheoretischer Zugriff auf religiöse Sprache würde es aber auch plausibel erscheinen lassen, dass die Jugendlichen an beide Orte einfach ihre »Sprachpersönlichkeit« mitbringen und diese Differenz nivilieren, so dass die Einheitlichkeit der Sprachverwendung an beiden Orten auch ein Beleg dafür wäre, dass die Jugendtheologie weniger sensibel auf die Orte und ihre Interaktionslogik reagiert, als vielleicht gedacht. Vielleicht ist das Verhältnis aber auch komplexer, als es sich vermuten lässt, weil die Wirkmächtigkeit des Kontextes und die Wirkmacht der individuellen Spracherfahrungen je nach Situation andere Verhältnisse eingehen. Auf den ersten Oberflächenblick bestätigen die erhobenen Daten die erste These von der Kontextwirkung, die zur Spaltung der

Sprachpersönlichkeit führt. Eine Schülerin beantwortete diese Frage im Metagespräch zur Erhebung eindeutig: »Ich gebe mir hier mehr Mühe, mich sinnvoll auszudrücken, also vollständige Sätze zu sagen und so.« Tatsächlich zeigt sich dies oberflächlich betrachtet im Vergleich der beiden Gruppen:

- Freitagmorgen, erste Schulstunde, Religionsunterricht in Klasse neun: dreißig minütiges Gespräch mit einer Lerngruppe von neunzehn Schülerinnen und Schülern mit Redebeiträgen von mehreren Minuten, die sich auf einander beziehen und in sich sprachlich komplex gebaut sind.
- Freitagabend, Nacht der Versöhnung für Firmbewerber: zehn Minuten mehr Schweigen als Reden mit zwölf Jugendlichen, die maximal Stichworte oder Fragen in Richtung der Gruppenleitung äußern.

Ist es aber zulässig, auf Grund dieser Erfahrung den Rückschluss zu ziehen, dass in der Firmvorbereitung eine gewisse Sprachlosigkeit oder Sprachunfähigkeit herrscht? Und dann die Jugendlichen im Religionsunterricht in jedem Setting sprachfähig sind? Oder ist nicht eher danach zu fragen, was Jugendliche brauchen, um in jugendtheologisches Denken und jugendtheologische Gespräche einzusteigen. Mit diesem Beitrag soll zunächst gezeigt werden, wie die beiden

Erfahrungen vor dem Hintergrund der Sprache des Christentums ausgewertet werden könnten und welche Ergebnisse dabei zu kurz greifen würden. Dann wird in einem nächsten Schritt eine Spurensuche vorgestellt, warum diese jugendtheologischen Gespräche so stattgefunden haben. Es reicht eben nicht, Jugendliche mit einem Thema zu konfrontieren und das Gespräch startet auf eloquente und hoch spannende Art und Weise, nur weil der Kontext dies so vorgibt. Hier gilt es, mehr Aspekte zu beachten und auch das Scheitern eines Gesprächs einzuplanen.

1. Unzulässiger Rückschluss: Sprachlosigkeit in der Firmvorbereitung

Im Rahmen der religiösen Sprachfähigkeit von Kindern und Jugendlichen lassen sich wenig Bestimmungen dafür finden, in welcher Sprache sie fähig sein sollen, zu agieren. Es findet sich kein direktes Konzept der ›religiösen Sprache‹. Dieses müsste eine Sprache beinhalten, die über alle Religionsgrenzen hinweg Aussagen zu treffen vermag[1] und sich auf eine grundsätzliche Religiosität des Menschen beziehen.[2] Mit Dube lässt sich jedoch dagegenhalten, dass die Sprache nur dann repräsentativ ist, wenn sie ein konkretes Bezugssystem und damit eine feste Religionszugehörigkeit hat.[3] Die beiden Settings des katholischen Religionsunterrichts und der Firmvorbereitung, die in diesem Beitrag untersucht werden sollen, sind im katholisch-christlichen Kontext auszumachen. Daher und auf Basis der Annahme Dubes wird im Weiteren hier von der Sprache des Christentums gesprochen. Diese Sprache des Christen-

tums lässt sich auf unterschiedliche Weise definieren, voraus sich Thesen für die Empirie ziehen lassen. Diese werden nun in einem ersten Schritt vorgestellt und anhand der beiden Erfahrungen geprüft.

1.1 Ausgangsthesen

Die Sprache des Christentums kann als ein geordnetes Zeichensystem verstanden werden, das die Hinbeziehung der Menschen und der Welt auf das Objekt der Religion – in diesem Fall der dreifaltige Gott – artikuliert. Dabei werden weniger Wörter und Begriffe neu erfunden, sondern ihre logische Struktur, die sie in der natürlichen Sprache besitzen, verschoben und auf ein entsprechendes Wirklichkeitsverständnis bezogen.[4] Diese Verschiebung oder Umdeutung der Begriffe kann durch Gewöhnungsprozesse und Verwendungstraditionen geschehen. Wichtig ist, dass die Bedeutungsverschiebungen in der Praxis der Glaubensgemeinschaft etabliert und anerkannt werden.[5] Das Christentum schafft sich damit sein eigenes Sprachsystem.

Darüber hinaus lässt sich die Sprache des Christentums als ein Teil der Um-

---

1 Vgl. Hubertus Halbfas, Religiöse Sprachlehre. Theorie und Praxis, Ostfildern 2012.

2 Vgl. Paul Konrad Kurz, Unsere Rede von Gott. Sprache und Religion (Literatur – Medien – Religion 10), Berlin 2004.

3 Vgl. Christian Dube, Religiöse Sprache in Reden Adolf Hitlers. Analysiert an Hand ausgewählter Reden aus den Jahren 1933–1945, Norderstedt 2004.

4 Vgl. Anton Grabner-Haider, Glaubenssprache. Ihre Struktur und Anwendbarkeit in Verkündigung und Theologie, Wien 1975.

5 Vgl. Christian Dube (wie Anm. 3).

gangssprache verstehen. Hier sind keine Bedeutungsverschiebungen notwendig, da die alltäglichen Ausdrücke genau so Verwendung finden. Die Sprache des Christentums ist damit eine »gebrauchte und lebendige Sprache des alltäglichen Umgangs innerhalb einer religiösen oder kirchlichen Gemeinschaft, in der sie Ausdruck der Frömmigkeit und Wort der Verkündigung ist«[6]. Damit ist die Sprache mit ihrem Zeichensystem aber an diese konkrete Gemeinschaft gebunden und existiert nicht gemeinschaftsunabhängig – wie in der vorherigen Option angenommen.

Stephan Leimgruber versucht beides nebeneinander stehen zu lassen und erklärt, dass die Sprache des Christentums einen empirischen und einen theoretischen Teil hat. Der empirische Teil beinhaltet eine subjektive Glaubenssprache, die einerseits ihren Bezugspunkt in realen Erfahrungen hat und sich andererseits an der Alltags- und Umgangssprache orientiert, um intersubjektiv verstehbar zu sein. Der theoretische Teil der Sprache dagegen bedient sich einer theologischen Glaubenssprache, die die Welt und die Ereignisse in der Welt aus der Perspektive des Glaubens interpretiert. Dafür bildet sie spezielle theologisch-theoretische Begriffe aus.[7]

In seinen Ausführungen hält Paul Konrad Kurz grundsätzlich fest, dass die Sprache des Christentums, ob auf Gebrauchs- oder Metaebene, Mitteilungssprache ist und sich eigentlich nur durch den genutzt Sprachcode unterscheiden lässt. Dabei differenziert er zwischen einem restringierten und elaborierten Sprachcode, ohne diesen an eine der Ebenen zu koppeln. Der restringierte Sprachcode zeichnet sich durch einfachen Satzbau und Alltagsworte aus. Die Mitteilungen kommen ohne Begründungen und persönliche Bezüge aus. Der elaborierte Sprachcode bedient sich dagegen einem großen Wortschatz sowie einem abwechslungsreichen Satzbau mit entsprechenden Hypotaxen. Es werden schwierige Sachverhalte reflektiert und auf argumentative Rede mit Positionierungen zugegriffen.[8]

Aus diesen unterschiedlichen Ansätzen, die versuchen, die Sprache des Christentums zu beschreiben, lassen sich Thesen für die Differenzierung der Sprachen an den unterschiedlichen Lernorten Religionsunterricht und Firmvorbereitung ableiten.

These 1: Wenn die Sprache des Christentums ein geordnetes Zeichensystem ist, unterscheiden sich die Ausdrücke/Wörter der Jugendlichen in den Kontexten Firmkatechese und Religionsunterricht nicht.

These 2: Wenn die Sprache des Christentums Gemeinschaftssprache und damit abhängig von der konkreten Diskurs- und Praxisgemeinschaft ist, werden sich die Jugendlichen in den Kontexten Firmkatechese und Religionsunterricht anders ausdrücken. Hier unterscheidet sich entweder der Bezugspunkt (reale Erfahrung oder Weltinterpretation) oder der Sprachcode (restringiert oder elaboriert).

---

6 Andrea Schulte, Religiöse Rede als Sprachhandlung, Frankfurt/Main 1992, 64.
7 Vgl. Stephan Leimgruber, Das Sprechen vom Geist. Religiöse Sprache und Erfahrung am Beispiel der Firmung. Wie kann das Sprechen vom Geist bei der Firmung mit den konkreten Lebenserfahrungen junger Menschen verbunden werden? (Studien zur Praktischen Theologie 16), Köln 1978.
8 Vgl. Paul Konrad Kurz (wie Anm. 2).

1.2 Setting

Diese Thesen wurden an zwei Gruppen von Jugendlichen in unterschiedlichen Kontexten geprüft. Dabei war beiden Gruppen gemeinsam, dass sie eine Form des Bibelteilens zu Jona 4,1–10 durchführen sollten, um sich über das Thema ›Beichten‹ austauschen zu können. Die Perikope beinhaltet die zweite Berufung Jonas nach Ninive zu gehen, um das Gericht anzukündigen sowie dessen Ausführung. Zentral ist jedoch die Reaktion der Niniviten auf die Ankündigung und damit auch die Aussetzung des Gerichts durch Gott. Die konkreten Schritte sahen folgendes vor:

- Vorlesen des Textes
- Jede/r liest noch einmal still für sich den Text
- Jede/r sagt den Vers laut, der ihn/sie berührt, angesprochen, geärgert … hat
- Austausch darüber, warum die Worte aufgefallen sind
- Jede/r liest noch einmal still für sich den Text und überlegt: was sagt uns dieser Text im Kontext von Beichte?
- Austausch zum Thema Beichte

Das Bibelteilen wurde in beiden Jugendgruppen von der Autorin selbst angeleitet. Die beiden Jugendgruppen unterschieden sich in ihren Voraussetzungen jedoch. Zunächst nahm im November eine Gruppe von zwölf Jugendlichen im Alter von vierzehn bis fünfzehn Jahren teil, die am Ende ihrer Firmvorbereitung standen. Die Spendung der Firmung fand eine Woche später statt. Die Firmbewerber trafen sich an diesem Freitag daher zum Abend der Versöhnung, der in drei Blöcke eingeteilt war: Bibelteilen in Kleingruppen,

individuelle Gewissenserforschung und Empfang des Beichtsakraments. Die hier dokumentierte Kleingruppe setzte sich in einem Turmraum der Pfarrkirche einer Kleinstadt im Ruhrgebiet zusammen. Die religiöse Sozialisation war dabei unterschiedlich. Einige Firmbewerber hatten durch Messdienerdienst und Mitspielen in der Jugendband engeren Kontakt zur Kirche, andere sind durch die Firmvorbereitung wieder in engeren Kontakt gekommen. Alle hatten jedoch eine grundsätzliche Nähe zu Kirche und Glauben. In einem Modul der Firmvorbereitung haben die Firmbewerber bereits die Methode des Bibelteilens kennen gelernt und konnten erste Erfahrungen sammeln.

Die Lerngruppe des Religionsunterrichts setzte sich aus neunzehn Schülerinnen und Schülern ebenfalls im Alter von vierzehn bis fünfzehn Jahren zusammen. Die Erhebung fand im Rahmen des Religionsunterrichts an einem Freitagmorgen statt. Die Lerngruppe befand sich damit in einem Klassenraum eines Gymnasiums in einer Kleinstadt im Ruhrgebiet. Die Schülerinnen und Schüler haben im privaten Umfeld nur punktuellen Kontakt zu Kirche und Glauben, sind aber nicht grundsätzlich mit beidem vertraut. Zur Methode des Bibelteilens gibt es keine Vorerfahrungen.

1.3 Theoretische Auswertung

In einem ersten Schritt werden die ausgewählten Verse aus dem dritten Schritt des Bibelteilens verglichen. Anschließend werden das Gespräch bzw. die Begründungen der Auswahl analysiert. Nachdem die Perikope in der alten Einheitsübersetzung vor- und individuell noch einmal gelesen wurde, waren die Jugendlichen in beiden Settings aufgefordert, den Vers, das Wort oder den Satz zu wiederholen, der sie berührt oder angesprochen hat. Folgende Aussagen entstanden in dieser Runde:

Firmgruppe	Religionslerngruppe
»und droh ihr all das an«	»Jona machte sich auf den Weg und ging nach Ninive, wie der Herr es ihm befohlen hatte.«
»und die Leute von Ninive glaubten Gott«	»die Leute von Ninive glaubten Gott«
»legte seinen Königsmantel ab«	»Als die Nachricht davon den König von Ninive erreichte, stand der von seinem Thron auf, legte seinen Königsmantel ab, hüllte sich in ein Bußgewand und setzte sich in die Asche.«
»sie sollen sich in Bußgewänder hüllen, Menschen und Tiere«	»riefen ein Fasten aus und alle Groß und Klein, zogen Bußgewänder an« »Alle Menschen und Tiere, Rinder, Schafe und Ziegen, sollen nichts essen, nicht weiden und kein Wasser trinken.«
	»Da reute Gott das Unheil«

Der Vergleich der ausgewählten Verse zeigt, dass sich die Jugendlichen von den gleichen Inhalten bzw. ähnlichen Versen ansprechen lassen. Die Reue Gottes wird als einziges Moment nur in der Religionslerngruppe genannt. Die Jugendlichen markieren drei zentrale Momente in diesem Text, bei denen sie kleine Fokusverschiebungen vornehmen.

1. Jona gehorcht Gott und geht Ninive, um das Gericht anzudrohen. In beiden Gruppen wird auf diesen Handlungsausschnitt Bezug genommen. In der Gruppe der Firmbewerber wird der Fokus darauf gelegt, was Jona im Auftrag Gottes sagen soll. Ein Aspekt der konkreten Rede wird aufgenommen. In der Lerngruppe des Religionsunterrichts dagegen wird die Handlung Jonas aufgenommen, die auf die Beauftragung Gottes folgt.
2. Die Niniviten glauben der Botschaft Gottes. In beiden Jugendgruppen wird hier der exakt gleiche Vers benannt. Die Tatsache, dass die Menschen in Ninive der Botschaft glaubten und ihnen bewusst war, dass hier Gott zu ihnen spricht, wird von beiden Gruppen gleichermaßen aufgenommen.
3. Die Menschen kleiden sich für ihre Buße um. Jugendliche aus beiden Gruppen springen auf die Tatsache an, dass die Menschen sich etwas anderes anziehen, um öffentlich zu zeigen, dass sie Buße tun. Dabei wird der König hervorgehoben, der sich umkleidet. In der Firmgruppe wird fokussiert, dass er seinen Königsmantel ablegt. Hier scheint es nicht von Bedeutung zu sein, dass auch der König das Bußgewand anlegt, viel wichtiger ist, dass er seinen Mantel auszieht. In der Religionslerngruppe wird dagegen der komplette Vers mit ab- und anlegen benannt. In beiden Gruppe geht es

auch darum, dass die Menschen sich in Bußgewänder kleiden. Interessanterweise entsteht hier eine parallel zum ersten zentralen Moment des Auftrags Jonas. In der Firmgruppe gibt es analog zur ersten Szene die Auswahl des Befehls, also der Aussage (»sie sollen sich in Bußgewändern hüllen«) und in der Religionsgruppe wiederum die Handlung (»und alle, Groß und Klein, zogen Bußgewänder an«).

Neben den inhaltlichen Analogien ist auffällig, dass die Jugendlichen der Firmvorbereitung fragmentarisch Wort und Verse auswählen. Es bleibt bei jeder Nennung von Teilstücken eines Verses. Zwei Mal wird ein ganzer Satz zitiert, ansonsten auch nur Satzteile. An dieser Stelle lässt sich noch nicht sagen, ob dies ein Hinweis auf den restringierten Sprachcode ist. Es ist zunächst auffällig, dass im Vergleich dazu, die Schülerinnen und Schüler ganze Sätze ausgewählt haben bzw. auch komplexere Satzkonstruktionen, die theoretisch eine Affinität zum elaborierten Sprachcode bedeuten könnte. Mit Bezug auf die zweite These lässt sich augenscheinlich unterscheiden, dass die Jugendlichen andere Sprachmuster auswählen, die sich auf die Codeunterscheidung nach Kurz zurückführen lassen könnten. Gleichzeitig ist die

Methodik hier zu beachten. Es war von den Jugendlichen explizit gefordert, den Vers, das Wort o.ä. zu benennen, das sie anspricht. Die Jugendlichen der Firmgruppen haben diese Aufforderung klar erfüllt und Aussagen mit jeweils einem inhaltlichen Aspekt benannt. Dass also der scheinbar weniger anspruchsvolle Sprachcode genutzt wurde, bedeutet nicht, dass der Reflexionsprozess unterkomplex war. Die Schülerinnen und Schüler im Rahmen des Religionsunterrichts dagegen haben Verse und Satzkonstruktionen wiedergegeben, die bis zu fünf Aspekte nennen, d.h., streng genommen haben die Jugendlichen keine Auswahl getroffen. Der Sprachcode scheint zwar anspruchsvoll, aber die Reflexionsleistung nicht. Nach diesem ersten Auswertungsschritt wäre also ein Rückschluss auf die Komplexität des Umgangs mit Sprache bei den Jugendlichen nicht zulässig. Vielmehr ist später im Beitrag danach zu fragen, mit welcher Methodik welche Sprachfähigkeit geweckt werden kann.

Nach der ersten Runde, in der die Jugendlichen ausschließlich den ausgewählten Vers oder das gewählte Wort gesagt haben, wurde ein Gespräch über das »warum« der Auswahl initiiert. Auch hier sollen zunächst zwei Aussagen gegenübergestellt werden.

Bezugspunkt	Firmgruppe	Religionslerngruppe
»Er ging einen Tag lang und rief: Noch vierzig Tage und Ninive ist zerstört. Und die Leute von Ninive glaubten Gott«	»ich find das irgendwie gemein. Da steht ja auch nicht warum und das ist ja gemein«	»Ich finde das nicht wirklich verständlich. Ich finde man sollte es hinterfragen. (...) Wenn Frau B. ne These gibt, können wir ja auch sage, aber wieso, das verstehe ich nicht, das können wir ja auch hinterfragen, oder?« – »Vielleicht ist das auch einfach so, weil man soll Gott ja auch nicht hinterfragen«

Die Jugendlichen in beiden Gruppen äußern ihre Meinungen oder Fragen, allerdings in unterschiedlicher Qualität. Beide Jugendliche äußern ihr Unverständnis. Allerdings nutzen sie einerseits andere Adjektive, um dieses zu beschreiben. Die Schülerin bleibt auf einer kognitiven Ebene und qualifiziert den Vorgang als »nicht wirklich verständlich«. Sie führt dieses anschließend über eine komplexe Satzstruktur aus (der Redebeitrag ist hier gekürzt). Abschließend hängt sie ihrer Aussage ein »oder?« an und schaut sich in der Klasse um. Damit fordert sie ihre Mitschülerinnen und Mitschüler auf, ihre Aussage zu bestätigen oder zu widerlegen. Mit der offenen Frage zum Schluss möchte sie eine Reaktion der anderen Jugendlichen provozieren. Dies gelingt, da eine Mitschülerin in das Gespräch einsteigt, was durch weitere Beiträge ergänzt wird. Im Rahmen der Firmgruppe erklärt der Jugendliche, dass er den Vorgang gemein findet, da im Text nicht begründet wird, warum das Gericht angekündigt wird. In der Struktur der Sätze gibt es zunächst die Aussage (»ich find das irgendwie gemein«), anschließend sein Argument (»Da steht ja auch nicht warum«) und die Wiederholung des Urteils (»das ist a gemein«). Zum einen nutzt der Jugendliche mit »gemein« ein Adjektiv auf affektiver Ebene und bleibt in einer kurzen Hauptsatzkonstruktion. Zum anderen animiert er niemand um sich herum, auf seinen Redebeitrag zu reagieren. Er stellt diesen Satz grundsätzlich in den Raum, ohne Zustimmung oder Ablehnung erwirken zu möchte. Einerseits zeigt sich an diesem Beispiel der elaborierte Sprachcode auf Seiten der Schülerin, die im empirischen Teil der christlichen Sprache bleibt. Die Aussage des Firmbewerbers bewegt sich ebenfalls im empirischen Teil, allerdings im restringierten Sprachcode. Andererseits zeigt sich an der unterschiedlichen Adjektivnutzung deutlich der Kontext: Der Schüler im Religionsunterricht nutzt den kognitiv Referenzrahmen des nicht Verständlich-Seins und der Jugendliche im Firmkontext sein subjektives Empfinden. Die Frage nach der Macht des Settings wird im Laufe des Beitrags noch einmal aufzuwerfen sein.

Bezugspunkt	Firmgruppe	Religionslerngruppe
»(…) stand er von seinem Thron auf, legte seinen Königsmantel ab, hüllte sich in ein Bußgewand und setzt sich in die Asche«	»Dieses wo der König sich in die Asche setzt, das hab ich nicht ganz verstanden, warum er das macht« kein Antwortversuch von Jugendlichen	»Ich finde das passt eigentlich nicht zu dem König« drei Reaktionen von Mitschülerinnen und Mitschülern

In diesem zweiten Beispiel ist das Zusammenspiel der Gruppe mit demjenigen bzw. derjenigen, von denen die Aussage getroffen wird, relevant. Die Jugendlichen beziehen sich auf den Moment, in dem der König selbst in das Buß- und Fastengeschehen einsteigt. Der Jugendliche aus der Firmgruppe erklärt eindeutig, dass er die Handlung des Königs nicht versteht. Er drückt sein Unverständnis für den König aus und kann mit der symbolischen Handlung des »sich in die Asche setzen« nichts anfangen. Trotzdem stellt er keine Frage dazu, um dies für sich zu klären. Es ist für ihn eher eine Feststellung statt eines Fragezeichens. Die anderen Jugendlichen versuchen weder ihr eigenes Unverständnis mit dem Jugendlichen zu teilen, noch sein nicht-Verstehen zu lösen. Gleichzeitig stellt die Schülerin im Religionsunterricht die Aussage in den Raum, dass »das« für sie nicht mit dem Status des Königs übereinstimmt, bestimmt das »das« jedoch nicht weiter. Es lässt sich erahnen, dass sie die ganze Handlung meint. Sie stellt weder eine konkrete Frage, noch endet sie an die Lerngruppe gewandt mit einer Bestätigungs- oder Widerlegungsaufforderung. Trotzdem reagieren drei Schülerinnen und Schüler mit Antwortversuche, warum die Handlung doch stimmig sein könnte. Einerseits lässt sich natürlich an dieser Stelle sagen, dass der Schritt in der Methodik keinen Austausch erzwingen möchte oder notwendig vorsieht. Andererseits ist es natürlich auffällig, dass auf die klare Anzeige von Unverständnis nicht, auf eine unspezifische Meinungsäußerung dagegen intensiv reagiert wird. Um sich zu dieser Selbstoffenbarung der Jugendlichen zu äußern, braucht es ein Grundvertrauen in der Gruppe, dass sich nicht im ersten Gespräch einstellt. Die Szene aus dem Religionsunterricht zeigt, dass sich hier eine Gruppe – wenn nicht sogar Gemeinschaft – eingespielt hat und gewisse Regeln für ihre Miteinander ritualisiert hat. Die Religionslerngruppe kommt seit mindestens einem halben Jahr wöchentlich für neunzig Minuten zusammen. Die Jugendlichen im Firmkontext sitzen möglicherweise in dieser Konstellation zum ersten Mal zusammen. Für ein (jugendtheologisches) Gespräch, das persönliche Äußerungen zulässt und möchte, ist eine Basis von sich gegenseitig kennen und vertrauen notwendig. Ohne diese Ba-

sis wird sich kein Gespräch ergeben, an dem sich ernsthafte sprachliche Unterschiede aufzeigen lassen.

Zusammenfassend lässt sich festhalten, dass die Redebeiträge der Jugendlichen in der Firmgruppe stichpunktartig und affektiv waren, maximal eine Länge von zehn Sekunden in Anspruch genommen haben und keine Gespräche initiieren wollten. Die Redebeiträge der Religionsschülerinnen und -schüler dagegen waren von komplexen Satzstrukturen auf kognitiver Ebene geprägt und nahmen bis zu drei Minuten Zeit ein. Der Anstoß zum Gespräch ging von den Schülerinnen und Schülern selbst aus, so dass es ein direktes Ansprechen und direktes Reagieren untereinander gab. Auf Grund dieser Auswertung scheint sich die zweite These zu bestätigen, da die Jugendlichen sich unterschiedlich ausdrücken und sich diese Differenz an den Sprachcodes, wie sie Kurz definiert hat, festmachen. An den konkreten Auswertungsmomenten sind allerdings gleichzeitig Einschränkungen zu machen, was die Aussagekraft über die Sprachfähigkeit angeht. Es wurde festgehalten, dass die Methodik, die Macht des Settings sowie das Gruppen- bzw. Gemeinschaftsgefüge eine wichtige Rolle im Funktionieren von jugendtheologischen Gesprächen einnimmt. Diese Aspekte sollen daher im nächsten Kapitel näher beleuchtet werden.

2. Eine Spurensuche des Nicht-Funktionierens

Die Auswertung des empirischen Experiments zur Sprachdifferenzierung in den Kontexten Firmkatechese und Religionsunterricht hat einerseits aufgezeigt, dass sich jugendtheologische Gespräch nicht automatisch einstellen und die Tiefgänge erlangen, die sich in unterschiedlichen jugendtheologischen Untersuchungen sonst erahnen lassen. Andererseits sind aber auch drei konkrete Faktoren aufgetreten, die zu Bedingungsfaktoren von jugendtheologischen Gesprächen werden können und deren Bedeutung daher im Folgenden reflektiert wird.

2.1 Methode

Die gewählte Methode, in der jugendtheologische Gespräche stattfinden oder durch die das jugendtheologische Gespräch animiert und motiviert werde soll, kann unterstützend wirken. Sie kann aber gleichzeitig ein Gespräch verhindern. Drei Aspekte scheinen bei der Methodenauswahl zu beachten zu sein. Zunächst ist zu fragen, ob die Methode die Möglichkeit der persönlichen Bezugnahme und damit auch individuellen Inanspruchnahme vorgibt. Beim Bibelteilen ist die subjektive Betroffenheit Ausgangspunkt aller Gesprächsanlässe. Das Unterrichtsgespräch demgegenüber soll gerade die Urteilsfähigkeit der Schülerinnen und Schüler zeigen.[9] Dafür ist keine authentische Positionierung notwendig. Hier ist ein sachlich begründetes Urteil zu fällen. Für jugendtheologische Gespräche ist die Entscheidung zu treffen, was von größerer Bedeutung ist: der persönliche Bezug oder die Qualität des Gesprächs.

Die Auswahl einer Methode bedingt auch die anlassbezogene Redesorte und damit die Verhaltensanforderungen. Das Bibelteilen ist ein reflexives Geschehen, so dass die Methode hier eine subjektive Glaubenssprache fordert, die ihren Ausgangs- und Endpunkt in der Vertiefung der persönlichen Erfahrungen nimmt. Ein Planspiel, wie es Anna Hans und Laura Otte vorgestellt haben, ist produktorientiert und braucht den diskursiven Dialog.[10] Die Redesorte ist also weit argumentativer als die Glaubenssprache des Bibelteilens. Auch diese Entscheidung ist bei der Wahl der Methode zu beachten – welche ist die Redesorte der jugendtheologischen Gespräche?

Ein dritter Aspekt, der durch die Wahl der Methode vorgegeben wird, ist die Rollenzuschreibung der Beteiligten. Dieser Aspekt ist besonders dann wichtig, wenn jugendtheologische Gespräche in Kontexten geführt werden wollen, in denen bereits Zuschreibungen ritualisiert sind. Die Elementarstruktur von unterrichtlicher Kommunikation beispielsweise ist asymmetrisch, da der Lehrer das Rederecht erteilen oder verweigern kann.[11] Auch das Bibelteilen hat zumindest mit unerfahrenen Gruppen eine Moderation, die die einzelnen Schritte anleitet. Welchen Einfluss sie in den Phasen auf den Gesprächsverlauf nimmt und sich selbst in den Schritten einbringt, ist dabei offen. Jugendtheologische Gespräche brauchen eine symmetrische Gesprächskonstellationen. Entsprechend wäre es möglich, dass sich echte Gespräche dann nicht einstellen, wenn die Methode asymmetrische oder unklare Rollenzuschreibungen enthält.

---

9 Vgl. den Beitrag von Matthias Gronover in diesem Band.
10 Vgl. den Beitrag von Anna Hans & Laura Otte in diesem Band.
11 Vgl. den Beitrag von Hanna Roose in diesem Band.

2.2 Setting

In den beiden analysierten Beispielen lässt sich zwischen dem Setting (Uhrzeit, Ort, Anschlussgeschehen, u.ä.) und dem Kontext (Religionsunterricht/Schule & Firmvorbereitung) unterscheiden. Matthias Gronover stellt in diesem Band die These auf, dass der Kontext dann nicht mehr relevant ist, wenn die Jugendtheologie situativ wird.[12] Das Verhältnis von Kontext[13] und Situation bzw. Setting kann also zur einen oder anderen Seite hin kippen, wie sich in den beiden Beispiele zeigen lässt.

In der Religionsstunde war der Kontext von Schule und Unterricht mit seinen Anforderungen stärker als das Setting und die Methodenwahl. Die Schülerinnen und Schüler sind ihrer üblichen Unterrichtskommunikation gefolgt, indem sie in die sachlich-argumentative Auseinandersetzung mit dem Text und einander gegangen sind und dabei eine entsprechend elaborierte Sprache genutzt haben (vgl. Kap. 1.3). Das Setting mit der Methode dagegen hätte eine andere Redesorte und mehr Reflexion als Argumentation gefordert. Die Situation war hier also nicht stark genug, um die Routinen des Kontextes überwinden zu können.

In der Situation der Firmvorbereitung war dagegen das Setting mit seinen Faktoren mächtiger gegenüber dem Kontext. Die Situation des frühen Freitagabends in einem Turmraum der Pfarrkirche mit der bevorstehenden Beichte scheint die Jugendlichen so zu beeindrucken und zu beeinflussen, dass sie selbst die Methode nicht vollständig mitvollziehen. Die Jugendlichen scheinen sich dem Gespräch zu entziehen, in dem nur wenige sich überhaupt beteiligen und diejenigen nur Stichpunkte nennen. Der Kontext der Firmvorbereitung damit die Einführung und Vertiefung oder Vergewisserung im Glauben in kommunikativen Strukturen, wie es die Deutschen Bischöfe in ihrem Schreiben ›Katechese in veränderter Zeit‹ darstellen[14], geht in diesem Beispiel unter.

Die Frage bleibt jedoch, wie vorhersehbar oder sogar steuerbar dieses Verhältnis von Kontext und Situation bzw. Setting ist. War klar ersichtlich, dass der Kontextschule mit seinen Diskursregeln mächtiger sein würde, als das Angebot eines subjektbezogenen Gesprächs? War es abzusehen, dass die bevorstehende Beichte Unsicherheit und Angst auslöst und damit die kommunikativen Strukturen hemmt? Liegt es dann überhaupt in den Händen der Engagierten, ob Situation oder Kontext »gewinnen«?

2.3 Gruppe bzw. Gemeinschaft

Die beiden Handlungsorte von Schule und Gemeinde bzw. im speziellen der Firmvorbereitung bieten unterschiedliche Voraussetzungen in Bezug auf die Gruppen- und Gemeinschaftsbildung. Lerngruppen treffen sich für gewöhnlich mindestens wöchentlich am gleichen Ort, in anderen Fächern neben dem Religionsunterricht sogar täglich. Die Schü-

---

12 Vgl. den Beitrag von Matthias Gronover in diesem Band.
13 Vgl. den Beitrag von Harald Schröter-Wittke in diesem Band.
14 Vgl. Die Deutschen Bischöfe, Katechese in veränderter Zeit, Hg. v. Sekretariat der Deutschen Bischofskonferenz, Bonn ³2016.

lerinnen und Schüler kennen einander und bilden einen gemeinsamen Erfahrungsrahmen aus. Entsprechend schnell kann eine Vertrautheit der Schülerinnen und Schüler untereinander entstehen. Durch die immer größer werdenden pastoralen Einheiten kommt es bei den Jugendlichen, die sich auf die Firmung vorbereiten zum Teil zur Erstbegegnung. Wo sich zu früheren Zeiten Jugendkohorten quasi von der Taufe über die gemeinsame Erstkommunion und die Firmzeit begleitet haben, lernen sie sich heute zu den unterschiedlichen Zeitpunkten neu kennen. Gemeinsam mit dem Anspruch die Vorbereitungszeit möglichst individuell gestalten zu können, bleibt die Gemeinschaft aus. Gleichzeitig aber eben auch die Vertrautheit und das Vertrauen untereinander. Die Basis und Atmosphäre für persönliche Gespräche, wie es vielleicht ein Bibelteilen im Rahmen eines Abends der Versöhnung anbieten könnte, ist nicht gegeben. Für Jugendliche im Alter der Pubertät, das sowieso mit vielen Veränderungen und Unsicherheiten einher geht, ist der Moment, in dem sie in echte Gespräche einsteigen, ein Schritt. Ohne die entsprechende Grundlage des Vertrauens wird hier jedes jugendtheologische Gespräch schwierig.

Darüber hinaus sind mit Blick auf die Gruppe die Ausbildung der unterschiedlichen Rollen nicht zu vernachlässigen. Sind Redeführer und Gegenspielerin beide anwesend, kann es zu einem gelungenen Gespräch kommen, in das die ganze Gruppe einbezogen wird. Fehlen jedoch die Redeführung und die Routine bricht ab, kann dies auch das Gespräch hemmen. Ist die Gruppe allerdings noch nicht lange genug zusammen, dass sich diese Rollen überhaupt ausbilden können, wird das Gespräch ebenfalls abbrechen oder erst gar nicht starten.

3. Unverfügbarkeit der Resonanz und Beteiligung – Ein Fazit

Mit dem zweiten Kapitel konnten einige Faktoren aufgenommen werden, die das Setting und damit das Gelingen jugendtheologischer Gespräche beeinflussen können. Aber selbst hierbei lässt sich nicht klar sagen, dass der Diskurs auf jeden Fall entsteht, wenn denn alle Elemente auf eine bestimmte Art und Weise eingeplant und gesteuert werden, wie es bei Settings von komplizierter Art[15] charakteristische wäre. Jugendtheologie gehört zu den komplexen Terrains, bei denen man aus der Retrospektive gut erklären kann[16], was in einer bestimmten Situation zueinander gefunden hat, damit ein für alle Beteiligten gewinnbringendes Gespräch entstanden ist, wobei sich allerdings sein Gelingen und seine Resonanz der Steuerung entzieht und unverfügbar ist[17].

---

15 Vgl. Isabel Hartmann / Reiner Knieling, Kirche neu denken. Geistliche Orientierung in wachsender Komplexität, Gütersloh 2014, 13ff.
16 Vgl. Isabel Hartmann / Reiner Knieling (wie Anm. 15), 13.
17 Vgl. Hartmut Rosa, Unverfügbarkeit, Wien u.a. ²2019, 21; vgl. auch die Ausführungen von Thomas Schlag in diesem Band.

Mirjam Zimmermann
Jugendtheologie im Horizont der Resonanzpädagogik: Konsonanzen und Dissonanzen

1. Resonanz im Beispiel

Nachbesprechung einer Unterrichtsstunde, 6. Klasse Gymnasium. Es ging um das Gleichnis *Der reiche Mann und der arme Lazarus*. Die Schüler/innen haben das Ende des für sie unbekannten Gleichnisses selbst geschrieben, indem der Text bis zum Vers 22 (»Es begab sich aber, dass der Arme starb und […], der Reiche aber starb auch und ward begraben«) vorgegeben worden war. Beide Protagonisten des Gleichnisses, der reiche Mann und der arme Lazarus, sind tot. Die Frage stellte sich nun, wie der Text weitergeschrieben werden könnte und damit gleichnishaft die Konsequenzen auf falsches ethisches Verhalten durch Gott umgesetzt würden. Die verschiedenen Schülerprodukte in ihren Variationen (Gott ist sofort gnädig – Gott wartet auf Umkehr / eine Entschuldigun / Gegenleistung – es gibt keine Gnade, sondern nur Bestrafung) waren anschließend die Grundlage für ein theologisches Gespräch, in dem die Schüler/innen sich in ihren Begründungen auf ihr jeweiliges Gottesbild und auf weitere ihnen bekannte biblische Texte bezogen wie den vom verlorenen Sohn, vom verlorenen Schaf, vom reichen Jüngling u.a. Die Studierende, die unterrichtet hatte, begann ihre Reflexion ganz begeistert über das Engagement der Klasse, und es fielen Äußerungen wie: »Als

der erste Schüler sein Ende vorgelesen hatte, waren einige Schüler/innen elektrisiert, vor allem als Gott nicht gnädig war, sondern den Reichen in Maxis Ende so hart bestraft hat.« Auch sie habe eine Gänsehaut bekommen. Sie fühlte sich in der Verschränkung von kreativem und reflexivem Arbeiten vor allem durch die hohe Beteiligung fast der ganzen Klasse in der Wahl ihres didaktischen Settings bestätigt.

Vor allem das Berührtsein und besondere ethische Engagement, das einzelne Schüler/innen in der Diskussion um die göttliche Berechtigung der harten Konsequenzen ohne Gnade zeigten und mit dem sie die Position des Gleichnisses rechtfertigten (»Irgendwie muss man die Menschen ja dazu kriegen, dass sie sich ändern!«), schienen eine Studierende zu bewegen, die sich davor explizit gegen die Verwendung dieses Gleichnisses ausgesprochen hatte. Sie erweckte den Eindruck, in ihrer Position verwandelt, durch die Praxis von dessen Wirkung bei den Lernenden überzeugt und damit selbst neu offen für seine Resonanz zu sein, was sich in ihrer Aussage widerspiegelt: »Als der Originalschluss dann vorgelesen wurde, fühlte ich mich auch persönlich neu angesprochen.«

Einer der beobachtenden Studierenden meinte allerdings, eine »Scheinheiligkeit« bei einigen Schüler/innen feststellen zu können. So hätte Kevin eher die typische Haltung vertreten, dass Gott immer verzeiht, und sein persönliches Beispiel hätte sich eher erfunden angehört. »Als ob der immer teilt und versucht, den Armen in seinem Umfeld zu helfen, wie er gesagt hat. Das sei ein typischer Fall von ›Religionsstunden-Ich‹.«

Kinder- bzw. jugendtheologische Didaktik kann in der Arbeit mit biblischen Texten elektrisieren. Das erinnert an den Untertitel der *Resonanzpädagogik* von Hartmut Rosa: »*Wenn es im Klassenzimmer knistert*«. In dem kleinen Unterrichtsbeispiel steckt viel von Rosas Ansatz, der wie ein Gewitter in die theologische und auch pädagogische Landschaft eingeschlagen ist.[1] Er würde die Unterrichtssequenz vielleicht einen kleinen »Resonanzblitz« nennen, durch den die kleine Welt des Klassenzimmers sich als Resonanzpunkt darstellte.[2]

1. Das Moment der Berühung (Affizierung)[3]: Eine Verbindung zum biblischen Text tritt ein, was im »Leuchten der Augen«, »Vibrieren des Drahts«[4], »Gänsehaut«[5] deutlich wird.
2. Der Moment der Selbstwirksamkeit (Antwort)[6]: Auf die Berührung wird vonseiten der Schüler/innen mit einem Text und der Verteidigung des selbstgewählten Schlusses geantwortet, aufseiten der Studierenden durch das Berührtsein vom Textende und dem didaktischen Setting.
3. Das Moment der Anverwandlung (Transformation)[7]: Man wird verwandelt (»Transformation« versus »Repulsion«), ist ethisch angesprochen, will sein Verhalten ändern, seitens der Studierenden mit der Einstellungsänderung zur Verwendung des Gleich-

nisses, vonseiten der Schüler/innen durch die Aufnahme der Appellfunktion.[8]

Das Berührt- und Involviertsein haben aber nach Meinung einiger Studierenden zur Folge, dass Schüler/innen statt ihrer eigenen eine z.B. von der Lehrerin erwünschte Meinung vertreten; Rosa würde das »Echo« statt »Resonanz« nennen.[9] Die Chance der Involviertheit durch Resonanz wäre somit auch ihre Schwäche, die sich aufseiten der Schüler/innen u.U. als Religionsstunden-Ich äußert und auf Lehrer/innenseite die Frage nach einem Überwältigungsverbot bzw. der Notwendigkeit der Positionierung stellt.

---

1 Vgl. die vielen Publikationen und Rezensionen in Zeitungen oder im Radio (Deutschlandradio Kultur im Gespräch mit Katrin Heise, 5.3.2016); Tagungen, bei denen Hartmut Rosa anwesend war; Themen in Pfarrkonferenzen und Akademien; sein Auftreten beim Kirchentag; der Sammelband »Zu schnell für Gott«, herausgegeben von Tobias Kläden und Michael Schüßler, Freiburg i.Br. 2017, oder die Themenhefte der Zeitschriften Lebendige Seelsorge 67 (2/2016), Pastoraltheologie 107 (2018) oder Euangelion, Magazin für missionarische Pastoral 2 (2018).

2 Vgl. das Kapitel »Die Welt als Resonanzpunkt« in Rosas jüngstem Buch: Unverfügbarkeit, Wien/Salzburg ²2019, 37–47, in dem er vier Merkmale definiert, durch die der resonante Beziehungsmodus näher bestimmt wird.

3 Rosa (wie in Anm. 2), 38f.

4 Hartmut Rosa, Resonanz. Eine Soziologie der Weltbeziehung, Frankfurt a.M. 2016, 34, 279f.

5 Harmut Rosa / Wolfgang Endres, Resonanzpädagogik. Wenn es im Klassenzimmer knistert, Weinheim 2016, 29.

6 Rosa (wie in Anm. 2), 39–41.

7 Ebd., 41–43.

8 Rosa fügt als viertes Moment das der Unverfügbarkeit hinzu (S. 43–46), das an anderer Stelle aufgenommen werden soll.

9 Rosa / Endres (wie in Anm. 5), 21.

In meinem Beitrag möchte ich nun versuchen, Rosas Resonanzpädagogik kurz darzustellen (s. Abschnitt 2.), und fragen, ob der Anspruch, Resonanzen zu schaffen, vielleicht gerade für das Theologisieren mit Kindern und Jugendlichen gilt (3.).

Dieser eigentlich soziologisch-pädagogische Ansatz wird sodann religionspädagogisch kritisiert (4.), indem ich begründe,

– warum auch theologische Kompetenz resonant gefördert werden kann und muss (Rosa wendet sich kritisch gegen den Kompetenzbegriff) (4.1),

– warum »Resonanzpädagogik« und »Kinder- bzw. Jugendtheologie« sich gerade dann deutlich unterscheiden, wenn man den Umgang mit Spiritualität (4.2.) und die Bedeutung von Fremdheit betrachtet (4.3), und

– wie am Beispiel des »Religionsstunden-Ichs« »Resonanz« bzw. das von Rosa negativ verwendete »Echo« vielleicht in verschiedenen Phasen des kinder- bzw. jugendtheologisch geplanten Unterrichtssettings unterschiedliche Bedeutung haben kann.

Am Anfang steht aber zunächst eine knappe Darstellung der Resonanzpädagogik durch die Rosa-Brille.

2. Resonanztheorie und Resonanzpädagogik

Während sich hinter dem kleinen Band »Resonanzpädagogik. Wenn es im Klassenzimmer knistert«[10] quasi nur ein ausführliches Interviewgespräch Rosas mit dem Lernmethodiker, Pädagogen und Regisseur Wolfgang Endres verbirgt,

findet sich die Basistheorie zum Resonanzphänomen in Rosas Fundamentalwerk »Resonanz. Eine Soziologie der Weltbeziehung«[11]. Rosa entwirft hier zum Begriff der »Resonanz«, der in Physik bzw. Musik das Mitschwingen eines Körpers in der Schwingung eines anderen Körpers meint, eine Theorie der Weltbeziehung. Dabei trifft er den Nerv der krisengeplagten spätmodernen Gesellschaft (Öko-, Psycho-, Demokratiekrise), indem er als Ursache ein gestörtes, nicht mehr resonantes Weltverhältnis analysiert. So habe der unerbittliche Steigerungszwang auf instrumentell-verdinglichte Weltbeherrschung zu einem Weltverstummen geführt. Diese Analyse ergänzt er damit, als Therapie für eine »Postwachstumsgesellschaft«[12] eine »spürbare, fühlbare Vision einer anderen Form der Weltbeziehung«[13] zu entwickeln. Mit ›Resonanz‹ scheint so »das (er-)lösende Wort für die religiös-spirituelle Sehnsucht unserer Zeit gefunden« zu sein, vielleicht auch deshalb, weil Rosa es schafft, »Theologie zu treiben, die als Theologie gerade nicht erkenntlich ist«.[15]

Rosas umfassendes Werk »Resonanz. Eine Soziologie der Weltbeziehung« besteht aus vier Teilen. Zuerst beschreibt er Grundelemente menschlicher Weltbeziehung und grenzt darin Weltaneig-

10 Rosa / Endres (wie in Anm. 5).
11 Rosa (wie in Anm. 4).
12 Ebd., 725.
13 Ebd., 736f.
14 Martin Laube, »Eine bessere Welt ist möglich«. Theologische Überlegungen zur Resonanztheorie Hartmut Rosas, in: Pastoraltheologie 107 (2018), 356–370, 357.
15 Ebd., 358.

nung und Welterfahrung voneinander ab, differenziert zwischen emotionalen, evaluativen und kognitiven Weltbeziehungen und führt aus, wie er Resonanz und Entfremdung als Basiskategorien einer Weltbeziehungstheorie deutet.[16]

Rosa versteht unter Resonanz »eine durch Affizierung und Emotion, intrinsisches Interesse und Selbstwirksamkeitserwartung gebildete Form der Weltbeziehung, in der sich Subjekt und Welt gegenseitig berühren und zugleich transformieren«.[17]

Ob menschliches Leben glücke, hänge, so Rosa, davon ab, ob die Beziehungen der Menschen sowohl zu sich selbst, aber auch zu anderen Menschen und zur Welt resonant sind. Das gute Leben sei das »Ergebnis einer Weltbeziehung, die durch die Etablierung und Erhaltung stabiler *Resonanzachsen* gekennzeichnet ist, welche es den Subjekten erlauben und ermöglichen, sich in einer antwortenden, entgegenkommenden Welt *getragen* oder sogar *geborgen* zu fühlen«.[18] Wenn dies scheitere, sei Entfremdung die Ursache. »Wenn Beschleunigung das Problem ist, dann ist Resonanz vielleicht die Lösung«[19], schreibt er in der Einleitung und verbindet so die kritische Gegenwartsanalyse anhand seiner Beschleunigungs- und Entfremdungsthesen[20] mit fast utopisch anmutenden Resonanzideen[21], die in seinem Anschlusswerk *Resonanzpädagogik*, zusammen mit dem Pädagogen Endres, auf den pädagogischen Kontext appliziert werden.

Religion erscheint im zweiten Teil seines Buches *Resonanz* unter »Resonanzsphären und Resonanzachsen«[22]. Rosa nennt hier horizontale, diagonale und vertikale Resonanzachsen. Zu Letzteren gehöre die Verheißung der Religion, die Stimme der Natur, die Kraft der Kunst etc. Er veranschaulicht das am Beispiel des Abendmahls und schreibt: »Rituale stiften soziokulturelle etablierte Resonanzachsen, entlang deren *vertikale* (zu Göttern, zum Kosmos, zur Zeit und zur Ewigkeit), *horizontale* (in der sozialen Gemeinschaft) und *diagonale* (auf die Dinge bezogene) Resonanzbeziehungen erfahrbar werden.«[23] Religion versteht Rosa »als die in Riten und Praktiken, in Liedern und Erzählungen, zum Teil auch in Bauwerken und Kunstwerken erfahrbar gemachte Idee, dass dieses Etwas ein Antwortendes, ein Entgegenkommendes – und ein Verstehendes ist. *Gott* ist dann im Grunde die Vorstellung einer *antwortenden Welt.*«[24] Religion wird hier neben Kunst und Natur als »Resonanzoase« beschrieben und fungieren so eben als »*Gegenpole* zu einer Steigerungs- und Dynamisierungslogik der Moderne«.[25]

---

16 Rosa (wie in Anm. 4), 83–328.
17 Ebd., 298. Im Originalzitat steht zwischen den beiden Buchstaben ff von Affizierung ein Pfeil sowie zwischen dem E und dem m von Emotion.
18 Ebd., 59, Hervorhebung im Original.
19 Ebd., 13. Das Zitat geht weiter: »Das ist die auf die kürzest mögliche Formel gebrachte Kernthese dieses Buches.« Entschleunigung tauge allenfalls als »Coping-Strategie« (ebd., 298).
20 Hartmut Rosa, Beschleunigung und Entfremdung – Entwurf einer kritischen Theorie spätmoderner Zeitlichkeit, Frankfurt a.M. 2013, ⁴2016.
21 Vgl. Lutz Friedrich, »Die Dinge singen hör ich so gern« – Hartmut Rosas Soziologie der Resonanz in praktisch-theologischer Perspektive, in: Pastoraltheologie 107 (2018), 371–382.
22 Rosa (wie in Anm. 4), 331–514.
23 Ebd., 297.
24 Ebd., 435.
25 Ebd., 688.

Dennoch ist »[u]nter den Bedingungen eines unerlösten Daseins (…) Resonanz nur das Aufblitzen der Hoffnung auf Anverwandlung und Antwort in einer schweigenden Welt«.[26] Diese Resonanzerfahrungen sind unverfügbar.[27]

In seiner Applikation auf Pädagogik geht er dann der Frage nach, welche Bedingungen erfüllt sein müssen, damit Resonanz im Klassenzimmer hergestellt werden kann.[28] Dabei positioniert sich Rosa deutlich als Humanist im Sinne Humboldts und wendet sich gegen die aktuell in der Praxis vertretene Kompetenzorientierung, die das »In-Beziehung-Treten mit einer Sache« nicht fördere, sondern z.B. durch die Überbewertung von Testverfahren »Entfremdungserfahrungen und Entfremdungsbeziehungen«[29] erzeuge. Die misslungene Stunde wird im Entfremdungsdreieck, die gelungene im Resonanzdreieck veranschaulicht[30], wobei die dort dargestellten Inhalte fast banal erscheinen: In der misslungenen Stunde empfindet der / die Lehrer/in den / die Schüler/in[31] als Bedrohung; erreicht sie / ihn nicht, erfährt sie / ihn als desinteressiert, empfindet den Lehrstoff als aufgezwungen. Die Schüler/innen sind vom Thema gelangweilt oder überfordert, zeigen oder haben Antipathie und / oder Missachtung gegenüber den Klassenkamerad/innen und Lehrer/innen, und der Stoff erscheint beiden Seiten als Zumutung: Er sagt Lehrer/innen und Schüler/innen nichts, spricht sie nicht an. Schule wird so als »Entfremdungszone« gekennzeichnet.[32]

Auch die Darstellung der gelungenen Stunde im »Resonanzdreieck«, in der Schule als Resonanzraum deutlich werden soll, bewirkt bei Pädagog/innen

zwar Zustimmung, bietet aber zu wenig inhaltlich Neues und Konkretes über die Deskription hinaus, um Resonanzen aufkommen zu lassen.

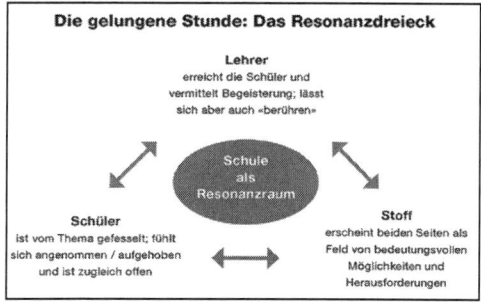

Resonanzdreieck (nach Rosa, [wie in Anm. 4], 411 und Rosa / Endres, [wie in Anm. 5], 46)

Das Geheimnis einer richtigen Annäherung zwischen den Lehrenden, den Lernenden und der Sache liege in der Resonanz, die zwischen den drei Beteiligten hergestellt werde. Glückt diese Annäherung, nennt Rosa dies »Anverwandlung« und meint eine gelungene Beziehungsaufnahme auf allen Resonanzachsen:

»Anverwandlung« bedeute, sich eine Sache zu eigen zu machen, damit sie mich existenziell berührt und sogar verändert.

26 Ebd., 750.
27 Ebd., 625; ausgeführt bei Rosa, (wie in Anm. 2), 43–46. Resonanz ist nicht durch Willensentschluss herbeizuführen, nicht instrumentell herzustellen, lässt sich nicht verfügbar machen, außerdem ist »Resonanz (…) konstitutiv ergebnisoffen« (ebd., 44).
28 Das ist schon Teil des Buches Resonanz: Theorie einer Weltbeziehung unter Teil II, 4 »Schule als Resonanzraum«, 402–420. Da sind auch alle wesentlichen Inhalte, die im Interviewbuch Rosa / Endres, Resonanzpädagogik, ausgeführt werden, schon genannt.
29 Rosa / Endres (wie in Anm. 5), 78.
30 Ebd., 46f.
31 Rosa verwendet keine inklusive Sprache!
32 Rosa / Endres (wie in Anm. 5), 45.

Es genüge nicht, die Dinge zu erwerben und sie zu beherrschen bzw. mit ihnen umzugehen (das meint bei Rosa »Kompetenz«). Erst wenn ich sie, im Sinne Rilkes, zum Sprechen bringe, kann ich sie mir anverwandeln. Dabei müsse der »Lehrer (…) als erste Stimmgabel den Ton angeben und die Achsen zum Stoff hin erst einmal zum Klingen und zum Schwingen bringen«.[33]

Sein Plädoyer für eine nicht-verzweckte Schule formuliert das Ziel, in diesem Sinne die Neugier von Kindern und Jugendlichen auf die Welt anzufachen und am Brennen zu halten. Zentrale Kriterien und Einsichten, die der Autor als »Resonanzkompass«[34] und Orientierungshilfe angibt, sind nichts unbedingt Neues und finden sich mehrheitlich als Bedingungen für gute kinder- und jugendtheologische Praxis[35], aber auch sonst in pädagogischen Ratgebern.

Im Gegensatz zu seinem Werk *Resonanz* fehlt in der *Resonanzpädagogik* die gesellschaftstheoretische Einbettung bzw. die Einordnung in pädagogische Konzepte fast vollständig. Auch (religions-)pädagogische Konzepte, in denen der Resonanzbegriff durchaus schon Verwendung gefunden hat, werden nicht reflektiert oder referiert.[36] Fragen außerhalb der Institution Schule bzw. des Bildungssystems stellen Rosa / Endres kaum, sondern beschränken sich auf eine phänomenologische Darstellung gelingender bzw. scheiternder Bildungsprozesse, bei denen sie sich aber eng an die Systematik und die Begrifflichkeiten von Rosas Resonanzbuch anlehnen. In der Idee, »Welt für die Subjekte zum Sprechen zu bringen oder in Resonanz zu versetzen«[37], schwingt fast ein romantisches Sehnsuchtskonzept mit (hierin

sieht Rosa selbst eine Gefahr[38]); der katholische praktische Theologe Michael Schüßler spricht sogar von einer »Art säkulare Erlösungslehre«[39], einem »Wirkungsversprechen in der Kommunikation des Evangeliums«.[40]

Deutlich wird in *Resonanzpädagogik* zumindest, dass sich »[i]m und um das Klassenzimmer entscheidet (…), welche Resonanzsensibilitäten ein junger Mensch ausbildet und über welches Re-

---

33 Ebd., 51.
34 Ebd., 92.
35 Vgl. Mirjam Zimmermann, Kindertheologie als theologische Kompetenz von Kindern. Grundlagen, Methodik und Ziel kindertheologischer Forschung am Beispiel der Deutung des Todes Jesu, Neukirchen-Vluyn ²2012, 214–130: Was ist »gute Kindertheologie«?
36 So z.B. Heiner Aldebert, der den Resonanzbegriff vor Rosa im Kontext des Bibliodramas darstellt und auf den im Jahr 2002 zum 60. Geburtstag des Bibliodramatikers Gerhard Marcel Martin erschienenen Sammelband »Resonanzen. Schwingungsräume Praktischer Theologie«, herausgegeben von Constanze Thierfelder und Dietrich Hannes Eibach, verweist; vgl. Heiner Aldebert, Hartmut Rosas »Resonanzpädagogik« in bibliodramatischer und religionspädagogischer Perspektive, in: Text Raum 47, 23 (2017), 19–20, 19; aber auch schon davor: Heinrich Dietz, Schule ohne Resonanz? Die Schulverdrossenheit moderner Jugend und ihre Folgen, Berlin 1965; Ingrid Schoberth, Rechtfertigung und Schülersehnsucht: Zentralartikel ohne Resonanz, in: Evangelische Theologie 59 (1999), 49–61.
37 Rosa / Endres (wie in Anm. 5), 18.
38 Rosa (wie in Anm. 2), 298.
39 Michael Schüßler, Resonanz und Distanz. Eine praktisch-theologische Anverwandlung, die mit eigener Stimme spricht, in: Euangelion. Magazin für missionarische Pastoral 2 (2018), 1 (pdf unter: https://www.euangel.de/ausgabe-2-2018/resonanz/resonanz-und-distanz/ letzter Abruf: 4.3.2019).
40 Ebd., 2.

sonanzrepertoire im Umgang mit den Materialitäten, den Sinnangeboten und den Lebewesen dieser Welt er oder sie verfügen wird«.[41] Die pädagogische Fortführung der Resonanztheorie in der Resonanzpädagogik ist somit notwendig und unabdingbar: Eine bessere Welt ist nur möglich, wenn es im Klassenzimmer knistert.

Die konkrete Umsetzung mit fachspezifischen Beispielen steht allerdings noch aus. Die praktischen Beispiele im Nachwort von Reinhard Kahl aus den Schülerakademien, an denen Hartmut Rosa jährlich als Dozent teilnimmt, sind mit dem Klientel und dem Alltag an deutschen Schulen nicht vergleichbar.[42]

3. Resonanzpädagogik und Kinder- und Jugendtheologie: Konsonanzen

Die Frage ist nun, ob sich diese von Rosa geforderten Prinzipien gerade in der Kinder- und Jugendtheologie finden lassen und ob ein Lernort dafür geeigneter sein könnte als ein anderer, die Gemeinde zum Beispiel besser ist als der Lernort Schule.

Reinhold Boschki schreibt zur Bedeutung von Resonanz in kinder- und jugendtheologischen Kontexten: »Gegenseitiges Berühren, in Resonanz bringen, Resonanzbeziehungen ermöglichen – dies alles sind auch Grundanliegen (…) der Kinder- und Jugendtheologie. Letztere will genau das: die Stimme der jungen Menschen zum Klingen und Schwingen bringen und ihnen dadurch eine theologische Dignität zusprechen.«[43]

Rosa würde vielleicht eher sagen, die theologischen Dinge mit und für die Jugendlichen zum Klingen bringen und

damit die diagonalen Resonanzachsen ansprechen.

Meine Erfahrung ist, dass kinder- und jugendtheologische Settings wie das eingangs beschriebene Kinder bzw. Jugendliche tatsächlich in Resonanz versetzen können, es aber beileibe nicht immer tun. Resonante, fruchtbare Momente (Copei) sind, wie Rosa selbst sagt, nicht machbar, sondern immer Geschenk. Viele im Kontext der Kinder- und Jugendtheologie veröffentlichten didaktischen Zugänge zielen zumindest im Duktus einer Theologie *der* und *mit* Kindern / Jugendlichen auf die Resonanzsensibilität der Schüler/innen und wollen eine Anverwandlung biblischer Texte oder theologischer Fragen unterstützen.

»Die Idee ist, dass der Lehrer durch seine Begeisterung den Stoff zum Sprechen bringt, und damit beginnt der Stoff auch für die Schüler zu sprechen.«[44] In theologischer Perspektive wird das durch die implizite Didaktik der Bibel bei der

41 Rosa / Endres (wie in Anm. 5), 20f.
42 Wie weit der Ansatz applizierbar ist, zeigt z.B. der Beitrag von Ines Sura, Wie kann es im Religionsunterricht knistern? Konturen einer resonanzsensiblen Religionspädagogik, in: Pastoraltheologie 107 (2018), 383–393, in dem diese versucht, den Ansatz mit einem medienpädagogischen Zugang noch dazu über Computerspiele zu verschränken, obwohl Rosa / Endres dem eher kritisch gegenüberstehen, den Bildschirm als »Monokanal der Welt« (103) bezeichnen und postulieren, dass »Bildschirme potentielle Resonanzkiller« sind.
43 Reinhold Boschki, Kommunikation des Evangeliums in religionspädagogischer Perspektive, in: Thomas Schlag / Hanna Roose / Gerhard Büttner, »Was ist für dich der Sinn?« Kommunikation des Evangeliums mit Kindern und Jugendlichen, Stuttgart 2018, 38–47, 47.
44 Rosa / Endres (wie in Anm. 5), 48.

Verwendung biblischer Texte grundlegend unterstützt[45], weil diese, in Rosas Worten, noch immer ein solches Geheimnis tragen, »das ich nicht vollständig verstehe«[46], für ihn eine Voraussetzung für Anverwandlung – während Rosas Beispiele sich sonst eher auf Lyrik oder Kunst beziehen.[47]

Wenn Anforderungssituationen gerade im Kontext kreativen Schreibens gewählt werden (eine der häufigsten Methoden im Kontext kinder- und jugendtheologischer Arbeit)[48], ist die Mehrheit der Schüler/innen involviert. Es ist leicht möglich, Aufmerksamkeit für die Präsentation der Beiträge herzustellen. Plötzlich gehen Bibeltexte, die scheinbar altmodisch und uninteressant sind, die Lernenden etwas an; sie sind berührt von ihren Fassungen, von denen der Mitschüler/innen und (spätestens im Abgleich) auch vom biblischen Text. Resonanz ist spürbar, in der Unterrichtshospitation vom Eingang beobacht- und wahrnehmbar. »Resonanzsensible Selbstwirksamkeit« der Agierenden sei dabei eine Quelle der Motivation, wie das auch in kreativen Schreibphasen oder guten theologischen Gruppengesprächen mit Jugendlichen immer wieder deutlich wird.

Als Ziel beschreibt Rosa, dass die Jugendlichen einen Modus finden sollen, sich in Anverwandlungsprozesse zu begeben (»dispositionale Resonanz«[49]), also in einer Disposition sind, die sie neugierig macht auf die Welt und in der sie erfahren haben, dass der Stoff, in unserem Fall biblische Texte und theologische Themen, knistert, in Beziehung zu ihnen steht und etwas mit ihnen macht, d.h. als vibrierender Resonanzdraht fungiert.

Bezieht man sich auf Rosas pädagogischen Resonanzkompass, finden sich die dort angegebenen Kriterien auch als Gelingensbedingungen kinder- und jugendtheologischer Arbeit:

1. Anforderungssituationen bedenken: Ein Weltausschnitt muss so angeboten werden, dass der / die Lernende ihn sich zu eigen machen kann, dass er / sie ihn transformiert. »Bildung ist Weltbeziehungsbildung.«[50]
2. Beteiligung beachten: Schüler/innen sind am Brückenbau entlang der Resonanzachsen zu beteiligen. »Subjekte wollen Resonanzen gleichermaßen *erzeugen* wie *erfahren*.«[51]
3. Schutzraum anbieten: Schule muss dafür einen Schutzraum bilden[52] und den Indifferenz- und Repulsionsmodus überwinden.[53]

---

45 Vgl. Ingo Baldermann, Die Bibel – Buch des Lernens. Grundzüge biblischer Didaktik, Göttingen 1980, bzw. aktuell: Horst Klaus Berg, Gottes Wort braucht keinen Vormund. Wege zur selbstständigen Auslegung der Bibel, Stuttgart/Ostfildern 2017.

46 Rosa / Endres (wie in Anm. 5), 117.

47 Zu solchen Dingen mit Geheimnischarakter schreibt er: »Für viele Schüler sicher eine ferne Welt. Ein Gedicht noch immer ein Geheimnis zu tragen, das ich nicht vollständig verstehe. Das gilt auch für Kunst und andere ästhetische Phänomene.« In: Rosa / Endres (wie in Anm. 5), 117.

48 Vgl. Mirjam Zimmermann, »The medium is the message!« oder Gibt es spezifische Methoden der Kinder- bzw. Jugendtheologie?, in: Christina Kalloch / Martin Schreiner (Hg.), »Man kann es ja auch als Fantasie nehmen«. Methoden der Kindertheologie. Jahrbuch für Kindertheologie 14, Stuttgart 2015, 19–35, 23f; am häufigsten sind Malaufträge, dann folgen (kreative) Schreibaufträge, Bildanalysen usw.

49 Rosa / Endres (wie in Anm. 5), 19.

50 Ebd., 18.

51 Rosa (wie Anm. 4) 270.

52 Rosa / Endres (wie in Anm. 5), 18; Kursivierung im Original

53 Ebd., 38.

4. Den Lernenden (theologisch) etwas zutrauen: Notwendig sind Selbstwirksamkeitserwartungen auf Schüler/innenseite, d.h. intrinsische Motivation, die von der Erfahrung gespeist wird, etwas zu können und damit Welt zu verändern.[54]
5. Wechselseitige Wertschätzung gewährleisten. Das ist Grundlage für eine gute Fehler- und Feedbackkultur.[55]
6. Bewertungsfreien Raum ermöglichen: Konkurrenz und Resonanz vertragen sich nicht. »Ich kann mit jemandem nur entweder konkurrieren oder resonieren.«[56] »In dem Moment, in dem ein Schüler einen anderen als Konkurrenten wahrnimmt, kann er nicht in eine Resonanzbeziehung zu ihm treten.«[57]
7. Lehrerpersönlichkeit beachten (Positionalität): »Schüler wollen die individuelle Stimme des Lehrers hören.«[58]

Sowohl das Kriterium des bewertungsfreien Raums, der nicht bzw. weniger vorhandenen Konkurrenzsituation und die wohl stärkere Bereitschaft zur Positionalität im Rahmen von Konfirmations-, Kommunions- oder Firmunterricht sprechen allerdings dafür, dass der Lernort Gemeinde möglicherweise resonanzaffiner ist als der schulische.

vorrangig der / die Lehrende die Dinge zum Sprechen bringen soll, wenngleich er / sie natürlich wie im Eingangsbeispiel für das didaktische Setting verantwortlich ist. Beschreibt man das Ziel kindertheologischen Vorgehens damit, die von Kindern hervorgebrachte Theologie wahrzunehmen, die so (hypothetisch) ermittelten Muster zu deuten und dann in einem dritten Schritt zu ergänzen, zu differenzieren und zu flexibilisieren[59], ist der bzw. die Lehrende nach der Erfassung der von den Kindern bzw. Jugendlichen hervorgebrachten Deutungsoptionen (z.B. zu Wundern) vor allem Moderator/in. Es sind aber die Deutungen der Kinder bzw. Jugendlichen in ihrer Gruppe, welche die Resonanzen bewirken sollen. Erst fehlende theologische Optionen werden vorsichtig von außen eingebracht, allerdings nicht in dem Sinne, dass der Lehrende den Rest der Klasse genau davon begeistern soll. Ziel ist eher, eigenen Resonanzen nachzuspüren und diese gleichsam intellektuell reflexiv zu begründen; so soll eine »Antwortbeziehung«[60] entstehen.

Nicht umsonst geht es beim Ansatz der Kinder- und Jugendtheologie auch um theologische Kompetenz[61], und der offenere Begriff der »religiösen Kompetenz«, der im Rahmen der Kompetenz-

4. Resonanzpädagogik und Kinder- und Jugendtheologie: Dissonanz

4.1 Theologische Kompetenz und Resonanz

Ein Unterschied zwischen Rosas Resonanzkonzept und kinder- bzw. jugendtheologischen Zugängen ist, dass nicht

54 Ebd., 56f.
55 Ebd., 69.
56 Ebd., 83.
57 Ebd., 83.
58 Vgl. www.swr.de/swr2/wissen/resonanzpädagogik (Interview mit Hartmut Rosa, letzter Abruf am 13.8.2018).
59 Vgl. Mirjam Zimmermann, Art. Kindertheologie 2015, in: www.wirelex.de (letzter Abruf am 14.8.2018).
60 Rosa / Endres (wie in Anm. 5), 124.
61 Zimmermann (wie in Anm. 35), 131–164.

debatte umfassend Anwendung findet, wurde hinsichtlich eines bisher vernachlässigten Bereichs erweitert und domänenspezifisch an die theologische Denktradition zurückgebunden: »Gemeint ist dabei, sich abgrenzend von einer praktizierten und nicht reflektierten Spiritualität des Kindes, eine reflexive Auseinandersetzung mit einer geschichtlichen, gegenwärtigen oder persönlichen Glaubenspraxis. Formal muss also bei der Förderung theologischer Kompetenz in unterrichtlichen Szenarien ein Prozess der Verarbeitung und Reflexion deutlich werden.«[62]

Theologische Kompetenz ist also eine kognitive Fähigkeit, die natürlich trotzdem von Resonanz auf Begründungen oder Inhalt getragen oder sogar initiiert sein kann, die sich im Stellen und Verarbeiten theologischer Fragen zeigt, aber auch in narrativer und metaphorischer Denkweise deutlich wird und auch zur Bearbeitung von Paradoxien und hermeneutischen Fragen befähigt. Sie hilft bei der Lösung theologischer Probleme, deren Bezugspunkt zwischen Kind und theologischen Fragestellungen liegt. Ihre Bereichs- und Domänenspezifik wird durch spezifisch theologische Inhalte (z.B. Gottesfrage, Christologie, Heiliger Geist u.a.) deutlich. Diese Kompetenz ist erlernbar, überprüfbar und ausbaufähig, im Sinne einer Handlungs- und Kommunikationskompetenz in Anwendungssituationen abrufbar und kann formal und inhaltlich, z.B. hinsichtlich von Konsistenz, Abstraktion, Sprachlichkeit, Verwendung von Fundamentalkategorien, der Generierung kausaler Systeme und der Anschlussfähigkeit an Interpretationen und Systeme, analysiert und gemäß

didaktischer Ziele ausgewertet und gefördert werden.[63] Rosa schreibt nun:

»Kompetenz und Resonanz sind zwei ganz verschiedene Dinge. Kompetenz bedeutet das sichere Beherrschen einer Technik, das jederzeit Verfügen-Können über etwas, das ich mir als Besitz angeeignet habe. Resonanz dagegen meint das prozesshafte In-Beziehung-Treten mit einer Sache. […] Resonanz enthält ein Moment der Offenheit und der Unverfügbarkeit, das sie von Kompetenz unterscheidet. Kompetenz ist Aneignung, Resonanz ist Anverwandlung der Welt: Ich verwandle mich dabei auch selbst.«[64]

Ich würde fragen, ob Resonanz und Kompetenz im kinder- bzw. jugendtheologischen Zugang nicht ineinanderfließen also zwei Teile oder vielleicht sogar Phasen in einem Konzept sind. Einerseits braucht es Resonanzen, um sich auf Anforderungssituationen einzulassen, andererseits sind Resonanzen, bleibt man bei ihnen stehen, möglicherweise nur unverfügbare »dichte Momente« ohne Nachhaltigkeit. In dieser Weise kann eigentlich nicht dauerhaft Unterricht geplant werden.

4.2 Spiritualität und Resonanz

»Resonanz« würde man von Rosas Begrifflichkeit her eher nicht an rationale Kategorien anbinden, sondern im Bereich der Spiritualität verorten, die ja auch integraler Bestandteil religiöser Erziehung und Bildung ist, aber im Kontext

62 Vgl. Zimmermann (wie in Anm. 59).
63 Zimmermann (wie in Anm. 35), 163.
64 Rosa / Endres (wie in Anm. 5), 7.

der Kinder- und Jugendtheologie eher im reflexiven Modus des »Nachdenkens über« vorkommt.

Fragt man nach der Bedeutung des Begriffs »Spiritualität«, wird zwischen einer engen theologisch ausgerichteten Begriffsbildung, die sich eben auf den Ausdruck einer christlichen Identität als Lebenspraxis bezieht und erfahrungsorientiert ist, und einem weiteren, eher anthropologisch ausgerichteten Begriffsverständnis unterschieden, verstanden als geistige oder geistliche Suchbewegung, die vor allem von Verbundenheit mit einem höheren Wesen, mit Kosmos und Natur geprägt ist.[65] Bucher fasst das zusammen als »Verbundenheit und Selbsttranszendenz«[66], und hier scheint die Resonanz begrifflich eher ihren Platz zu haben.

Vergleicht man die subjektiven Semantiken nicht nur von Jugendlichen zu Spiritualität und Religion, um Schlüsselwörter und semantische Muster zu finden, zeigen die erstellten Differenzprofile anschaulich die Unterschiede: »Religion‹ wird mit Institution, deren Strukturen und Inhalten verbunden, während ›Spiritualität‹ stärker auf das individuelle Erleben und Empfinden bezogen wird«[67], – eine Begriffsverwendung des Religiösen im Modus der Anverwandlung auf der vertikalen Resonanzachse, die sich auch bei Rosa findet.

Spiritualität spielt natürlich in der Jugendtheologie eine Rolle, aber eben nicht im Sinne Rosas als Erlebnis- und Resonanzmomente, die im didaktischen Setting erzeugt werden, sondern als Reflexion über eigenen bzw. fremden Glauben oder religiöse Erfahrungen, die Kinder- und Jugendliche z.B. aus Gemeindegottesdiensten, Kirchentagen,

Klosteraufenthalten wie Taizé, christlichen Jugendfreizeiten etc. mitbringen.

Rosa würde vermutlich die Suche nach Resonanz eher im Bereich der Spiritualität verorten, wie seine Ausführungen zu Religion als »Resonanzoasen« und zur »Anverwandlung« erwarten lassen. Ob er einen Religionsunterricht, der das Phänomen Resonanz reflexiv bearbeitet, als resonanzsensibel bezeichnen würde, ist wohl eher zweifelhaft.

Während am Lernort Schule die Prioritäten hinsichtlich einer reflexiven Auseinandersetzung mit Religion eindeutig gesetzt sind, religiöse Erfahrungen nur am Rande intendiert werden[68], bietet die gemeindliche Kinder- und Jugendarbeit hier mehr Möglichkeiten, Resonanzen im Raum der Religiosität und Spiritualität zu unterstützen.

4.3 Resonanz und Fremdheit

Im folgenden Teil ist zu fragen, ob die Resonanzpädagogik die Erfahrung von produktiver Fremdheit nicht vernachlässigt.

65 Stefan Altmeyer / Jan Woppowa, Spiritualität lernen, in: KatBl 131 (2006), 440–446, 441.
66 Anton A. Bucher, Psychologie der Spiritualität, Weinheim ²2014, 40.
67 Stefan Altmeyer, Spiritualität und spirituelles Lernen in der religiösen Erwachsenenbildung, in: Claudia Kohli-Reichenbach / Isabelle Noth (Hg.), Religiöse Erwachsenenbildung. Zugänge, Herausforderungen, Perspektiven, Zürich 2013, 83–98, 89.
68 Religious experience at school? On the discussion about what makes an experience a religious experience using attribution theory, in: Ulrich Riegel / Eva-Maria Leven / Daniel Flemming (Hg.), Religious experience an experiencing religion in religious education. Research on religious and spiritual education 11, Münster/New York 2018, 127–143.

»Im Bildungsprozess, im Resonanzraum Schule, muss die eigene Stimme des Kindes zur Entfaltung kommen. Und diese Stimme muss ich auch hören können. Auch und gerade, wenn sie nicht auf Einklang stößt, sondern wenn es Widerspruch gibt. Das ist eine wichtige Doppelfunktion: die Stimme muss auch widersprechen dürfen, sonst gibt es keine eigene Stimme, keinen eigenen Klang. Meine Stimme muss auf eine andere Stimme treffen, sonst gibt es keine Resonanz. Aber diese andere Stimme darf dem Kind nicht als etwas Feindliches begegnen, sondern muss ihm als etwas Zugewandtes, das es etwas angeht, entgegentreffen.«[69]

Wo aber ist die Grenze zwischen Fremdheit und Feindlichkeit, kann Fremdheit »zugewandt« sein? Wird Fremdheit nicht immer auch mit in gewisser Weise Feindlichem, mit Distanz und fehlender Resonanz verbunden?

In der Auseinandersetzung mit Rosas Ansatz wurde z.B. von Armin Nassehi kritisiert, dass »man sich [im Rahmen von Rosas Ansatz] gelungenes Leben nur als Nähe vorstellen kann, nur als etwas, das Distanz aufhebt, nur wirkliche Verständigung«.[70] Dagegen wendet Nassehi ein, dass es gleichsam die »zivilisatorischen Errungenschaften der prinzipiellen Fremdheit zwischen den Menschen« gäbe, die eben solche Resonanzen positiv unterbrechen und ebenfalls notwendig seien. Dies kann man auf vertikaler und horizontaler bzw. diagonaler Ebene veranschaulichen:

a) Der Gegenstand der theologischen Reflexion, d.h. Gott oder fremde, alte Texte wie die Bibel (z.B. Wundererzählungen) sind doch auch Fremdheitserfahrungen, die um der Sache wegen nicht assimiliert werden kön-

nen. Wenn ich mir Gott aneigne, dann ist es kein Gott mehr, der immer auch jenseitig, fremd und unverfügbar bleibt.[71]

b) In horizontaler Ebene macht dies für die Sache interreligiöser Lernprozesse z.B. Heinz Streib stark, wenn er als These formuliert: »Interreligiöse Lernprozesse finden statt *durch Erfahrungen von Fremdheit*, sofern Fremdheit ihr produktives Potenzial entfaltet, d.h. Irritationen und Erstaunen auslösen, Neugier und Wissbegier erwecken und Nachdenken, auch über das Eigene, inspirieren kann.«[72]

Streib bezieht sich damit auf Bernhard Waldenfels' Vorbehalte gegen die Assimilation von Fremdheit an das Eigene, der gerade die Notwendigkeit, das Fremde als Herausforderung zu begreifen, betont, Fremdheit als Stachel, der die eigene Identität herausfordert, weil er sich dieser nicht anpassen lässt und diese nicht bestätigt, aber neue Einsich-

---

69 Rosa / Endres (wie in Anm. 5), 31f.

70 Armin Nassehi, Vertraute Fremde. Eine Apologie der Weltfremdheit; in: Kursbuch 185 (2016), 137–154, 147.

71 Schüßler, Resonanz und Distanz (wie in Anm. 39), S. 3, betont hierzu, dass mit Gott auch zu rechnen sei, wenn alle Resonanzen ausbleiben, denn das »religiöse Leben besteht zu großen Teilen aus dem Schwarzbrot der Gottsuche und der Erfahrung von Gottes Ferne und nicht aus einer Kette von Erleuchtungen.« »Der ›Leuchtende-Augen-Index‹ als Kriterium von Resonanzbeziehungen« würde dieser Tatsache nicht gerecht.

72 Heinz Streib, Wie finden interreligiöse Lernprozesse bei Kindern und Jugendlichen statt? Skizze einer xenosophischen Religionsdidaktik, in: Peter Schreiner / Ursula Sieg / Volker Elsenbast (Hg.), Handbuch interreligiöses Lernen, Gütersloh 2005, 230–243, 231.

ten freisetzt und gerade dadurch einen Mehrwert besitzt: »Nicht nur die Reduktion von Fremdem auf Eigenes, auch der Versuch einer Synthese zwischen beidem gehört zu den Gewaltakten, die den Anspruch des Fremden zum Verstummen bringen.«[73]

Unterstützen kann man das gleichsam mit Ortfried Schäffters Typologie des Fremderlebens, die neben der »Fremdheit als *Resonanz*boden (Kursivierung von der Autorin) des Eigenen« und »der Bereicherung des Eigenen« auch das »Fremde als Gegenbild« und »Komplementarität« benennt.[74]

Interessant ist in diesem Zusammenhang gleichsam das Ergebnis der Befragung von Uta Pohl-Patalong, Johannes Woyke, Stefanie Boll, Thorsten Dittrich, Antonia Elisa Lüdke zum »Konfessionellen Religionsunterricht in religiöser Vielfalt«, dass nämlich, jedenfalls nach Einschätzung der Lehrkräfte, der Charakter des Fremden, Anderen oder Differenten tendenziell das Interesse der Schüler/innen an dem Phänomen Religion erhöht: »Religion scheint (…) in der Gestalt des ›Fremden‹ interessanter zu sein als im Gewand des Vertrauten.«[75]

Deutlich wird an dieser Stelle, dass der Anspruch nur in resonanten Zusammenhängen zu lernen, zu kurz greift, weil er die Chance von Dissonanz und Fremdheit zu wenig berücksichtigt.

4.4 Das Religionsstunden-Ich und Resonanz

Rosa fordert, wie oben referiert, »die Dinge zum Klingen zu bringen« oder, personal formuliert, bei den Schüler/innen Resonanzen zu erzeugen. Doch was ist es eigentlich, das in Schwingungen versetzt wird? Eine Studierende meinte im Beispiel der besprochenen Unterrichtsstunde, (vielleicht als klangliche Antwort auf die Begeisterung und das Engagement der unterrichtenden Studierenden, die tatsächlich Resonanzen mit ihrem Unterrichtssetting erzeugt hat) ein »Religionsstunden-Ich« bei einzelnen Schüler/innen wahrzunehmen. Könnte es sein, dass Rosas Resonanzpädagogik gerade solche Phänomene fördert? Wird in einer im Sinne Rosas gelungenen Unterrichtsstunde letztlich ein Resonanz-Phantom evoziert, das wenig mit der sonstigen Identität der Schüler/innen zu tun hat? Rosa nennt eine solche Pseudo-Resonanz »Echo-Beziehung«: Er möchte »Echo und Resonanz klar voneinander trennen. Beim Echo wird zurückbestätigt, was gerufen wurde. Das ist nicht Resonanz. Resonanz ist das Hören einer anderen Stimme.«[76] Aber kann das wirklich trennscharf unterschieden werden?

Im Folgenden soll das Phänomen des »Religionsstunden-Ich« beschrieben werden, um dann positive und negative Aspekte auch in Bezug auf Kinder- und Jugendtheologie zu erörtern.

73 Bernhard Waldenfels, Der Anspruch des Fremden, in: Renate Breuninger, Andersheit – Fremdheit – Toleranz, Ulm 1999, 31–51, 50.

74 Ortfried Schäffter, Modi des Fremderlebens. Deutungsmuster im Umgang mit Fremdheit, in: Ders., Das Fremde. Erfahrungsmöglichkeiten zwischen Faszination und Bedrohung, Opladen 1991, 11–42.

75 Uta Pohl-Patalong / Johannes Woyke / Stefanie Boll / Thorsten Dittrich / Antonia Elisa Lüdke, Konfessioneller Religionsunterricht in religiöser Vielfalt. Eine empirische Studie zum evangelischen Religionsunterricht in Schleswig-Holstein, Stuttgart 2016, 300.

76 Rosa / Endres (wie in Anm. 5), 21.

Wie Ulrich Hemel schreibt, gehört das »Wissen um das sogenannte ›Religions-stunden-Ich‹ zum allseits anerkannten Rüstzeug eines angehenden Religions-lehrers«.[77] Der Begriff wurde wohl durch die Würzburger Synode aus dem 1974 im »Synodalbeschluss für den Religionsun-terricht« in die Fachsprache eingeführt.[78] Hemel definiert ihn, indem er es als »sozialpsychologische[n] Ausdruck einer bestimmten Einstellungsleistung gegen-über dem Religionsunterricht«[79] charak-terisiert.

Ein Religionsstunden-Ich zu haben bedeutet in kritischer Lesart, während des Religionsunterrichts in eine speziel-le Religions-Rolle zu schlüpfen und eher nicht-authentische, schablonierte Ant-worten aus dieser Rolle heraus zu geben, die nicht deckungsgleich sind mit der eigentlichen Meinung des Schülers bzw. der Schülerin: »Die Schüler ziehen es vor, hinter der Schülerrolle ihre eigene Iden-tität zu verbergen.«[80]

Hinweise auf die Verwendung einer solchen Rolle könnten sein[81], wenn
– einzelne Schüler/innen ihrem Sprach-duktus nicht entsprechende binnen-kirchliche Sondersprache verwenden,
– einzelnen Schüler/innen eine Mei-nung vertreten, die zu ihrer sonstigen (an christlichen Inhalten meist unin-teressierten) Position nicht unbedingt passt,
– durch Lernende die (bekannte) Posi-tion des bzw. der Lehrenden oder die der gesellschaftlichen Erwünschtheit wiederholt oder verstärkt wird.

Als Herausforderung im Alltag des Reli-gionsunterrichts verweist das Religions-stunden-Ich also auf ein Phänomen der Schüler-Lehrerinteraktion, die dadurch bedingt ist, dass Antworten natürlich auch durch den Kontext wesentlich mitbestimmt werden, und der ist unter-schiedlich, je nachdem, ob man im Bio-logie-, im Geschichts- oder im Religions-unterricht sitzt.

Im Zusammenhang mit diesem Phä-nomen, das erstaunlicherweise kaum Eingang in ein religionspädagogisches Handbuch bzw. Lexikon gefunden hat[82], stellt sich die Frage, ob das Religions-stunden-Ich wirklich im Religionsunter-richt rein negativ zu bewerten ist, zeigen die Schüler/innen zumindest in einer Rolle doch Resonanzen auf Fragestellun-gen.

Hilbert Meyer z.B. versteht dies als Anpassungsleistung: »Der Schüler entwi-ckelt ein Schul-Ich, das zu erstaunlichen Anpassungsleistungen fähig ist.«[83] Noch

77 Ulrich Hemel, Das Religionsstunden-Ich. Handicap oder Chance für den Religionsun-terricht?, in: rabs, Religionspädagogik an be-rufsbildenden Schulen (1991) 2, 67–72.
78 Ebd., 68.
79 Ebd., 69.
80 Vgl. Ebd., 68, der hier aus Johann Hofmeier, Kleine Fachdidaktik katholische Religion, München ³1988, 91 zitiert.
81 Michael Roth, Das Religionsstunden-Ich. Der Religionsunterricht als Herausforderung für die Theologische Ethik, in: Zeitschrift für Pädagogik und Theologie 60 (2008), 154–163, 155.
82 Er fehlt z.B. in Gottfried Bitter / Gabriele Mil-ler (Hg.), Handbuch religionspädagogischer Grundbegriffe, München 1986; Norbert Met-te / Folkert Rickers u.a., LexRP, Neukirchen-Vluyn 2001; Georg Hilger / Stephan Leimgru-ber / Hans-Georg Ziebertz, Religionsdidaktik. Ein Leitfaden für Studium, Ausbildung und Beruf, Neuauflage, München ⁶2010. Für das www.wirelex habe ich Michael Roth um einen Beitrag gebeten, der 2019 erschienen ist.
83 Hilbert Meyer, Leitfaden zur Unterrichtsvor-bereitung, Frankfurt a.M. ⁹2014, 301.

pointierter bemerkt er: »Die Kinder und Jugendlichen kommen in die Schule, um dort ihre Schülerrolle zu spielen, und die Mehrzahl der Schüler spielt dieses Spiel schon nach kurzer Eingewöhnungszeit wie Profis.«[84] Dies lehnt der bekannte Schulpädagoge aber nicht ab, sondern vertritt die Auffassung, dass man den Schüler/innen das Recht lassen solle, »ihre Subjektivität zu verbergen und die Maske der Schülerrolle aufzusetzen«[85], sei es die Biologieunterrichtsmaske, die für den Geschichtsunterricht oder eben die für den Religionsunterricht.

Fragt man, warum das Religionsstunden-Ich verwendet wird, sind ebenfalls verschiedene Deutungen möglich. Die Maske bzw. Rolle kann eine Schutzfunktion haben und die »Wahrung der religiösen Schamgrenze übernehmen«.[86] Es kann aber auch als Hilfsmittel verwendet werden, um vom Religionslehrer bzw. der Religionslehrerin stärker wertgeschätzt zu werden bzw. um sich Vorteile bei der Leistungsbewertung zu versprechen. Es ist aber auch möglich, dass Rollen übernommen werden, um spielerisch Denkoptionen auch im Raum von Theologie und Religion durchzuprobieren. Michael Roth bewertet hier gleichsam wie Meyer positiv: Das »Religionsstunden-Ich [ist] nicht zu verstehen (…) als Verbergen einer Authentizität, sondern als Betreten des religiösen Sprach- und Erlebensraums«[87], der eben von den Schüler/innen noch nicht sicher beherrscht und deshalb als Rolle ausprobiert wird.

Die Frage ist nun, ob die Religionslehrerin bzw. der Religionslehrer eine solche Rollenübernahme möglichst verhindern und der Bildung eines Religionsstunden-Ichs entgegenwirken sollen, um eine möglichst authentische Kommunikation mit den Schüler/innen zu erreichen? Hier finden sich, wie aus den obigen Positionen deutlich wurde, kritische (DBK: Würzburger Synode) und abwägende (Hemel) Stimmen, aber auch Stimmen, die gerade dieses schulische Rollenspiel zentral für die Entwicklung von Persönlichkeiten einschätzen (Meyer, Roth).

Spielt man das »Religionsstunden-Ich-Problem« ins Konzept kinder- oder jugendtheologischer Arbeit am Lernort Schule ein, schützt die sensible Wahrnehmung des Phänomens zuerst einmal davor, dass Äußerungen der Lernenden unkritisch wahrgenommen werden, weil sie Resonanzen zeigen und im Duktus des Unterrichtens sehr willkommen sind.

Hemel rät als Instrument, um an authentischen Rollen zu arbeiten, z.B. die verschiedenen Positionen in einer Klasse zum Anfang des Schuljahres bzw. einer Unterrichtseinheit zu erschließen, bevor der Lehrende überhaupt inhaltlich selbst in Aktion tritt.[88] Das ist im methodischen Zugriff des Theologisierens allerdings sowieso im ersten Schritt üblich, denn es geht darum, die Theologie DER Kinder bzw. Jugendlichen zu einem theologischen Problem, zu einem biblischen Text oder einer ethischen Frage zu erschließen. Deshalb ist hier die Gefahr des Rückzugs in eine Rolle weniger gegeben, auch weil Positionen häufig anonym erfasst und teilweise auch so ausgewertet und kommuniziert werden. Zwar

---

84 Ebd., 86.
85 Ebd., 356.
86 Ebd., 69.
87 Michael Roth, Art. Religionsstunden-Ich, in: www.wirelex.de (letzter Abruf: 17.8.2018).
88 Hemel (wie in Anm. 77), 69f.

werden Positionen der ganzen Gruppe zusammengetragen, aber es geht darum, diese möglichst vielfältig zu erschließen und durch die Frage nach Unterschieden, Gemeinsamkeiten und Abgrenzungen zu systematisieren. Dann erst sollen die Positionen miteinander ins Gespräch gebracht werden. Dabei haben gerade diejenigen, die bisher keine Position und damit keine Rolle hatten (z.B. weil sie sich als Novizen im Umfeld des Themas bewegen und in ihrem bisherigen Leben das religiöse Thema bzw. der Text oder die theologische Frage keine Rolle gespielt haben und sie somit keine Position vertreten können), nun die Möglichkeit, eine solche zu übernehmen, um »mitspielen« zu können. Hierin unterscheidet sich die Situation am Lernort Gemeinde nicht grundsätzlich von dem an der Schule, selbst wenn davon auszugehen ist, dass die Anzahl der Novizen, also der Personen, die sich im Kontext Gemeinde und Glauben noch sehr unsicher bewegen, selbst im Konfirmandenunterricht geringer ist als in der Schule. Deshalb sind vor allem am Lernort Schule Anforderungssituationen mit hohem Aufforderungscharakter nötig, die die Schüler/innen motivieren, ihre eigene theologische Meinung zu formulieren. Die Chance des Religionsunterrichts dürfte allerdings sein, dass die Vielfalt gerade der kritischen Positionen sicherlich größer ist als in der Gemeinde.

Erst im letzten Schritt kommen Religionslehrerin oder Religionslehrer über ihre Moderatorentätigkeit hinaus als Repräsentanten von Theologie ins Spiel. Die eingespielte Position wiederum muss nicht die eigene sein, die vielleicht schon längst genannt und von der Mehrheit der Klasse als schwierig (dis-)qualifiziert

wurde. Erst zum Ende des Lernprozesses geht es für die Schüler/innen darum, die eigene, zumindest für diese Unterrichtseinheit endgültige Position zu finden und im Austausch mit der Klasse und dem Lehrenden zu vertreten.

Das Spiel mit theologischen Positionen und auch in theologischen Rollen gehört damit in einem kinder- bzw. jugendtheologischen Szenario dazu, mit dem Ziel, eine argumentativ gestützte und reflexiv durchdrungene eigene Meinung zu finden, die auch kritischen Anfragen eines Gegenübers standhalten kann. Dann ist das Ziel nicht die »Überwindung des Religionsstunden-Ichs«[89], sondern es geht darum, Rollenübernahmen konstruktiv im Rahmen der kinder- und jugendtheologischen Arbeit einzusetzen.

Im eingangs geschilderten Beispiel werden Resonanzen durch ein kreatives Schreibsetting ermöglicht. Ähnlichkeit, aber auch Fremdheit sind in Auseinandersetzung mit den anderen Produkten, aber auch mit dem biblischen Original produktiv aufgenommen. Die Deutungen der Jugendlichen werden aus der literarischen Rolle des biblischen Geschichtenerzählers entfaltet, aber im theologischen Gespräch im Abgleich mit dem eigenen Gottesbild und anderen biblischen Texten reflektiert.

So mag am Anfang der Auseinandersetzung mit dem Thema bzw. der Anforderungssituation möglicherweise eine Antwort im Modus des Religions-Stunden-Ichs stehen. Im Verlauf der kinder- oder jugendtheologischen Auseinandersetzung findet der bzw. die Lernende dann aber die dem / der Schüler/in an-

---

89 Ebd., 71.

gemessene Deutung, die sich nicht nach der »sozialen Erwünschtheit«[90] richtet, sondern die langfristig geförderte theologische Kompetenzen zeigt und so auch eigene Resonanzen kritisch reflektieren kann.

Damit könnte eine Lösung sein, das Religionsstunden-Ich so ausdifferenziert zu bewerten, dass das Einschwingen und Mitschwingen in einer Religionsstunden-Ich-Rolle (im Sinne Rosas das Echo) eher am Anfang der Auseinandersetzung mit einem Thema steht, das Entfalten einer eigenen Schwingung, die durchaus auch in Dissonanz zum Lehrerinput stehen kann, allerdings Zielpunkt einer die theologische Kompetenz fördernden resonanzsensiblen Didaktik sein sollte.

Zusammenfassend halte ich fest, dass Rosas Applikation seiner Resonanztheorie in pädagogische Kontexte wichtige Hinweise gibt und richtige Korrekturen der pädagogischen Arbeit in der Schule einfordert. Wesentliche Prämissen seines Resonanzkompasses bilden, wie oben gezeigt, große Schnittmengen mit Leitlinien kinder- und jugendtheologischer Arbeit an allen Lernorten. Hinsichtlich seiner Darstellung der Kompetenzorientierung als Kontrastfolie und der Wahrnehmung des Anderen / Fremden in pädagogischen Kontexten wurde allerdings ein Einspruch, eine Dissonanz, formuliert und das Problem des »Religionsstunden-Ichs« benannt.

Zum Abschluss sei Rosas Schlusssatz zitiert, der auch für die religionspädagogische Bedeutung einer resonanten Kinder- und Jugendtheologie an unterschiedlichen Lernorten stehen kann:

»Eine bessere Welt ist möglich und die lässt sich daran erkennen, dass ihr zentraler Maßstab nicht mehr das Beherrschen und Verfügen [ich ergänze: auch der Theologie] ist, sondern das Hören und Antworten« [ich ergänze: auch auf die Theologie der Kinder und Jugendlichen].[91]

---

90 Monika E. Fuchs, Bioethische Urteilsbildung im Religionsunterricht. Theoretische Reflexion – Empirische Rekonstruktion (Arbeiten zur Religionspädagogik, Band 43), Göttingen 2010, 350, konstatiert, dass die Antworten als »Religionsstunden-Ich« sich oft nach der sozialen Erwünschtheit richten.

91 Rosa (wie in Anm. 4), 762.

Hans-Joachim Höhn
»Glaubenssinn der Jugend«. Relevanz, Kriterien und Reichweite

Sensibilität ist ein gefragtes Persönlichkeitsmerkmal – in Kontaktanzeigen und bei Eignungstests für Berufe, die ein besonderes Einfühlungsvermögen in die Situation von Kunden und Klienten verlangen. Sensibilität kann aber auch zum Nachteil werden – vor allem für Allergiker – oder jemandem zum Vorwurf gemacht werden, der keine Kritik verträgt. Sensibilität ist ein Synonym für Empfänglichkeit und Empfindlichkeit. Beide Begriffe eignen sich auch für eine Umschreibung des »sensus fidei«. Gemeint sind damit eine spezifische Resonanzfähigkeit und ein besonderes Gespür für Vollzug und Inhalt des christlichen Glaubens. Auf den ersten Blick handelt es sich dabei um ein rezeptives Vermögen. Einen »sensus« haben heißt: empfangsbereit sein, eine Antenne für etwas haben. Der Wortstamm »sentire« lässt aber auch ein aktives Moment erkennen. »Sensus« meint demnach ein produktives Vermögen: ein Gespür für etwas haben, Spuren lesen und eine Fährte verfolgen können, sich einen geeigneten Zugang verschaffen, Sachverstand und Urteilsfähigkeit besitzen.[1]

Die folgenden Erörterungen gehen der Frage nach, inwieweit die Kategorie »sensus fidei« auch ein Leitbegriff für Jugendtheologie und Jugendpastoral sein kann. Dahinter steht die Überlegung, ob es eine generationenspezifische oder generationentypische Sensibilität und Resonanzfähigkeit für zentrale Glaubensthemen gibt: Lassen sich jugendspezifische Plausibilitätsmuster der Glaubenskommunikation ausmachen? Sind bei der Verkündigung des Evangeliums besondere »Frequenzen« zu beachten, von denen es abhängt, was bei Jugendlichen ankommt? Kann die Theologie von Jugendlichen lernen, wie man der Bedeutung, Stimmigkeit und Wahrheit des Evangeliums auf die Spur kommt? Haben Jugendliche ein besonderes Gespür für die Unaufrichtigkeit und Unglaubwürdigkeit vermeintlicher Glaubenszeugen?

Wer sich von diesen Fragen leiten lässt, ist bereit, Jugendliche in Theologie und Kirche derart zu Wort kommen zu lassen, dass sie nicht nur etwas zu fragen, sondern auch etwas zu sagen haben.[2] Allerdings mischt sich auch Skepsis in diese Bereitschaft. Wie kann man im Dreieck »Jugend – Glaubenssinn – Theologie« verhindern, dabei selbst zum Opfer von prekären Oppositionen, Projektionen

---

1 Vgl. hierzu L. Doederlein, Handbuch der lateinischen Synonymik, Leipzig 1840, 114f.
2 Als einen (zu) zaghaften Versuch in dieser Richtung sind Verlauf und Ergebnis der 15. Römischen Bischofssynode (2018) zu werten. Vgl. dazu das Abschlussdokument »Die Jugendlichen, der Glaube und die Berufungsunterscheidung«, Vatikanstadt 2018 (abrufbar unter: https://www.dbk.de/themen/kirche-und-jugend/bischofssynode-jugend-2018/, 16.05.2019).

und Illusionen zu werden? In eine prekäre Situation gerät, wer sich auf den »sensus fidei« beruft zum Zweck der Legitimation eines privilegierten Zugangs zu skurrilen »Heilsgeheimnissen«, die angeblich in einer »Privatoffenbarung« mitgeteilt wurden.[3] Nicht minder problematisch ist eine Idealisierung »der« Jugend,[4] der man im Unterschied zu anderen Altersgruppen in Glaubensangelegenheiten jene Dispositionen (z.B. Idealismus, Offenheit, Unangepasstheit) attestiert, deren es bedarf, um resonanzfähig für das Evangelium zu sein, das nur zu oft in der Welt der Erwachsenen säkularen Konformitätsnötigungen erliegt.

Um solchen problematischen Assoziationen nicht zu erliegen, werden in einem ersten Schritt Unterscheidungen, Abgrenzungen und Bestreitungen formuliert (1.). Dabei ist auch festzuhalten, dass der »sensus fidei« nichts zu tun hat mit dem Slogan »vox populi – vox dei« (Volkes Stimme ist Gottes Stimme), sondern kriteriologisch mit der Suche nach existenziell relevanten Glaubenswahrheiten verknüpft ist (2.). Erst danach kann sondiert werden, inwieweit »Jugend« für einen Ort theologischer Erkenntnis und für eine kritische Instanz der Plausibilitätsprüfung religiöser Kommunikation stehen kann (3.).

1. Unterscheidungen und Bestreitungen: Über den Glauben abstimmen?

Niemand in der Kirche hat allein das Sagen. Und wer etwas in Glaubensdingen zu sagen hat, wird diesem Amt nur gerecht, wenn durch ihn das Evangelium zur Sprache kommt. Das Evangelium zur Sprache zu bringen ist aber nicht nur

eine Aufgabe des Lehramtes, sondern aller Christenmenschen. Auch hier zählt jede Stimme. Wo jede Stimme gleich viel zählt, stellt sich rasch Vielstimmigkeit ein. Damit beim Reden von Gott und seiner Zuwendung zum Menschen alles stimmt, braucht diese Vielstimmigkeit das Moment der Übereinstimmung in den für das Christentum konstitutiven Überzeugungen. Um diese zu sichern, bedarf es weniger der demokratischen Abstimmung, sondern – so die theologische Standardantwort – der gemeinsamen Orientierung am verbindlichen Zeugnis der Bibel, der Tradition, des Dogmas. Aber die alleinige Ausrichtung an diesen Vorgaben und Instanzen und der Abgleich mit ihren Glaubenszeugnissen genügen nicht, um die Authentizität und Plausibilität des Glaubens zu sichern. Es muss etwas hinzutreten, das auf Seiten der Glaubenden eine »inne-

---

3 Vgl. exemplarisch E. Pahud de Mortanges, »Wie halten Sie es mit Privatoffenbarungen?« Vermessungen im Geviert der theologischen Erkenntnislehre, in: H. Wolf (Hg.), »Wahre« und »falsche« Heiligkeit, München 2013, 127–148; H. Busch, Privatoffenbarungen, Traumbotschaften und Visionen. Vom Umgang mit religiösen Sondererfahrungen, in: Pastoralblatt 59 (2007) 239–241.

4 Vgl. R. Bergold / M. Becker-Huberti (Hg.), For ever young: Ideal, Hoffnung, Drohung?, Bad Honnef 2008. Auch Papst Franziskus nimmt in seinem nachsynodalen Apostolischen Schreiben »Christus vivit« (Vatikanstadt 2019) bisweilen solche Idealisierungen vor, allerdings dominiert in diesem Text (v.a. Nr. 68–110) das Bemühen um eine realistische Wahrnehmung gerade der Spannungen, Zerreißproben und Ambiguitäten, die heute das Jungsein bestimmen (abrufbar unter http://w2.vatican.va/content/francesco/de/apost_exhortations/documents/papa-francesco_esortazione-ap_20190325_christus-vivit.html, 16.05.2019).

re« Zustimmung und Übereinstimmung bewirkt. Eine solche Leistung wird dem »sensus fidei« zugeschrieben: »Der Glaubenssinn der Gläubigen ist ein allen Gliedern der Kirche zukommendes Charisma der inneren Übereinstimmung mit dem Gegenstand des Glaubens, kraft dessen die Kirche in ihrer Gesamtheit [...] den Gegenstand des Glaubens erkennt und im Lebensvollzug bekennt in ständiger Übereinstimmung mit der Hl. Schrift, der Tradition und dem Lehramt der Kirche.«[5]

Die Ausübung des »sensus fidei« mündet offensichtlich in einen doppelten Test. Zum einen geht es um den Nachweis einer Übereinstimmung von Vollzug und Gehalt: Ist das, was als zu glauben vorgestellt wird, in Wahrheit und Wirklichkeit etwas, das in den Kompetenzbereich der Vernunft fällt, dann wäre diese Übereinstimmung nicht gegeben. Ein Sachverhalt, dem man allein mit den Mitteln der Vernunft und den Verfahren rationaler Erschließung oder Ableitung gerecht werden kann, scheidet als möglicher Gegenstand des Glaubens aus. Was man weiß, muss man nicht glauben. Zum anderen geht es um den Nachweis einer Übereinstimmung mit den Grundgehalten des Christentums: Steht das, was als zu glauben vorgelegt wird, in einem Entsprechungsverhältnis zum Zeugnis der Hl. Schrift und der damit übereinstimmenden Lehrtradition des Christentums?

Darüber hinaus kommt dem »sensus fidei« des glaubenden Subjekts eine selbst- und institutionenkritische Funktion zu. Er ist gefragt, wenn Zweifel aufkommen, ob sich das, was man selbst in Glaubensangelegenheiten vertritt, von religiöser Phantasterei oder frömmeln-der Eigenbrötelei unterscheiden lässt. Und er ist nicht minder gefragt, wenn der Verdacht aufkommt, dass per Dekret ein dogmatisches Machtwort gesprochen wird, mit dem ein Amtsträger letztlich nur seine Macht in der Kirche über die Kirche durchsetzen will.

Zu verhindern ist all dies nur dadurch, dass es auch in der Kirche ein Gefüge von »checks and balances« gibt. Offenkundig hat der »sensus fidei« eine solche Prüf- und Korrektivfunktion. Er ist bezogen auf die übrigen normativen Instanzen und Akteure der Glaubenskommunikation und zugleich steht er ihnen kritisch gegenüber. Wie wichtig diese relationale Unabhängigkeit in der Kirchengeschichte gewesen ist, lässt sich an drei Beispielen zeigen:[6] (1) Nach dem Konzil von Nizäa (325) hat es unter den Bischöfen eine massive Abkehr von der christologischen Lehrformel des Konzils gegeben. Die Rechtgläubigkeit der Kirche stand auf dem Spiel und konnte nur dadurch bewahrt bleiben, dass sich das »Volk Gottes« und nicht seine »Hirten« als Wahrer des rechten Glaubens erwies. (2) Im 14. Jahrhundert erklärte Papst Johannes XXII. im Alleingang, dass die Seelen der »Gerechten« erst beim Jüngsten Gericht und nicht bereits unmittelbar nach ihrem Tod der »seligen Gottesschau« teilhaftig würden. Unter Berufung auf den Widerspruch und den Glauben aller Gläubigen

5 W. Beinert, Art. »Glaubenssinn der Gläubigen«, in: ders. (Hg.), Lexikon der katholischen Dogmatik, Freiburg/Basel/Wien 1997, 200.
6 Vgl. hierzu ausführlicher W. Beinert, Der Glaubenssinn der Gläubigen in Theologie- und Dogmengeschichte, in: D. Wiederkehr (Hg.), Der Glaubenssinn des Gottesvolkes – Konkurrent oder Partner des Lehramts?, Freiburg/Basel/Wien 1994, 66–131.

stellte sich die akademische Theologie gegen die päpstliche Lehre und erwirkte ihren Widerruf. (3) Für die 1850 und 1950 verkündeten Mariendogmen »von der unbefleckten Empfängnis« und »der leiblichen Aufnahme Mariens in den Himmel« wird die fehlende biblische Bezeugung ihres Anliegens dadurch kompensiert, dass man ihre Überlieferung im Glaubenssinn der Kirche ortet und die zahlreichen Bittschriften vor ihrer Proklamation dem »sensus fidei« der Glaubenden zuschreibt, wodurch dieser dogmenbegründende Kraft gewinnt.

Allerdings weckt gerade das dritte Beispiel auch Skepsis an der Bedeutung des Glaubenssinns: Leistet er wirklich einen nachhaltigen Beitrag zur Stimmigkeit des christlichen Glaubens, wenn man bedenkt, wie rasch die mariologische Glaubensglut ausgekühlt ist und auch die theologischen Zweifel an der Kohärenz der neuen Mariendogmen mit den Kerngehalten des Glaubens noch immer bestehen? Überwindet der »sensus fidei« Dissonanzen oder sorgt er für problemerzeugende Problemlösungen? Die neuen Mariendogmen haben gewiss nicht dazu beigetragen, den Bestand eines ökumenischen Fundamentalkonsenses zu erweitern.

Bis heute werden Initiativen gestartet, deren Anliegen, Verlauf und Resultat nur auf den ersten Blick mit einer Berufung auf den »sensus fidei« in Einklang zu bringen sind. Dies gilt etwa für demoskopische Umfragen mit einem Ranking von Vorstellungen, was die Menschen heute (noch) glauben wollen. Im Jahr 2013 veröffentlichte das Nachrichtenmagazin »Der Spiegel« eine Rangfolge religiöser Überzeugungen, die angeführt wird vom Glauben an Schutzengel (54%). Es mag

sein, dass sich in solchen Äußerungen Volkes Stimme artikuliert, aber daraus eine Abstimmung zu machen, was in ein christliches Credo gehört, ist äußerst kurzschlüssig.

2. Spurensuche: »Sensus fidei« als Gespür für existenziell relevante Wahrheiten

Um Willkür und Beliebigkeit bei Verwendung der Kategorie »sensus fidei« weitgehend auszuschließen, führt nichts an einer präzisen Definition dieses Begriffspaares und an der Sondierung klarer Kriterien seiner sachgemäßen Anwendung vorbei. Dabei ist vor allem auf das innere Entsprechungsverhältnis zwischen »sensus« und »fides« zu achten: »Sensus« meint sowohl eine aktive Einstellung, in der man »auf etwas aus« ist, als auch die Entwicklung und Ausübung dieses Spürsinns. Als Gegenstand dieses Gespürs kommen Sachverhalte in Frage, die existenziell relevant sind, genauer: die für die Selbst-, Welt- und Daseinsakzeptanz des Subjekts eines solchen Spürsinns bedeutsam sind. Damit korrespondiert ein Verständnis von »fides«, wenn man dabei den entsprechenden Begriffen in den biblischen Sprachen nachgeht. So umschreibt der hebräische Wortstamm אמן ein Verhältnis zur Wirklichkeit, das ihr auf den Grund geht.[7] Der Glaube

---

7 Die Wortwurzel אמן bedeutet: sich in dem gründen, das Halt bietet; eine Bleibe im Bleibenden finden; in etwas Stand gewinnen, das dem eigenen Leben Bestand gibt. Im Glauben ist der Mensch auf »Stellensuche«, d.h. er sucht jenen Ort oder Blickpunkt in einer vergänglichen Welt, von dem her alles Vergängliche

will die Welt nicht begreifen, um das, was in der Welt geschieht, in den Griff zu kriegen und aus bisher unverfügbaren Umständen menschlichen Daseins nun Folgen und Ergebnisse menschlichen Handelns zu machen. Vielmehr ist er an einem spezifischen »Verständigungswissen« interessiert, d.h. er will herausfinden, was es letztlich mit der Wirklichkeit im Ganzen auf sich hat und ob ihr eine Bedeutsamkeit zukommt, die über die reine Faktizität hinausgeht.[8] Im Zentrum steht die Frage, ob in einer Welt, in der alles im Fluss ist, etwas erkennbar wird, worin der Mensch einen festen Halt findet. Woran kann man sich halten in einer Zeit, in der nichts auf Dauer Bestand hat? Gibt es für den Menschen etwas Bleibendes angesichts einer Welt, die selbst nicht bleibt?

Konstitutiv für eine religiöse Einstellung zur Wirklichkeit ist demnach das »Aus-sein« auf einen Sinngrund des Daseins, von dem her man »Selbststand« gewinnen kann im Unbeständigen: Zeigt sich angesichts einer vergänglichen Welt etwas, auf das man sich verlassen kann im Leben (und im Sterben)? Gibt es etwas Beständiges, von dem her man zu sich selbst stehen und anderen Menschen beistehen kann? Falls nicht, was befähigt den Menschen, mit den Ungewissheiten, Unsicherheiten und Aporien des Lebens umzugehen? Wie hält man es aus, wenn letztlich auf nichts in der Welt Verlass ist?[9]

Bereits die Etymologie des Wortes »glauben« relativiert somit die häufig antreffbare Aussage, der (religiöse) Glaube sei eine Defizitform von Wissen.[10] Eine solche Aussage offenbart ein Halbwissen und ein Wissensdefizit. Der Glaube verfügt in der Tat nicht über ein technisch-

instrumentelles Wissen, mit dem die Wirklichkeit beherrscht werden kann. Er konkurriert nicht mit der Vernunft bei der Suche nach einem Wissen darüber, was *in* der Welt geschieht, und was man mit diesem Wissen machen kann. Vielmehr will er verstehen, was es *mit* der Welt auf sich hat und wie man damit umgeht, wenn die Vernunft bei dieser Erkundigung nur Fehlanzeigen erstattet. Der Glaube repräsentiert insofern seinerseits ein »Defizitwissen«. Denn er weiß

---

auszuhalten ist. Er ist dann am Ziel, wenn er auf etwas trifft, das »wirklich wahr« ist (hebr. אמת), d.h. eine Realität mit der Eigenschaft des Bleibenden und Beständigen ist, auf das man sich im Guten wie im Schlechten verlassen kann. Vgl. ausführlich Th: Hieke, »Glaubt ihr nicht, so bleibt ihr nicht« (Jes 7,9). Die Rede vom Glauben im Alten Testament, in: ThGl 99 (2009), 27–41.

8 Zum Folgenden vgl. H.-J. Höhn, Praxis des Evangeliums – Partituren des Glaubens. Wege theologischer Erkenntnis, Würzburg 2015, 17–22.

9 Die Beziehung existenzieller Fragen und religiöser Wahrheiten steht auch am Anfang der Erklärung des II. Vatikanischen Konzils »Nostra aetate« über das Verhältnis der Kirche zu den nichtchristlichen Religionen: »Die Menschen erwarten von den verschiedenen Religionen Antwort auf die ungelösten Rätsel des menschlichen Daseins, die heute wie von je die Herzen der Menschen im tiefsten bewegen: Was ist der Mensch? Was ist Sinn und Ziel unseres Lebens? [...] Woher kommt das Leid, und welchen Sinn hat es? Was ist der Weg zum wahren Glück? [...] Und schließlich: Was ist jenes letzte und unsagbare Geheimnis unserer Existenz, aus dem wir kommen und wohin wir gehen?« (NA 1).

10 Siehe G. Czermak, Problemfall Religion. Ein Kompendium der Religions- und Kirchenkritik, Marburg 2014, 5: »›Glauben‹ heißt, eine Idee auch ohne gute Gründe anzunehmen und für wahr zu halten. Wer glaubt, verzichtet auf empirische Belege sowie Gedanken, die mit Vernunft und Logik vereinbar und somit konkret nachprüfbar sind.«

zum einen um das, was dem Menschen fehlt: Beständigkeit im Unbeständigen, Halt angesichts des Haltlosen, Selbst- und Weltakzeptanz trotz des Inakzeptablen. Zum anderen weiß er um die Defizite einer technisch-instrumentellen und zweckrationalen Vernunft hinsichtlich dieser existenziellen Herausforderung. In der Folge eines solchermaßen aufgeklärten Nichtwissens sucht er nach einem anderen Zugang zu dem, was dem Menschen fehlt, um zu sich stehen zu können.

Diese Suche wird geleitet von der Hoffnung, dabei auch an ein Ziel zu gelangen (vgl. Hebr 11,1: »Glauben heißt: sich festmachen in dem, was man erhofft«). Dabei geht es nicht um vage Vermutungen über ein gutes Ende des Daseins, sondern um eine Ermutigung, mit den Härten und Nöten des Lebens so umgehen zu können, dass man angesichts des Inakzeptablen an und im Leben dieses Leben dennoch annehmen und bejahen kann. Sich auf eine solche Lebenspraxis zu verstehen, erfüllt sich im »Standgewinnen«, in der Bezugnahme auf etwas Beständiges, wodurch man existenzielles »Stehvermögen« erwirbt (vgl. Jes 7,9: »Glaubt ihr nicht, so bleibt ihr nicht.«). Nochmals: Der Glaube präsentiert kein ungesichertes Wissen, sondern will wissen, wie man mit Unsicherheiten umgeht. Er überredet nicht dazu, Beliebiges für wahr zu halten, sondern prüft, woran man sich in Wahrheit halten kann. Er zielt nicht auf das Unbezweifelbare, sondern auf das, womit man alles Zweifeln erträgt.

Die entscheidende Präzisierung der Wortverbindung »sensus fidei« ergibt sich, wenn man die typisch christliche Formatierung des Glaubensvollzuges und genuin christliche Bestimmung sei-

nes Gegenstandes in den Blick nimmt.[11] Dieses besondere Format ergibt sich aus der christlichen Deutung dessen, worauf sich der Mensch einlassen kann, wenn er auf etwas aus ist, auf das er sich unbedingt verlassen kann. Die entsprechenden Grundaussagen des Christentums lauten: (1) Jeder Mensch ist Adressat einer unbedingten Zuwendung Gottes, die keine Macht der Welt aufheben kann und auf die im Leben und im Sterben Verlass ist. (2) Als Zusage von Gottes unbedingter Zuwendung zum Menschen legt das Evangelium Jesu von Nazareth eine Spur, die realisiert, was sie anzeigt: Gottes Solidarität mit dem Menschen, gegen die letztlich auch der Tod nicht ankommt.

Diese Grundaussagen implizieren auch ein Basiskriterium für die richtige Anwendung des »sensus fidei«. Dabei geht es um den Test, ob sich ein bestimmter Inhalt religiöser Kommunikation dadurch auszeichnet, dass man sich darauf im Leben und angesichts des Todes verlassen kann. Im Umkehrschluss folgt daraus, dass nur solche »Glaubenswahrheiten« existenziell relevant sind, wenn das, was sie sagen, dazu verhelfen kann, das Leben anzunehmen, auch wenn es im Leben kategorisch Unannehmbares gibt. Nur von solchen Glaubenswahrheiten ist »zu bekennen, daß sie sicher, getreu und ohne Irrtum die Wahrheit lehren, die Gott um unseres Heiles willen in heiligen Schriften aufgezeichnet haben wollte« (Zweites Vatikanisches Konzil: Dei Verbum 11).[12]

---

11 Vgl. H.-J. Höhn, Praxis des Evangeliums (wie Anm. 8), 97–108.
12 Zur näheren Bestimmung dieser Korrelation von Vollzug des Glaubens (»sich unbedingt verlassen auf«) und Gehalt des Glaubens (»un-

Als Ausdruck einer Glaubenswahrheit kommen nicht beliebige Sätze über Gott und die Welt in Betracht, sondern nur eine solche Botschaft, die sich als Zusage einer unbedingten Zuwendung Gottes zum Menschen verstehen lässt, der man wiederum anders als im Modus des Vertrauens auf ihre Verlässlichkeit nicht gerecht werden kann. Niemand aber hat diese Botschaft und dieses Vertrauen als isolierter Einzelner und aus sich selbst, sondern jeder ist darauf angewiesen, sie durch die Zuwendung von anderen Glaubenden zu empfangen. Unter dieser Rücksicht verweist der »sensus »fidei« immer auch auf einen »consensus fidelium«, d.h. die Feststellung der unbedingten Verlässlichkeit des Glaubens verweist darauf, dass alle Glaubenden in dieser Feststellung übereinkommen können. Entscheidend dabei ist, ob der »sensus fidei« jene Regel anwendet, dass nur Gegenstand des Glaubens sein kann, worauf man sich im Leben und im Sterben verlassen kann, was z.B. für die fehlerfreie Berechnung eines bemannten Raketenfluges zum Mond – und zurück – nicht gilt. Hier geht es um die existenziell belangvolle Übereinstimmung von Wahrheit und Verlässlichkeit. »Wahr« und »verlässlich« meinen in diesem Zusammenhang nicht »fehlerfrei« oder »irrtumslos«. Durch den Glauben an Gott wird der Mensch nicht davor bewahrt, in Angelegenheiten, die in die Kompetenz der Vernunft fallen (z.B. Raketenflüge), keine Fehler zu machen. Vielmehr kann er ihn davor bewahren, angesichts des existenziell Unannehmbaren an sich selbst »irre« zu werden und mit seinem Leben in die »Irre« zu gehen.

Die Bedeutung des »sensus fidei« und »consensus fidelium« wäre halbiert,

wenn er nur für einen Zustimmungstest reserviert bliebe. Zum Glaubenssinn gehört aber auch der Geist des Widerspruchs:

»Der ›Sensus fidei fidelis‹ befähigt einzelne Gläubige auch, jede Disharmonie, jede Inkohärenz oder jeden Widerspruch zwischen einer Lehre oder Praxis und dem authentischen christlichen Glauben, nach dem sie leben, wahrzunehmen. Sie reagieren wie ein Musikliebhaber gegenüber falschen Noten bei der Darbietung eines Stückes. In solchen Fällen wehren sich die Gläubigen innerlich gegen die entsprechende Lehre oder Praxis und nehmen sie nicht an oder haben nicht an ihnen teil. [...] Gewarnt durch ihren ›Sensus fidei‹ können einzelne Gläubige sogar der Lehre ermächtigter Hirten ihre Zustimmung verweigern, wenn sie in dieser Lehre die Stimme Christi, des Guten Hirten, nicht erkennen. [...] Der ›Sensus fidei fidelis‹ befähigt die Gläubigen auch, in dem, was gepredigt wird, zwischen dem zu unterscheiden, was für den echten katholischen Glauben wesentlich ist, und dem, was – ohne ausdrücklich gegen den Glauben zu sein – nur nebensächlich oder sogar ohne Interesse im Hinblick auf den Kern des Glaubens ist.«[13]

Zusammenfassend lassen sich Definition und Operationalisierung des »sensus

bedingt Verlässliches«) siehe H.-J. Höhn, Unfehlbar? Über die Suche nach existenziell verlässlichen Wahrheiten, in: M. Seewald, (Hg.), Glaube ohne Wahrheit?, Freiburg/Basel/Wien 2018, 119–137.

13 Internationale Theologische Kommission: »Sensus fidei und sensus fidelium im Leben der Kirche«, Rom 2014, Nr. 62–64. Vgl. dazu den Kommentar- und Diskussionsband von Th. Söding (Hg.), Der Spürsinn des Gottesvolkes, Freiburg/Basel/Wien 2018.

fidei« wie folgt umreißen: Der »sensus fidei« ist die jedem Glaubenden zukommende Befähigung, jene »regula fidei« anzuwenden, die mit der Korrespondenz von Vollzug und Gehalt authentischer Glaubensverkündigung verbunden ist und die kritisch zur Geltung zu bringen ist gegenüber einer Verkündigung des Evangeliums im »Hier und Jetzt«. Diese »regula fidei« kommt in folgenden Testfragen zur Geltung:

- Geht es um eine zeit- und evangeliumsgemäße Übersetzung der für das Christentum konstitutiven Zusage des Entgegenkommens Gottes?
- Kann sich hierdurch der Mensch als Adressat einer unbedingten Zuwendung Gottes verstehen?
- Handelt es sich hierbei um eine Begegnung mit der christlichen Botschaft, der man allein im Setzen auf ihre existenzielle Verlässlichkeit gerecht wird?

Ist der Nachweis möglich, dass man vermeintlichen Glaubensaussagen bzw. -wahrheiten anders als im Setzen auf ihre existenzielle Verlässlichkeit gerecht wird, kann es sich dabei nicht mehr um authentische Begegnungsweisen mit dem Evangelium Jesu von Nazareth handeln. In diesem Fall können mit dem Anspruch auf Verbindlichkeit auftretende Lehrinhalte keine Rezeption mehr einfordern.[14] Was man mit dem Appell an den »sensus fidei« nicht durchsetzen kann, sind Positionen, die darauf hinauslaufen, Exponent von Aberglaube und Unvernunft zu sein oder Widersprüche zwischen Glaube und Vernunft zu befördern.

3. Sinn und Subjekt des Glaubens: Jugend als Ort theologischer Erkenntnis?

Wer über Vollzug und Gehalt des christlichen Glaubens nachdenkt, muss auch das Subjekt des Glaubensvollzuges in diese Reflexion einbeziehen. Erörterungen des »sensus fidei« bleiben auf merkwürdige Weise »subjektlos«, wenn nicht eigens auf den Träger dieses Spürsinns eingegangen wird.

Sofern es Aufgabe religiöser Kommunikation ist, das Evangelium in die Lebensverhältnisse des Menschen von heute zu übersetzen, müssen zum einen diese Lebensverhältnisse eigens bedacht werden: Welche Bedeutung haben sie für die Übersetzung des Wesentlichen und die Unterscheidung des Nebensächlichen in Glaubensfragen? Zum anderen ist der Anteil der Zeugen und Adressaten des Evangeliums zu klären: Gibt es gene-

14 Zu dieser Thematik siehe auch W. Beinert (Hg.), Glaube als Zustimmung. Zur Interpretation kirch-licher Rezeptionsvorgänge, Freiburg/Basel/Wien 1991. Sollte die kirchenrechtlich fixierte Nichtzulassung von Frauen zu kirchlichen Weiheämtern weiterhin nur historisch begründet oder zusätzlich durch skurrile Behauptungen zur theologischen Relevanz der Geschlechterdifferenz gestützt werden und wollte man versuchen, dieses Verdikt mitsamt dieser »Begründungen« zugleich in den Rang eines Dogmas zu erheben, so könnte der damit verbundene theologische Geltungsanspruch nicht eingelöst werden. So wenig fehlerfreie Berechnungen von Raumfahrtmissionen ein Gegenstand des Glaubens (und eines Dogmas) sein können, so wenig trifft dies für historische Rekonstruktionen der Kirchenorganisation oder des Zugangs zu kirchlichen Ämtern zu. Sie liefern keine existenziell belangvollen Wahrheiten und ihre historische Wahrheit ist der Falsifizierung ausgesetzt.

rationentypische Sensibilitäten und Resonanzen, wenn es um eine existenziell belangvolle Auslegung des christlichen Glaubens geht?

Diese Fragen werden unmittelbar angesprochen in einer »klassischen« Aussage des Zweiten Vatikanischen Konzils über das notwendige In-Beziehung-Setzen von Glauben und Leben: Die Kirche hat »nach den Zeichen der Zeit zu forschen und sie im Licht des Evangeliums zu deuten, so daß sie in einer der jeweiligen Generation angemessenen Weise auf die bleibenden Fragen der Menschen nach dem Sinn des gegenwärtigen und des zukünftigen Lebens und nach dem Verhältnis beider zueinander Antwort geben kann« (Zweites Vatikanisches Konzil: Gaudium et spes 4). Da aber zu jeder Zeit mehrere Generationen in einer Gesellschaft auszumachen sind, muss das Kriterium der Generationenangemessenheit auch jeweils generationenspezifisch erfüllt werden. Ohne die Kenntnis jeweils generationentypischer Sensibilitäten und Resonanzfähigkeiten verkündet man das Evangelium ins Leere. Soll dies vermieden werden, muss auch nach einem generationenspezifischen Format des »sensus fidei« gefragt werden.

Allerdings scheint dies im Blick auf die Jugendgeneration ein höchst prekäres Unternehmen zu werden. Wenn nicht nur Jugendliche in die Pubertät kommen, sondern mit ihnen auch der Glaube, wird rasch klar, dass es heute äußerst schwierig ist, mit ihnen in eine lebensbedeutsame Glaubenskommunikation einzutreten. Wer in Firmkursen engagiert ist oder schulischen Religionsunterricht erteilt, hat mit Gleichgültigkeit, Desinteresse und Unverständnis zu rechnen, wenn zentrale Inhalt des Christentums

zur Sprache kommen. Offenkundig begegnet man hier häufiger dem Phänomen der religiösen Unempfindlichkeit als der Sensibilität für das religiöse Andere der Vernunft. Unter dieser Rücksicht kommt dem Glaubenssinn der Jugendlichen, d.h. der Art und Weise, wie sie auf pastorale, katechetische und religionspädagogische Bemühungen reagieren, zunächst eine kritische hermeneutische Funktion zu: In der Begegnung mit Jugendlichen geht auf, was es heute schwer macht, für das Evangelium Resonanz zu finden. In der Auseinandersetzung mit ihnen kann man verstehen, warum Zeugnisse des Glaubens nicht (mehr) verstanden werden. Anders formuliert: Wenn die Pubertät die Zeit ist, in der selbst religiös sozialisierte Jugendliche die Kirche zunehmend als eine fremde Heimat erleben,[15] wenn sie mit dem Glauben, mit dem sie aufgewachsen sind, immer weniger anfangen können, wenn sie immer weniger empfänglich sind für traditionelle Formen und Formate der Glaubenspraxis, wenn sie mit Unverständnis auf pastorale Annäherungsversuche reagieren, dann sind dies nicht Indizien für einen mangelnden Glaubenssinn. Vielmehr ist diese Dissonanzerfahrung höchst bedeutsam. Kirchenleute können anhand dieser Dissonanzen zu verstehen suchen, warum sie nicht verstanden werden, wenn sie die Sache des Glaubens vertreten. Vielleicht ist das mangelnde Verständnis für das Unverständnis angesichts der Verkündigung des Evangeliums derzeit das größte Manko in der Kirche. Aber zugleich

15 Zum schwierigen Verhältnis von Kirche und Jugend siehe H.-J. Höhn, Fremde Heimat Kirche. Glauben in der Welt von heute, Freiburg/Basel/Wien 2012, 117–138.

kann die Konfrontation mit diesem Unverständnis zum Ort von theologisch und religionspädagogisch bedeutsamen Einsichten und Erkenntnissen werden.[16]

Gegen diese These lässt sich einwenden, dass sie von einem hartnäckigen Klischee ausgeht. Demnach stellt die Jugendphase vor allem eine Zeit der religiösen Desensibilisierung, Indifferenz und Distanzierung dar. Dabei wird übersehen, dass die Jugend zugleich die Phase des Aufbruchs, des Experimentierens und der suchenden »Ausflüchte« ist. Vielleicht ist es schlechthin die Zeit, in der Widerstreitendes und Zwiespältiges das Leben bestimmen. Jung sein heißt:

- mit sich selbst, mit anderen, mit der Welt aus eigener Kraft zurechtkommen wollen und es auf lange Sicht doch noch nicht können;
- selbstständig werden, ohne bereits wirtschaftlich auf eigenen Füßen stehen zu können;
- überall hin aufbrechen dürfen, aber nicht wissen, auf welchem Kurs man irgendwo ankommt;
- gerne groß sein, aber für diese Größe nur die halbe Stärke mitbringen, d.h. gernegroße Halbstarke sein;
- einer sozialen Zugehörigkeit und Verlässlichkeit bedürfen und daraus resultierende Verbindlichkeiten dennoch in Frage stellen, da das Leben im Zeichen der Flexibilität und Mobilität stehen soll;
- auf eine doppelte Gnade aus sein, d. h. frei sein können, ohne dabei zu vereinsamen, und Wurzeln schlagen, um über sich hinauszuwachsen;
- die Freiheit zur Selbstbestimmung besitzen und die Phase der Unbestimmtheit ausdehnen;

- den Ernst des Etwas-Sein-müssens spüren und am spielerischen Ausprobieren des Jemand-Sein-könnens festhalten.

Wenn Theologie und Pastoral sich für Empfindlichkeiten und Empfänglichkeiten von Jugendlichen interessieren, sind sie gut beraten, sich an diesen divergenten Dynamiken zu orientieren.[17] Sie werden dabei einen »sensus fidei« entdecken, die die Jugendlichen dazu befähigt, hinsichtlich des ihnen offerierten »Glaubensgutes« zwischen dem zu unterscheiden, was für die Bewältigung der skizzierten Divergenzen hilfreich ist, und dem, was dafür nebensächlich oder sogar hinderlich wird. Sie wollen wissen, inwieweit ihnen der Glaube hilft, eine entsprechende Könnerschaft auszubilden, um sich für ein eigenes Leben in Form zu bringen.[18] Theologie und Pastoral sind dabei herausgefordert, im Evangelium nach jenen lebensbedeutsamen Wahrheiten zu suchen, die zugleich resonanzfähig für die Phase des Jungseins sind. Die Frage, worauf man sich angesichts des Widerstreitenden und Zwiespältigen im Leben existenziell verlassen kann, wird

---

16 Im Bereich der theologischen Erkenntnislehre werden generationenspezifische Plausibilitätsstrukturen bisher nicht zureichend erörtert. Vgl. entsprechend blinde Flecken in Kirschner, M. (Hg.): Dialog und Konflikt. Erkundungen zu Orten theologischer Erkenntnis, Ostfildern 2017.

17 Wichtige Ansätze finden sich hierfür in: A. Kaupp / P.C. Höring (Hg.), Handbuch Kirchliche Jugendarbeit, Freiburg/Basel/Wien 2019.

18 Vgl. dazu H.-J. Höhn, Ich. Essays über Identität und Heimat, Würzburg 2018; Ders., Das Leben in Form bringen. Freiburg/Basel/Wien 2014.

in der Jugend durchaus anders buchstabiert als im Alter. Und ebenso fällt der Test, ob die Sinnofferten des christlichen Glaubens akzeptabel sind, jeweils unterschiedlich aus. Hier ist von Seiten der kirchlichen Glaubensverkündigung eine enorme Differenzierungsleistung verlangt. Sich mit den Beteuerungen »Gott ist die Liebe« oder der Bekräftigung »Jeder Mensch ist Adressat der unbedingten Zuwendung Gottes« zu begnügen, genügt bei weitem nicht. Solche Sätze sind nicht falsch, aber da es sich um abschließende Feststellungen oder elementare Behauptungen handelt,

kann kaum jemand etwas Konkretes mit solchen Grund- und Schlusssätzen anfangen – weder im Alter, noch in der Jugend. Wenn Jugendliche mit ihrem generationenspezifischen Sensorium für Sinnangebote auf solche Sätze mit Achselzucken reagieren, machen sie von der kritischen Funktion des »sensus fidei« Gebrauch. Sie stellen eine Dissonanz zwischen theologischer und existenzieller Bedeutsamkeit fest. Wer will es ihnen verdenken, dass sie auf der Suche nach existenziell Verlässlichem sich nicht auf Dissonanzen zwischen Leben und Glauben einlassen wollen?

Sandra Biebl / Reinhold Boschki
»Jugendtheologie und (Firm-)Katechese – ein Widerspruch?«

1. Hinführung

Bis etwa in die 1970er Jahre wusste so ziemlich jede und jeder katholische Jugendliche hierzulande, warum er auf Erden sei. Hatte sie oder er eine ›normale‹ katholische Sozialisation durchlaufen, kam die Antwort auf diese Frage meist ohne Zögern: »Wir sind auf Erden, um Gott zu erkennen, ihn zu lieben, ihm zu dienen und einst ewig bei ihm zu leben.«[1] Die Antwort war kurz, präzise und benötigte für die damalige Zeit wenig weiteren Erklärungsbedarf. Man lernte sie im katholischen Religionsunterricht in der Schule oder in der sog. »Sonntagsschule« bzw. »Christenlehre«, die in der Regel am Sonntagnachmittag erteilt wurden.

Es gibt keine empirischen Untersuchungen dazu, ob eine solche Beantwortung der Sinnfrage den (jungen und erwachsenen) Menschen damals im Lebensalltag, besonders in Krisensituationen wirklich geholfen hat. Vermutlich bot sie dennoch einen gewissen Sinn- und Orientierungsrahmen, der für die wechselnden Erfahrungen, die das Leben mit sich bringt, eine gewisse Sicherheit vermittelte.

Die Zeiten des Katechismuslernens waren im Gefolge der Reformen des Zweiten Vatikanischen Konzils (1962–1965) aus guten Gründen bald vorbei. Das religiöse Lernen von Kindern, Jugendlichen und Erwachsenen hat sich konzeptionell völlig verändert. Dennoch werden bis heute die Unternehmungen hierzu, sei es im Zusammenhang der Vorbereitung auf die Erstkommunion und Firmung von Kindern und Jugendlichen, seien es Elemente der sakramentenbezogenen Hinführung von Erwachsenen auf Taufe (der eigenen Kinder), Beichte, Ehe selbstverständlich als »Katechese« bezeichnet. Der Terminus ist im Alltag und Jahresrhythmus von Kirchengemeinden fest verankert.

Erhebliche Anstrengungen werden von Haupt- und Ehrenamtlichen Jahr für Jahr in Veranstaltungen der »Katechese« gesteckt: Erstkommunionkatechese (oft auch als »Eucharistiekatechese« bezeichnet), Firmkatechese, Taufkatechese, Bußkatechese, Ehekatechese, Gemeindekatechese sind geläufige Begriffe und Aktivitäten, was für die katholische Kirche weltweit gilt. Die »First Communion Catechesis« ist in den USA ebenso selbstverständlich wie in Lateinamerika, Indien oder den ursprünglich katholischen europäischen Ländern wie Spanien, Italien, Polen.

Die Fragestellung des vorliegenden Beitrags ist, ob die theoretischen Grundlagen und die Praxis der Durchführung

---

1 Deutsche Bischofskonferenz (Hg.), Katholischer Katechismus der Bistümer Deutschlands (verf. von Franz Schreibmayr und Klemens Tilmann), Freiburg 1956, 6.

von Katechese vereinbar sind mit Ideen und Praxiskonzepten der Kinder- und Jugendtheologie und ob kinder- und jugendtheologische Elemente in bisherigen Konzeptionen von Katechese eine Rolle spielen (können). Dazu beleuchten wir im nächsten Abschnitt (2.) kurz die Herkunft und Geschichte des klassischen Katechesebegriffs bzw. -verständnisses, um in Abschnitt (3.) nach aktuellen Weiterentwicklungen zu fragen. In Abschnitt (4.) stellen wir eine kleine explorative Studie am Beispiel der Firmkatechese mit jugendtheologischen Elementen vor. Am Ende (5.) ziehen wir einige religionspädagogische Konsequenzen und geben Perspektiven für die Praxis.

2. Katechese klassisch

Eine Diskussion darüber, ob der Begriff der »Katechese« heute noch sinnvoll sei, wird im katholischen Raum nicht nennenswert geführt. Nach wie vor gibt es Lehrstühle, Zeitschriften, Materialien in Hülle und Fülle, die dieses Stichwort im Titel führen. Selbst der Zusammenschluss der Scientific Community in den deutschsprachigen Ländern nennt sich bis heute »Arbeitskreis katholische Religionspädagogik und Katechetik«. In Afrika und Indien sind die »Katechetischen Institute« in den verschiedenen Diözesen die zentralen Institutionen für die Weitergabe des Glaubenswissens.

Hingegen wird der Terminus »Katechese« in der evangelischen Religionspädagogik weithin vermieden und bekanntlich durch »Gemeindepädagogik« ersetzt. Michael Meyer-Blank geht von der »Untauglichkeit des Katechesebegriffs« aus, spricht sich aber dennoch für

eine zeitgemäße Verwendung des Katechismus aus.[2]

Unbestritten ist, dass Begriff und Sache der Katechese in der Geschichte des Christentums eine entscheidende Rolle gespielt haben. Aus der jüdischen Tradition hat sich in früh-neutestamentlicher Zeit eine »Bildungsreligion«[3] entwickelt, die an alles, was die alttestamentliche und sich entwickelnde rabbinische Lerntradition bereithielt, anknüpfte.[4] Schon bald griff man im jungen Christentum auf ein Wort zurück, das im Neuen Testament allerdings nur acht Mal vorkommt: *katechein* bzw. *katechéo*. Die Etymologie dieses Wortes ist nicht eindeutig,[5] meist wird es im NT im Sinne von »Unterweisen im Wort Jesu« verwendet. In Gal 6,6 ist der, der im Wort unterrichtet wurde, in das Evangelium Jesu Christi, also in die Christus-Beziehung hineingestellt. Letztlich will Katechese die Menschen in Verbindung bzw. in Beziehung bringen mit Jesus Christus.

An verschiedenen Orten entwickelte sich in der Alten Kirche ein Lernweg für Taufbewerber, der eine spezielle Form

2 Michael Meyer-Blanck, Die Untauglichkeit des Katechesebegriffs und die Chancen des Katechismus aus evangelisch-theologischer Sicht, in: Stefan Altmeyer / Gottfried Bitter / Reinhold Boschki (Hg.), Christliche Katechese unter den Bedingungen der ›flüchtigen Moderne‹, Stuttgart 2016, 143–151.
3 Thomas Söding, Das Christentum als Bildungsreligion. Der Impuls des Neuen Testaments, Freiburg 2016.
4 U.a. Beate Ego / Helmut Merkel (Hg.), Religiöses Lernen in der biblischen, frühjüdischen und frühchristlichen Überlieferung, Tübingen 2005.
5 Heinzgerd Brakmann / Ottorino Pasquato, Art. Katechese / Katechismus, in: Reallexikon für Antike und Christentum (Bd. 20), 2004, 422–496.

der Einweisung in den christlichen Glaubensweg darstellte: »Die Taufvorbereitung mündet seit Ende des 2. Jh. in ein organisiertes Katechumenat, in dem neben Buße, Fasten und diversen Ritualen die Katechese eine Hauptrolle spielt.«[6]

Zahlreiche Kirchenväter haben einen beträchtlichen Teil ihrer Schriften der Katechese gewidmet, Augustinus hat um 400 n.Chr. als erster eine Art Theorie der Katechese vorgelegt.[7] Im Mittelalter bestand Katechese v.a. in der religiösen Familiensozialisation und Teilnahme an liturgischen Veranstaltungen. Aus heutiger Sicht konnte katechetisches Lernen jedoch durchaus ambivalent sein, wenn beispielsweise antijüdische Grundhaltungen, Stereotypen und Vorurteile selbstverständlich tradiert wurden, was sich etwa in der Kunst des Abendlandes gleichermaßen eindrücklich wie fatal niederschlug.[8]

Die Bildungsoffensive der Reformation zog erhebliche katechetische Bemühungen nach sich, die insbes. durch die Entstehung von Katechismen gekennzeichnet war. Die Gefahr, die daraus erwuchs, war, dass Katechese als reine Instruktion von Glaubenssätzen durchgeführt wurde, wobei die Lernenden die entsprechenden Sätze auswendig zu lernen hatten. Ein solches instruktionstheoretisches Katecheseverständnis feierte in der katholischen Tradition insbes. in der Neuscholastik des 19. Jahrhunderts seine Blüte, was sich im Wesentlichen bis zum Zweiten Vatikanischen Konzil durchhielt. Bildhaften Ausdruck fand dieses Verständnis beispielsweise in dem schon eingangs zitierten Katechismus von 1955[9] (siehe Abbildung).

Erst mit dem Konzil hält in der katholischen Kirche ein kommunikationstheoretisches Offenbarungs- und Katecheseverständnis Einzug, wobei Offenbarung als Selbstmitteilung Gottes und damit als Beziehungsereignis gedacht wird. In diesem Horizont kann nun auch Katechese wieder verstärkt interpersonal und dialogisch konzipiert werden.

3. Eine zeitgemäße Theorie der Katechese

Katechese ist kein Ereignis, das »von oben herab« auf die Menschen zukommt. Von ihren zuvor kurz angedeuteten Ursprüngen ist Katechese ein kommunikatives Geschehen zwischen Menschen auf gleicher Augenhöhe, ein Beziehungsgeschehen, das die Lernenden für die Christus- bzw. Gottesbeziehung öffnen und sensibilisieren will. Es geht darum, dass Menschen lernen können, ihr Leben im Horizont des Evangeliums zu deuten und zu leben. Dies kann nur in

---

6 Ebd., 432.
7 Augustinus, Vom ersten katechetischen Unterricht (übers. von Werner Steinmann; bearb. Von Otto Wermelinger), München 1985.
8 Z.B. Heinz Schreckenberg, Die Juden in der Kunst Europas. Ein historischer Bildatlas, Göttingen/Freiburg 1996.
9 Deutsche Bischofskonferenz (wie Anm. 1), 7.

einer Weggemeinschaft aus Menschen erfolgen, die bereits von der Beziehung zu Gott ergriffen sind und anderen, die freiwillig etwas davon hören und lernen wollen, von ihren Erfahrungen erzählen. Der springende Punkt von Katechese ist also das miteinander Teilen von Erfahrungen, die nichts anderes sein können als Beziehungserfahrungen.

Vor diesem Hintergrund können vier theoretische Elemente als zentral für einen theoretischen Neuansatz von Katechese genannt werden:[10] 1. ›Kommunikation des Evangeliums‹ als Basistheorie der Katechese; 2. ›Subjektwerdung fördern‹ als Grundmaxime der Katechese; 3. Bildung als ›regulatives Prinzip‹ der Katechese; 4. ›Beziehung‹ als Leitbegriff der Katechese. – Mit einem solchen Ansatz werden die Beziehungen in den Mittelpunkt des Katechesevorgangs gestellt, das heißt sowohl die menschlichen und familiären Beziehungsdimensionen als auch die persönliche Jesus- und Gottesbeziehung der Lernenden. Von den Subjekten und damit ihren Beziehungen her zu denken, für die Beziehungen zu sensibilisieren und religiöse Bildung beziehungsorientiert zu initiieren, ist ein zentrales katechetisch-religionspädagogischen Anliegen unserer Zeit.

Katechese konzipiert als Beziehung, Begegnung und »Berührung«[11] geht weit über ein ›klassisches‹, vermittlungsorientiertes Verständnis hinaus, knüpft jedoch gerade darin an alte Traditionen der Katechese, z.B. den mystagogischen Katechesen eines Cyrill von Jerusalem oder dem ignatianischen Spiritualitätskonzept, das immer auch bildenden und katechetischen Charakter hat, an. Eine beziehungs- und subjektorientierte Katechese erfindet also das katechetische Rad

keineswegs neu, sondern stellt – im Sinne einer »Re-Kontextualisierung« (Lieven Boeve) – das überlieferte katechetische Anliegen, nämlich die suchende, lernende Hinführung zur Gottesbeziehung, in den Kontext der heutigen Zeit.

Ansätze dazu finden sich in zahlreichen katechetischen Entwürfen in Theorie und Praxis. Für Monika Jakobs beispielsweise besteht das subjektorientierte Ziel der Katechese im Mündigwerden und in der Kritikfähigkeit der Glauben-Lernenden.[12] Sie sollen nicht unkritisch etwas Vorgegebenes übernehmen, sondern ihren eigenen Weg in Auseinandersetzung mit den überlieferten Glaubensinhalten finden. Ähnlich beschreibt das religionspädagogische »Handbuch der Katechese« die didaktischen Qualitätsmerkmale von katechetischen Lernwegen dadurch, dass Glaubensinhalte »erfahrungsbezogen und partizipatorisch in der Begegnung mit Menschen als Zeugen des Glaubens erschlossen« werden.[13] Die Inhalte des Glaubens werden demnach nicht einfach mehr vermittelt, sondern erfahrungsbezogen mit der Lebenswelt

10 Reinhold Boschki, Zeit-Raum mit Gott. Dialogisch-kreative Katechese unter den Bedingungen der ›flüchtigen Moderne‹: Elementaria einer zeitgemäßen Theorie der Katechese, in: Altmeyer et al., Christliche Katechese (wie Anm. 2), 19–36, hier 28–36. – Nähere Begründungen siehe dort.

11 Matthias Gronover, Katechetisches Lernen als Berührung. Ein differenzorientiertes Konzept von Katechese, in: Altmeyer et al., Christliche Katechese (wie Anm. 2), 103–113. – Siehe auch den Beitrag von Matthias Gronover in diesem Band.

12 Monika Jakobs, Neue Wege der Katechese, München 2010.

13 Angela Kaupp / Stephan Leimgruber / Monika Scheidler (Hg.), Handbuch der Katechese. Für Studium und Praxis, Freiburg ²2012, 15.

der Lernenden verbunden und in Begegnungen bzw. Beziehungen erprobt.

Judith Könemann und Claus Peter Sajak haben für ihre empirische Studie die Ziele von Katechese nach den einschlägigen kirchlich-katechetischen Dokumenten erschlossen und in folgenden Punkten zusammengefasst:[14]

- christlicher Glaube als Angebot;
- Förderung der Kenntnisse des Glaubens / über den Glauben;
- gemeinschaftliche Dimension der Katechese;
- Entwicklung einer eigenen Spiritualität;
- Ermöglichung religiöser Erfahrungen;
- lebendige und eigenständige Auseinandersetzung mit dem Glauben.

Trotz dieser Entwicklungen hin zu einem beziehungs- und subjektorientierten Katecheseverständnis kann in der Wirklichkeit katechetischer Theorie und Praxis nach wir vor eine Dominanz der Vermittlungslogik ausgemacht werden. Die Deutschen Bischöfe schreiben in ihrem Grundsatzpapier zur Katechese noch im Jahr 2004: »So ist die Katechese der kirchliche Dienst am Glauben der Menschen, der sich dem Wirken des Heiligen Geistes verdankt. Dieser Dienst besteht in der notwendigen Einführung, Vertiefung und Vergewisserung im Glauben.«[15] In solchen Formulierungen, ebenso wie in Versuchen, Mindeststandards für Katechese festzuschreiben,[16] wird deutlich, dass vermittlungshermeneutische Vorstellungen von Katechese nach wie vor dominant sind und dass Katechese ihre instruktionstheoretische Fundierung, die vor dem Zweiten Vatikanum herrschte, bis heute in weiten Teilen nicht wirklich

verlassen hat. Können unter diesen Vorzeichen kinder- und jugendtheologische Elemente in katechetische Konzeptionen Einzug halten?

4. Firmkatechese mit jugendtheologischen Elementen: Eine kleine explorative Studie

4.1 Kurze Vergewisserung zur Jugendtheologie

Kinder- und jugendtheologisches Arbeiten denkt bekanntlich von den Lernenden her und nicht nur auf sie hin. Ihr Grundansatz widerspricht einem reinen Vermittlungsmodell in religiösen Lehr-Lernprozessen, so auch in Katechese. Mit ihrer Grundunterscheidung zwischen Theologie *für, von und mit* Jugendlichen macht Jugendtheologie dennoch deutlich, dass intentionale religiöse Bildungsprozesse nicht überflüssig sind.[17] Doch

---

14 Judith Könemann / Clauß Peter Sajak / Simone Lechner, Einflussfaktoren religiöser Bildung. Eine qualitativ-explorative Studie, Wiesbaden 2017, 14–21.

15 Die Deutschen Bischöfe, Katechese in veränderter Zeit, Bonn 2004, 9.

16 Beispielsweise Volker Malburg, Glauben lernen?! Inhaltliche Mindestanforderungen an die Sakramentenkatechese, Regensburg 2010.

17 Petra Freudenberger-Lötz, Theologische Gespräche mit Jugendlichen. Erfahrungen – Beispiele – Anleitungen. München / Stuttgart 2012; Thomas Schlag / Friedrich Schweitzer, Brauchen Jugendliche Theologie? Jugendtheologie als Herausforderung und didaktische Perspektive, Neukirchen 2011; diess. (Hg.), Jugendtheologie. Grundlagen, Beispiele, kritische Diskussion, Neukirchen 2012; grundgelegt bereits in: Mirjam Zimmermann, Kindertheologie als theologische Kompetenz von Kindern, Neukirchen 2010.

werden in jugendtheologischen Ansätzen die Akzente klar verschoben: Nicht die Theologie *für* Jugendliche dominiert Konzeption und Didaktik des Geschehens, sondern das, was junge Menschen selbst zum Lernprozess beitragen. Lehrende bringen dann ihre Position, ihr Wissen um die Tradition und ihr Verständnis im zweiten Schritt in das Gespräch ein. Sie tun dies möglichst auf gleicher Augenhöhe, ohne den Habitus des Besserwissens und möglichst im Modus des Suchens und Fragens.

Denn junge Menschen stellen auch heute tiefgehende Glaubens- und Sinnfragen und setzen sich mit dem Glauben an Gott oder an das Göttliche intensiv auseinander.[18] Sie wollen dies jedoch nicht in enger Verbindung mit religiösen Institutionen tun, sondern auf eigene Weise, autonom, selbstbestimmt. Jugendtheologie ist damit ein religionsdidaktischer Ansatz, der strikt subjektorientiert ist, also von den Jugendlichen her denkt, von ihren Voraussetzungen, ihren Lebenswelten, ihren Fragen und Anfragen, ihrem Zweifeln und Hoffen. Von diesem Anspruch her unterscheiden sich Jugendtheologie und Firmkatechese keineswegs.

4.2 Ein jugendtheologisch geschärfter Blick in gängige Firmkonzepte

Um der anfangs gestellten Frage des Beitrags nachzugehen, ob kinder- bzw. jugendtheologisches Arbeiten in der Katechese funktionieren kann, ist es hilfreich, einen jugendtheologisch geschärften Blick in gängige und aktuelle firmkatechetische Modelle, sogenannte »Firmmappen«, wie zum Beispiel »Fir-

mung vernetzt« (2015), »Stark fürs Leben« (2016), »Stark! – Mich firmen lassen« (2015) zu werfen.[19]

Die Auswertung dieser exemplarischen Firmmappen überrascht, da alle diese Konzepte keine expliziten Verweise oder Bezugnahmen auf jugendtheologisches Arbeiten vorweisen. Selbst die gängige Literatur zu Jugendtheologie wird nicht zitiert und Begriffe wie »Jugendtheologie« oder »jugendtheologisches Arbeiten« oder »theologische Gespräche mit Jugendlichen« finden sich an keiner Stelle. Es gibt allenfalls implizite Hinweise auf jugendtheologisches Vorgehen in der Firmkatechese.

Die Ziele der Firmvorbereitung sind allen Firmkonzepten gemeinsam. Die Firmlinge sollen ihr Wissen über die wesentlichen Bestandteile des christlichen Glaubens erweitern und sich persönlich mit Fragen des Glaubens auseinandersetzen. Besonders wichtig ist die inhaltliche Vorbereitung auf die Firmung, die mithilfe der Materialien zu den verschiedenen Themen wie Gott, Gebet, Jesus Christus und Kirche gewährleistet wird.

Neben der gängigen Wissensvermittlung kommt das Bewusstsein auf, dass

---

18 Vgl. Friedrich Schweitzer / Golde Wissner / Annette Bohner / Rebecca Nowack / Matthias Gronover / Reinhold Boschki, Jugend – Glaube – Religion. Eine Repräsentativstudie zu Jugendlichen im Religions- und Ethikunterricht, Münster 2018.

19 Klaus Vellguth / Thomas Arnold / Benedikt Dolzer, Firmung vernetzt. Die Welt ist nicht genug. Jugendbuch und Handreichung, München 2015; Angela Bachlechner / Stefan Schöttl / Hannes Wechner, Stark fürs Leben. Der kreative Firmkurs. Das Werkbuch für Begleiterinnen und Begleiter, Innsbruck 2016; Jürgen Schulze Herding, Stark! – Mich firmen lassen. Firmbuch und Handbuch für Firmbegleiter, München 2015.

Firmung mehr sein soll als reine Vermittlung von Glaubenswissen und Inhalten. Die Jugendlichen sollen über ihren Glauben ins Gespräch kommen. Diese Kommunikation beinhaltet neben der Weitergabe von Glaubensinhalten auch das Reden über die persönliche Religiosität, die eigene Überzeugung und Erfahrung. Die Firmvorbereitung ist eben mehr als reine Kopfsache.

Die Firmmappe »Stark fürs Leben« formuliert sehr passend, dass die »Firmung bzw. Firmvorbereitung kein Crashkurs in Glaubenswissen ist. Die Vermittlung des Glaubenswissens gehört zu den Aufgaben des Religionsunterrichts.«[20]

Zusammenfassend lässt sich sagen, dass die moderne und ansprechende Gestaltung der Firmmappen auffällt. Aber das typische Firmkonzept von mehreren inhaltlichen Einheiten wird bei allen Firmmappen beibehalten. Dabei steht die Vermittlung von Inhalten im Vordergrund.

4.3 Kleine jugendtheologische Erkundung zur Firmkatechese

Zunächst sollen kurz die Rahmenbedingungen der Erkundung benannt werden. Die Firmvorbereitung und Firmung fand in einer Stadt in Süddeutschland statt. Die betreffende Seelsorgeeinheit besteht aus vier Gemeinden, aus denen sich 70 Firmandinnen und Firmanden, gängig als »Firmlinge« bezeichnet, im Alter von 15–16 Jahren zur Firmkatechese angemeldet hatten. Zwei Hauptamtliche leiteten zusammen mit sechs ehrenamtlichen Begleitern die Firmung. In der Vorbereitung wurde ein bewährtes Firmkonzept aus den vergangenen Jahren überarbeitet und durchgeführt.

Das Konzept war auf zwei Wochenenden für alle Firmlinge mit je drei Einheiten angelegt. Das erste Wochenende fand mit allen Firmlingen im Oktober zu den Themen: Gottesbilder, Kirche, Sakramente statt. Das zweite Wochenende fand an zwei möglichen Terminen im Februar mit je einem Hauptamtlichen und drei Firmbegleitern zu Nachfolge, Jesus Christus und Hl. Geist statt.

Zwischen den beiden Firmwochenenden war ein Sozialprojekt vorgesehen. Dies konnte in der Gemeinde durch Gottesdienstvorbereitungen oder den Besuch eines Gruppenleiterkurses gemacht werden, aber auch in sozialen Einrichtungen wie im Altenheim, der Suppenküche, Bahnhofsmission oder einem ›Tafelladen‹ für Bedürftige.

Die erwähnte jugendtheologische Erkundung fand am zweiten Firmwochenende mit der Hälfte der Firmlinge, circa 30 Teilnehmenden, einem Hauptamtlichen und drei Firmbegleiterinnen bzw. -begleitern statt. Es zeigte sich, dass der Versuch, jugendtheologische Elemente in Firmkatechese zu integrieren, sich am besten für die thematische Einheit Jesus Christus eignet. In der vorgegebenen Zeit von 90 Minuten sollen die Firmlinge in Gruppenarbeit verschiedene Jesusbilder aus der Bibel kennenlernen. Die drei Firmbegleiterinnen bzw. -begleiter und der Hauptamtliche haben sich je eine Bibelstelle ausgesucht und hierzu eine Gruppenarbeit vorbereitet.

Die Methode des jugendtheologischen Arbeitens fand in einer Gruppenarbeit zum Thema »Seesturm« statt. Diese Perikope bietet sich gut an, um über Ängste

---

20 Schulze Herding, Stark! (wie Anm. 19), 95.

der Jugendlichen, über das Vertrauen auf Jesus und somit auch über ihren eigenen Glauben zu reden. Da die Firmlinge die Gruppenarbeit nach eigenem Interesse wählen durften, war diese Gruppe mit 13 Jugendlichen relativ groß.

Als Einstieg haben sich die Firmlinge mit Ängsten allgemein beschäftigt. Hierzu wurden verschiedene Bilder ausgelegt von Spinnen, Naturkatastrophen und Krankheiten. Da das Ergebnis der Gruppenarbeit im Plenum vorgestellt werden sollte, fand zur Hinführung zur Bibelstelle ein theaterpädagogisches Element des Nacherzählens und Weitererzählens Anwendung, indem sich die Firmlinge in verschiedene Personen hineinversetzen sollten, ähnlich einem Bibliodrama. In der Erarbeitungsphase haben die Firmlinge in zwei Gruppen Standbilder erstellt, die sie sich gegenseitig vorstellten. In der Vertiefung folgte dann das Gespräch über den eigenen Glauben, das Theologisieren.

Die folgenden Aussagen sind ausschnitthaft aus dem Gespräch mit den Jugendlichen entnommen. Die jeweiligen Fragen wurden von einer Firmbegleiterin gestellt, die das Gespräch als Moderatorin leitete.

Auf die Frage, ob die Jugendlichen glauben, dass Jesus einen Sturm besänftigen kann, gab Lukas (15 J.) zur Antwort: *»Ich glaube schon, dass Jesus die Kraft und Macht hatte, einen Sturm zu besänftigen, aber die anderen Sachen wie mit dem Wasser zu Wein oder mit dem Fisch teilen, das glaube ich nicht.«* Lukas bringt hier einen theologischen Erklärungsversuch an. Er sieht Jesus als eine besondere Person, die außergewöhnliche Fähigkeiten besitzt.

Jana (15 J.) hingegen ist dem gegenüber skeptischer. *»Naja, das ist ja vielleicht nicht wirklich passiert. Es geht darum, dass Jesus in den Köpfen der Menschen irgendetwas verändert hat. Also die Geschichte ist nur symbolisch und nicht wirklich passiert.«* Hier versucht Jana den Seesturm anthropologisch zu deuten, indem sie den Schwerpunkt auf den Menschen legt, in welchem Jesus etwas ausgelöst und verändert hat.

Im weiteren Gespräch ging es um Eigenschaften, die ihnen an Jesus gefallen, bzw. die sie bewundern. Daraufhin gibt Eva (15 J.) zu Wort: *»Jesus scheint mir zufrieden zu sein. Er hat Alles und braucht nichts Weiteres. Das hätte ich auch gerne.«* Jesus strahlt bei den Jugendlichen auch in der heutigen Zeit noch etwas aus, das mit vollkommener Zufriedenheit und einer aufkommenden Sehnsucht danach umschrieben werden kann. Entsprechend ihres jugendlichen Alters kommen auch passende Redebeiträge von Jannick und Paul (16 J.). *»Der Jesus kann Wasser zu Wein machen. Das ist cool.«* *»Aber Wasser zu Geld wäre noch besser.«*

Mittlerweile sind wir mitten im Theologisieren und das Gespräch geht in die Tiefe. Fortan geht es um den persönlichen Glauben der Jugendlichen. Jannick (16 J.) bezieht sich dabei vor allem auf Jesus Christus. *»Jesus ist ein Halbgott. Er ist halb Mensch und halb Gott. Sein Vater ist ein Gott und seine Mutter ist ein Mensch. Das ist so, wie wenn dein Vater Pole und deine Mutter Deutsche ist. Dann bist du zur Hälfte Pole und zur anderen Hälfte Deutsche«.* Darauf antwortet Paul (16 J.): *»Genau, wie in der griechischen Mythologie und bei dem Film Percy Jackson, in ihm sind zwei Wesen vorhanden.«* Interessanterweise antworten die »coolen« Jungs gerade eben hier von ihrem eigenen Glaubensverständnis aus. Auch sie machen sich Gedanken über den Glauben und über Gott. Sie versuchen, die Person Jesu für sich zu deuten und tun dies mithilfe des Bildes eines Halbgottes aus der griechischen Mythologie. Dieser Vergleich erinnert an die Zwei-Naturenlehre für ein Verständnis Jesu Christi aus den Ökumenischen Konzilien der ersten Jahrhunderte der Christenheit. Ohne die Wörter Wesen, Person, zu erwähnen, führen die Jugendliche eine hochtheologische Debatte über das Mensch- und Gottsein Jesu.

Linda (16 J.) zeigt eine neue Perspektive auf, indem sie Jesus als helfendem Menschen wahrnimmt. *»Ich glaube, dass Jesus in der Bibel Menschen, die Hilfe brauchen oder krank sind, gesehen hat. Er hat mit den Augen gesehen und gehandelt und weil er nicht mehr hier ist, müssen nun wir für ihn sehen. Und Sehen kann man nicht nur mit den Augen, sondern man kann ja auch mit anderen Dingen sehen. Man kann ja auch mit dem Herzen sehen, das heißt dann, dass man gerecht und hilfsbereit ist.«* Dieser Jugendlichen fällt auf, dass Jesus zuallererst den Menschen sieht, es geht um ein Gesehen-Werden. Und daraus leitet sie ein Handeln an hilfsbedürftigen Menschen ab.

Da die Einheit zu Jesus Christus auf eine festgelegte Zeit von 90 Minuten angesetzt war, musste das Gespräch hier beendet werden. Im Anschluss an die Gruppenarbeit haben die einzelnen Gruppen im Plenum ihr Ergebnis vorgestellt. In diesem Fall waren das die Standbilder vom Anfang der Einheit.

Abschließend lässt sich über das Theologisieren mit Jugendlichen in der Firmkatechese sagen, dass es sich als schwierig erwiesen hat, in einem jahrelang praktizierten und vorgegebenen Konzept mit einem neuen Ansatz, einer neuen Methode zu arbeiten. Die Konzep-

tion der Firmkatechese war eher darauf ausgelegt, den Jugendlichen an zwei Wochenenden Wissen und Inhalte zu vermitteln. Auch das spezifische Wochenende war nicht jugendtheologisch ausgelegt. So blieb wenig Handlungsmöglichkeit zum Theologisieren, da dieses Wochenende mit den drei großen Einheiten Nachfolge, Jesus Christus und Heiliger Geist bereits inhaltlich vorstrukturiert war. Durch den Anspruch der Wissensvermittlung erlebten die Jugendlichen drei eng getaktete Tage bis spätabends, die gefüllt waren mit vorgegebenen Inhalten. In diesem Rahmen kann kaum auf die Bedürfnisse der Jugendlichen eingegangen werden.

Doch auch von Seiten der jungen Menschen war das eigene Theologisieren nicht eingeübt, die Aussagen kamen teilweise nur zäh, das Gespräch geriet öfters ins Stocken, Antworten wurden eher vereinzelt und erst nach längerem Überlegen und mehrmaligen Nachfragen gegeben. Es zeigte sich, dass Theologisieren durchaus mühsam werden kann, wenn Jugendliche diese Form nicht gewohnt sind.

Dennoch haben die jungen Menschen gezeigt, dass sie zum Theologisieren kompetent sind. Die Einheit Jesus Christus sollte nach diesen 90 Minuten abgeschlossen sein, doch an den Antworten und Aussagen zu Jesus als Halbgott, als ein Mensch mit zwei Wesen, einer der Alles hat und Nichts braucht, zeigt sich, dass die Überlegungen längst nicht abgeschlossen sind, sondern dass ein sprachlicher Suchprozess begonnen hat: Wie kann man Jesu Besonderheit in eigene Worte fassen? Dieser Versuch war ein erster Schritt in Richtung Theologisieren und bedarf nun einer Vertiefung. Es ist eher als eine Hinführung zu verstehen, wonach eine intensive Weiterarbeit anschließen sollte.

An dieser kleinen Erkundung in der Firmkatechese hat sich gezeigt, dass das Theologisieren mit Jugendlichen in der Firmkatechese durchaus möglich ist und sich als Methode bewähren kann. Auf alle Fälle sollte das bisherige Firmmodell mit den vorgegebenen Inhalten und dem vorrangigen Anspruch der Wissensvermittlung überarbeitet werden. Es ist notwendig, Firmkatechese neu zu denken und zu konzipieren. Dabei sollen die konkreten Jugendlichen und ihr Verständnis von Glauben und Theologie im Mittelpunkt stehen. Hierzu bietet sich das Theologisieren *von, mit und für* Jugendliche an, wobei die jungen Menschen mit ihrer Suche nach eigenem Glauben im Mittelpunkt stehen.

5. Religionspädagogisches Fazit und Perspektiven

Wie gesehen, sind jugendtheologische Elemente in den Konzepten und in der Praxis der Firmkatechese keineswegs selbstverständlich. Sie müssen erst durch einen langen Lernprozess eingeübt werden – und zwar von den Verantwortlichen ebenso wie von den Lernenden. Nach wie vor ist (Firm-)Katechese viel zu inhaltslastig und vermittlungsorientiert angelegt. Jugendtheologische Anliegen werden bislang kaum berücksichtigt.

Unsere Fragestellung für diesen Beitrag war, ob die theoretischen Grundlagen und die Praxis der Durchführung von Katechese vereinbar sind mit Ideen und Praxiskonzepten der Kinder- und Jugendtheologie und ob kinder- und

jugendtheologische Elemente in bisherigen Konzeptionen von Katechese eine Rolle spielen (können). Die aufgezeigten Ergebnisse der Literatursichtung und der explorativen Studie war, dass Jugendtheologie und Firmkatechese weitgehend unerkannt nebeneinander stehen. Dennoch sind sie sich keineswegs fremd. Letztlich ist die Zielperspektive und der Anspruch von beiden zumindest teilweise identisch: Jugendliche in ihrer Kompetenz zu stärken, Glaubensfragen selbst zu stellen, sich eigene Gedanken zu Glaube, Gott, Kirche und Sinn des Lebens zu machen, möglichst eigene, für das Leben relevante Antworten zu finden. Kaum eine Theorie oder Praxis der Firmkatechese würde diesen Anliegen widersprechen.[21]

Dennoch gibt es bislang keine ernsthaften Berührungspunkte. Bei aller Rede vom Subjektsein der Jugendlichen (kein Firmkonzept widerspricht diesem Gedanken) und bei aller Bemühungen um jugendgemäße, lebensweltliche, dialogisch-kommunikative und partizipative Formen in der Katechese »… lässt sich der Begriff Jugendtheologie am Ende doch nur dann vertreten, wenn auch die von den Jugendlichen selbst *explizit formulierte Theologie* in den Blick genommen wird …«.[22]

Folgerung: Firmkonzepte und Theorien zur Firmung müssen das jugendtheologische Anliegen künftig konsequent auf-

---

21 So beispielsweise Markus Arnold / Nicola Ottiger / Monika Jakobs (Hg.), Firmung – Theorie und Praxis eines eigenwilligen Sakraments, Luzern 2019; Patrik C. Höring (Hg.), Gott entdecken, Gott bezeugen. Firmkatechese heute, Freiburg 2014.

22 Schlag / Schweitzer, Brauchen Jugendliche Theologie? (wie Anm. 17), 54.

nehmen. Dies ist, wie oben angedeutet, seit dem Zweiten Vatikanum theologisch längst möglich, religionspädagogisch längst grundgelegt und von der Praxis her gesehen höchst nötig. Ein dringendes Desiderat ist eine konsequent jugendtheologisch orientierte Theorie der Firmkatechese. Daraus könnten Firmkonzepte hervorgehen, die von Grund auf jugendtheologisch angelegt sind. Es darf nicht nur darum gehen, einzelne jugendtheologische Elemente in die Firmkatechese zu implementieren, was schwierig wäre, da es von beiden Seiten, Lehrenden und Lernenden, nicht eingeübt wäre. Firmkatechtinnen und -katecheten, Teamerinnen und Teamer, Haupt- und Ehrenamtliche sollten in jugendtheologisches Denken eingeführt und in jugendtheologische Praxis eingeübt werden. Gleichermaßen könnten junge Menschen kinder- und jugendtheologisches Arbeiten schon von Grund auf in Gemeinde und Schule erleben und damit vertraut werden.

Die eingangs erwähnte große Sinnfrage »Wozu sind wir auf Erden?« kann heute nicht mehr durch einen fertigen Antwortsatz lebensrelevant beantwortet werden. Ziel wäre, dass Jugendliche in der Firmvorbereitung Gelegenheit bekommen, sich zu solchen Fragen selbst Gedanken zu machen, eigene Fragen zu formulieren und eigene Antworten zu suchen – und dann mit den Katechetinnen und Katecheten ins Gespräch darüber zu kommen. Idealerweise sind alle Unternehmungen religiösen Lernens und religiöser Bildung – somit auch Firmkatechese – Ausdruck einer suchenden Theologie von und mit Jugendlichen, die in der Weggemeinschaft von Lehrenden und Lernenden erfolgt.

Wenn dies der Fall wäre, dann, und nur dann, wären – um das Fragezeichen im Titel dieses Beitrags aufzulösen – Jugendtheologie und (Firm-)Katechese kein Widerspruch (mehr).

Bert Roebben
Agnostizismus als Erprobungsraum. Über Theologisieren mit Jugendlichen in der Jugendpastoral

In diesem Beitrag entfalte ich das Konzept der Jugendtheologie (JT), das ursprünglich im wissenschaftlich-religionspädagogischen Diskurs in Hinblick auf den Lernort Schule entstanden ist, für jugendpastorale Arbeitsfelder. Zunächst beschreibe ich in einer kurzen historischen und systematischen Rekonstruktion, wie das Konzept JT sich aus dem Diskurs der Kindertheologie entwickelt hat und erläutere die gemeinsamen Basisannahmen von JT und Kindertheologie sowie ihre wesentlichen Unterschiede.

Im zweiten Hauptteil betrachte ich Agnostizismus als typisches Merkmal der religiösen Entwicklung des Jugendlichen und untersuche, wie die Grundhaltung des Fragens in der Jugendtheologie anthropologisch-kritisch und theologisch relevant interpretiert werden kann. Der dritte Schritt ist eher praktischer Natur und untersucht Theologisieren mit Jugendlichen im Spielraum des Agnostizismus als elementare Handlungsform der Jugendpastoral. Abschießend formuliere ich die Herausforderungen, die dieses Konzept für die Zukunft von Kirche und Glaubensgemeinschaft mit sich bringt.

1. Historische und systematische Rekonstruktion

Das Konzept JT hat, zumindest in Deutschland, seinen Ursprung in der Abzweigung vom Konzept der Kindertheologie. Dieses hat sich mit dem Erscheinen des ersten Jahrbuchs für Kindertheologie 2002 erfolgreich im religionspädagogischen Diskurs etabliert. Das Netzwerk JT wurde im RPI Loccum (4.–6. September 2011) gegründet, und 2013 erschien das erste Jahrbuch für Jugendtheologie.[1] Das Habitat der Kindertheologie und im Gefolge der JT war vor allem im Lernort Schule vorzufinden. Außerschulische Aspekte wurden eher selten erläutert – bis zum April 2014, als das Netzwerk JT zum vierten Mal tagte und sich explizit mit dem Thema »Kirche und Jugend« an der Theologischen Fakultät der Universität Zürich auseinandersetzte[2], und zum September 2016, als das Netzwerk Kinder- und Jugendtheologie sich in der neuen integrierten Konstellation an der Theologischen Fakultät Zürich unter dem Motto »Kinder- und Jugendtheologie als Kommunikation des Evangeliums«[3] traf. In

1 Vgl. Petra Freudenberger-Lötz / Friedhelm Kraft / Thomas Schlag. (Hg.), »Wenn man daran noch so glauben kann, ist das gut«. Grundlagen und Impulse für eine Jugendtheologie (JaBuJu 1), Stuttgart 2013.

2 Vgl. Thomas Schlag / Bert Roebben (Hg.), »Jedes Mal in der Kirche kam ich zum Nachdenken«. Jugendliche und Kirche (JaBuJu 4), Stuttgart 2016.

3 Vgl. Gerhard Büttner / Hanna Roose / Thomas Schlag (Hg.), »Was ist für dich der Sinn?« Kommunikation des Evangeliums mit Kindern und Jugendlichen (JaBuKiJu 1), Stuttgart 2018.

Altenberg (November 2018) wurde dann untersucht, ob »Jugendtheologie als Paradigma einer Jugendpastoral« fungieren kann und in Paderborn (März 2019) gab es erneut ein Treffen des gemeinsamen Netzwerks unter dem Titel »Getrennte Welten? Lernortspezifische Jugendtheologie in Schule und Gemeinde«.

Im internationalen jugendpastoralen Diskurs wurde die theologische Dignität von jungen Menschen auch wahrgenommen und artikuliert[4], aber dann fehlten meistens die didaktischen Umsetzungen, die so typisch für die deutsche schulorientierte Religionspädagogik sind. *Strictu sensu* unterscheidet die (deutsche) JT sich von der (internationalen) Theologie der Jugend bzw. des Jugendalters und der Jugendseelsorge. In der Wertschätzung der theologischen Aktivität *von, mit und für* Jugendliche(n) steht die Subjektorientierung (das Theologisieren der Jugendliche als *genitivus subjectivus*) in der Mitte. Die objektive Beschreibung und hermeneutische Reflexion dieser gelebten Theologie kann als Theologie der Jugend und der Jugendseelsorge (oder noch als eine ›Theologie der Jugendtheologie‹)[5] in dem Modus des *genitivus objectivus* betrachtet werden.

Der Wissensbestand im Forschungs- und Praxisgebiet »Kinder- und Jugendtheologie« in Deutschland ist seit dem Erscheinen des ersten Jahrbuchs für Kindertheologie (2002), des ersten Jahrbuchs für Jugendtheologie (2013) und vieler Monographien beachtenswert gewachsen. Im »Handbuch Kirchliche Jugendarbeit« von Angela Kaupp und Patrik C. Höring haben Thomas Schlag und ich versucht, diese Wissensbasis pointiert auf die kirchliche Jugendarbeit anzuwenden[6]. Als gemeinsame Basisannahmen

der Kinder- und Jugendtheologie fanden wir erstens, »dass [auch] Jugendliche eigenständige Akteur/innen religiöser Reflexion sein können. Wenn es genügend Anregungen und Anforderungssituationen gibt, können Jugendliche in einem weiten Sinn ›Theologie treiben‹ und eine eigene theologische Stimme entwickeln (…). Die Grundannahme ist dabei, dass es keinen substantiellen, sondern nur einen graduellen Unterschied zwischen Kindern, Jugendlichen und Erwachsenen in Bezug auf den Umgang mit theologisch relevanten Fragen gibt.«[7]

Als zweite Grundannahme fanden wir, dass es im kinder- und jugendtheologischen Geschehen zwei verschiedene Modi gibt, die »nicht strikt voneinander getrennt sind, sondern in unmittelbarer Bezogenheit aufeinander zu verstehen sind – und dies durch das wechselseitige Deutungsgeschehen zwischen Lehrenden und Lernenden im Sinn der Erfahrung gemeinsamen Reflektierens und Experimentierens und überhaupt der Erfahrung einer gemeinsamen sinnhaf-

---

4 Vgl. Bert Roebben, Internationale Entwicklungen in der Erforschung der Jugendseelsorge. Kontexte, Themen und Tiefenstrukturen, in: JaBuJu 1 (2013), 70–83. Autoren wie Dean Borgman, Kenda Creasy Dean, Malan Nel, Andrew Root, Pete Ward, Michael Warren, David White, etc. sind im angelsächsischen Bereich diskursprägend.

5 Vgl. Thomas Schlag / Friedrich Schweitzer, Brauchen Jugendliche Theologie? Jugendtheologie als Herausforderung und didaktische Perspektive, Neukirchen 2011, 41–52.

6 Vgl. Bert Roebben / Thomas Schlag, Jugendtheologie: Basisannahmen und Konkretisierungsmöglichkeiten für die kirchliche Jugendarbeit, in: Angela Kaupp / Patrik C. Höring (Hg.), Handbuch Kirchliche Jugendarbeit. Für Studium und Praxis, Freiburg/Basel/Wien 2019, 444–459.

7 Ebd., 446.

ten Beziehungsebene (...). Der eine Modus ist die individuelle (*primäre*) religiöse Kommunikation, konkret das, was man klassischerweise als die Ebene des religiösen Gefühls, religiöser Erfahrung und der religiösen Selbstpositionierung bezeichnet: also das Wahrnehmen und Erleben, aber auch das Selbstgespräch und die Suche nach Sinn, kurz die individuelle Religiosität, die für sich verschiedene Formen der Impression und Expression annehmen und pflegen kann. Der andere Modus (*sekundärer*) religiöser Kommunikation bezeichnet die spezifisch wissenschaftliche Deutungsperspektive auf diese Komplexität religiöser Erfahrung und Expression: Hier geht es um die deutende Verlebendigung materialer biblischer und dogmatischer Inhalte und Traditionen und damit um ein theologisches Deutungshandeln.«[8] Dabei ist in beiden Modi »Theologizität nicht nur auf Seiten der Lehrenden, sondern eben auch auf Seiten der Jugendlichen anzusiedeln.«[9]

Welche sind dann die *graduellen* Unterschiede zwischen der Kindertheologie und der Jugendtheologie, die dazu beitragen, dass die Wahrnehmung von (Modus 1: Erfahrung) und der Umgang mit (Modus 2: Deutung) *substantiellen* Glaubenselementen in jugendtheologischen Lernprozessen sich anders darstellen als in kindertheologischen Lernprozessen?[10] Fünf Aspekte sollten dabei berücksichtigt werden.[11]

(1) Zunächst wird das Jugendalter oft von einem kritischen Umgang mit dem eigenen Kinderglauben gekennzeichnet. »Was eben noch das individuelle Weltbild getragen hat, wird plötzlich als kindisch und albern erachtet.«[12] Eine »Überarbeitung (...) von religiös-kognitiven Kind-

heitsmustern« und eine Neukonstruktion der Weltanschauung sind in dieser Phase erforderlich, »auch wenn diese (...) kein Gesamtsystem und Gesamtkunstwerk ist, sondern vielmehr Patchwork bleibt.«[13] Man sollte seine Augen nicht vor der Tatsache verschließen, dass viele Jugendliche sich auch einfach vom Glauben insgesamt verabschieden.

(2) Damit zusammenhängend zeigt sich in der Adoleszenz oft eine elementare

---

8 Ebd., 448.

9 Ebd., 449. Für den Begriff ›Theologizität‹, siehe Thomas Schlag / Jasmin Suhner (Hg.), Theologie als Herausforderung religiöser Bildung. Bildungstheoretische Orientierungen zur Theologizität der Religionspädagogik, Stuttgart 2017; Bert Roebben, New Wine in Fresh Wineskins. Rethinking the Theologicity of Catholic Religious Education, in: Michael Buchanan / Adrian Gellel (Hg.): International Perspectives on Catholic Religious Education (Volume II: Learning and Leading in a Pluralist World), Heidelberg 2018, 51–61.

10 Vgl. Bert Roebben, Religionspädagogik der Hoffnung. Grundlinien religiöser Bildung in der Spätmoderne, Münster ³2012, 99–112.

11 Vgl. Sofie Raes / Bert Roebben, Jongerentheologie in de voetsporen van kindertheologie?, in: Handelingen 42 (2015) 4, 27–35; Tobias Künkler, Jugendtheologie in allgemeinpädagogischer Perspektive. Eine kritische Kommentierung, in Tobias Faix / Ulrich Riegel / Tobias Künkler (Hg.), Theologien von Jugendlichen. Empirische Erkundungen zu theologisch relevanten Konstruktionen Jugendlicher, Münster 2015, 225–235, hier 228–231; Thomas Schlag / Friedrich Schweitzer, Brauchen Jugendliche Theologie? (wie Anm. 5), 25–51.

12 Ulrich Riegel / Tobias Faix, Jugendtheologie. Grundzüge und grundlegende Kontroversen einer relativ jungen religionspädagogischen Programmatik, in Tobias Faix / Ulrich Riegel / Tobias Künkler (Hg.), Theologien von Jugendlichen (wie Anm. 11), 9–33, hier 15.

13 Heinz Streib und Carsten Gennerich, zitiert in: Veit-Jakobus Dieterich (Hg.), Theologisieren mit Jugendlichen. Ein Programm für Schule und Kirche, Stuttgart 2012, 16.

Erfahrung von Zweifel. Jugendliche bekämpfen den Glauben, in dem sie sozialisiert wurden, an kritischen Punkten, aber ohne die Garantie, dass es neue Sicherheiten gibt. Die »Einbruchstellen des Glaubens« (gemäß Karl Ernst Nipkow: Theodizee, Welterklärung, Existenz Gottes, Glaubensvermittlung[14]) werden eher wie Einbrüche oder Dammbrüche im Alltag erfahren, die die Selbstverständlichkeit des (kindlichen) Glaubens überschwemmen. Dieser Zweifel kann den suchenden Adoleszenten nicht nur verunsichern (bis zur radikalen Ablehnung einer Glaubensposition), sondern kann ihn/sie auch positiv herausfordern, sich erneut – ohne Sicherheit aber nicht ohne Interesse – mit dem Glauben auseinanderzusetzen. Diese Grundhaltung des Agnostizismus wird in der (religiösen) Identitätsbildungsforschung positiv als *»a willing suspension of disbelief«* (eine bewusste Aussetzung des Nicht-Glaubens) umschrieben.

(3) Ferner muss in diesem Zusammenhang auch die didaktische Dynamik der JT anders gedacht und durchgeführt werden als in der Kindertheologie. Die spontane, oft auch überromantisierte kindliche Verwunderung, die man als Rohstoff für die Kindertheologie wahrnimmt und didaktisch aufnimmt, ist in der Adoleszenz nicht mehr vorhanden. Kinder sagen in der Regel, was sie denken und überraschen oft mit kreativen Ideen und lebendigen Bildern. Junge Menschen denken abstrakter, sind vorsichtiger, stehen der Welt kritischer gegenüber und werden schneller durch leere Worte, die den Kern ihrer Frage nicht berühren, irritiert. Neue, vor allem fremdbiografische und »triggernde« Lernformate sind

in der JT gefragt, damit die Jugendlichen »die alten Konventionalitäten überwinden und postkonventionell umbauen können«[15]. Ich habe dies eine »hermeneutisch-irritierende Didaktik«[16] genannt, verankert in der normativen Annahme, dass jede/r Jugendliche ein Recht auf religiöse Bildung hat.

(4) Die Entwicklungsaufgaben im Jugendalter sind komplex und vielschichtig. »Gemeinsamer Nenner dieser Entwicklungen ist der Aufbau einer individuellen Autonomie, welche (…) in der Spannung zwischen soziokultureller Selbstständigkeit und relativ starker ökonomischer Abhängigkeit gelebt werden muss.«[17] Authentizität und Ansprechbarkeit des Erwachsenen sind in dieser Komplexität von entscheidender Bedeutung. Offene und ehrliche Interaktionschancen zwischen Jugendlichen und Erwachsenen – verankert in den noch immer relevanten jugendpastoralen Begriffen der Würzburger Synode »personales Angebot« und »reflektierte Gruppe« – gehören zum Grundvokabular der JT.

(5) Und schließlich sollte der (kritische, zweifelnde und agnostische) Widerstand während der Adoleszenz als »prophetische Kraft« in Gesellschaft und Kirche

---

14 Vgl. Karl Ernst Nipkow, Erwachsenwerden ohne Gott? Gotteserfahrung im Lebenslauf, München 1987.
15 Bert Roebben / Thomas Schlag, Jugendtheologie: Basisannahmen und Konkretisierungsmöglich-keiten (wie Anm. 6), 453.
16 Bert Roebben, New Wine in Fresh Wineskins (wie Anm. 9), 58.
17 Ulrich Riegel / Tobias Faix, Jugendtheologie. Grundzüge und grundlegende Kontroversen (wie Anm. 12), 15.

wahr- und ernstgenommen werden.[18] Dorothee Sölle argumentierte 1983 folgenderweise:

»Jugendliche haben ein starkes Interesse daran, glaubwürdig zu leben und ein Recht darauf, mehr zu verlangen als die Realisierung davon, was ›machbar‹ ist. Mit ihrer Kritik und ihrem Verlangen, anders zu denken, stehen sie in der besten jüdischen und christlichen Tradition. Denn diese Tradition hat immer über Umkehr und Bekehrung gesprochen. Die Frage dieser Tradition war nicht: ›Was ist machbar?‹, sondern ›Was ist gerecht? Was ist in einer bestimmten Situation der Wille Gottes?‹ Diese Tradition ermahnt uns dazu, genau zu wissen, was Gerechtigkeit ist (…). Wenn wir diese Frage loslassen, haben wir die biblische Tradition verraten.«[19]

Jugendliche provozieren (im Sinne von: »zur Verantwortung nach vorne rufen«) die Gesellschaft und die Kirche, nicht das »Machbare«, sondern das »Gerechte« anzustreben. Die Klimaprotestbewegung junger Menschen in Europa (*#fridaysforfuture*) ist ein aktuelles Beispiel dafür. Die Begründung spricht für sich: »Das wahre Wachstum, das wir brauchen, ist das Wachstum der Liebe, des gemeinsamen Tuns, des Engagements und insbesondere der Vorstellungskraft, der Hoffnung, der Leidenschaft für das Leben, von Respekt für die Natur und das Wachstum des Bewusstseins. Und vor allem: das Anwachsen von Mut. Klingt es naiv?«.[20] Es spricht für sich, dass eine jugendtheologische Vereinnahmung dieser Hoffnungsdynamik komplett kontraproduktiv wirkt, wenn man sie instrumentalisiert und ihr gerade den prophetischen Stachel entzieht, die ihre Lebenskraft ausmacht …[21]

2. Jugendtheologie und die Herausforderung des Agnostizismus

In den achtziger Jahren konnte Nipkow immer noch von »Einbruchstellen des Glaubens«[22] reden, die von jungen Menschen kritisch hinterfragt werden. In unserer Zeit ist dies nicht mehr der Fall. Sie setzen sich nicht mit dem Glauben auseinander, weil er einfach nicht mehr gegeben ist. Sie kümmern sich nicht darum, ob Gott existiert oder nicht und ob er ihr tägliches Leben beeinflusst. Sie verbinden ihre Lebens- und Leidenserfahrungen nicht ›spontan‹ mit Gott, weil er in ihrer Lebenswelt einfach nicht ›spontan‹ auftaucht.[23] Ihre existenziellen Erfahrungen sind rein diesseitig und werden mit ›diesseitigen‹ Weggefährten geteilt. »Im Umgang mit dem Theodizeeproblem [zum Beispiel, BR] sind Jugendliche also zum einen aufmerksam gegenüber Welt und Mensch, zum anderen aber locker, unaufgeregt und wenig traditionsorien-

18 Thomas Schlag / Friedrich Schweitzer, Brauchen Jugendliche Theologie? (wie Anm. 5), 30.

19 Dorothee Sölle, Kernwapens doden, ook zonder oorlog, Baarn, 1983, 55–56 [Übersetzung: BR].

20 Anuna De Wever / Kyra Gantois, Wij zijn het klimaat. Een brief aan iedereen, Amsterdam 2019, 66–67 [Übersetzung: BR].

21 Nichtdestotrotz bleibt die Herausforderung, zu untersuchen, ob und wie die prophetische Kraft von Jugendlichen auch »expeditiv« zur Sprachfähigkeitsentwicklung von peers beitragen kann, so Tobias Künkler, Jugendtheologie in allgemeinpädagogischer Perspektive (wie Anm. 11), 234.

22 Karl Ernst Nipkow, Erwachsenwerden ohne Gott? (wie Anm. 14)

23 Vgl. Norbert Mette, Praktisch-theologische Erkundungen II, Münster, 2007, 263–274; Norbert Mette, Gottesverdunstung. Eine religionspädagogische Zeitdiagnose, in: Jahrbuch der Religionspädagogik 25 (2008), 9–23.

tiert im Umgang mit der Gottesvokabel.«[24] Es gibt dringendere Themen als Religion, Kirche und Gott, wie zum Beispiel Klimawandel, soziale Ungerechtigkeit und Rassismus. Was sie beunruhigt, sind, wie immer in jeder Pubertät aber jetzt ohne religiöse Kodierung, die Fragen nach dem Sinn des Lebens, nach Leidenschaft und Hingabe, nach Dingen, die wirklich wichtig sind und wofür man sein Leben geben möchte, allein oder mit anderen. Jugendliche wollen die Welt retten. Aus eigener Erfahrung (die meiner selbst und meiner eigenen Kinder) weiß ich – wie zweifelsohne auch viele Leser/innen dieses Beitrags – dass die Zeit zwischen Kindheit und (jungem) Erwachsenenalter sehr verwirrend und kompliziert ist. Mit einem narrativen Interludium hoffe ich, einige Linien der Pubertät als hochkomplexe und gleichzeitig produktive Zeit eines Menschenlebens herauszustellen. Danach lese ich diese Erzählung in anthropologischer und theologischer Perspektive noch einmal hinsichtlich ihrer jugendtheologischen Bedeutung durch.

2.1 Kleine Kartographie der Pubertät

Die Geschichte von Holden Caulfield in Jerome D. Salingers »Fänger im Roggen« (1945–1946)[25] ist Vielen als typisches Beispiel eines Außenseiterromans bekannt. Aufgrund seines eigensinnigen Charakters ist der 16-jährige Hauptcharakter sauer auf alle, verlässt die Schule und begibt sich in die weite Welt. Dort trifft er alte Freunde, besserwissende Lehrer, erwachsene Fremde, die ihn einerseits mit der Härte der Welt *out there* und andererseits mit seiner aufkeimen-

den emotionalen und sexuellen Identität *in here* konfrontieren. Er wird verzweifelt: Er verliert sein Geld, sein Temperament und sein Vertrauen in die Menschen. Er kann nicht mehr in die Vergangenheit der Kindheit zurückkehren, aber der Weg in die Zukunft ist auch ungewiss. Er hat eines gelernt: »Vertraue niemandem (schon gar nicht ›traditionellen Erwachsenen‹), vertraue nur dir selbst (als ›neuen‹ Erwachsenen). Dein Lebensweg kann nur durch dich gegangen werden.« Am Ende des Romans erhält der sexuell getönte Titel des Buches eine existenzielle Bedeutung: Holden erlebt sich als die Person, die junge Freunde vor dem Schaden des traditionellen Erwachsenenalters schützen will. Er will sie im Roggenfeld festhalten und sie behüten für den Sprung in den Abgrund des traditionellen Erwachsen-Seins.

> »Anyway, I keep picturing all these little kids playing some game in this big field of rye and all. Thousands of little kids, and nobody's around – nobody big, I mean – except me. And I'm standing on the edge of some crazy cliff. What I have to do, I have to catch everybody if they start to go over the cliff – I mean if they're running and they don't look where they're going. I have to come out from somewhere and catch them. That's all I'd do all day. I'd just be the catcher in the rye and all. I know it's crazy, but that's the only thing I'd really like to be. I know it's crazy.«[26]

24 Eva Stögbauer, Zweifeln, Sympathisieren, Relativieren. Das Verhältnis von Gott und Leid bei Jugendlichen, in: Tobias Faix / Ulrich Riegel / Tobias Künkler (Hg.): Theologien von Jugendlichen (wie Anm. 11), 179–190, hier 187–188.
25 J.D. Salinger, The Catcher in the Rye, London 2010 [first edition: 1945–46].
26 Ebd., 186.

Die Metapher überzeugt. Ein junger Mann stößt an die Grenzen des pubertären Verhaltens, ist mit der Frage nach dem Sinn des Lebens konfrontiert, will aber den Sprung zu einer unbefriedigenden Reife nicht wagen. Er möchte auch andere vor diesem Sprung retten. In seiner Geschichte tauchen vier zentrale Elemente eines jugendlichen Wachstumsprozesses auf, die die kleine Kartographie der Pubertät bilden: (1) sich verlieren in desorientierender Auszeit; (2) sich auf den Weg begeben und Alternativen ausprobieren; (3) sich mit Opazität und Einsamkeit auseinandersetzen; und (4) anfangen, die eigene Lebenswirklichkeit im Hinblick auf neue Auswege zu durchgründen.

Ein zweites Beispiel bestätigt diese Kartographie. Es handelt sich um die Anfangsjahre von Bob Dylan in den späten 1950ern – also ungefähr im selben Zeitfenster wie die Hauptperson in Salingers Roman – in einem desorientierten und zugleich euphorischen Amerika nach dem Zweiten Weltkrieg. Dylan verdichtet seine eigenen Erfahrungen als Noch-Nicht-Erwachsener retrospektiv in seiner Autobiographie.[27] Auch hier gibt es die vier Schritte: (1) sich Zeit gönnen, »to change inner thought patterns«[28], und den traditionellen Weg verlassen; (2) sich nach draußen wagen, wo es gefährlich ist und unsicher, »it was like the unbroken sea of frost that lay outside the window and you had to have awkward footgear to walk on it«[29]; (3) sich mit einer Umgebung auseinandersetzen, die auch in sich selbst unsicher ist, »(…) no idea which one of these stages America was in. There was nobody to check with. A certain rude rhythm was making it all sway, though. It was pointless to think about

it. Whatever you were thinking could be dead wrong«[30]; und (4) »to learn how to telescope things, ideas. Things were too big to see all at once, like all the books in the library – everything laying around on all tables«.[31] Der Protestsänger Dylan eignete sich in seiner Musik eine Lebensform an, um mit der Unsicherheit in sich selbst und in seiner Umgebung klar zu kommen. In den beiden Beispielen wird klar, wie die Pubertät als ›Moratorium‹ (Erik Erikson) junge Menschen nicht nur verunsichern kann, sondern auch ermutigen kann, neue und originelle Wege zu gehen.

2.2 Anthropologische und theologische Re-Lektüre

Am Ende des Romans wird Holden eines klar: »The mark of the immature man is that he wants to die nobly for a cause, while the mark of the mature man is that he wants to live humbly for one.«[32] Sein Leben geben: nobel für etwas sterben oder konsequent für etwas leben? Die Herausforderung der Pubertät ist es, zu untersuchen, ob die erste Naivität des radikalen kindlichen Hingebens definitiv abgelegt werden muss in Hinblick auf das Erwachsen-Werden oder ob sie in einer zweiten Naivität (Paul Ricœur) als junge Erwachsene erneut entdeckt und sinn-

---

27 Bob Dylan, Chronicles, Volume One, London 2004.
28 Ebd., 71.
29 Ebd., 35.
30 Ebd., 35.
31 Ebd., 61.
32 J.D. Salinger, The Catcher in the Rye (wie Anm. 25), 203.

voll-kritisch erlebt werden kann. Diese Lebensaufgabe hört nie auf: Immer wieder muss der Mensch sich der existentiellen Frage vergewissern, wie er seine jugendliche Leidenschaft und Sehnsucht in neuen Lebensabschnitten verstehen und realisieren kann, im Spannungsfeld von ›idem‹ und ›ipse‹ (Paul Ricœur), von dem, der er ist und dem, der er werden kann, ohne sich selbst zu verlieren. Die vier Momente (verlieren, aufbrechen, Einsamkeit erfahren und neue Horizonte entdecken) gehören generisch zu diesem Prozess der erwachsenen Selbstfindung.

Auch theologisch ist diese Reise relevant und interessant: Der junge Mensch hat ein Recht auf eine Auszeit, sich vom kindlichen Glauben zu verabschieden, eine Zeit worin alles neu entdeckt werden kann, worin die Einsamkeit der eigenen unvollkommenen Entscheidung weh tut und worin sich neue Vertrauenshorizonte zeigen. Es ist eine theologische Probezeit, weg vom traditionellen und selbstverständlichen Glauben und zugleich offen für die bewusste Aussetzung des Nicht-Glaubens. Die praktische Theologin Heather Walton umschreibt die o.g. »willing suspension of disbelief« als einen Prozess von «risk taking, adventure and artistry. We fashion knowledge creatively when faced by the challenge of the unknown (…). The ›willing suspension of disbelief‹ is a necessary part of the process of opening ourselves up to new possibilities and ways of thinking/acting.«[33] Frei schweben zu können zwischen dem, was war und was kommen wird, zwischen kindlicher Sicherheit und erwachsener Unsicherheit, zwischen vergangenem Wissen und (Noch-)Nicht-Wissen (»Mal sehen!«) ist ein Recht des Adoleszenten,

ich betrachte es hier als ein Recht auf theologischen Agnostizismus. Erneutes Vertrauen finden, sich erneut hingeben (nicht mehr als Kind, sondern in einer zweiten revidierten Naivität), die Selbstkritik bestehen und das Geheimnis des eigenen Lebens wieder entdecken und leben, gehören wesentlich zu den Entwicklungsaufgaben des Adoleszenten.

3. Theologisieren *mit* Jugendlichen als elementare Handlungsform in der Jugendpastoral

Der religionspädagogische Königsweg, um mit dem jugendlichen Agnostizismus in der Pastoral umzugehen, besteht darin, diese Entwicklung von der ersten zur zweiten Naivität ernst zu nehmen und womöglich sensibel zu unterstützen – ohne Vereinnahmung einerseits und Disqualifikation andererseits. Es kommt darauf an, den impliziten Agnostizismus erstmal so im Raum stehen zu lassen, Jugendlichen Auszeit und Raum für Experiment und Alternative zu verleihen. In jugendpastoralen Settings kann man *mit* Jugendlichen die generativen agnostizistischen Themen festlegen[34], *mit* ihnen Raum schaffen für Kritik am eige-

33 Donald Schön, zitiert in: Heather Walton, Writing Methods in Theological Education, London 2014, xix.

34 »Dieser Prozess der Themensuche aber kann weder von den Heranwachsenden noch von den Religionslehrkräften allein oder im Voraus abschließend gelöst, allenfalls durchdacht vorbereitet werden. Er ist nämlich Sache des Theologisierens selbst, das sich seiner selbst und seiner Themen bewusst werden muss. Der Prozess der Themensuche ist also als genuine, erste und basale Aufgabe des Unterrichtsprozesses selbst zu verstehen. (…) Die Generierung von (explizit) theologischen Themen geschieht im Interaktionsprozess mit den Jugendlichen selbst« [Veit-

nen Kindesglauben[35] und *mit* ihnen eine Vielfalt an neuen Wegen eines Theologisierens »*unter* Jugendlichen«[36] entwickeln. »Überspitzt könnte man behaupten: Je radikaler die Traditionsvergessenheit, desto notwendiger ist theologische Reflexion. Besondere Bedeutung für diesen Reflexionsprozess aber hat die Kommunikation interindividueller Differenzen in der gegenwärtigen Lebenswelt, in unserem Fall: Der theologische Dialog zwischen den Jugendlichen selbst.«[37]

Mehr als der schulische Religionsunterricht[38] bietet die Jugendpastoral einen *safe space*, um sich mit der Möglichkeit einer agnostizistischen Position auseinanderzusetzen. In dem Zusammenspiel mit anderen Jugendlichen kann die Verabschiedung des kindlichen Glaubens, die Konfrontation mit Einbruchstellen des Glaubens und die prophetische Kraft des Glaubens (was ist »gerecht« eher als was ist »machbar«?, so Dorothee Sölle, siehe oben) ausprobiert werden und anhand hermeneutisch-irritierender Handlungs- und Denkanstöße und im Gespräch mit ehrlichen Erwachsenen aktiviert werden.[39] Ein möglicher Weg dazu ist eine performative Didaktik, die Raum für Experiment, *Storytelling* und konzeptuelle Metareflexion schafft.[40]

Erfahrung	Interpretation der Erfahrung	Theologische Konzeptualisierung der Interpretation
Darbietung	Intensive oder dichte Beschreibung	Metareflexion
Performance *(on stage)*	Storytelling *(back stage)*	Reflexion *(post stage)*

Implizit-theologisch relevante Erfahrungen können so performativ inszeniert werden, narrativ verdichtet und explizit-theologisch konzeptualisiert und eventuell angeeignet werden. Und obwohl Thomas Schlag und Friedrich Schweitzer eher skeptisch sind bezüglich einer möglichen »Fundierung« der JT in der performativen Didaktik[41] und Gerhard Büttner argumentiert, dass »die Aussagen am ehesten dann [als JT] gel-

Jakobus Dieterich, Themen der Jugendtheologie. Spurensuche für den theologischen Dialog mit Jugendlichen: in: Thomas Schlag / Friedrich Schweitzer u.a., Jugendtheologie: Grundlagen – Beispiele – kritische Diskussion, Neukirchen-Vluyn 2012, 45–58, hier 53].

35 Petra Freudenberger-Lötz, Theologische Gespräche mit Jugendlichen, München/Stuttgart 2012, meint, dass der »ruhende Glaube« (36) von Jugendlichen aktiviert werden kann. Selbst habe ich diese Erfahrung bei Lehramtsstudierenden in Köln gemacht, die ihre kindlichen Bibelgeschichten retrospektiv kritisch reflektierten in der Konfrontation mit ihren jugendlichen Bibelerfahrungen.

36 Veit-Jakobus Dieterich, zitiert in: Tobias Faix, Deutungsmuster jugendlicher Spiritualität. Semantik als Grundlage jugendtheologischer Überlegungen, in: Tobias Faix / Ulrich Riegel / Tobias Künkler (Hg.): Theologien von Jugendlichen (wie Anm. 11), 49–70, hier 65.

37 Heinz Streib, Jugendtheologie als narrativer Diskurs, in: Tobias Faix / Ulrich Riegel / Tobias Künkler (Hg.), Theologien von Jugendlichen (wie Anm. 11), 155–164, hier 163.

38 R. Englert, Religionsunterricht reicht nicht. Eine Reaktion auf die gewandelte Architektur des Religiösen, in: Religionspädagogische Beiträge 80 (2019), 5–14.

39 Vgl. die fünf Merkmale der Jugendtheologie (siehe oben).

40 Bert Roebben, Wie viel und welche Theologie im Religionsunterricht? Über die Intimität der Theologie in der Öffentlichkeit der Schule, in: Theologisch-Praktische Quartalschrift 164 (2016), 181–191, hier 188.

41 Thomas Schlag / Friedrich Schweitzer, u.a.: Jugendtheologie. Grundlagen – Beispiele –

ten [können], wenn sie auf *Theologumena* der Bibel und der christlichen Tradition beziehbar sind«[42] und »only the use of theological language fills the concepts with reference and meaning«[43], bleibt die Herausforderung aufrecht, sich explizit mit Jugendlichen performativ und narrativ auf die Möglichkeit des Agnostizismus einzulassen, wie auf eine »Einübung in einen nichttraditionalen Umgang mit Tradition«[44]. »Die Frage ist nicht: Orientiere ich mich an einer vorgegebenen Tradition oder entscheide ich selbst? Die Frage ist: In *welche* Geschichte lasse ich mich verstricken? Im Lichte welcher bedeutungsspendenden Tradition ›lese‹ ich mein Leben? Die Reflexion darüber ist eine Bildungsaufgabe ersten Ranges.«[45] Ersichtlich sollte aber sein, dass die konzeptuelle Metareflexion die performative Erfahrung und den narrativen Erfah-rungsaustausch auch vernichten kann (der Begleiter/die Begleiterin sollte also sensibel mit Reden und Schweigen umgehen[46]) und dass eine Vielfalt von möglichen Antwortweisen immer wieder gegeben sein könnte: »Deutlich wird, dass die Methode der Binnendifferenzierung und die theologische Absicht, eine Pluralität von Theologien zu eröffnen, sich entsprechen: Methoden, die auf individuelle Lernwege eingehen, fördern ein Theologieverständnis, das von der Pluralität der Deutungsmöglichkeiten lebt. Diese Pluralität miteinander zu diskutieren (…), ist zentrales Element von theologischen Gesprächen. Wenn das Gespräch also die Verschiedenheit selbst thematisiert, ist eine neue Ebene, eben die Meta-Ebene, erreicht.«[47]

4. Agnostizismus, Jugendpastoral und Kirche?

Performativ-erprobende, narrativ-verdichtete und kritisch-reflektierte JT, »unter dem Vorzeichen des Agnostizismus«, *ist* Theologie. Sie ist eine Erfahrung ersten Grades (Modus 1) und eine Reflexion zweiten Grades (Modus 2) des Prozesses, »durch den die eigene Religiosität und das religiöse Profil der eigenen

Kritische Diskussion, Neukirchen-Vluyn 2012, 172. Autoren wie Bernhard Dressler, Bernhard Grümme, Mirjam Schambeck, Henrik Simojoki und Heinz Streib werden aus verschiedenen Gründen als Fürsprecher für eine performative Herangehensweise genannt (vgl. Tobias Faix / Ulrich Riegel, Jugendtheologie. Grundzüge und grundlegende Kontroversen (wie Anm. 11), 18–19).

42 Gerhard Büttner, Theologisieren als Grundfigur der praktischen Theologie, in: Veit-Jakobus, Theologisieren mit Jugendlichen. Ein Ein Programm für Schule und Kirche, Stuttgart 2012, 51–69, hier 67.

43 »According to Wittgenstein, the specific rules of the language game that govern the use of a word can be understood as a ›grammar‹, which assigns a place to the single elements of thinking and which also indicates the relation towards reality« [Gerhard Büttner, »How Theologizing With Children Can Work,« in: British Journal of Religious Education 29 (2007), 127–139, hier 132].

44 Rudolf Englert, zitiert in: Gerhard Büttner, Die Sozialgestalt(en) einer Jugendtheologie, 153, in: Thomas Schlag / Friedrich Schweitzer u.a.: Jugendtheologie. Grundlagen – Beispiele – Kritische Diskussion, Neukirchen-Vluyn 2012, 139–154, hier 153.

45 Ebd., 153.

46 Vgl. Gerhard Büttner, Theologisieren als Grundfigur der praktischen Theologie (wie Anm. 42), 64–66.

47 Katharina Kammeyer, Theologisieren in heterogenen Lerngruppen, in: Veit-Jakobus Dieterich, Theologisieren mit Jugendlichen. Ein Programm für Schule und Kirche, Stuttgart 2012, 191–210, hier 199.

religiösen Gemeinschaft hermeneutisch-diskursiv zustande gekommen ist.«[48] Wesentlich gehört dieses Experiment zum Aufgabenbereich der Jugendpastoral im engeren Sinne und der Kirche im breiteren Sinne. Die Kirche ist nicht nur eine *ecclesia docens* (lehrende Kirche), sondern auch eine *ecclesia discens* (lernende Kirche), eine Lerngemeinschaft, in der alle von und mit einander lernen können und sollten. JT unter dem Vorzeichen des Agnostizismus »gibt zu denken« in der Kirche. Sie war zum Beispiel nicht nur »Vorfeldarbeit zum synodalen Prozess« der Jugendsynode 2018, sondern »mittendrin« verortet.[49] Letztendlich handelt es sich hier, so Thomas Schlag, um die *street credibility* der Kirche in der Jugendkultur.[50] Die Theologie von Jugendlichen soll mit den Jugendlichen auf Augenhöhe wahrgenommen, gedeutet und weiterentwickelt werden als eine neue Theologie *für* Jugendliche – inklusive ihrer frommen, begeisterten, kritischen, kreativen und abstinenten Dimensionen.[51] Es gibt also noch viel Arbeit zu tun, um die immer neue und kreative Wirkung des Heiligen Geistes in der Lebenswelt von Jugendlichen zu verstehen.[52]

Die historische Herausforderung ist imposant.

»Das II. Vatikanum hatte sich als eines seiner Hauptziele die ›Verheutigung‹ von Kirche gesetzt – die Öffnung für die moderne Welt. Auf Jugendpastoral bezogen heißt Kirche in der Welt zu sein vor allem Kirche für und mit jungen Menschen zu sein. Sie haben Anteil am Gemeinsamen Priestertum der Gläubigen und Anteil an der Sendung der Kirche. Der Synodenbeschluss [= Würzburger Synode 1975, BR] setzt insofern einen bleibenden Qualitätsstandard, indem es ›nach dem Synoden-

beschluss in Deutschland keine ernst genommenen Entwürfe oder Leitlinien von Jugendarbeit mehr [gibt], die nicht gesellschaftliche und kulturelle Bedingungen, Lebenslagen und Lebenswelten junger Menschen und sozialpsychologische und sozialpädagogische Ansätze und Erkenntnisse konzeptionell integrieren‹.«[53]

Und was bleibt? »Ein unabschließbarer, kreativer jugendtheologischer Bildungsprozess und Religionspädagog/innen [und Jugendseelsorger/innen, BR], die den Jugendlichen auf Augenhöhe und

48 Heinz Streib, Jugendtheologie als narrativer Diskurs (wie Anm. 37), 163. Zum Theologiebegriff der Jugendtheologie, vgl. Tobias Faix / Ulrich Riegel, Jugendtheologie. Grundzüge und grundlegende Kontroversen (wie Anm. 12), 20–25.

49 Vgl. Bert Roebben / Janieta Bartz / Laura Otte / Katharina Welling, Jugendtheologie als Vorfeldarbeit zum synodalen Prozess? Grundannahmen und Konkretisierungen, in: Lebendige Seelsorge 69 (2018), 249–254.

50 Thomas Schlag, Glaube zur Sprache bringen – Gemeinde bilden. Jugendtheologische Erwägungen zum Grundauftrag evangelischer Bildung, in: Zeitschrift für Pädagogik und Theologie 62 (2010), 194–208, hier 198.

51 Vgl. Patrik C. Höring, Jugendlichen begegnen. Arbeitsbuch Jugendarbeit (Praktische Theologie Heute 152), Stuttgart 2017.

52 Beispiele für neuere Forschung in der Jugendspiritualität sind: Janieta Bartz, Jugendpastoral auf neuen Wegen. Der XXVIII. Weltjugendtag in Rio de Janeiro und sein Beitrag für die Kirche vor Ort (Dortmunder Beiträge zu Theologie und Religionspädagogik 14), Münster 2017; Tobias Faix / Tobias Künkler, Generation Lobpreis und die Zukunft der Kirche, Neukirchen, 2018; Katharina Welling, »Gemeinsam und einsam?« Jugendspiritualität im Spiegel von Taizé 2014. Empirische Beobachtungen zur Theologie von Jugendlichen [nichtveröffentlichte Masterthesis], Dortmund 2014.

53 Arbeitsstelle für Jugendseelsorge, »An Jesus Christus Maß nehmen.« Handlungsfelder der Jugendpastoral, Düsseldorf 2017, 6.

mit hermeneutischer Demut begegnen.«[54]

Ausblick

In einem Buch von Adolf Exeler und Norbert Mette über die pastoraltheologische Rezeption des Zweiten Vatikanischen Konzils in der Volkskirche Deutschlands in der Zeit der Würzburger Synode habe ich eine interessante Entdeckung gemacht. Die traditionelle Dreiteilung im Konzept der Kinder- und Jugendtheologie – von, mit und für Kinder(n) und Jugendliche(n) – fand ich hier auf eine sogenannte Theologie des Volkes angewandt. In dem Buch wird durch die Autoren »[mit dem Konzept »Theologie *des* Volkes«, BR] (…) nicht eine bevormundende Theologie *für* das Volk, sondern eine Theologie *mit* dem Volk [angezielt].«[55] Vierzig Jahre später bleibt die Aufgabe einer Theologie auf Augenhöhe von suchenden Menschen – von suchenden Kindern, Jugendlichen, Erwachsenen und Senioren – noch immer offen, *work in progress*. Vielleicht ist die spannendste Definition dieser Aufgabe wohl von der Hand von Johann Baptist Metz in demselben Buch: »Kaum etwas nämlich braucht meines Erachtens die Theologie mehr als die in den Symbolen und Erzählungen der Leute sich selbst niederschlagende religiöse Erfahrung, nichts braucht sie mehr, wenn sie nicht an ihren eigenen Begriffen verhungern will, die so selten Ausdruck neuer religiösen Erfahrungen sind und so oft bloß Begriffe früherer Erfahrungen reproduzieren.«[56]

---

54 Heinz Streib, Jugendtheologie als narrativer Diskurs (wie Anm. 37), 164.
55 A. Exeler, Vom sprachmächtigen Glauben zur »Theologie des Volkes«, in: A. Exeler / Norbert Mette, (Hg.): Theologie des Volkes, Mainz 1978, 13–40, hier 16.
56 Johann Baptist Metz, zitiert in ebd., 31.

Henrik Simojoki
Theologie der Konfirmandenarbeit und religionspädagogische Jugendforschung. Versuch einer Verschränkung auf der Begründungsebene religiöser Bildung

1. Jugendtheologie und quantitative Forschung. Potenziale und Grenzen einer wenig ausgeloteten Perspektive

Bereits ein flüchtiger Streifzug durch die bisherigen Jahrbücher für (Kinder- und) Jugendtheologie zeigt eindrücklich: Quantitative Zugänge haben es in diesem Theorieumfeld schwer. Sofern kinder- und jugendtheologische Beiträge empirisch fundiert werden, kommen fast ausschließlich qualitative Zugänge zum Zuge. Die wenigen quantitativ ausgerichteten Beiträge in den Jahrbüchern[1] nehmen wiederum kaum oder nur lose auf das Konzept der Jugendtheologie Bezug.

Die eher randständige Bedeutung quantitativer Designs im Forschungsfeld der Jugendtheologie ist nicht per se zu beklagen. Sie ist durchaus angemessen und in der Sache begründet. Denn Jugendtheologie, ob nun als »von«, »mit« oder »für« entfaltet,[2] hat ihre zentrale Bezugsgröße in den individuellen Konstruktionen von Kindern und Jugendlichen, die als theologisch produktive Subjekte wahrgenommen und gefördert werden sollen. Folgerichtig konzentriert sich Mirjam Zimmermann in ihrem frühen Überblick über Forschungsdesigns der Kindertheologie auf Zugänge qualitativer Sozial- und Bildungsforschung, mit einer Begründung, die unmittelbar einleuchtet: Im Unterschied etwa zur entwicklungspsychologischen Forschung interessiere sich die Kindertheologie nicht nur für »das für eine Altersgruppe Allgemeingültige, sondern auch [für] das individuell Besondere der Kinderäußerungen«[3].

Die Formulierung ist deshalb so treffend, weil sich an ihr die Grenzen quantitativer Forschung für kinder- und jugendtheologische Erkenntnisanliegen präzise bestimmen lassen. Zwar reicht auch quantitativ angelegte Forschung an die Sphären des Individuellen heran, in mancher Hinsicht sogar präziser und vor

---

1 Vgl. bspw. Christiane Konnemann / Elisabeth Oberleitner / Roman Asshoff / Marcus Hammann / Martin Rothgangel, Einstellungen Jugendlicher zu Schöpfung und Evolution, in: Thomas Schlag / Bert Roebben (Hg.), »Der Urknall ist immerhin, würde ich sagen, auch nur eine Theorie«. Schöpfung und Jugendtheologie (JaBuJu 2), Stuttgart 2015, 49–62; Stefan Huber, Religiöse Erfahrungen nehmen zu! Längsschnittanalysen zur Religiosität junger Erwachsener in den westeuropäischen Daten des Religionsmonitors 2008 und 2013, in: Thomas Schlag / Bert Roebben (Hg.), »Jedes Mal in der Kirche kam ich zum Nachdenken«. Jugendliche und Kirche, Stuttgart 2015 (JaBuJu 4), 64–77.
2 Vgl. Thomas Schlag / Friedrich Schweitzer, Brauchen Jugendliche Theologie? Jugendtheologie als Herausforderung und didaktische Perspektive, Neukirchen-Vluyn 2011, 53ff.
3 Mirjam Zimmermann, Methoden der Kindertheologie. Zur Präzisierung von Forschungsdesigns im kindertheologischen Diskurs, in: Theo-Web. Zeitschrift für Religionspädagogik 5 (2006), Heft 1, 99–125, 101.

allem valider als qualitative Forschung, etwa wenn es um die diachrone Rekonstruktion religiöser Einstellungen geht. Viel schwerer ist es allerdings, das von Zimmermann namhaft gemachte »Besondere« quantitativ einzufangen. Beispielhaft lässt sich dies an der in der kinder- und jugendtheologischen Literatur eingebürgerten Praxis veranschaulichen, Beitragsüberschriften mit Zitaten von Kindern oder Jugendlichen beginnen zu lassen. Das wäre unter Vorzeichen quantitativer Erhebungen nicht möglich, weil der Wortlaut der Items ja von den Forschenden vorgegeben wird.

Gleichwohl sind diese Grenzen auch mit Verlusten verbunden. Sie vergrößern die doch deutlich vernehmbare Kluft zwischen der Kinder- und Jugendtheologie und der empirischen Bildungsforschung, die vornehmlich mit quantitativen Forschungsdesigns arbeitet. Dahinter liegt die Erwartung, repräsentative oder zumindest in gewisser Weise generalisierbare Forschungserträge zu generieren, die etwa in bildungspolitische Diskurse eingespeist oder für eine effektivere Gestaltung von Unterrichtsprozessen fruchtbar gemacht werden können.

Vor diesem Hintergrund soll im Folgenden eine Möglichkeit aufgezeigt werden, wie quantitative Zugänge zu theologischen Positionierungen Jugendlicher für eine subjektstärkende Bildung genutzt werden können. Die Ausführungen zielen auf die Begründungsebene religiöser Bildung, die in der bisherigen Ausdifferenzierung von Jugendtheologie nicht adressiert wird, weil diese Ebene über die Sphäre des individuell Besonderen herausreicht. Wie wichtig sie dennoch sein kann, lässt

sich am Beispiel des Religionsunterrichts gut veranschaulichen: Die Kinder- und Jugendtheologie kann ohne Weiteres als eine der einflussreichsten religionsdidaktischen Ansätze der letzten Jahrzehnte bezeichnet werden. In den derzeit wieder intensiver geführten Debatten um die Begründung des Religionsunterrichts[4] spielen kinder- oder jugendtheologische Argumentationen hingegen eine im Ver-gleich eher schwache Rolle. Ein Grund dafür könnte darin liegen, dass die subjektive Perspektive der Kinder und Jugendlichen in diesen Debatten vor allem dann Wirkung entfalten kann, wenn sie sich in irgendeiner Weise generalisieren lässt.

Während die Überzeugungskraft theologischer Begründungsfiguren für die Plausibilisierung religiöser Bildung in der öffentlichen Schule vielfältig begrenzt ist, befasst sich dieser Beitrag mit einem kirchlichen Bildungsangebot, für den die theologische Fundierung – historisch wie aktuell – von höherer Relevanz ist.

2. Zur konstitutiven Bedeutung der Begründungsfrage in Kontexten non-formaler Bildung

Warum gehst Du eigentlich in die Schule? Würde man Jugendlichen diese Frage stellen, hätte das in den meisten Fällen verständnisloses Augenrollen oder anderswie signalisierte Fassungslosigkeit

---

4 Zum aktuellen Stand vgl. Ulrich Riegel, Wie Religion in Zukunft unterrichten? Zum Konfessionsbezug des Religionosunterrichts von (über-)morgen, Stuttgart 2018, 63ff.

158 Veränderungen der pastoralen Lernorte als Chance und Herausforderung für die Jugend-Theologie

zur Folge. Denn die Antwort ist zu offensichtlich und gelegentlich auch zu schmerzvoll, als dass sie eigens kommuniziert werden müsste. Ganz einfach: Sie gehen in die Schule, weil sie müssen.

In einer jüngeren international-vergleichenden Studie wurden mehr als 28.000 Konfirmandinnen und Konfirmanden aus neun europäischen Ländern gefragt, warum sie an der Konfi-Zeit teilnehmen.[5] Für die befragten Jugendlichen machte die Frage nach ihren Partizipationsgründen durchaus Sinn – weil sie eine Wahl hatten, weil sie ihre Gründe hatten und weil sie in einem kulturellen Umfeld lebten, in der die Antwort auf diese Frage nicht mehr selbstverständlich ist.

Dieses Beispiel illustriert ein zentrales Differenzmerkmal zwischen formaler und non-formaler Bildung: Während die Schule als paradigmatischer Ort formaler Bildung für alle Kinder und Jugendlichen ab und bis zu einem bestimmten Zeitraum verpflichtend ist, sind non-formale Bildungsangebote freiwillig, so auch die Firmkatechese oder die Konfirmandenarbeit, die im Fokus dieses Beitrags steht. Das spezifische Profil non-formaler Bildung lässt sich in Abgrenzung von formaler Bildung einerseits und informeller Bildung andererseits ausschärfen.[6]

Im Unterschied zu formaler Bildung ist non-formale Bildung in der Regel
- freiwillig,
- außerhalb des zumeist vom Staat getragenen Bildungssystems aus Kindertagesstätten, Schulen und Universitäten verortet, mit einem breiten Spektrum an pädagogisch dimensionierten Aktivitätsfeldern, das von Sportvereinen bis zur kirchlichen Bildungsarbeit reicht,

- in erfahrungsorientierte Lernsettings eingebettet, die zeitlich und räumlich weniger gebunden sind – wodurch partizipatorisches und aktivierendes Lernen erleichtert wird,
- in geringerem Maße professionalisiert und oft ehrenamtlich (mit)getragen,
- partikular. Während etwa schulische Bildungsangebote in pluralistischen Demokratien Äquidistanz zu religiös-weltanschaulichen Orientierungen wahren müssen, verbindet sich non-formale Bildung oft mit programmatisch-normativen Zielsetzungen (etwa bei Naturschutzorganisationen), spezifischen Interessen (bspw. bei Sportvereinen) oder einem partikularen Ethos (bspw. in der kirchlichen Jugendarbeit).

Anders als informelle Bildung ist non-formale Bildung zumeist
- intentional, also absichtsvoll,
- bis zu einem gewissen Grad strukturiert, etwa im Rahmen von Institutionen (wie den Kirchen), Organisationen (wie den NGOs) oder sozialen Bewegungen (wie der Transition-Town-Bewegung),
- von haupt-, neben- oder ehrenamtlichem Personal verantwortet.

---

5 Vgl. Georg Hardecker / Jonas Bromander, Expectations, Motivations and Experiences of the Confirmands, in: Friedrich Schweitzer / Kati Niemelä / Thomas Schlag / Henrik Simojoki (eds.), Youth, Religion and Confirmation Work in Europe. The Second Study (Konfirmandenarbeit erforschen und gestalten 7), Gütersloh 2015, 59ff.

6 Vgl. zum Folgenden Henrik Simojoki, Researching Confirmation Work in Europe. An Example of Research on Non-Formal Education, in: Friedrich Schweitzer / Wolfgang Ilg / Peter Schreiner (eds.), Researching Non-Formal Religious Education in Europe, Münster 2019, 235–247, 236f.

Die Unterscheidung zwischen formaler, non-formaler und informeller Bildung kann helfen, die Pluralität gemeindlicher Bildungsangebote präziser ins Auge zu fassen, gerade auch in ihrer Relation zu schulischer Bildung. Konfirmandenarbeit beispielsweise ist ein vergleichsweise stark formalisiertes Feld non-formaler Bildung. Sie wird von Hauptamtlichen geleitet, die – ob Pfarrerinnen bzw. Pfarrer, Diakoninnen bzw. Diakone oder Gemeindepädagoginnen bzw. -pädagogen – im Rahmen ihrer Ausbildung auf diese Aufgabe vorbereitet wurden. Die in der Konfirmandenarbeit Tätigen können auf spezifische Fortbildungsangebote und auf eine ganze Reihe an Konzepten und Lehrbüchern zurückgreifen. Sie dürfen auch nicht einfach machen, was sie wollen, sondern sind an die Richtlinien ihrer Landeskirchen gebunden und müssen die Grundlinien ihrer Arbeit mit dem gemeindlichen Leitungsgremium (Kirchenvorstand, Presbyterium, Kirchengemeinderat etc.) abstimmen. Vor diesem Hintergrund kann es irreführend sein, die jugendtheologische Trennlinie allzu scharf zwischen Schule und Gemeinde zu ziehen: Gerade dort, wo Konfirmandenarbeit noch klassisch an einem Werktagsnachmittag unterrichtsförmig im Gemeindehaus erteilt wird, hat dieses gemeindliche Bildungsangebot mehr mit schulischer Bildung gemeinsam als mit vielen anderen, stärker informellen Bildungsorten im Gemeindekontext (wie beispielsweise den Mutter-Kind-Gruppen).

Im vorliegenden Kontext kommt es aber vor allem auf die Freiwilligkeit als zentrales Distinktionsmerkmal non-formaler Bildung an. Weil es hier keine Teilnahmepflicht gibt, sind die Anbieter non-formaler Bildung in viel höherem Maße darauf angewiesen, die Motivationslage und die Beweggründe ihrer Zielgruppe zu kennen. Das gilt auch für die Konfirmandenarbeit, auf verschiedenen Ebenen und im wachsenden Ausmaß.[7] Anders als noch im 19. Jahrhundert ist die Anmeldung zur Konfirmation für evangelische Jugendliche – und ihre Eltern – keine Selbstverständlichkeit mehr. Daher ist es in Gemeinden üblich geworden, für dieses Bildungsangebot zu werben, durch Flyer, Einladungsbriefe oder Informationsabende. Auch die zeitliche Ausdehnung der Schule hat den Plausibilisierungsdruck erhöht: Mittlerweile sind triftige Argumente nötig, um Schulleitungen davon zu überzeugen, die traditionellen Nachmittagstermine für die Konfirmandenarbeit freizuhalten oder Schulbefreiungen für Konfi-Freizeiten zu genehmigen.[8] Die klassischen theologischen Begründungsmuster tragen hier zumeist nur wenig aus. Schließlich haben sich besonders in Kontexten, die von einer Mehrheitskultur der Konfessionslosigkeit geprägt sind, alternative Angebote herausgebildet, die teils – wie die Jugendweihe[9] – in ausdrücklicher Konkurrenz,

7 Vgl. Henrik Simojoki / Wolfgang Ilg / Thomas Schlag / Friedrich Schweitzer, Zukunftsfähige Konfirmandenarbeit. Empirische Erträge – theologische Orientierungen – Perspektiven für die Praxis (Konfirmandenarbeit erforschen und gestalten 12), Gütersloh 2018, 62f.
8 Vgl. Oliver Pum, Konfi-Arbeit und Schule, in: Thomas Ebinger / Thomas Böhme / Matthias Hempel / Herbert Kolb / Achim Plagentz (Hg.), Handbuch Konfi-Arbeit, Gütersloh 2018, 363–372.
9 Vgl. Albrecht Döhnert, Jugendweihe zwischen Familie, Politik und Religion. Studien zum Fortbestand der Jugendweihe nach 1989 und die Konfirmationspraxis der Kirchen (Arbeiten zur Praktischen Theologie 19), Leipzig 2000.

teils – wie die in Ostdeutschland eingeführten religiösen Jugendfeiern[10] – als Ergänzung zur Konfirmandenarbeit konzipiert wurden.

Im Fall der Konfirmandenarbeit besteht die Herausforderung jedoch darin, dass die notwendige Subjektorientierung mit der für dieses Arbeitsfeld zentralen theologischen Begründungsebene ausbalanciert werden muss. Wie wichtig und gleichzeitig wie schwierig das ist, zeigt sich, wenn man sich in einem kurzen Überblick vor Augen führt, wie die Frage nach dem Warum der Konfirmandenarbeit in Geschichte und Gegenwart beantwortet worden ist.

3. Begründungen der Konfirmandenarbeit in Geschichte und Gegenwart – ein systematisierender Überblick

Natürlich gab und gibt es nicht *die* evangelische Begründung von Konfirmation und Konfirmandenarbeit. Vielmehr gibt es eine Vielzahl von Fundierungsfiguren, die grundsätzliche Argumente in zeitbedingte Herausforderungen hinein formulieren. Diese sollen im Folgenden in äußerster Verkürzung skizziert und typisiert werden.[11]

Nur eine klassische Begründungsfigur der Konfirmandenarbeit lässt sich auf Martin Luther zurückführen, nämlich die *katechetische*. Bekanntlich hat Luther der Firmung die Sakramentalität abgesprochen, weil er dafür keine biblischen Anhaltspunkte fand und, das vor allem, eine Abschwächung der Taufe befürchtete. Aus letzterem Grund sah er auch keinen Ersatzritus für die Firmung vor. Umso wichtiger war es Luther allerdings, dass auf die Taufe eine katechetische Un-

terweisung folgt, die junge (und ältere) Menschen zur mündigen und kundigen Wahrnahme christlicher Freiheit befähigt. Damit wird deutlich, dass die katechetische Begründung sich entgegen ihrer späteren Verzerrung in einer auf Auswendiglernen reduzierten Praxis mit einer *ermündigenden* Intention verband.

Eine rituelle Verdichtung erfährt diese Begründung bei Martin Bucer, dem eigentlichen Begründer der evangelischen Konfirmation. Da der persönliche Glaube nach reformatorischem Verständnis auf rechenschaftsfähiges Verstehen angewiesen war, verband sich die Erstzulassung zum Abendmahl, die »admissio ad communionem« mit einer Katechismusprüfung – als einem grundlegenden Teil des nun in Kirchenordnungen fixierten Konfirmationsritus. Zu dieser *admissiven* Begründung treten bei Bucer drei weitere hinzu: Zum einen erfährt die Konfirmation bei Bucer eine stärker sakramentale Aufladung. *Liturgisches* Kernmoment war die Handauflegung, die – als Segenshandlung gedeutet – die Geistbegabung der Konfirmierten symbolisieren sollte (um diesen Zusammenhang auszudrücken, wähle ich das Kunstwort *benefikial*, von beneficium/Segen). Sodann dient die Konfirmation bei Bucer der *Inkorporation* in die Gemeinde: In der Konfirma-

---

10 Emilia Handke, Religiöse Jugendfeiern »zwischen Kirche und anderer Welt«. Eine historische, systematische und empirische Studie über kirchlich (mit)verantwortete Alternativen zur Jugendweihe (Arbeiten zur Praktischen Theologie 65), Leipzig 2016.

11 Vgl. ausführlicher sowie mit weiteren Literaturhinweisen Henrik Simojoki u.a. (wie Anm. 7), 64ff, sowie Christian Albrecht, Kasualtheorie. Geschichte, Bedeutung und Gestaltung kirchlicher Amtshandlungen, Tübingen 2006, 62ff.

tion werden die Konfirmandinnen und Konfirmanden der Gottesdienstgemeinde vorgestellt, in die Abendmahls- und Gebetsgemeinschaft eingegliedert und – im Sinne der reformierten *Ekklesiologie* – dem Anspruch der Kirchenzucht unterstellt. Schließlich wird die Konfirmation von Bucer als *konfessorischer* Akt gedeutet: Dieses Begründungsmoment findet seinen rituellen Niederschlag in der Wiederholung des Taufbekenntnisses, in der die Konfirmandinnen und Konfirmanden ihren in der Lehrbefragung ausgewiesenen Glauben öffentlich bezeugen.

Der letztgenannte Aspekt wird im Pietismus weiter verstärkt und konsequent auf die unterrichtliche Vorbereitungsphase bezogen, die nun konsequent auf die persönliche Frömmigkeit des Einzelnen und auf das religiöse Erleben in der *Gemeinschaft* hin ausgerichtet wurde. Damit kommt es erstmals zu einer *erfahrungsorientierten* Fundierung der Konfirmandenarbeit. Die dadurch verstärkte Verbreitung der Konfirmation setzte sich im Zeitalter der Aufklärung fort. Mit der flächendeckenden Etablierung der Konfirmation und des Konfirmandenunterrichts veränderte sich Entscheidendes in der Begründungsarchitektur dieses kirchlichen Handlungsfeldes: Der Konfirmation wurden nun nicht mehr ausschließlich kirchlich-religiöse Zielsetzungen zugewiesen. Vielmehr entwickelte sie sich zu einem Passageritus mit *biografischen* und *gesellschaftlichen Transitionsfunktionen*. Sie wurde nun bewusst als Familienfest gefeiert und markierte den Übergang in die Erwachsenenwelt. So waren seit der Aufklärungszeit nicht nur das kirchliche Amt des Paten bzw. der Patin, sondern auch grundlegende gesellschaftliche Rechte an die Konfirma-

tion gebunden, bis hin zum Recht, einen Beruf auszuüben. Diese Entwicklungen verhalfen der Konfirmation und der Konfirmandenarbeit zu ihrer modernen Gestalt. Sie brachten aber auch neuartige Begründungsprobleme mit sich, da die klassischen Motive der Bekenntnisorientierung und der gemeindlichen Integration in einer zunehmend offenkundigen Spannung zu den volkskirchlichen Realitäten standen.

Zu einer auf breiter Basis vollzogenen Neufundierung der Konfirmandenarbeit kam es erst seit den 1960er Jahren, eingeleitet durch die von Walter Neidhart programmatisch angebahnte *realistische* Wende: Konfirmandenarbeit wurde nun auch soziologisch informiert in den *volkskirchlichen* Realitäten verortet.[12] Etwas später setzen bis in die Gegenwart hineinreichende Reformbemühungen ein, deren generelles Anliegen sich in der vielzitierten Formel einer Wende vom Konfirmandenunterricht zur Konfirmandenarbeit verdichtet. Statt unterrichtsförmig Wissen zu vermitteln, soll Konfirmandenarbeit Glauben, Kirche und Gemeinschaft für Jugendliche im Hier und Jetzt erfahrbar machen, in *erlebnisorientierten* und *partizipatorischen* Arbeitsformen, die der Jugendarbeit entlehnt sind.[13] Die bislang eher implizit präsente Subjektorientierung gewinnt nun programmatische Gestalt: Die Konfirmandinnen und Konfirmanden rückten zunächst ins Blickfeld und dann vollends ins Zentrum der Reformdebatte. Konfirmandenarbeit wird

12 Vgl. Walter Neidhart, Konfirmandenunterricht in der Volkskirche, Zürich 1964.
13 Beispielshaft lassen sich diese Entwicklungen in den Heften der 1973 gegründeten Reihe »KU-Praxis« nachverfolgen.

nun explizit als Bildung konzeptualisiert, die Jugendliche bei ihrer Suche nach dem eigenen Glauben unterstützen und in ihrer *Subjektwerdung begleiten* soll.[14]

Unschwer spiegelt sich in diesem rituellen Form- und Funktionswandel die für den modernen Protestantismus besonders charakteristische Ausdifferenzierung eines kirchlichen, privaten und gesellschaftlichen Christentums wider.[15] Auch wenn die Begründungen sich nicht gänzlich einer der drei Ausprägungen zuordnen lassen, erscheint es, trotz einiger Unschärfen, doch vertretbar, sie übersichtshalber folgendermaßen zu ordnen:

Tabelle 1: Begründungen der Konfirmandenarbeit im Überblick

Kirchliches Christentum	Privates Christentum	Gesellschaftliches Christentum
katechetisch-ermündigend	erfahrungs- und gemeinschaftsorientiert	gesellschaftlich-transitorisch
admissiv-eucharistisch	biografisch-transitorisch	zivilgesellschaftlich-befähigend
benefikial-liturgisch	familial-zelebratorisch	
ekklesiologisch-inkorporativ	erlebnisorientiert-partizipatorisch	
konfessorisch-öffentlich	subjektorientiert-lebensbegleitend	
volkskirchlich-realistisch		

Seit dem 19. Jahrhundert steht die Debatte um Konfirmandenarbeit im Zeichen des Versuchs, die sich verschärfenden Spannungen zwischen den kirchlichen, gesellschaftlichen und individuellen Erwartungen konzeptionell auszubalancieren. Dabei kam es schon früh zu einer Polarisierung, die weit über den Wissenschaftsdiskurs hinausreicht und besonders auf Gemeindeebene heute noch nachwirkt: Auf der einen Seite gibt es tiefgreifende Vorbehalte gegen eine als einseitig empfundene Erfahrungs- und Subjektorientierung. Man mutmaßt, die Jugendlichen würden sich nur um des Spaßes und der Geschenke willen konfirmieren lassen, befürchtet eine substanzielle Entkernung der Konfirmandenarbeit und fordert als Konsequenz daraus eine stärkere theologische Profilierung. Auf der anderen Seite steht man solchen Forderungen mit Skepsis gegenüber, weil man eine sich verschärfende Kluft zwischen den traditionellen theologisch-kirchlichen Begründungen und den

---

14 Vgl. bspw. Friedrich Schweitzer, Die Suche nach dem eigenen Glauben. Einführung in die Religionspädagogik des Jugendalters, Gütersloh 1997, 179ff.

15 Vgl. Dietrich Rössler, Praktische Theologie, Berlin/New York ²1994, bes. 60ff.

Sichtweisen heutiger Jugendlicher vermutet. Von denen, die sich um die Stabilität der Konfirmandenarbeit Sorgen machen, setzen wiederum viele auf eine familienreligiöse Profilierung und darauf, – so die jüngste, bislang unerläuterte Begründungsfigur – den *zivilgesellschaftlichen Nutzen* der Konfirmandenarbeit deutlicher herauszukehren.[16]

Allerdings wurde in diesen Auseinandersetzungen die Perspektive der Jugendlichen eher postulativ eingeholt, unter Rückbezug auf die allgemeine Jugendforschung oder in Form einer eher intuitiven Annäherung von Erwachsenenseite. Die tatsächlichen Sichtweisen der Konfirmandinnen und Konfirmanden konnten nur wenig Wirkung auf die Begründungsdebatte entfalten. Das hat sich mit den seit 2007 durchgeführten Studien zur Konfirmandenarbeit in Deutschland[17] und Europa grundlegend verändert.[18]

4. Warum Konfirmandenarbeit? Was Jugendliche antworten

In der zweiten Studie zur Konfirmandenarbeit in Deutschland haben sich mehr als 10.000 Konfirmandinnen und Konfirmanden zu Beginn ihrer Konfi-Zeit zu ihren Teilnahmegründen geäußert.[19] Ihnen lagen dafür 16 Items vor, zu denen sie sich positionieren sollten. Sieben waren kausal (»Ich nehme an der Konfi-Zeit teil, *weil* …«) und neun final formuliert (»Ich nehme an der Konfi-Zeit teil, *um* …«). Abbildung 1 (siehe nächste Seite) präsentiert in absteigender Reihenfolge, welcher prozentuale Anteil der Jugendlichen eine Antwort im zustimmenden Bereich gab.

Blickt man zunächst auf diejenigen Items, in denen es um personal-soziale Einflussfaktoren geht, ergibt sich ein eindeutiger Befund: Die Entscheidung, sich zur Konfirmandenzeit anzumelden, ist für die allermeisten Jugendlichen ein Akt der Selbstbestimmung. Antwortvarianten, die auf äußeren Druck, auf Konvention oder auf soziale Beeinflussung durch die Familie oder den Freundeskreis schließen lassen, erzielen die niedrigsten Werte. Vor diesem Hintergrund sollte der für die letzten Jahrzehnte diagnostizierte Rückgang an Selbstverständlichkeit nicht einseitig als Verlust beklagt werden. Im Gegenteil: Wenn einem wirklich ernst damit ist, dass Konfirmandenarbeit auf religiöse Mündigkeit und Selbstwirksamkeit abzielt, kann man es doch im Grunde nur begrüßen, wenn die Partizi-

16 Vgl. Henrik Simojoki, Konfirmandenarbeit und Zivilgesellschaft. Versuch einer Bilanz nach zwei international-vergleichenden Studien, in: Thomas Böhme / Achim Plagentz / Kai Steffen (Hg.): Konfirmandenarbeit – Konfirmation – Konfirmandenteam. Empirische Einsichten, Praxis und Perspektiven einer nachhaltigen Konfirmandenarbeit, Münster 2017, 29–36.

17 Vgl. als Überblick Henrik Simojoki u.a. (wie Anm. 7), 15–28.

18 Vgl. als Überblick Henrik Simojoki / Kati Tervo-Niemelä, Die Studien zur Konfirmandenarbeit in Europa (2007–2017) als Beispiel für international-vergleichende religionspädagogische Forschung, in: Zeitschrift für Pädagogik und Theologie 69 (2017), 330–341.

19 Friedrich Schweitzer / Christoph H. Maaß / Katja Lißmann / Georg Hardecker / Wolfgang Ilg, in Verbindung mit Volker Elsenbast und Matthias Otte, Konfirmandenarbeit im Wandel – neue Herausforderungen und Chancen. Perspektiven aus der zweiten bundesweiten Studie (Konfirmandenarbeit erforschen und gestalten 6), Gütersloh 2015, 295f. Vgl. zum Folgenden Henrik Simojoki u.a. (wie Anm. 7), 67ff.

Abbildung 1: Kausale und finale Motivationen zur Teilnahme an der Konfi-Zeit (2012)

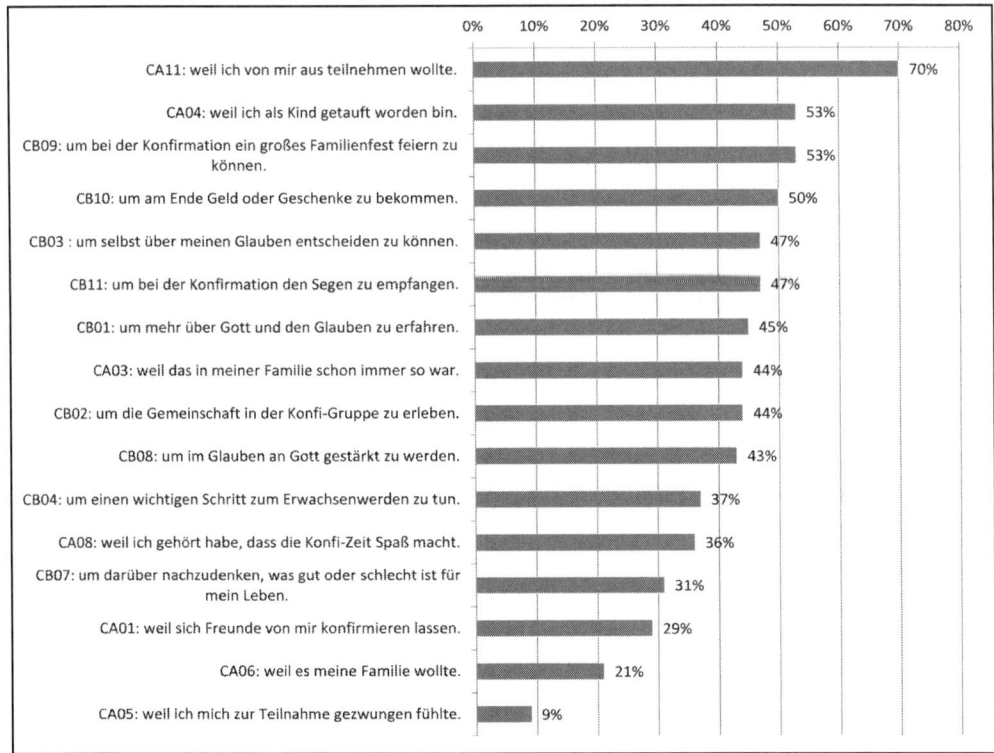

N = 9.971–10.055. Anteil zustimmender Antworten (Skalenpunkte 5, 6 und 7) auf der siebenstufigen Skala: 1 = trifft gar nicht zu; 7 = trifft voll zu. Der Einleitungssatz lautete: »Ich nehme an der Konfi-Zeit teil, …«.

pationsentscheidung nicht außengeleitet erfolgt.[20] Allerdings darf man sich auch nicht von Mengenverhältnissen blenden lassen. Zwar geben nur 9 % der Befragten an, sich zur Teilnahme gezwungen zu fühlen. Konkret bedeutet das jedoch, dass in den meisten Gruppen mindestens ein solcher Jugendlicher anzutreffen ist.

Über diesen Aspekt hinaus ergibt sich ein ausgesprochen vielschichtiges – und in dieser Vielschichtigkeit aufschlussreiches – Gesamtbild. Denn die nächstpopulären Teilnahmemotive sind – mit geringen Abständen zueinander – bemerkenswert heterogen. Zunächst fällt auf, dass

die klassischen kirchlich-theologischen Begründungsvarianten bei den Jugendlichen durchaus höher im Kurs stehen, als die fortschreitende Entkirchlichung vermuten ließe: Immerhin 53 % der Konfirmandinnen und Konfirmanden begründen ihren Teilnahmeentschluss mit

20 Die geringe Zustimmung zu außengeleiteten Motiven bei deutschen Konfirmandinnen und Konfirmanden sticht auch im internationalen Vergleich hervor. Vgl. Friedrich Schweitzer / Kati Niemelä / Thomas Schlag / Henrik Simojoki (eds.), Youth, Religion and Confirmation Work in Europe. The Second Study, Gütersloh 2015, 365f.

ihrem Getauftsein. 47 % der Befragten partizipieren, um bei der Konfirmation den Segen zu empfangen. Genauso hoch fällt die Zustimmung zum Motiv religiöser Mündigkeit aus.

Die verbreitete Auffassung, dass sich heutige Jugendliche primär aus außerreligiösen und nicht-theologischen Antrieben heraus konfirmieren lassen, findet insgesamt nur wenig Anhalt in den Antworten der Konfirmandinnen und Konfirmanden. Das gilt selbst für den Faktor »Geld und Geschenke«, der zwar von der Hälfte der Befragten als motivierender Faktor genannt wird, aber nicht dominant gegenüber anderen Teilnahmebegründungen ist. Auch der Spaßfaktor, dem auf der Erwartungsebene eine zentrale Bedeutung zukommt,[21] spielt auf der Motivationsebene keine hervorgehobene Rolle. Dass die kasualtheoretisch einflussreiche Deutung der Konfirmation als Übergangsritus im Lebenslauf bei den Jugendlichen selbst eher wenig Zustimmung findet, hat seinen Hintergrund in der für die vergangenen 50 Jahre charakteristischen Streckung des Jugendalters nach vorne und nach hinten. Die Konfirmation findet heutzutage in den meisten Fällen mitten im Jugendalter statt und markiert zumindest im Kontext der deutschen Gesellschaft keinen biographischen oder gesellschaftlichen Statusübergang mehr.

So gesehen spricht empirisch wenig dafür, religiöse und nichtreligiöse Motive gegeneinander auszuspielen. Aus der Sicht der Jugendlichen sind beide Faktoren bedeutsam und scheinen gerade in ihrer Zusammengehörigkeit zur Attraktivität von Konfirmation und Konfirmandenarbeit beizutragen. Das gilt auch für den sozialen Bezugsrahmen, der nicht allein durch den kirchlichen Sitz im Leben bestimmt ist: Die Aussicht auf ein großes Familienfest am Konfirmationstag scheidet mit 53 % Zustimmung am zweithöchsten ab – und ist für die befragten jungen Menschen genauso zentral wie der Rückbezug auf die Taufe. Während konventionelle Teilnahmemotive in den Antworten der Jugendlichen eher wenig Widerhall finden, ist die familiäre Partizipationstradition positiver besetzt: 44 % der Befragten haben sich angemeldet, weil das in ihrer Familie schon immer so war. Genauso viele begründen ihren Teilnahmeentschluss mit der Gemeinschaft in der Konfi-Gruppe, die in den traditionellen theologischen Fundierungen mit primärem Fokus auf der Bekenntnis-, Abendmahls- und Gottesdienstgemeinschaft kaum zur Geltung kommt.

5. Zusammenführung

Dieser Beitrag verfolgte eine dreifache Absicht: Erstens sollte am Beispiel der Konfirmandenarbeit gezeigt werden, dass der in der Jugendtheologie programmatisch angebahnte Perspektivenwechsel zu den Jugendlichen hin auch auf der Begründungsebene religiöser Bildung vollzogen werden sollte. Zweitens ging es um den Ausweis, dass quantitative empirische Forschung substanziell zu einem solchen Perspektivenwechsel beitragen kann. Beides dürfte in der bisherigen Argumentation deutlich geworden sein:

---

21 9 von 10 Jugendlichen gaben 2012 an, dass es ihnen wichtig ist, während der Konfi-Zeit viel Spaß zu haben. Schweitzer u.a. (wie Anm. 15), 297.

Auch quantitativ-empirische Forschung kann dazu dienen, der Stimme der Jugendlichen Gehör und Geltung zu verschaffen, und zwar nicht nur auf der Vollzugs-, sondern auch auf der Fundierungsebene religiöser Bildung.[22]

Nicht gleichermaßen eingelöst ist freilich der dritte, im Titel des Beitrags artikulierte Anspruch, dass diese doppelte Fokussierung einen Beitrag zu einer Theologie der Konfirmandenarbeit leistet. Wenn man Theologie als eine Reflexions- und Begründungsdimension versteht, die von empirisch generierten Einsichten zu unterscheiden und erst in einem sekundären Akt der Verschränkung mit diesen in Beziehung zu setzen wäre, hätte die in diesem Beitrag eingeholte Stimme der Jugendlichen bestenfalls einen Platz im Vorhof einer Theologie der Konfirmandenarbeit. Genau diese Voraussetzung wird aber von Michael Meyer-Blanck hinterfragt, wenn er in seiner Grundlegung einer Theologie der Konfirmation schreibt: »Die Theologie der Konfirmation umgreift das individuelle, das gesellschaftliche und das kirchliche Christsein, ohne dass für eine der drei Ebenen einseitig optiert würde.«[23] Für die Leitperspektive dieses Beitrags ist Meyer-Blancks These in gleich doppelter Hinsicht anschlussfähig: Zum einen gehört hier das in Annäherungen empirisch zugängliche Christsein in der Gegenwart, das sich ja auch in den teilnahmebezogenen Positionierungen von Konfirmandinnen und Konfirmanden artikuliert, integral zur Theologie der

Konfirmation dazu. Zum anderen hat das im Nachsatz geäußerte Plädoyer für eine ausgewogene Gewichtung des individuellen, gesellschaftlichen und kirchlichen Bezugshorizontes die Jugendlichen auf seiner Seite. Ihre Antworten lassen erkennen, dass eine konsequente Subjektorientierung in praktisch-theologischer Sicht gerade keinen Bedeutungsverlust kirchlich-theologischer Begründungsmomente impliziert. Ebenso wenig findet aber auch der Ruf nach einer theologisch-kirchlichen Profilierung der Konfirmandenarbeit Rückhalt in den Antworten der Jugendlichen. Vielmehr scheint vieles dafür zu sprechen, die für dieses kirchliche Arbeitsfeld charakteristische Mehrdeutigkeit als ambivalente Stärke zu begreifen – selbst beim lieben Geld.[24]

---

22 So die vierte der zwölf Thesen in Simojoki u.a. (wie Anm. 7), 203ff.

23 Michael Meyer-Blanck, Konfirmation als öffentliche Darstellung mündigen Christseins. Zur Theologie der Konfirmation im. Anschluss an die neue VELKD/EKU-Konfirmationsagende, in: Loccumer Pelikan 2003, Heft 1, 3–8, 3.

24 Vgl. ebd., 7f: »Auch das so oft in Gegensatz zum Glauben gebrachte Konfirmationsgeld sollte unter dem Gesichtspunkt der Kopplung betrachtet werden. Es verbindet die religiöse Mündigkeit mit der wirtschaftlichen über dessen Kommunikationsmedium Geld und muss kein Gegensatz zum Glauben sein, ebenso wenig wie beim Pfarrer, der ja auch nicht kostenlos konfirmiert und trotzdem gläubig ist. Die Mehrdeutigkeit der Konfirmation wird an dem Faktor Geld deutlich sichtbar.«

Janieta Bartz
Jugendtheologische Betrachtungen beim XXVIII. Weltjugendtag in Rio de Janeiro

Einleitung

Wenn tausende junge Menschen der katholischen Kirche im Rahmen der internationalen Weltjugendtage ein junges und lebendiges Gesicht verleihen, stellt sich auch aus jugendtheologischer Forschungsperspektive die Frage nach den Hintergründen für die Faszination hinsichtlich des spirituellen Events. Ausgangspunkte der Untersuchungen sind die bisher bekannten jugendtheologischen Einblicke, die sich im Forschungsdesign und Erkenntnisinteresse der Arbeit vom Projekt *Faszination Weltjugendtag* konkretisieren (1). Im Spiegel dieser theoretischen Grundlegung zeigt der Beitrag wesentliche Ergebnisse des Forschungsprojektes mit Blick auf Teilnahmemotivation und Erlebnisse beim Weltjugendtag und ihren religiösspirituellen Ausdruck auf (2). Hieran anknüpfend werden die empirischen Befunde in Bezug auf den Kerngedanken der Jugendtheologie gedeutet (3). Anstelle eines Fazits ist eine praxisnahe Reflexion hinsichtlich der Konsequenzen der Weltjugendtagstheologie für die Jugendpastoral vorgesehen.

1. Jugendtheologische Forschung im Spiegel des Weltjugendtages

Auch im religionspädagogischen Arbeitsfeld ist das Bild vom relativistisch denkenden und eudämonistisch orientierten Jugendlichen bei der Suche nach (religiöser) Identität dominant.[1] Die jugendtheologische Forschung setzt hingegen bei der These an, dass junge Menschen immer mehr Befremden gegenüber Kirche und ihrer Traditionen entwickeln, jedoch die Frage nach Gott, Sinn und Werten im Leben nicht per se ablehnen. Demzufolge interessiert sich die jugendtheologische Forschung dafür, was junge Menschen dazu bewegt zu theologisieren bzw. über Gott nachzudenken.

Laut des Psychologen William James gilt die persönliche Erfahrung einer als göttlich gedeuteten Wirklichkeit als wichtigster Anlass, über erlebte Spiritualität zu reflektieren, also zu theologisieren.[2] Der Theologe Anton A. Bucher schließt daraus, dass Erfahrung von Tradition zehre, da Tradition erst durch Erfahrung wirklich angeeignet werde.[3]

---

1 Vgl. Norbert Mette, Religionspädagogik, Düsseldorf 2006, 183; Thomas Schlag / Friedrich Schweitzer, Brauchen Jugendliche Theologie? Jugendtheologie als Herausforderung und didaktische Perspektive, Neukirchen-Vluyn 2011, 19.
2 Anton A. Bucher, Jugendtheologie und Spiritualität, in: Thomas Schlag / Bert Roebben, (Hg.), Jedes Mal in der Kirche kam ich zum Nachdenken. Jugendliche und Kirche (Jahrbuch für Jugendtheologie 4), Stuttgart 2016, 42.
3 Vgl. Janieta Bartz, Jugendpastoral auf neuen Wegen. Der XXVIII. Weltjugendtag in Rio de Janeiro und sein Beitrag für die Kirche vor Ort, Berlin 2017, 21–26.

Wie spirituelle Erfahrungen von Jugendlichen aussehen, wurde 2008 vom Center for Spiritual Development in Childhood and Adolescence (Minneapolis) in einer Untersuchung mit 6853 jungen Menschen aus 13 Ländern im Alter von zwölf bis 25 Jahren genauer erforscht.[4] Eine zentrale Erkenntnis ist, dass die meisten der befragten Jugendlichen dem Leben eine spirituelle Dimension zugestehen. Bucher schließt aus den Ergebnissen, dass Heranwachsende religiöser und spiritueller sind als ihr Ruf«.[5] Auf die Frage, wie man sich spirituell weiter entwickeln kann, wird von den befragten Jugendlichen vor allem die Verbundenheit mit der Natur genannt. Für vier von fünf Jugendlichen ist auch Musik förderlich für Spiritualität. Interessant ist weiterhin die Erkenntnis, dass religiöse Texte oder z. B. die Schule als eher geringe Impulse eingestuft werden. Eine wesentliche Erkenntnis dieser Untersuchung ist laut Bucher, dass junge Menschen durchaus ein spirituelles und religiöses Empfinden mitbringen und es Begegnungsräume braucht, in denen ihre Sinnfragen zur Sprache kommen – zumal viele befragte Jugendliche darauf hinwiesen, dass sie bislang keine dieser Räume für solche Gespräche hätten.[6]

Diese und andere Erkenntnisse aus jugendtheologisch ausgerichteter Forschung zeigen vakante Stellen in der Jugendtheologie auf. Wie sieht das spirituelle Denken von jungen Menschen aus, wenn sie einen angemessenen Rahmen haben, um sich theologisch zu betätigen? Der Weltjugendtag stellt ein Format dar, bei dem junge Menschen zum Nachdenken angeregt werden können. Es handelt sich bei dem spirituellen Event um eine Pilgerreise, die geprägt ist von kontinu-

ierlichem Aufbruch und Ankommen, von Suche mit Fragen und Finden von Antworten, von Gemeinschaft und Individualität, Spaß und Nachdenken, geplantem Programm und selbstgestalteter Freizeit. In diesen Spannungsfeldern, die das spirituelle Event charakterisieren, bieten sich Möglichkeiten, um spirituelle Erfahrungen zu machen und diese im Spiegel von Fragen über den Sinn des (eigenen) Lebens und Gott allein oder gemeinsam mit anderen zu reflektieren.

Das Forschungsprojekt *Faszination Weltjugendtag* der Technischen Universität Dortmund möchte einen Beitrag zur jugendtheologischen Forschung leisten, indem das spirituelle Denken und Erleben junger Pilgerinnen und Pilger – anders als in der bisherigen Weltjugendtagsforschung – fokussiert und hinsichtlich des Mottos des XXVIII. Weltjugendtages in Rio de Janeiro erhebt und reflektiert. Die Studie ist international und fünfsprachig (Deutsch, Englisch, Spanisch, Italienisch, Portugiesisch) ausgerichtet. In einem Zeitraum von zehn Monaten (März bis Dezember 2013) wurden 1351 Datensätze von Jugendlichen aus 48 unterschiedlichen Ländern im Rahmen

---

4 Die Erhebung erfolgte über Fragebögen in acht Nationen, 77 Gruppendiskussionen in 13 Ländern sowie Tiefeninterviews mit 32 Teilnehmerinnen und Teilnehmern. Vgl. E. C. Roehlkepartain, u.a., With Their Own Voices. A Global Exploration of How Today's Young People Experience and Think About Spiritual Development, Minneapolis 2008. Online: http://www.faithformationlearningexchange. net/uploads/5/2/4/6/5246709/with_their_ own_voices_search.pdf (16.05.2019).

5 Anton A. Bucher, Jugendtheologie und Spiritualität (wie Anm. 2), 49.

6 Vgl. ebd., 51.

eines Mixed-Methods-Designs erhoben, ausgewertet und diskutiert.[7]

Die Datensätze gliedern sich in fünf Stichproben, welche jeweils vor (A), während (B, C) und nach (D) dem Weltjugendtag quantitativ erhoben wurden, wobei eine weitere Stichprobe (E) aus der Vereinigungsmenge der Stichproben Prä-WJT (A) und Post-WJT (D) generiert wurde. Bei den Befragten handelt es sich um Jugendliche und junge Erwachsene im Alter von 14–35 Jahren, wobei die meisten von ihnen unter 25 Jahre alt sind. Auffallend ist, dass es sich überwiegend um Jugendliche handelt, bei denen eine klassisch katholische Sozialisation (Taufe, Kommunion, Firmung etc.) stattgefunden hat. Der Großteil der jungen Menschen gibt an, Gott und der Heimatgemeinde sehr nahe zu sein und erwartet für die Zukunft eine Intensivierung. Es geht also bei dieser Form der jugendtheologischen Forschung um etwas Besonderes: Anders als in bisherigen jugendtheologischen Studien sind die jungen Menschen mit Kirche und Traditionen weitestgehend vertraut. Dies sollte bei der Betrachtung der Forschungsergebnisse besondere Berücksichtigung finden. Nichtsdestotrotz scheint es vielversprechend, genau diese Generation Rio hinsichtlich ihres spirituellen Denkens und Erlebens zu befragen, um Inspirationen für die jugendpastorale Arbeit vor Ort zu finden.

Anhand von Fragebögen, Interviews, Beobachtungen und Dokumentationen (z.B. Einträge in Pilgertagebüchern) ermittelte das Forschungsteam unterschiedliche Einblicke in die juvenile Lebenswelt vor, während und nach dem Weltjugendtag. Dabei spielt der Gedanke, den Jugendlichen authentisch auf Augenhöhe zu begegnen eine große Rolle. So wurden die jungen Befragten beispielsweise nicht – anders als bei anderen vorhergegangenen Studien – danach gefragt, wie oft sie beten oder in den Gottesdienst gehen, um daraus Rückschlüsse auf ihre Spiritualität zu ziehen. Vielmehr wurden die Jugendlichen vielfach nach ihrer Einschätzung beispielsweise ihrer empfundenen Nähe zu Gott, zu Jesus, zur Heimatgemeinde oder zum Papst direkt gefragt. Anlehnend am Gedanken der partizipativen Forschung, stehen die theologischen Gedanken und Handlungen der Jugendlichen im Mittelpunkt des Forschungsprojektes.

2. Ausgewählte Ergebnisse jugendtheologischer Forschung beim Weltjugendtag

Nachfolgend werden ausgewählte Ergebnisse der Studie dargestellt, welche hinsichtlich ihres jugendtheologischen Potentials von besonderer Bedeutung sind. Hierbei handelt es sich vor allem um die Teilnehmermotivation und die Erfahrungen der Pilgerinnen und Pilger beim Weltjugendtag.

2.1 Teilnahmemotivation

Warum nehmen Jugendliche am Weltjugendtag teil? Für die motivationale Disposition der befragten Pilgerinnen und Pilger lässt sich im Wesentlichen, ähnlich wie bei einigen vorherigen Weltjugend-

---

7 Gesamtdarstellung von Forschungsprojekt und -design: vgl. Janieta Bartz, Jugendpastoral auf neuen Wegen, 85–112.

tagsstudien, feststellen, dass spirituelle Motive vor touristischen dominieren. Im Wesentlichen wünschen sich Jugendliche Begegnungen mit Glaubensgeschwistern aus aller Welt, besondere Gotteserfahrungen und Antworten auf Sinnfragen. Oftmals wird der Weltjugendtag als spirituelle Tankstelle in einem Alltag der Diaspora beschrieben. Dieser durch die geschlossene Befragung quantifizierbare Eindruck wird durch die qualitativen Analysen weitgehend bekräftigt. Teilnahmemotive sind demnach vor allem Sinn- und Lebensfragen – auch Fragen der Berufung und Nachfolge –, in Bezug auf die sich die Befragten inspirierende spirituelle Erfahrungen und interkulturelle Begegnungen erhoffen. Die qualitative Datenanalyse förderte darüber hinaus vielfältige weitere partikuläre Motive zu Tage. Dazu zählen neben der Wahrnehmung einer bestimmten Funktion im Rahmen des Weltjugendtages (z.B. Betreuung einer Pilgergruppe, Volunteertätigkeit) schließlich auch der Event-Charakter, touristische Aspekte im Allgemeinen sowie Brasilien als Gastgeberland im Besonderen.[8]

2.2 Erlebnisse und Erfahrungen

Die Analysen zu Erlebnissen und Erfahrungen der Teilnehmerinnen und Teilnehmer des XXVIII. Weltjugendtages in Rio de Janeiro während des Events auf Basis der Stichproben Peri-WJT (B), Peri-Ethnografie (C) und Post-WJT (D) ermöglichen umfangreiche und differenzierte Erkenntnisse über ihre Gefühle und (theologischen) Reflexionen über das Erlebte. Demzufolge ist der Weltjugendtag bei den Pilgerinnen und Pil-

gern mit durchgängig positiven Gefühlen verbunden. Dies zeigt sich u.a. darin, dass sie sich Gott und der Kirche sehr nahe fühlen und dies auch für ihre Zukunft erwarten. Dabei stehen die Veranstaltungen mit dem Papst im Fokus, da sie hoch frequentiert und auch mit Blick auf die Botschaft des Papstes äußerst positiv bewertet werden. Vor diesem Hintergrund ist nicht verwunderlich, dass die befragten Jugendlichen und jungen Erwachsenen durchaus empfänglich für die religiösspirituelle Komponente des Weltjugendtages sind und ihn auch als spirituelles Event in Gemeinschaft mit Gleichgesinnten und Gleichaltrigen intensiv und mit viel Freude erleben. Vielfach stellt sich in diesem Kontext heraus, dass spaß- und erlebnisorientierte Aktivitäten häufig Impulse für theologische Reflexionen werden. So zeigt sich, dass z.T. eigene spirituellreligiöse Ausdeutungsformen ihres Glaubens vor dem Hintergrund der Erlebnisse entwickelt werden (z.B. Formen der Tauferneuerung, des gemeinsamen Mahls, Gebete in eigener Sprache und mit eigener Metaphorik). Dies geschieht nicht zuletzt über die Aufforderung des Papstes, den eigenen Handlungen etwas Glauben hinzuzufügen (»Bota fe« – »Füge Glauben hinzu«). Nachfolgend wird aufgezeigt, wie diese Aufforderung von den Pilgerinnen und Pilgern jugendtheologisch konkretisiert wird.

2.2.1 Tauferneuerung

Das Forschungsteam Faszination Weltjugendtag ist während des Events nicht nur im Rahmen von direkten Befragun-

8 Vgl. Janieta Bartz, Jugendpastoral auf neuen Wegen (wie Anm. 3), 123–136.

gen, sondern auch mit Beobachtungen an der Copacabana tätig. Am Freitag, den 26. Juli 2013, sind zwei junge Männer aus Argentinien, Paulo (19) und Fabio (21) an der Copacabana zu beobachten. Beide stehen bis zur Hüfte im Meer. Einer von ihnen macht ein Kreuzzeichen und taucht mit seinem Körper im Wasser ein. Gleichzeitig ist das Vater Unser auf Spanisch zu hören. Sobald der Jugendliche wieder aus dem Wasser auftaucht, erhält er von dem anderen (Fabio) ein weißes Handtuch und ein Kreuzzeichen auf seine Stirn. Später stellt sich heraus, dass Paulo an diesem Tag vor drei Jahren getauft wurde. Mit der Handlung wurde bewusst eine Tauferneuerung mit Kreuzzeichen, Vater Unser und weißem Handtuch (symbolisch für das reine Taufgewand) vollzogen. Obwohl die Jugendlichen durchaus die Möglichkeit gehabt hätten, dieses Ritual mit einem Priester zu vollziehen, haben sie sich explizit im Bewusstsein ihrer Taufwürde und Kenntnis der Erneuerungspraxis dafür entschieden, das Ritual ohne einen geweihten Amtsträger durchzuführen. Für beide zählte ihre Verbindung zu Gott, die sie auf persönliche Weise erneuern wollten:

»Paulo: When I was 15 years old my father died of cancer. My mother and I were poor and I was so desperate. Before I met Jesus Christ, I was so helpless in a world of sin and hopelessness. You know, nothing makes sense. One day Fabio met me on a party and invited me to come to his church. One year later I was baptized. Now I have so many brothers and sisters in Christ and my very best friend in the world. Yesterday I saw Papa Francisco and I saw how kindly he is with everybody here. I felt Jesus in that moment and I

thought that I really want to be a disciple and to make disciples as Fabio did this to me.«[9]

Mit der Tauferneuerung erinnert sich Paulo an sein Ankommen im christlichen Glauben. Auch sein Freund Fabio denkt durch das Ritual drei Jahre zurück und erklärt, wie es zur Taufe gekommen ist:

»Fabio: I'm a disciple of Christ and I think that I'm a very happy person. I have my family, my job and my faith. I love to share my faith with others. In Argentina we have many problems with drugs, alcohol and stuff like that. Young people in Argentina often don't have many perspectives. One day I was at a party and I met Paulo. He was a nice guy and we talked a lot. Then I invited him to join me in my church. We do have many activities like bible discussions in our church. Well, he was there and he was very interested. We became friends and he was interested in Jesus. So he decided to get baptized. He asked me to help him and I thought why not? We were friends and we often think about God, girls, faith and fun. Being Catholic is amazing!«[10]

Fabio sieht sich als ›Disciple of Christ‹ und konkretisiert es für sich so, dass er anderen Menschen gegenüber ein offenes Ohr für Sorgen und Nöte zeigt – selbst bei einer Party, bei der es vielen Jugendlichen seines Alters aus seiner Sicht mehr um den Fun-Faktor gehe. Für ihn ist es auch selbstverständlich, den neu gewonnenen Freund in seine kirchliche Jugendgruppe einzuladen und auf diese Weise den Kontakt aufrechtzuerhalten.

9 Ebd., 157.
10 Ebd.

Bei einer einfachen Party unter Jugendlichen wurde also »etwas Glauben hinzugefügt«. Fabio macht in dem Gespräch einen frohen und erlösten Eindruck, der sich laut Pablo schnell auf andere Menschen überträgt. »God, girls, faith and fun« – an dieser Aussage zeigt sich, wie juvenile Lebenswelt und Spiritualität problemlos aufeinandertreffen können. Gerade diese Begegnung und Beziehung, die aus einer erlösten, aufgeklärten und authentischen Lebenshaltung praktiziert wird, ist vermutlich der Schlüssel für einen Zugang zum christlichen Glauben. Diesen Zugang zum Glauben haben sich die beiden Argentinier auf individuelle Weise durch die Tauferneuerung an der Copacabana in Erinnerung gerufen, um mit neuer Energie die Nachfolge Jesu auch in ihrer Heimat weiter leben zu können.

2.2.2 Ein Heiratsantrag mit und über Passion

Ein junges Paar geht zu Beginn der Kreuzwegandacht am Strand entlang. Dann bleibt der Mann stehen und spricht mit seiner Partnerin, anschließend kniet er sich hin. Nach dem »Ja« seiner Partnerin erklärt sich der angehende Bräutigam zu einem Interview bereit, nachdem das Forschungsteam – zunächst einen segnenden Ritus vermutend – seinen Heiratsantrag beinahe unterbrochen hätte. Der junge Mann erläutert seine Gründe für die Wahl von Ort und Gelegenheit seines Antrages. Er empfindet den Weltjugendtag als gute und intensive Erfahrung mit viel »Spirit«, die ihn an die biblische Erzählung des Pfingstereignisses erinnere. Der Heilige Geist verbinde Menschen trotz ihrer Unterschiedlichkeit – im Großen, wie auf dem Weltjugendtag, als auch im Kleinen, in ihrer

dreijährigen Beziehung, die durch Gottes Liebe geprägt sei:

»We have been together for three years. I think that WYD is a great occasion for a proposal because it is a heaven on earth for us. All the people here are Disciples of Christ. A long time ago there was the great event of Pentecost, which is mentioned in the Bible. I think it was like it is here. So much spirit.
We are connected although we are different. I think this is a great message. We know that we both are connected by the love of God. We don't have to worry about problems in the future because Jesus is with us … with us both and with everyone here on the beach … and with every single person in the world. I remembered that story about Jesus and his friends in the Bible when Jesus called them to follow him. All the guys followed him without any doubts. Today we know that their way was rather problematic and nothing was easy for them. So following Christ is also a hard job. Well, I think that Christ calls Rebecca and me to follow him as a Christian couple. We have so many friends who are divorced. Of course we are worried about that. You never know what will happen in the future. But I invited Sophia that we should trust in God's love. We should follow Jesus together. You know, it is easier to follow in a community. We see that here on the beach. I said: Rebecca, you are not alone and we are not alone as well. Even today – yes we can follow Jesus! We are disciples and we make disciples!«[11]

Aus diesem Statement geht ein interessantes Eheverständnis des 26-jährigen Brasilianers hervor. Er sieht in seiner Ehe eine Berufung, in der Nachfolge Jesu zu

---

11 Ebd., 158.

stehen. Seiner Meinung nach ist diese Nachfolge nicht etwas, was nur Priester betrifft. Bei diesem Gedanken offenbart sich ein tiefes Taufbewusstsein, aus dem heraus das junge Paar bereit ist, den schweren Zeiten im Leben mit Gottvertrauen zu begegnen – so wie es die Jünger Jesu den biblischen Überlieferungen zufolge auch getan hätten. Dieser Heiratsantrag der besonderen Art fußt auf dem biblischen Wort in Mt 16,24 »Wer mir nachfolgen will, nehme sein Kreuz auf sich und folge mir nach«. Die frisch Verlobten sind sich bewusst, dass sie mit ihrer gemeinsamen Berufung in der Nachfolge Christi vielen Herausforderungen begegnen werden. Sie sind bereit, anderen ihren Glauben leidenschaftlich vorzuleben und mögliches Leid mit Gottvertrauen anzunehmen.

2.2.3 Re-enacting Communion

Bei der letzten Veranstaltung des XXVIII. Weltjugendtages (Abschlussgottesdienst) sorgen christliche Populärmusik und ein Weltjugendtagstanz für gute Stimmung bei gutem Wetter. Als die Kommunion ausgeteilt wird, bleiben einige Felder auf dem Strand scheinbar aus organisatorischen Gründen ohne Priester und Kommunionhelfer. Die jungen Teilnehmerinnen und Teilnehmer des Gottesdienstes können entweder nicht an der Kommunion teilnehmen oder müssen sich auf einen längeren Weg durch die Menschenmassen zum nächsten Priester machen. Die meisten Jugendlichen bleiben an ihrem Platz sitzen. Dann beginnt ein brasilianischer Jugendlicher in der Nähe des Forschungsteams sein Pilgerpaket zu durchsuchen. Anschließend holt er eine Tüte Chips heraus und verteilt diese an andere Pilgerinnen und Pilger. Hierzu

hält er einen der Chips in die Höhe und legt ihn wortlos in die geöffneten Hände seiner Altersgenossen. Diese nehmen die Chips in Empfang und verharren zumeist in einer (knienden) Gebetshaltung. Die gesamte Handlung ähnelt der Austeilung der Kommunion. Am Ende des Gottesdienstes erklärt der 22-jährige Brasilianer dem Forschungsteam die genaueren Hintergründe seines Handelns:

> »Well, I wanted to take part. It was not important for me to eat the altar bread but it was important for me to have a sign, to have the feeling that I had communion, in union with Jesus. There was no priest so I started to open the packet and gave this to the others as well. I remembered the story about the Israelites who were hungry in the desert and God gave them Manna. You know it is so hot today and I don't know why, but I was looking for something crispy and fine which I could distribute instead of the altar bread. I didn't say anything because I knew that this was not the holy body of Christ, but it was important for me to be a part of this young community. This is the meaning of communion, community, isn't it?«[12]

Anlass seines Handelns ist der Wunsch, eine sinnliche Gemeinschaftserfahrung zu machen. Sein erster Eindruck bei der ausstehenden Kommunion ist auch ein Gefühl der Isolation. Die Möglichkeit, sich für längere Zeit auf den Weg zum nächsten Priester zu machen, ist für ihn scheinbar keine echte Alternative. Gleichzeitig möchte er auch nicht auf eine Stärkung verzichten. Das warme Wetter am Strand erinnert ihn an die Exoduserzählung in der Bibel. Das

---

12 Ebd., 160.

Manna in der Wüste, ein feines knuspriges Brot, stärkt die Menschen, die unterwegs sind. Es schafft die Gemeinschaft untereinander und mit Gott. Angeregt durch diesen Gedanken untersucht er sein Pilgerpaket und versteht die Chips als Manna der Jugend. Durch das rituelle Verteilen der Chips möchte er Gemeinschaft untereinander und mit Jesus stiften und im übertragenen Sinne Teil der gesamten Gemeinschaft am Strand der Copacabana sein. Auch wenn man den Eindruck gewinnt, dass der Brasilianer intuitiv und spontan handelt, geschieht dies doch nicht unreflektiert. Anhand seiner anschließenden Erklärung ist sein klares Bewusstsein darüber erkennbar, dass er nicht das gewandelte Brot, »den Leib Christi«, verteilt. ›Chips sind das Manna der Jugend heute, die zeigen, dass Gott sie stärkt und für sie da ist‹ – diese Erkenntnis gehört geteilt, ganz im Sinne der Ursprungsbedeutung des Wortes Kommunion: Gemeinschaft.

3. Jugendtheologische Betrachtung ausgewählter Forschungsergebnisse

Die Erkenntnisse hinsichtlich der Jugendtheologie beim Weltjugendtag sind überwiegend von persönlicher und expliziter Theologie geprägt. Diese Erkenntnis ist im Spiegel des Teilnehmerprofils bei Weltjugendtagen zu deuten: Bei den Befragten handelt es sich um Menschen, die nicht nur katholisch sozialisiert, sondern auch in kirchlichen Kontexten engagiert sind. So ist bei ihnen eine differenzierte religiöse Sprach- und Deutungsfähigkeit zu beobachten, die einerseits mit kirchlichen Traditionen vertraut ist und andererseits von einem konkreten Gottesbild zeugt. Auch wenn vorangehende Studien im Kontext von Weltjugendtagen von einer gewissen theologischen Affinität junger Menschen zeugen, ist dies auf diesem Niveau im Vorfeld der eigenen Untersuchung sehr zu lohnen scheint. Bei der Generation Rio zeigt sich bei den Jugendlichen die Fähigkeit, spirituell-religiöse Ausdeutungs- und Ausdrucksformen ihres eigenen Glaubens im Kontext der Weltjugendtagerlebnisse zu entwickeln (z.B. Formen der Tauferneuerung, des gemeinsamen Mahls, Gebete in eigener Sprache und mit eigener Metaphorik).

Die jungen Teilnehmerinnen und Teilnehmer des Weltjugendtags imitieren die Spendung von Sakramenten – die Spendung der Taufe am Strand der Copacabana mit Kreuzzeichen und weißem Handtuch, die Austeilung der Kommunion mit Kartoffelchips statt geweihter Hostien. Wie sind diese Handlungen von Weltjugendtagsteilnehmern zu bewerten und einzuordnen? Die Bandbreite potentieller Reaktionen reicht von missbilligender Irritation über die Entweihung der Sakramente bis hin zu wohlwollender Anerkennung der Glaubenspraxis, die gewillt ist, den tatsächlichen Vollzug der Sakramente in Erwägung zu ziehen. Aus jugendtheologischer Forschungsperspektive stellt sich die Frage: Kann es sich bei den Handlungen tatsächlich um den (Nach-)Vollzug von Sakramenten handeln? Das kirchliche Lehramt formuliert im »Dekret für die Armenier« des Konzils von Florenz zum Vollzug der Sakramente: »Alle […] Sakramente werden in drei Stücken vollzogen: durch den dinglichen Vollzug als Materia, durch die Worte als Forma, durch die Person des Spenders, der das Sakrament erteilt in der Absicht, zu tun, was die Kirche tut.«[13] Unter dieser Voraussetzung wird das Sakrament vollzogen, wobei der Handelnde Christus in seiner Kirche ist. Dabei kommt das Sakrament allerdings zunächst ex opere operato zustande, ›durch das Werk, das getan worden ist‹.[14] Damit es wirksam wird, muss es auch ex opere operantis zustande kommen – durch das ›Werk, das noch getan werden muss‹, d.h. durch die gläubige Annahme und Verwirklichung im Leben des Empfängers. Daher zählen auch als weitere Voraussetzung für das Zustandekommen von Sakramenten diejenigen, »die sie würdig empfangen«[15].

So liegt ein tatsächlicher (Nach-) Vollzug der Sakramente Taufe und Eucharistie durch die Jugendlichen zunächst nahe: Wenn allein Christus das handelnde Subjekt und auf Seiten der Jugendlichen der ernsthafte Wille zum Sakramentenempfang im Sinne der Kirche gegeben ist, sollten die Sakramente dann nicht auch zustande kommen können? Ganz einfach verhält es sich aus sakramentaltheologischer Sicht allerdings nicht: Der nachgestellte Taufritus enthält zwar ›Materia‹ (das Wasser), ›Forma‹ (das Kreuzzeichen) und mag auch die Absicht des Spenders erkennen lassen, »zu tun, was die Kirche tut« – die Taufe kann in diesem Fall allerdings schon allein deshalb nicht (erneut) zustande kommen, weil beide Jugendliche bereits getauft sind; auch dies formuliert u.a. das Dekret des Konzils von Florenz.[16] Der nachgestellten Kommunionausteilung fehlt das konsekrierte Brot, die Wandlung des

Brotes kann nur ein gültig geweihter Priester vornehmen – dies hat die Tradition bereits im Rahmen des Vierten Laterankonzils bekräftigt.[17]

Sakramente können durch die Handlungen der Jugendlichen also nicht zustande kommen – dies haben die Jugendlichen, zumindest der eigenen Einordnung ihrer Handlungen zufolge, aber auch nicht im Sinn. Im Fall der nachgestellten Taufe sprechen sie selbst von der Intention einer ›Tauferneuerung‹, im Fall der ›Chipskommunion‹ von dem Wunsch, Teil der Mahlgemeinschaft zu sein. In beiden Fällen bedienen sie sich dazu bewusst symbolischer Handlungen bei denen es sich zwar nicht um die Realsymbole der Sakramente handelt, in denen Gott auf Erden gegenwärtig ist, die aber ganz im Eindruck dieser Gotteserfahrungen zu verstehen sind und im Rahmen des Weltjugendtages vergegenwärtigt werden. Die Jugendlichen möchten der Tatsache, dass sie die Gegenwart Gottes in ihrem eigenen Leben erkannt haben, Ausdruck verleihen, und mehr als das: Sie möchten diese Gegenwart auch nachspüren, dazu braucht es neben dem Theologisieren offensichtlich auch ausdeutende Handlungen.

Interessant ist, dass Papst Franziskus genau diese Handlungsdimension im Rahmen des Weltjugendtages 2013 bei-

---

13 H. Denzinger / P. Hünermann, (Hg.). Kompendium der Glaubensbekenntnisse und kirchlichen Lehrentscheidungen, Freiburg i.Br. ⁴⁴2014, Nr. 1310–1313, hier 1312.
14 Vgl. Dekret über die Sakramente des Konzils von Trient, in: ebd., Nr. 1608.
15 Ebd., Nr. 1310–1313.
16 Vgl. ebd.
17 Vgl. ebd., Nr. 1642.

spielsweise bei einem Treffen mit jungen Argentiniern zur Sprache bringt:

> »Ich hoffe, dass es einen Wirbel gibt. [...] In Rio wirst du was erleben, da wird es einen Wirbel geben. Aber ich will, dass ihr auch in den Diözesen Wirbel macht, ich will, dass man hinausgeht, ich will, dass die Kirche auf die Straßen hinausgeht, ich will, dass wir standhalten gegen alle Weltlichkeit, Unbeweglichkeit, Bequemlichkeit, gegen den Klerikalismus und alles In-sich-verschlossen-sein. Die Pfarreien, die Schulen, die verschiedenen Einrichtungen sind da, um hinauszugehen [...], wenn sie es nicht tun, werden sie eine NGO, und die Kirche darf nie eine NGO sein. Die Bischöfe und Priester mögen mir verzeihen, wenn einige nachher Verwirrung stiften. Es ist ein Rat. Danke für das, was ihr tun könnt.«[18]

Der Papst fordert die jungen Menschen also auf, in der Welt präsent zu sein und ermutigt sie herzlich dazu. Auch beim Weltjugendtag 2016 in Krakau spielt diese handlungsorientierte Perspektive in seinen Ansprachen mit der Hoffnung auf eine »rebellische Jugend« eine Rolle.[19] Die empirischen Daten aus Rio zeigen, dass bei vielen Jugendlichen und jungen Erwachsenen das Potential vorhanden ist, dem Evangelium durch Wort und Tat ihr eigenes Gesicht zu geben. Die Beispiele des Theologisierens lassen auf eine Generation Rio schließen, die die frohe Botschaft Christi auf authentische und individuelle Weise mit anderen teilen und leben kann und will.

Die Erkenntnisse der Studie zeigen, dass junge Menschen durchaus in der Lage sind, theologische Gedanken mit anderen Menschen zu kommunizieren. Diese entstehen in erster Linie in freien

und meist ungesteuerten Kontexten. Die Anlässe hierfür sind nicht ausschließlich spiritueller Art. Vielmehr erwachsen sie aus jugendkulturellen Erfahrungen und Kontexten. Die aktuelle Diskussion darüber, ob der Weltjugendtag neue Formate braucht, ist, mit Blick auf die empirischen Daten aus Rio, wichtig.[20]

Die Praxisrelevanz dieser Erkenntnisse konkretisiert sich im folgenden Beispiel: Die Katechesen im Rahmen des Weltjugendtages wurden von den befragten Jugendlichen mehrheitlich mittelmäßig bewertet. Dies ist im Vergleich zu anderen äußerst positiv wahrgenommenen Veranstaltungen des Weltjugendtages (vor allem Vigil und Abschlussgottesdienst) eher untypisch. Es stellt sich vor diesem Hintergrund die Frage, ob die Kirche ihren Lehrauftrag nicht auch in stärker freien und partizipativ gestalteten Kontexten wahrnehmen möchte. Zentrales Element der Katechesen ist in der Regel ein Vortrag eines Geistlichen,

---

18 Ansprache von Papst Franziskus am 25.7.2013 in der Kathedrale von Rio de Janeiro, online: https://w2.vatican.va/content/francesco/de/speeches/2013/july/documents/papa-francesco_20130725 _gmg-argentini-rio.html (15.3.2019)

19 Ansprache von Papst Franziskus bei der Begrüßungszeremonie mit den Jugendlichen am 28.7.2016, online: http://w2.vatican.va/content/francesco/de/speeches/2016/july/documents/papa-francesco_20160728_polonia-accoglienza-giovani.html (21.03.2019).

20 In einem Interview mit der Kirchenzeitung Kirche+Leben des Bistums Münster äußert sich Wolfgang Ehrenlechner, Bundesvorsitzender vom Bund der Deutschen Katholischen Jugend (BDKJ) zu diesem Thema. Das Projekt youthhearing versucht ein jugendkulturelles Element beim Weltjugendtag zu etablieren. Ziel ist dabei, die interkulturellen Erfahrungen zu stärken. Online: https://www.youtube.com/watch?v=qv_g7VAhsl8 (20.3.2019).

zumeist eines Bischofs. Die Befunde der empirischen Untersuchung lassen die Frage zu, ob zukünftige Katechesen bei Weltjugendtagen nicht auch hauptsächlich von Jugendlichen gestaltet werden können – eine entsprechende Vorbereitung und Begleitung durch erfahrene Personen vorausgesetzt. Die vorgetragenen Glaubenszeugnisse wären dadurch authentischer und für die Altersgenossen wahrscheinlich durch die Lebensweltorientierung auch verständlicher. Im Rahmen der Vigil des Weltjugendtages ist die Einbindung persönlicher Glaubenszeugnisse und weiterer, auch künstlerischer Beiträge von Jugendlichen aus aller Welt schon seit längerem gängig und bewährt. Die Katechesen dürfen sich gerne als Experimentierorte der Kirche verstehen, die dazu zusammengekommene Gemeinschaft als Lerngemeinschaft. Die bisherige Praxis, bei der sich die Partizipationsmöglichkeiten in der Regel auf kurze Fragen und Redebeiträge beschränken, birgt die Gefahr, dass die Katechesen von vielen Weltjugendtagsteilnehmerinnen und -teilnehmern ›ausgesessen‹ werden. Stattdessen sollten die Potenziale der Jugendlichen und jungen Erwachsenen, die sich auch im Rahmen der mit dieser Arbeit vorgelegten Untersuchung gezeigt haben, genutzt und der Blick darauf geschärft werden. Dies kann bedeuten, dass die Katechesen internationaler ausgerichtet werden. Warum sollten sich beispielsweise junge Menschen aus Europa nicht von ihren Altersgenossen aus Afrika, Asien oder Lateinamerika inspirieren lassen? Eine partizipativere Ausrichtung von Katechesen, die auf das Taufbewusstsein der Weltjugendtagsteilnehmerinnen und -teilnehmer setzt, lässt eine spirituelle Lerngemeinschaft

entstehen, die aufgrund ihrer Vielfalt reichhaltigere theologische Perspektiven und neue authentische Formen der Glaubenspraxis finden kann.

5. Anstelle eines Fazits: Konzept einer ganzheitlichen Pastoral

Was ist der Beitrag, den der Weltjugendtag für die Kirche vor Ort insbesondere für die Gestaltung jugendpastoraler Angebote bereithält? Eine Antwort auf diese Frage findet sich im Ursprung des Weltjugendtages. Papst Johannes Paul II. lädt junge Menschen aus aller Welt in den 1980er Jahren erstmals zu einer interkulturellen Jugendbegegnung nach Rom ein. Diese Begegnung knüpft mit ihrem Eventcharakter an Jugendkultur an. Junge Menschen sollen Kirche anders als gewohnt wahrnehmen und kennenlernen, sich mit dem Evangelium in einem ihnen vertrauten Kontext auseinandersetzen und mit ›Lust auf mehr‹ in ihren Alltag zurückkehren. Die empirischen Ergebnisse dieser und vergangener Studien im Kontext der Weltjugendtagsforschung weisen darauf hin, dass dieses Ziel Papst Johannes Pauls II. keineswegs idealistisch war und zumindest z.T. bei Weltjugendtagen immer wieder erreicht wird: Weltjugendtagsheimkehrer sind in ihrem Glauben gestärkt und zeigen eine höhere Bereitschaft für Engagement in ihrer Heimatgemeinde, die sie zudem durch eine allgemein sehr positive emotionale Einstellung inspirieren können. Der Weltjugendtag stimuliert die Teilnehmerinnen und Teilnehmer (neu) für den christlichen Glauben. So ist auch zu erklären, warum sich eine Weltjugendtagsgeneration mit Jugendlichen etabliert hat, die immer wieder an diesen Veranstaltungen teilnimmt.

Nichtsdestotrotz gibt es auch Enttäuschung darüber, dass die Auswirkungen des Weltjugendtages in den Heimatgemeinden offensichtlich nicht so stark und nachhaltig sind, wie gewünscht bzw. dass überhaupt nur diejenigen teilnehmen, die ohnehin schon stark engagiert sind. Skeptiker des Weltjugendtages fragen, ob der Weltjugendtag eine Fehlinvestition ist, oder sie hinterfragen angesichts der vielen feiernden Jugendlichen die religiöse Tiefgründigkeit des Glaubensfestes. Zudem setzen sich engagierte Menschen in der Jugendpastoral häufig das zu ambitionierte Ziel, dem Ideal des Weltjugendtages in der Heimatgemeinde gerecht zu werden, obwohl u.a. materielle, personelle und weitere Ressourcen vor Ort nicht vorhanden sind. Die qualitativen Ergebnisse der mit dieser Arbeit vorgelegten Untersuchung zeigen hingegen, dass Jugendliche von ihrer Kirche vor Ort keine Wunder erwarten und sich der Einzigartigkeit des Weltjugendtagereignisses bewusst sind, das sie möglicherweise gerade deshalb besonders genießen. Sie verweisen darauf, dass der Besuch anderer, beispielsweise musikalischer Events, eine ähnlich stärkende Wirkung auf sie hat und keine Nachahmung im Alltag zu erwarten ist.

In der Diskussion um die Nachhaltigkeit des Weltjugendtags lässt sich angesichts der untersuchten Daten argumentieren, dass der Weltjugendtag eine Investition in die Zukunft der jungen Gläubigen darstellt, die sich nicht zwingend unmittelbar auszahlen muss: Junge Menschen lassen sich bei Weltjugendtagen begeistern und erleben Glauben und Kirche aus einer anderen, ansprechenden

und ermutigenden Perspektive. In den Jugendlichen wird mit dem Weltjugendtag ein Senfkorn gepflanzt, das sich im Laufe des Lebens in aller Freiheit entfalten kann. Dabei ist Geduld ratsam: die Nachfolge Jesu folgt gerade in einer enttraditionalisierten, pluralen Welt ihrem eigenen Tempo.

Wenn sich Jugendpastoral im Kontext der Jugendtheologie auf neue Wege begibt, stellt sich die Frage nach dem Ziel. Die Rio-Generation würde vor dem Hintergrund der gewonnenen Erkenntnisse sicherlich sagen, dass das Ziel eine gute Kirche u.a. für Jugendliche ist. Wie gestaltet sich eine entsprechende Jugendpastoral heute? Im Folgenden wird ein Konzept der ganzheitlichen Pastoral (Cura comprehensiva) vorgestellt, welches sowohl auf juvenilen Einschätzungen beruht, als auch sich der Sprache der Jugendlichen bedient. Es handelt sich hierbei um eine ganzheitliche Jugendpastoral von, mit und vor allem für Jugendliche. Diese Pastoral zeichnet sich dadurch aus, dass sie nicht entweder diakonisch oder missionarisch handelt; Pastoral ist plural. Sie stellt eine Kombination der bisher bekannten Prinzipien dar, die alle gleichwertig in jedem jugendpastoralen Angebot vorhanden sein sollten. Bei der Kirche handelt es sich aus Sicht der Jugendlichen nicht um das Gebäude oder die Institution, sondern vielmehr um das gemeinsame Priestertum aller Gläubigen, welches auf dem Taufbewusstsein fußt und vom Heiligen Geist inspiriert wird: Das Konzept der ganzheitlichen Pastoral greift Erwartungen an eine *gute Kirche* auf: eine Kirche in der Gott wirklich erfahrbar wird, die Verantwortung in der Gesellschaft übernimmt, die auf Gemeinschaft, Liebe und die Kommunikation des Evangeliums ausgerichtet ist, in der die Freude des Evangeliums gelebt wird und in der jeder willkommen und eingeladen ist, sich zu beteiligen – auch die Jugendlichen, die in dieser Gemeinschaft aufgehen, sie erneuern und durch ihre Lebendigkeit bereichern möchten. Modell und Konzept sind ein Versuch, die durch die Untersuchung zum XXVIII. Weltjugendtag gewonnenen vielfältigen Eindrücke fruchtbar zu machen. Wenn dies Verantwortliche in der (Jugend-) Pastoral zur Adaption oder auch zu Gegenentwürfen sowie die Jugendtheologie-Forschung zu darauf aufbauenden, hypothesenprüfenden Untersuchungen inspiriert, ist das Ziel der Forschungsarbeiten vom Projekt *Faszination Weltjugendtag* erreicht.

Laura Otte
Jugendtheologie und die Partizipation junger Menschen in der Jugendarbeit

1. Einleitung

Auf dem jugendpastoralen Symposium zum zehnjährigen Bestehen von »religio Altenberg« stand das Konzept der Jugendtheologie im Fokus des Austausches. Dieses unter anderem als religionsdidaktisch diskutierte[1], aus der wissenschaftlichen Theologie kommende Konzept, lädt dazu ein, das eigene jugendpastorale Handeln hinsichtlich einer Dreiteilung zu reflektieren: Theologisiere ich für junge Menschen? Theologisiere ich mit ihnen? Oder theologisieren junge Menschen in den Angeboten, wo ich sie treffe, auch für sich alleine? Hierbei wird, anknüpfend an die Gruppe der Teilnehmenden des jugendpastoralen Symposiums, die Perspektive der hauptamtlich bzw. hauptberuflich Aktiven in diesem Beitrag eingenommen.

Jugendtheologisches Arbeiten heißt, eine dialogische Grundhaltung einzunehmen und partizipatives Handeln anzustreben.[2] Wo und wie lassen wir sie mit ihren Meinungen partizipieren? Diese Frage ist dabei als Ausgangspunkt einer jugendtheologischen Haltung von besonderer Bedeutung. Dieses wurde im Rahmen des Symposiums sichtbar und zeigt auch die kurze Reflexion in diesem Beitrag (Abschnitt 2). Es wird daran anknüpfend ein Werkzeug für das praktische Arbeiten im Sinne der auf der Tagung vorgestellten Jugendtheologie vor- und zur Diskussion gestellt – eine Partizipationsmatrix (Abschnitt 3). In dem vorliegenden Beitrag wird mithilfe dieser Matrix, die sich auf formale Partizipationskontexte konzentriert, ein konkretes jugendpastorales Partizipationsprojekt reflektiert (Abschnitt 4). Ein kritisches Resümee (Abschnitt 5) versucht abschließend die Frage zu beantworten, ob und inwiefern die entwickelte Matrix für einen Arbeitskontext, der durch Jugendtheologie geprägt sein will, genutzt werden und hier eine hilfreiche Methode darstellen kann.

2. Jugendtheologie und die Partizipation junger Menschen

Bert Roebben und Thomas Schlag beschreiben in ihrem Beitrag im Handbuch Kirchlicher Jugendarbeit zum Thema Jugendtheologie, dass die »Idee und

---

1 Vgl. Bernd Schröder, Kommunikation des Evangeliums – gemeindepädagogische Perspektiven auf die Kinder- und Jugendtheologie, in: Thomas Schlag / Hanna Roose / Gerhard / Büttner, (Hg.), »Was ist für dich der Sinn?« Kommunikation des Evangeliums mit Kindern und Jugendlichen (Jahrbuch für Kinder- und Jugendtheologie 1), Stuttgart 2018, 219–229.
2 Vgl. Tagungsflyer zum jugendpastoralen Symposium 2018.

Überzeugung [ebendieser darin bestehe; L. O.], dass Jugendliche eigenständige Akteure religiöser Reflexion sein können. Wenn es genügend *Anregungen und Anforderungssituationen* gibt, können Jugendliche in einem weiten Sinn ›Theologie treiben‹ und eine eigene theologische Stimme entwickeln.«[3] Hier rückt in den Fokus, dass es Anregungen und Anforderungssituationen geben muss, wo junge Menschen partizipieren können.

Partizipation als Handlungsmaxime kann dabei in pädagogischen Settings einerseits als *common sense* bezeichnet werden und wird auch zunehmend in pastoralen Settings relevanter.[4] »Andererseits ist es oft umstritten und unklar, was Partizipation in den sehr unterschiedlichen Kontexten, Handlungsfeldern und Aufgaben […] bedeutet und wie sie praktisch umgesetzt werden kann.«[5] Der Begriff kann Teilhabe, Teilnahme, Selbstorganisation, Koproduzent/innenschaft, Beteiligung, Mitverantwortung, Mitbestimmung, Mitgestaltung, Mitwirkung bedeuten.[6] Diese Beobachtung zur begrifflichen Unklarheit lässt sich immer wieder machen. So auch, wenn man in Texte schaut, die auf einer wissenschaftlichen Ebene um eine Begriffsschärfung bemüht sind. Dabei lässt sich aber auch feststellen, dass die Darstellungen in Stufenmodellen, inspiriert von Sherry R. Arnstein, gängige Handhabung geworden sind. Sherry R. Arnstein hat sich in den ausgehenden 1960er Jahren mit der Frage beschäftigt, wie Partizipation im Bereich der Stadtplanung Einzug finden kann.[7] Zur Konkretisierung der UN-Kinderrechtskonvention 1989, die oft als eine der entscheidenden Impulsgeberinnen für die Sicht auf die Beteiligung von Kindern und Jugendlichen

ausgegeben wird[8], wurde von UNICEF eine Stufenleiter der Partizipation von Kindern und Jugendlichen nach Roger A. Hart veröffentlicht.[9] Dieser Text wird vielfach herangezogen, wenn der Frage nachgegangen wird, wie Kinder und Jugendliche beteiligt werden können.[10] So kann die Partizipation junger Menschen

3 Bert Roebben / Thomas Schlag, Jugendtheologie: Basisannahmen und Konkretisierungsmöglichkeiten für die kirchliche Jugendarbeit, in: Angela Kaupp / Patrik C. Höring (Hg.), Handbuch Kirchlicher Jugendarbeit, Freiburg im Breisgau 2019, 444–459.

4 Vgl. Monika Jakobs, Bildung und Partizipation in der pastoralen Praxis, in: Elisa Kröger (Hg.), Wie lernt Kirche Partizipation? Theologische Reflexion und praktische Erfahrungen, Würzburg 2016, 111–122.

5 Stefan Schnurr, Partizipation, 631, in: Gunther Graßhoff, et al. (Hg.) Soziale Arbeit, Wiesbaden 2018, 631–648.

6 Vgl. Ullrich Gintzel, Partizipation, in: Dieter Kreft / Ingrid Mielenz (Hg.), Wörterbuch Soziale Arbeit. Aufgaben, Praxisfelder, Begriffe und Methoden der Sozialarbeit und Sozialpädagogik, Weinheim/Basel 2013, 650–654.

7 Sherry R. Arnstein, A Ladder Of Citizen Participation, in: Journal of the American Planning Association 35 (1969), 216–224.

8 Vgl. z.B. Petra Büker et al., Kinder partizipativ in Forschung einbeziehen – ein kinderrechtsbasiertes Stufenmodell, in: Diskurs Kindheits- und Jugendforschung 1 (2018), 109–114.

9 Roger A. Hart, Children's Participation. From Tokenism to Citizenship, Florence 1992.

10 Roger A. Hart selbst kritisiert die Rezeption seiner Stufenleiter und verweist auf weiterentwickelte Konzepte. Für den vorliegenden Beitrag wird im Wissen um diese Kritik dem etablierten Vorgehen in der wissenschaftlichen Auseinandersetzung aber weiterhin gefolgt. Zum Weiterlesen: Roger A. Hart, Stepping back from »The ladder«: Reflections on a model of participatory work with children, in: Alan Reid et al. (Hg.), Participation and Learning. Perspectives on Education and the Environment, Health and Sustainability, Dordrecht 2008, 19–31.

in Stufen bzw. Grade eingeteilt werden, welche im folgenden Abschnitt dezidierter vorgestellt werden.

3. Partizipation junger Menschen an jugendpastoralen Projekten – eine Matrix

Die *Stufen* nach Roger A. Hart, der angelehnt an Sherry R. Arnstein, auch eine Leiter der Partizipation konstruiert hat, sind im Überblick und direkt auf einen Kontext jugendpastoraler (Projekt-) Arbeit angewendet.[11] Die Darstellung erfolgt in der Reihenfolge nach Hart 1992[12]:

1. *Manipulation*: Die Erwachsenen treffen intransparente Entscheidungen im Projekt und die jungen Menschen haben keine Ahnung, worum es geht. Sie verstehen ihre Rolle nicht, sie werden für das Projekt instrumentalisiert.
2. *Decoration*: Die Erwachsenen treffen die Entscheidungen im Projekt. Die jungen Menschen sind Teilnehmer/innen eines Begleitprogramms, was mit dem Projekt selbst nicht in Verbindung steht. Dieses Begleitprogramm wird genutzt, um das eigentliche Projekt mit jungen Menschen zu »dekorieren«, es wird aber keine Partizipation junger Menschen angestrebt.
3. *Tokenism*: Die jungen Menschen werden von den Erwachsenen in das Projekt einbezogen, ihr Einbezug hat aber keine Konsequenzen. Der Einbezug ohne Handlungsfolgen wird zur Legitimation des Projekts seitens der Erwachsenen verwendet.
4. *Assigned but informed*: Die jungen Menschen werden von den Erwachsenen

in einer klar definierten Rolle in einzelne Projektschritte einbezogen. Ihr Handlungs- und Entscheidungsspielraum ist durch die Erwachsenen klar definiert.

5. *Consulted and informed*: Die jungen Menschen werden von den Erwachsenen systematisch in das Projekt einbezogen und über den gesamten Projektverlauf informiert. Die jungen Menschen entscheiden bei den Entscheidungen mit, wo die Erwachsenen sie anfragen. Somit werden die Entscheidungen sporadisch zusammen getroffen.
6. *Adultinitiated, shared decisions with children*: Die jungen Menschen werden von den Erwachsenen systematisch in das Projekt einbezogen und über den gesamten Projektverlauf informiert. Die jungen Menschen nehmen an den Entscheidungsprozessen teil, die im Rahmen des Projekts anstehen, und die Entscheidungen werden gemeinsam getroffen. Dabei liegt die Initiative bei den Erwachsenen.
7. *Childinitiated and directed*: Die jungen Menschen initiieren selbst ein Projekt.

---

11 Siehe hierzu: Roger A. Hart, Children's Participation (wie Anm. 9), 8–14. Dabei wurde die Erklärung der einzelnen Stufen selbstständig formuliert.
12 Hierbei wird der wichtigen Anmerkung von Anna Lena Wagener gefolgt, dass der Begriff Leiter nicht explizit verwendet wird, da »er suggeriert, dass es erstrebenswert ist, die Leiter von unten nach oben zu besteigen.« (Anna Lena Wagener, Partizipation von Kindern an (Ganztags-)Grundschulen. Ziele, Möglichkeiten und Bedingungen aus Sicht verschiedener Akteure, Weinheim/Basel 2013, 17) Stattdessen wird mit dem Begriff der Matrix im Weiteren gearbeitet.

Alle erforderlichen Entscheidungen werden von ihnen ohne Einbezug der Erwachsenen getroffen.

8. *Child initiated, shared decisions with adults*: Die jungen Menschen beziehen die Erwachsenen systematisch in das Projekt ein und informieren sie über den gesamten Projektverlauf. Die Erwachsenen nehmen an den Entscheidungsprozessen teil, die im Rahmen des Projektes anstehen, und die Entscheidungen werden gemeinsam getroffen.

Hierbei werden in der Regel *Manipulation, Decoration* und *Tokenism* als »Non-Participation« und alle weiteren Varianten als »Degrees of Participation« angesehen, wobei Stufe sieben *Child-initiated and directed* schon als hierüber hinausgehend und als eine Form der Selbstorganisation junger Menschen angesehen werden kann. Als Mitarbeitende der Jugendpastoral wäre man in dieser Variante an dem Projekt nicht mehr beteiligt und auch in Stufe acht *Child initiated, shared decisions with adults* wäre man nicht mehr impulsgebend, aber beteiligt an Entscheidungen.

Diese acht *Stufen* der Partizipation junger Menschen können nun mit Blick auf ein jugendpastorales Projekt angewendet werden. Es zeigt sich in der Praxis, dass zu verschiedenen Zeitpunkten, wie beispielsweise der Vorbereitung, der Durchführung oder auch der Reflexion eines Projektes, Entscheidungen zu treffen sind und somit unterschiedliche Stufen der Partizipation junger Menschen (angebahnt werden und) stattfinden können. Eine vereinfachte Matrix, in der nur Grade der Partizipation, wo Erwachsene Impulsgebende sind und die drei großen,

gerade genannten Projektschritte – Vorbereitung, Durchführung und Reflexion – miteinander in Beziehung gesetzt werden, verdeutlicht, dass es Auswirkungen auf den Projektverlauf hat, wie Partizipation verstanden wird. Hierbei werden überspitzte Projektverläufe dargestellt, um den Unterschied zu verdeutlichen (siehe Tabelle nächste Seite).

Es zeigt sich in dieser ersten ausschnittsweisen Darstellung der Matrix schon, dass sich ein Projektablauf durch die darin verankerten Partizipationsgrade unterscheidet. Der Unterschied zwischen *assigned but informed* und *consulted and informed* zeichnet sich dabei zum Beispiel durch den Grad der Informiertheit der jungen Menschen und den Umfang der ihnen zugeteilten Rollen aus. Die Übergänge aller *Stufen* sind hier aber fließend. Dieses ist anhand der Formulierungen in der Tabelle sichtbar und wird auch bei dem folgenden Beispiel implizit deutlich, wobei hier absichtlich eine eindeutige Zuordnung zu einem Partizipationsgrad vorgenommen wurde.

4. Reflexion eines jugendpastoralen (Partizipations-)Projektes

Am 27.11.2016 wurde im Bistum Osnabrück die Hauskapelle einer der beiden katholischen Jugendbildungsstätten des Bistums feierlich durch Weihbischof Johannes Wübbe eingeweiht. Diese Einweihung ist der Abschluss eines vom Bistum Osnabrück als jugendpastorales Partizipationsprojekt bezeichneten Projektes namens *Kapelle aufmöbeln*. Dieses Projekt kann in sieben Schritte (I–VII) eingeteilt werden, welche im Folgenden

	Assigned but informed	Consulted but informed	Adultinitiated, shared decisions with children
Vorbereiten	Das Projekt wird ggf. ohne Mitwirkung junger Menschen geplant. Die jungen Menschen werden nicht an der Projektvorbereitung beteiligt oder nur für einzelne Vorbereitungsschritte angefragt, wenn die Erwachsenen dieses wollen.	Die Projektidee wird bei jungen Menschen bekannt gemacht. Bei der Vorbereitung fragen Erwachsene junge Menschen bei Entscheidungen zum Projekt da an, wo sie es für sinnvoll halten.	Die Projektidee wird bei jungen Menschen bekannt gemacht. Die jungen Menschen werden bei allen Entscheidungen zur Projektvorbereitung gefragt. Das Projekt wird gemeinsam vorbereitet.
Durchführen	Das Projekt wird ggf. ohne Mitwirkung junger Menschen durchgeführt. Den jungen Menschen kann die Rolle der Konsumierenden ebenso zugeteilt werden, wie eine punktuelle Durchführung.	Bei der Durchführung können junge Menschen mitwirken. Die Erwachsenen entscheiden an welchen Punkten und in welchem Umfang.	Bei der Durchführung wirken junge Menschen und Erwachsene mit. Zusammen wird geschaut und ausgehandelt, wer, wann, wie mitwirkt.
Reflektieren	Das Projekt wird ggf. ohne Mitwirkung junger Menschen reflektiert. Die jungen Menschen werden nicht an der Projektreflexion beteiligt oder sie werden nur anfragt, wenn die Erwachsenen dieses wollen.	Bei der Reflexion können junge Menschen da eine Rückmeldung geben, wo sie angefragt werden oder aber ihre Rückmeldungen werden bei einer nächsten Planung da einbezogen, wo Erwachsene an dieser interessiert sind.	Bei der Reflexion werden gleichermaßen Rückmeldungen von Erwachsenen und jungen Menschen gesammelt, die in eine nächste Planung einbezogen werden.

Tabelle 1: Vereinfachte Partizipationsmatrix (eigene Darstellung)

vorgestellt und mithilfe der Matrix reflektiert werden.[13]

13 Eine ausführliche Beschreibung des Projektablaufs von »Kapelle aufmöbeln« findet sich in Laura Otte, PARTIZIPATION MACHT KIRCHE. Vorstellungen junger Menschen hinsichtlich Sakralraum und gelebter Liturgie als Ergebnis einer qualitativ-empirischen Untersuchung im Rahmen des Projektes »Kapelle aufmöbeln«, Dortmund 2016, 44–47 und in: Laura Otte / Gero Peters, Junge Menschen kommen zu Wort. Sakralraum- und Liturgievorstellungen werden sichtbar, in: Österreichisches Religionspädagogisches Forum (ÖRF) 25 (2017), 38–46, hier 40.

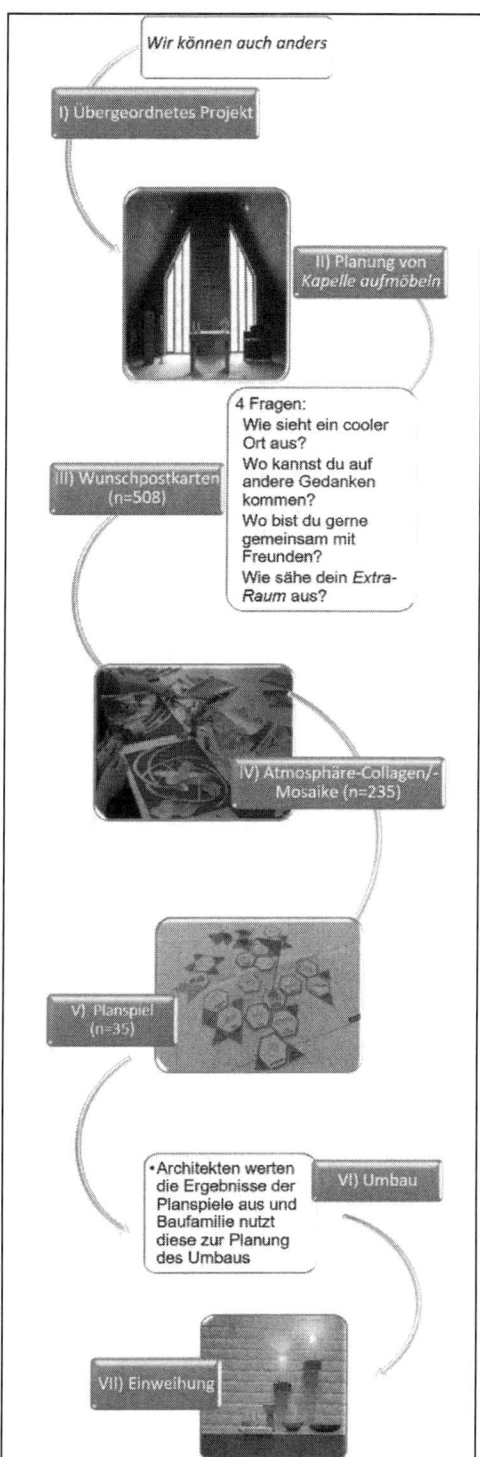

Projektschritte I und II: Übergeordnetes Projekt und Planung von Kapelle aufmöbeln

Kapelle aufmöbeln ist eingebettet in das Projekt *Wir können auch anders,* welches zu Beginn der 2010er Jahre von Bischof Franz Josef Bode im Bistum Osnabrück initiiert wurde. Bei diesem Projekt wurden Gläubige aller Altersgruppen in ihren Gemeinden dazu aufgerufen sich zu beteiligen und zu häufig umstrittenen Themen wie Frauen in der Kirche, das Zölibat oder auch zu Beteiligungsstrukturen in den Austausch zu treten. Für die kirchliche Jugend(verbands)arbeit konnte hierbei bistumsweit mit 373 jungen Menschen gesprochen werden, wobei der Austausch durch Hauptamtliche und Ehrenamtliche moderiert wurde. *Wir können auch anders* brachte u.a. den Wunsch nach Veränderungen von Kirchenräumen, aber auch nach Veränderungen in der Liturgie zu Tage, wobei auch klar benannt wurde, dass die jungen Menschen hierbei mitbestimmen wollen.[14]

Als der Umbau der Hauskapelle anstand, gründete sich eine erste Arbeitsgruppe, in der die Leitung sowie der Geistliche Rektor der Jugendbildungsstätte zusammen mit einer Referentin des Diözesanverbandes des Bundes der Deutschen Katholischen Jugend (BDKJ) und dem Referenten für Glaubenskommunikation und Jugendliturgie des Diözesanjugendamtes des Bistums vertreten waren. »Zusammen mit dem Architek-

---

14 Die Ergebnisse des Beteiligungsprojektes wurden z.T. auf der Homepage vom BDKJ Osnabrück veröffentlicht. Sie sind hier nach einer Umgestaltung der Internetseite in 2018 derzeit aber nicht mehr auffindbar.

turbüro ›die Baupiloten BDA‹ aus Berlin wurde [dann] ein Konzept zur Partizipation von Besucher/innen des Hauses entwickelt, das eine niederschwellige Beteiligung über Atmosphäre-Vorstellungen und Emotionen ermöglichte, die für die Gestaltung des Raumes elementar sind.«[15]

Reflexion der Projektschritte I und II

Das Projekt *Wir können auch anders* startete also auf Initiative des Bischofs von Osnabrück und wurden von Haupt- und Ehrenamtlichen der Jugendpastoral an die jungen Menschen herangetragen, die dann aber systematisch mit einbezogen wurden, sodass dieses Projekt als Vorläufer auf der Partizipationsstufe sechs anzusiedeln ist: *adult-initiated, shared decisions with childrens.* In der konkreten Anbahnung zu *Kapelle aufmöbeln* waren in der Planungsgruppe dann keine jungen Menschen vertreten. Ihr im Projekt *Wir können auch anders* formulierter Wunsch nach mehr Mitbestimmung in der Veränderung von Liturgie(-räumen) wurde mitgedacht, es kann hier aber nicht von Partizipation junger Menschen während der Planung des Projektes *Kapelle aufmöbeln* gesprochen werden.

Projektschritte III und IV: Wunschpostkarten und Atmosphären-Collagen/Mosaik

Mithilfe von Postkarten, die von allen Besucher/innen der Jugendbildungsstätte ausgefüllt werden konnten, wurde in einem ersten Schritt den Fragen nachgegangen:
– Wie sieht ein cooler Ort aus?
– Wo kannst du auf andere Gedanken kommen?

– Wo bist du gerne gemeinsam mit Freunden?
– Wie sieht dein Extra-Raum aus?

Hierbei haben 508 Personen mitgemacht. Es wurden so vorrangig das ästhetische Empfinden und Bedingungen für communio-Erfahrungen und Kontemplation erhoben.[16]

In einem zweiten Schritt durften zunächst die in der Jugendbildungsstätte arbeitenden Teamer/innen und Freiwilligendienstleistende mithilfe von bereitgestellten Fotos und Bildern aus dem nichtarchitektonischen Bereich oder mithilfe von farbigen Mosaikstücken Collagen zu der Frage »Wie soll sich eine Kapelle anfühlen?« erstellen.[17] Danach wurden weitere Besucher/innen der Jugendbildungsstätte unter Anleitung der Teamer/innen und Freiwilligendienstleistenden eingeladen, ebenfalls eine Collage oder ein Mosaik zu erstellen. Insgesamt wurden 235 Bilder zum Thema »Charakter Kapelle« angefertigt.

Reflexion der Projektschritte III und IV

In den ersten beiden *Phasen der Beteiligung*, wie es im Projektmaterial für *Kapelle aufmöbeln* heißt, durften sich junge Menschen systematisch einbringen. Dabei hing es aber vor allem in der zweiten Phase von den durchführenden Erwachsenen ab, ob diese den

---

15 Laura Otte / Gero Peters, Junge Menschen kommen zu Wort (wie Anm. 13), 40.
16 Ebd.
17 Siehe hieraus auch das Video »Partizipation macht Architektur«: https://www.youtube.com/watch?v=LdueUeuJrnA (17.05.2019).

Workshop zu den Collagen und Mosaiken in den Kursalltag mit den jungen Menschen integrierten oder nicht. Hier wurde zwar auch nach den Wünschen der jungen Menschen gefragt, ob sie Lust hätten an dem Workshop teilzunehmen. Es muss aber berücksichtigt werden, dass die jungen Menschen nur dann, wenn die erwachsenen Haupt- und Ehrenamtlichen ihnen davon berichtet hatten, überhaupt dazu kommen konnten sich hierzu zu positionieren. Anders gestaltete sich dieses bei den Postkarten. Diese lagen frei zugänglich für alle Gäste des Hauses im Eingangsbereich und an anderen Orten im Haus aus und die jungen Menschen konnten selbst entscheiden, ob sie teilnehmen oder nicht. Die Antworten aller Teilnehmenden, ob erwachsen oder jugendlich, wurden gleichwertig für die Ergebnisse ausgewertet. Die Wunschpostkarten als erste Phase der Beteiligung können somit als *adult-initiated, shared decisions with children* bezeichnet werden. Die zweite Phase kann eher mit *consulted and informed* betitelt werden, da die jungen Menschen zwar über das Projekt auch durch Aushänge informiert wurden, die Entscheidung zur Durchführung der Atmosphäre-Collagen bzw. Mosaike aber letztendlich bei den Erwachsenen lag.

Projektschritt V: Dritte Phase der Beteiligung: Planspiel

Für die dritte Phase der Beteiligung wurden die Wunschpostkarten, Collagen und Mosaikbilder hinsichtlich der dort benannten Inhalte und dargestellten Atmosphären ausgewertet. Zusammen mit den Projektverantwortlichen aus dem Bistum Osnabrück wurde daraufhin von den Architekten und Architektinnen ein Planspiel entwickelt. In diesem Planspiel werden von einer Kleingruppe aus 4–7 Personen zunächst die drei liturgischen Objekte Altar, Tabernakel und Kreuz in einem selbstgewählten Grundriss verortet. Dann können Aktivitäten und Atmosphären aus einem Pool an Vorschlägen, die aus den ersten beiden Beteiligungsphasen extrahiert wurden, ausgesucht und in den Raum gelegt werden. In diesen und in weiteren Folgeschritten des Planspiels, die zu einer Konkretisierung der Raumvorstellungen führten, sollten dabei die Entscheidungen in den einzelnen Schritten in der Kleingruppe ausgehandelt werden.

Dieses Planspiel wurde zunächst wieder von den im Haus arbeitenden Teamer/innen und Freiwilligendienstleistenden und dann unter Anleitung dieser mit Gruppen von Besucher/innen gespielt. Hierbei wurde das Planspiel insgesamt 35mal durchgeführt.

Reflexion des Projektschritts V

In der dritten Phase stellt sich die Situation ähnlich wie bei der Erstellung der Atmosphären-Collagen bzw. -Mosaike dar. Die den Kurs durchführenden Erwachsenen entschieden, wo dieses Planspiel Platz im Kursalltag haben könnte und boten es dann den jungen Menschen an. Die jungen Menschen konnten nicht selbstständig fragen, ob sie teilnehmen können, da sie keine dezidierten Informationen ohne die Erwachsenen zu diesem Schritt bekommen konnten. In dieser Phase kann also wieder von einer Partizipation der Stufe *consulted and informed* gesprochen werden. Wie auch in den Projektschritten III und IV kann aber angemerkt werden, dass die Ergebnisse der jungen Menschen gleichwertig zu den Ergebnissen der Erwachsenen in die Auswertung durch die Architekten eingegangen sind, sodass die Meinungen Einfluss hatten und von *shared decisions with children* gesprochen werden kann.

Projektschritte VI und VIII: Umbau und Einweihung

Nachdem auf diese Art und Weise ca. 1000 junge Menschen an dem Projekt in unterschiedlichen Partizipationsgraden mitwirken konnten, wurden die Ergebnisse aller drei Beteiligungsphasen (Schritte III bis V) zusammen mit eigenen, durch Hospitationen gemachten Eindrücken von der Architekt/innengruppe ausgewertet. Der interessierten Öffentlichkeit wurde dann zunächst vorgestellt, welche an den Raum gestellten Bedürfnisse wahrgenommen werden konnten.

Auf dieser Grundlage wurden dann drei verschiedene Raumentwürfe konzipiert, die der sogenannten Baufamilie präsentiert und zur Diskussion gestellt wurden. Die Baufamilie setzte sich zusammen aus Vertreter/innen des Teamer/innenstammes, einer ehrenamtlichen Vertreterin des BDKJ, einer Vertreterin des Hauswirtschaftsteams sowie der Leitung und des Rektors der Jugendbildungsstätte, einem Zuständigen der Kunstkommission des Bistums und einem für das Bistum arbeitenden Architekten, der den Umbau begleitete. In regelmäßig stattfindenden Treffen einigte man sich innerhalb der Baufamilie zunächst auf einen Raumentwurf. Dieser

wurde kontinuierlich konkretisiert bis Entscheidungen über den Teppich, die Lampenauswahl und die Farbe der Wände in der Runde der Baufamilie diskutiert und getroffen wurden.

Von August 2016 bis November 2016 wurde der Kapellenraum vollständig saniert. Es wurden drei neue Fenster eingesetzt, die Heizung erneuert, eine Holzkonstruktion eingebaut, Teppich, Wandfarbe und Lampen ersetzt. Ein neues Soundsystem, welches, genau wie das Licht, dezentral und von einem Tablet zu steuern ist, wurde installiert, neue Sitzmöglichkeiten angeschafft. Der Altar wurde verkleinert, der Tabernakel ersetzt und an eine neue Stelle im Raum platziert. Das alte Kreuz wurde aufgearbeitet und an seinem alten Platz wieder aufgehängt. Nach der vollständigen Neugestaltung konnte der Raum am ersten Advent 2016 feierlich eröffnet und seitdem genutzt werden.

Reflexion der Projektschritte VI und VII

Die von den Architekten ausgearbeiteten Ergebnisse wurden ohne die Beteiligung der jungen Menschen, die als Gäste in die Jugendbildungsstätte kommen, diskutiert, weiterentwickelt und letztlich realisiert. Die Vertreter/innen des Teamerstammes und aus dem BKDJ-Vorstand, die in Schritt VI noch beteiligt waren, können mit Blick auf die Definition junger Menschen[18] zwar zu eben diesen gezählt werden, sie haben aber eine andere Rolle als die jungen Menschen, die zuvor in den Schritten III bis V beteiligt wur-

---

18 Nach § 7 Abs. 1 Nr. 4 SGB VIII ist ein junger Mensch, »wer noch nicht 27 Jahre alt ist.«

den. Sie arbeiten neben- bzw. ehrenamtlich in der Jugendbildungsstätte und haben einen anderen Bezug zum Raum. Sie wurden in dieser Reflexion durchgängig als Erwachsene angesehen. Da bislang aus der Perspektive der Zielgruppe der Jugendbildungsstätte reflektiert wurde, müssen die letzten beiden Phasen also, ebenso wie Phase II, den Graden der *Non-Participation* zugeordnet werden.

5. Matrix als hilfreiches Modell für den jugendtheologischen Arbeitskontext?

Das exemplarisch herangezogene und hier reflektierte jugendpastorale Projekt Kapelle aufmöbeln veranschaulicht, dass Partizipation junger Menschen innerhalb eines Projektverlaufes in unterschiedlichen Graden verlaufen kann:

Projektschritte von *Kapelle aufmöbeln*	Non-Participation (Manipulation; Decoration; Tokenism)[19]	Assigend but informed	Consulted and informed	Adult-initiated, shared decisions	Childinitiated and directed	Childinitiated, shared decisions
I				X		
II	X					
III				X		
IV			X			
V			X			
VI	X					
VII	X					

Tabelle 2: Partizipationsmatrix von *Kapelle aufmöbeln* (eigene Darstellung)

Hierbei muss berücksichtigt werden, dass *Kapelle aufmöbeln* hier aus der Wahrnehmung der Autorin des Beitrages dargestellt und analysiert wurde. Diese konnte als Beobachterin der Planungsphase II, durchführende Teamerin in den Beteiligungsphasen III bis V und als Mitglied der Baufamilie als eine der Vertreter/innen der Teamer/innenschaft aus der Jugendbildungsstätte in Phase VI an den meisten Entscheidungen in *Kapelle aufmöbeln* partizipieren. Ob und wie junge Menschen das Projekt und ihre Möglichkeiten der Partizipation selbst darin beschreiben würden, bleibt an dieser Stelle offen. Auch sind die gewählten sieben Projektschritte hier nachträglich differenziert und für diesen Beitrag nur überblicksartig skizziert worden. Eine andere Einteilung hätte eine andere Einordnung hinsichtlich der Partizipationsgrade nach sich gezogen.

Die so vorgenommene Reflexion zeigt aber, dass die Verantwortlichen von *Kapelle aufmöbeln*, berechtigterweise von ei-

---

19 Die Schritte der *Non-Participation* wurden nicht differenziert, sondern zusammenfassend dargestellt.

nem Partizipationsprojekt sprechen können, wenngleich sich dieses mit Blick auf die jungen Menschen als Zielgruppe der Arbeit der Jugendbildungsstätte auf die Phasen I, III, IV und V beschränkt. Die Matrix zeigt eindrücklich, an welchen Stellen eine kritische Reflexion hinsichtlich der Beteiligung junger Menschen ansetzen kann:

Phase II: Welche Ideen haben junge Menschen dazu, wie ein jugendpastorales Partizipationsprojekt zum Umbau eines Kirchenraumes aussehen kann? Vielleicht wären hier weitere Phasen zu III, IV und V dazu gekommen.

Phase VI: Welche Entscheidungen zur konkreten Gestaltung würden junge Menschen treffen? Hätten sie die abstrakten Ergebnisse vielleicht doch anders umgesetzt?

Phase VII: Wie wäre es, wenn junge Menschen an dem konkreten Umbau beteiligt wären? Hätten sie auch gestalterische oder handwerkliche Aufgaben übernehmen können? Wie wäre der Bezug zu dem Raum, wenn man selbst Hand anlegen hätte dürfen?

Diese Fragen sind rein spekulativ und auch provozierend formuliert und sollen den Beitrag, den *Kapelle aufmöbeln* für eine von Partizipation geprägte Jugendpastoral geleistet hat, nicht schmälern. Sie zeigen aber auf, dass der Einbezug junger Menschen in jugendpastorale Projekte eben diese grundlegend verändern können.

So sind sich auch die oben schon zitierten Professoren für katholische und evangelische Religionspädagogik, Bert Roebben und Thomas Schlag, mit Blick auf die Wirkung einer jugendtheologi-

schen, Partizipation anstrebenden Haltung einig: »Eine offene Perspektive auf die Würde jugendlicher theologischer Suchbewegungen und Sinnsuche hat erhebliche Konsequenzen für die kirchliche Bildungspraxis und das Verständnis von Kirche überhaupt.«[20] Diesem kann sich nach der Reflexion und dem Miterleben des skizzierten jugendpastoralen Projektes aus dem Bistum Osnabrück vollständig angeschlossen werden.

Dabei kann die hier vorgestellte Matrix zum einen dazu verhelfen, schon abgeschlossene Projekte hinsichtlich einzelner Projektschritte kritisch zu reflektieren. Auch kann sie zur Planung zukünftiger Projekte herangezogen werden, die das Anliegen haben, im Sinne der Jugendtheologie auch mit jungen Menschen zu theologisieren, und helfen, diese vorab einmal zu durchdenken. Wo können und wollen wir junge Menschen beteiligen? *Kapelle aufmöbeln* hat hier gezeigt, dass es für verschiedene Projektschritte durchaus sinnvoll sein kann, die Partizipation einzelner Gruppen zu erhöhen und dabei die anderen Gruppen zu begrenzen: Eine denkbare größere Partizipation junger Menschen in der Baufamilie hätte so beispielsweise vermutlich zu einer geringeren Partizipation von Menschen aus den Leitungsebenen des Bistums oder der Jugendbildungsstätte führen können – alleine weil die Terminkoordinierung damit auf alle Zeiten außerhalb der Schulzeit begrenzt gewesen wäre. Ob dieses wiederum mit Blick auf nötige Finanzierungs- und Koordinierungsfragen sinnvoll und dem Projekt

---

20 Bert Roebben / Thomas Schlag, Jugendtheologie (wie Anm. 3), 453.

zuträglich gewesen wäre, kann in Frage gestellt werden. Hier zeigt sich deutlich, dass es keinen anzustrebenden Optimalzustand gibt – projekt- und zielspezifisch muss die Partizipation junger Menschen in den Blick genommen werden.

Dabei verhilft die hier vorgestellte Partizipationsmatrix aus der Perspektive von Erwachsenen, die gewillt sind junge Menschen partizipieren zu lassen, in einem ersten Schritt auf die eigene Arbeit zu schauen, wo und mit welchem Grad Partizipation in einem Projekt Platz erhalten soll. Partizipation ist nicht immer gleich Partizipation, nicht jede Form von Partizipation bedeutet auch gleichberechtigte Entscheidungsmacht, nicht immer ist diese auch sinnvoll – es zeigt sich also, dass es ein schillernder Begriff ist, der in seinen Potenzialen aber auch der Gefahr der missbräuchlichen Inanspruchnahme gut zu reflektieren ist. Die Matrix kann dabei ein erstes hilfreiches Werkzeug sein.

Tobias Faix
Evangelisch hochreligiöse Jugendliche.
Zentrale Ergebnisse der empirica Jugendstudie 2018
als Beitrag einer möglichen Theologie *von* Jugendlichen

Die Problematik des Theologiebegriffs in der Jugendtheologie

Eine der größten Kontroversen in der aktuellen Diskussion der Jugendtheologie bezieht sich auf die Frage der theologischen Konstruktionen *von* Jugendlichen.[1] Postuliert die Jugendtheologie Theologie wo gar keine ist? Gibt es eine Vereinnahmung der Subjekte? Können Jugendliche überhaupt theologisieren? So einige Schlüsselfragen, die aktuell diskutiert werden. Dieser Aufsatz möchte einen kleinen Beitrag zu dieser Diskussion beisteuern, indem er eine bisher kaum in den Fokus genommene Gruppe beleuchtet: evangelisch hochreligiöse Jugendliche. Dabei werden zwei Ziele verfolgt: Zum einen soll ein erster empirischer Einblick in diese Gruppe anhand von zentralen Ergebnissen der »empirica Jugendstudie 2018« gegeben werden und zum anderen sollen erste jugendtheologische Ansatzpunkte und Konsequenzen gezogen werden.

1. Mögliche Zugänge für eine Theologie von Jugendlichen

Unbestritten in der Diskussion ist, dass jedes Lebensalter eine spezifische entwicklungspsychologische Ausprägung hat, die in die jeweiligen theologischen Konstrukte einfließt. Darüber hinaus gibt

es zwei leitende Zugänge, Jugendliche als Theolog/innen einzustufen. Der erste Zugang setzt bei den Differenzen zwischen theologisch relevanten Jugendäußerungen und akademisch-theologischen Konzepten an,[2] auch wenn klar ist, dass die getätigten Äußerungen hinter der Systematik und Komplexität wissenschaftlicher Konzepte zurückbleiben, weshalb man gerne von Laientheologie spricht. Jugendliche sind Theolog/innen und unterscheiden

---

1 Vgl. als aktueller Überblick Thomas Schlag / Hanna Roose / Gerhard Büttner (Hg.), »Was ist für dich der Sinn?«. Kommunikation des Evangeliums mit Kindern und Jugendlichen, Stuttgart 2018 und Tobias Faix / Ulrich Riegel / Tobias Künkler (Hg.), Theologien von Jugendlichen. Empirische Erkundungen zu theologisch relevanten Konstruktionen Jugendlicher, Münster 2015.

2 Vgl. Anton A. Bucher, Sind Jugendliche auch für Jugendliche Theologen? Eine Pilotstudie und konzeptuelle Überlegungen, in: Thomas Schlag / Friedrich Schweitzer (Hg.), Jugendtheologie. Grundlagen – Beispiele – kritische Diskussion, Neukirchen 2012, 102–110; Gerhard Büttner, Theologisieren als Grundfigur der Praktischen Theologie – Grundüberlegungen für das Theologisieren mit Jugendlichen, in: Veit-Jakobus Dieterich (Hg.), Theologisieren mit Jugendlichen – Ein Programm für Schule und Kirche, Stuttgart 2012, 51–69; Wilfried Härle, Was haben Kinder in der Theologie verloren? Systematisch-theologische Überlegungen zum Projekt einer Kindertheologie, in: Anton A. Bucher u.a. (Hg.), »Zeit ist immer da«. Kinder erleben Hoch-Zeiten und Fest-Tage (JaBuKi 3), Stuttgart 2004, 23.

sich dabei von der akademischen Theologie »graduell, nicht essentiell«.[3] Der zweite Zugang begreift Jugendtheologie als eine Form kontextueller Theologien, wie z.B. die feministischen oder befreiungstheologischen Ansätze. Dieser Zugang setzt bei der Lebenswelt an, aus der heraus Jugendliche theologisch relevante Äußerungen formulieren. Demnach bedenken Jugendliche theologisch relevante Fragestellungen im Kontext ihrer elementaren Erfahrungen, welche sie in ihrer spezifischen Lebenswelt gemacht haben. Sie bringen somit eine partikulare Perspektive in den theologischen Diskurs ein, der nur von ihnen eingebracht werden kann. Durch ihren charakteristischen Blick auf das Leben argumentieren Jugendliche aus einer eigenen normativen Perspektive und mit einer spezifischen Hermeneutik. In diesem Sinn sind Jugendliche vollgültige Theolog/innen mit besonderer Expertise und Option für ihre spezifische Lebenserfahrung.

In beiden Positionen ist die Theologie somit auf eine Praxis bezogen und am Subjekt orientierte theologische Reflexion. Thomas Schlag weist mit Recht darauf hin, dass es bei der Frage nach der Theologie von Jugendlichen vor allem um die »Absicht und Zielsetzung«[4] gehen muss, damit man nicht in die Falle der »Grenzüberschreitung« tappt und eine Theologie konstruiert, die gegenüber den Jugendlichen übergriffig ist.[5] Dies gilt besonders für die Zuschreibung einer sogenannten ›impliziten Theologie‹, worauf Schlag und Schweitzer schon früh hingewiesen haben.

Geht man empirischen Studien zu dem Thema nach, dann fällt auf, dass es zumeist um Sinnkonstruktionen von Jugendlichen geht, aber nicht immer um

explizite Theologien von Jugendlichen. Mirjam Schambeck geht in ihrer Reflexion zum Thema auf diese Problematik ein und verweist darauf, dass theologisch relevante Aussagen von Jugendlichen nur als theologisch bezeichnet werden können, wenn diese Jugendlichen selbst gläubig sind bzw. ihre eigenen Aussagen selbst als theologisch identifizieren bzw. bezeichnen.[6] In eine ähnliche Richtung argumentiert auch der Marburger Theologe Marcel Saß, wenn er sich auf Wilfried Härle bezieht und schreibt: »Wenn sich ohne Glaubensüberzeugung ›demnach theologisch kaum sachgemäß reden und reflektieren‹ lässt, erscheint die Rede von Theologie in diesem Zusammenhang zumindest irritierend.«[7]

---

3 Bucher (wie Anm. 2), 11.

4 Thomas Schlag, Die Leitperspektive der »Kommunikation des Evangeliums« und der Kinder- und Jugendtheologie – vom Blick auf das Jugendalter aus in ihrem möglichen Zusammenhang dargestellt und reflektiert, in: Thomas Schlag / Hanna Roose / Gerhard Büttner (Hg.), »Was ist für dich der Sinn?« Kommunikation des Evangeliums mit Kindern und Jugendlichen (JaBuKiJu 1), Stuttgart 2018, 209.

5 Schlag entwickelt drei »offene Brücken«, die sich bei Deutungen der Theologie von Jugendlichen anbieten, um nicht in diese Falle zu treten: a) Die Bereitschaft zur Kommunikation und zum Sich-Einlassen sowie zur Reflexion, b) die Anknüpfungsbereitschaft an theologisch bestehende Deutungsmuster und c) eine eigenständige Kommunikation der Jugendlichen im Austauschprozess (Theologie mit Jugendlichen) sowie die Eigenständigkeit der eigenen religiösen Kommunikation (z.B. das eigene Gebet), a.a.O., 210.

6 Mirjam Schambeck, Jugendtheologie trifft Systematische Theologie. Zum Diskurs über das Wirken Gottes in der Welt, in: Religionspädagogische Beiträge 67/2012, 57.

7 Marcell Saß, Von der Kindertheologie zur Jugendtheologie. Offene Fragen an einen aktuellen religionspädagogischen Diskurs, in: Loccumer Pelikan (2012), 161.

Schambeck unterscheidet dabei Theologie und Theologisieren: Während Theologie die Reflexion des Glaubens beschreibt, geht es beim Theologisieren um die subjektive Verortung des Glaubens in der eigenen Lebenswelt durch Traditionen, Rituale etc. In diesem Sinne sind viele Aussagen von Jugendlichen als theologisch anschlussfähig bzw. theologisch relevant, aber nicht als reflektierte Theologien anzusehen.

In diese Diskussion hinein soll nun eine Gruppe von Jugendlichen empirisch beleuchtet werden, die vor allem im protestantischen Raum oftmals übersehen wird, die aber zu der gerade aufgezeigten Problematik einen Beitrag liefern kann: hochreligiöse evangelische Jugendliche, also Jugendliche, die sich explizit als gläubig bezeichnen und somit einen Beitrag zu Theologien von Jugendlichen leisten können.

Was sind hochreligiöse Jugendliche?

Dazu soll zunächst der religionssoziologische Begriff der »Hochreligiösen« inhaltlich gefüllt werden, um ihn dann im Kontext der »empirica Jugendstudie 2018«[8] lebendig werden zu lassen. Laut Bertelsmann Religionsmonitor sind über 20 % aller jungen Erwachsenen im Alter von 16 bis 29 Jahren in Deutschland der Kirchen der Reformation hochreligiös, was dem Durchschnitt der westdeutschen Erwachsenen entspricht. Dies bedeutet, dass für diese Menschen religiöse Inhalte, Deutungsmuster und Praktiken besonders relevant sind und einen strukturierenden Einfluss auf das gesamte Erleben und Verhalten haben, wie zum Beispiel tägliches Gebet oder die Erwartung, dass Gott ins eigene Leben eingreifen kann. Das empirica Forschungsprojekt hat das Ziel, ein Bild der Glaubens- und Lebenswelt hochreligiöser evangelischer Jugendlicher (im Alter von 14 bis 29 Jahren) zu zeichnen und orientiert sich bei der Zielgruppe an der Arbeitsgemeinschaft der Evangelischen Jugend in Deutschland (aej), die »evangelisch« in seinen unterschiedlichen Ausprägungen definiert, d.h. von der evangelischen Kirche bis zu verschiedenen evangelischen Freikirchen.

Die bisherige Forschung bietet für die Beantwortung dieser Frage zwar einige theoretische Anschlussmöglichkeiten, jedoch kaum empirische Befunde zu hochreligiösen Jugendlichen. Um Glaube möglichst breit und vielgestaltig zu erfassen, greifen wir deshalb auf das Messmodell von Stefan Huber zurück. Es erlaubt, den Glauben der Jugendlichen anhand von fünf Kerndimensionen zu betrachten: (1) Ideologie: »Wie stark glaubst du daran, dass es Gott gibt?«, (2) Intellekt: »Wie oft denkst du über Fragen und Themen des Glaubens nach?«, (3) Private Praxis: »Wie häufig betest du?«, (4) Öffentliche Praxis: »Wie häufig nimmst du an Gottesdiensten teil?«, (5) Erfahrung: »Wie oft hast du bereits Situationen erlebt, in denen du das Ge-

---

8 Empirica (Hg.), Spiritualität von Jugendlichen, Pilotstudie im Auftrag des Amtes für Jugendarbeit der Evangelischen Kirche von Westfalen. Empirica Forschungsinstitut für Jugendkultur und Religion, Marburg 2012. Der 250seitige Forschungsbericht mit allen relevanten Daten, methodischer Vorgehensweise und Analysen kann unter www.institut-empirica.de heruntergeladen werden.

fühl hattest, dass Gott in dein Leben eingreift?«.[9]

Mit Hubers Messmodell als methodischem Rahmen der Jugendstudie soll eine theoretisch und empirisch gut fundierte und differenzierte Beschreibung des Glaubens von Jugendlichen möglich werden. Dazu zählt z.B. der Zusammenhang zwischen dem Gottesbild der Jugendlichen und dem Inhalt ihrer Gebete bzw. der Tendenz zu einem exklusivistischen Bibel- und Glaubensverständnis. Außerdem wurde Hubers Messmodell im Bertelmann Religionsmonitor international in über 20 Ländern eingesetzt und hat gerade in der »dritten Welle« Fragen zum interreligiösen Zusammenleben gestellt.

2. Die Studie: Ablauf, Methode und die wichtigsten Ergebnisse

Die »empirica Jugendstudie 2018« verknüpft sowohl quantitative als auch qualitative Methoden, was es ermöglicht, die Stärken der jeweiligen Forschungsstrategien zu kombinieren und das gezeichnete empirische Bild der Jugendlichen auf eine möglichst breite Basis zu stellen. Im Rahmen der quantitativen Untersuchung wurden 3187 Jugendliche mithilfe eines standardisierten Fragebogens befragt. Nach der Definition von Huber sind davon 2386 (74,9 %) der Jugendlichen hochreligiös. Sie bilden die Kernstichprobe der Jugendstudie, die wiederum zu 66 % aus Jugendlichen besteht, die Mitglied der evangelischen Kirche sind (25 % sind Mitglieder verschiedener Freikirchen). 801 Jugendliche gehören dabei zum Spektrum der »religiösen Jugendlichen« und bilden eine Art innere Kontrast-

gruppe (83 % evangelische Kirche). Zudem wurden in zwei Phasen (parallel zur quantitativen Untersuchung und danach zur Vertiefung) insgesamt 62 qualitative Interviews mit Jugendlichen geführt, die zum einen vertiefend die Lebenswelt und den Glauben aus Sicht der Jugendlichen beschreiben und zum anderen einen subjektiven Einblick in die Motive jugendlichen Glaubens geben. Im Folgenden sollen einige Ergebnisse in Bezug auf die Fragestellung dargestellt und nach den Konsequenzen für eine religionssensible Arbeit in Kirche und Diakonie gefragt werden.

Soziale Verortung hochreligiöse Jugendlicher

Nach der Shell-Studie 2015 ist die größte Gruppe bei Jugendlichen in Deutschland (von 12 bis 25 Jahren) die Gruppe der aufstrebenden Macher, der 32 % aller Jugendlichen angehören. Dies ist der Typus, dem die Wertesynthese gelingt, d.h. alle drei – teils eher gegensätzlichen – Wertedimensionen sind bei ihnen

---

9 Bei jeder Dimension kann zwischen einer allgemeinen Intensität und spezifischen Inhalten unterschieden werden. Diese Unterscheidung liegt dem von Huber entwickelten Religiositätsstrukturtest zugrunde und wurde für die vorliegende Studie übernommen. Die Intensität wird hierbei entweder über die Häufigkeit bestimmter Tätigkeiten und Erfahrungen oder über die Stärke, in der ein bestimmtes Merkmal vorliegt, gemessen. Diesen Intensitätsmessungen können Skalen zu spezifischen Inhalten zur Seite gestellt werden, vgl. Stefan Huber / Odilo W. Huber, Centrality of Religiosity Scale (CRS), in: Religions 2012/3, 710–724; Stefan Huber, Zentralität und Inhalt. Ein neues multidimensionales Messmodell von Religiosität, Opladen 2003.

überdurchschnittlich ausgeprägt: a) die Wertedimension »Tugend und Sicherheit« (Bsp. Gesetz und Ordnung respektieren), b) die Wertedimension »Idealistische Werte« (z.B. sozial Benachteiligten helfen) und c) »Hedonistische und materielle Werte« (z.B. »Das Leben voll genießen« & »Hohen Lebensstandard haben«). Unter den evangelischen, hochreligiösen Jugendlichen ist der Wertetypus der aufstrebenden Macher nicht nur am stärksten vertreten, sondern mit 40 % deutlich überrepräsentiert. Nach den aufstrebenden Machern ist unter den evangelischen, hochreligiösen Jugendlichen mit 29 % der Wertetypus der »Unauffällig Zögerlichen« am zweithäufigsten vertreten. Interessanterweise stellen die »Unauffällig Zögerlichen« das genaue Gegenteil der »Aufstrebenden Macher« dar: alle Wertedimensionen sind bei ihnen unterdurchschnittlich stark ausgeprägt. Drittgrößter von vier Wertetypen ist bei den evangelischen, hochreligiösen Jugendlichen mit 22 % der Typus der »Pragmatischen Idealisten«. Deutlich am geringsten unter den evangelischen, hochreligiösen Jugendlichen ausgeprägt sind mit 9 % die »Robusten Materialisten«.

Sozialisation und Verbundenheit

Für hochreligiöse Jugendliche hat der eigene Glaube eine bedeutende Rolle. Dies beginnt mit der eigenen Sozialisation, die die Wichtigkeit von Religion von Anfang an mit sich bringt. Für 72 % der hochreligiösen Jugendlichen spielt die eigene religiöse Sozialisation eine große oder sehr große Rolle. Hier wird die Grundlage des eigenen Glaubensverständnisses genauso geprägt wie die Verbundenheit

zur Kirche.[10] Der Göttinger Theologe Jan Hermelink hat dies in Bezug auf die evangelischen Jugendlichen anhand der letzten Mitgliedschaftsuntersuchung »KMU V« näher untersucht und stellt dabei fest, dass zwar die prägende Kraft der Familie in den letzten Jahrzehnten abgenommen hat, aber immer noch zu den stärksten Faktoren religiöser Sozialisation gehört. Neben Familie und Freunden, so Hermelink, prägen vor allem die kirchlichen Mitarbeitenden und der Religionsunterricht.[11] Glaube wird so zum kulturellen Marker und steigert sich zu einem zentralen Identitätsmerkmal für hochreligiöse Jugendliche. Dies ist für die durchschnittlich indifferent religiös geprägten Jugendlichen und Erwachsenen in Deutschland oftmals kaum nachvollziehbar. Hochreligiöse Jugendliche hingegen erleben genau dieses Identitätsmerkmal in ihrem Glauben, wenn sie beispielsweise davon ausgehen, dass Gott in ihr Leben und ihre Entscheidungen eingreift (82,1% der Hochreligiösen stimmen der Aussage »Gott greift in mein Leben ein« ziemlich oder sehr zu), ihr Leben führt oder ihre Gebete erhört (das glauben 87,9 % der hochreligiösen Jugendlichen).

10 Vgl. Detlef Pollack, Konservative Positionen halten Religion lebendig (2017). Zugriff am 2.8.2017 unter https://www.kirche-und-leben. de/artikel/soziologe-pollack-konservative-positionen-halten-religion-lebendig/. Detlef Pollack / Gergely Rosta, Religion in der Moderne: Ein internationaler Vergleich, Frankfurt/New York 2015, 163.

11 Vgl. Jan Hermelink, Konzeptuelle Horizonte und ausgewählte Ergebnisse der V. KMU, in: Bernd Schröder / Jan Hermelink / Silke Leonard (Hg.), Jugendliche und Religion. Analysen zur V. Kirchenmitgliedschaftsuntersuchung der EKD, Stuttgart 2017, 20–23.

Ein weiteres wichtiges Themenfeld ist die religiöse Vergemeinschaftung und Verbundenheit mit Menschen gleichen Glaubens. Rosie stellt dazu im Interview fest: »*Wenn man in die Kirche kommt, da fühlt man sich schon gleich zu Hause, weil man da einen großen Teil auch seiner Kindheit verbracht hat. Und dass nicht irgendwie so ein fremder Ort ist oder so. Jetzt allein vom Ort her und auch die Menschen, die kennt man da schon so lange. Und ja, das ist dann wie eine große Familie.*« Dazu kommt, dass hochreligiöse Jugendliche von der Kirche erwarten, dass sie sich sozial engagiert. So sagen 98,2 % der hochreligiösen Befragten dass es ihnen wichtig ist, dass Kirchen »*sich um Probleme von Menschen in sozialen Notlagen kümmern*«, gefolgt von »*Für christliche Werte und Normen eintreten*« (98,8 %) und »*Die christliche Botschaft verkündigen*« (99,8 %), mit etwas Abstand folgen »*Das Gespräch mit Vertretern anderer Religionen suchen*« (77,3 %). Wie dieses Gespräch mit Vertretern anderer Religionen aussehen kann, darauf werden wir gleich zu sprechen kommen.

Das eigene Glaubensleben: Gebet, Lobpreis & Bibel

Zunächst geht es um einen kurzen Blick auf die Selbsteinschätzung des eigenen Glaubens der Jugendlichen, der wir mit der Frage »Wie stark glaubst du daran, dass es Gott gibt?« nachgegangen sind. 87 % der hochreligiösen Jugendlichen geben hier an, dass sie »sehr an Gott glauben«, im Gegensatz zur Kontrastgruppe, von der nur 20,1 % angeben, dass sie »sehr« an Gott glauben. Die hohe Zustimmungsrate hochreligiöser Jugendlicher korrespondiert mit konkre-

ten Glaubensaussagen. So sagen 87,9 % der befragten Jugendlichen: »Gott erhört meine Gebete«. 85,8 % der Jugendlichen stimmen der Aussage zu: »Gott hat Jesus gesandt, um mich zu erlösen«. Gestärkt wird der hochreligiöse Glaube vor allem durch Lobpreismusik bzw. Worship (63,7 %), die Beteiligung in Kleingruppen (37,3 %) und die Mitarbeit in Gemeinde oder Diakonie (29,1 %). Wichtig ist den Jugendlichen dabei, dass sie Teil einer Gemeinschaft sind und ihren Glauben mit Anderen erleben können. Matti sagt dazu treffend: »*Einerseits sind das die Leute die da sind, einfach weil's Spaß macht, mit den Leuten zusammen zu sein und die Leute besser kennen zu lernen und mit Leuten Spaß zu haben und andererseits ist es auch das Zusammenleben in der Gemeinde und, dass es so funktionieren kann in der Gemeinde und, dass wir so, dass so Gottes Willen verkündet werden kann und, dass wir so Andachten und Predigten haben.*«

Die Bibel hingegen spielt für viele Jugendliche keine zentrale Rolle. 21,5 % der Befragten stimmen der Aussage »Ich weiß gut, was in der Bibel steht« voll und ganz zu. 27,8 % lesen täglich in der Bibel. Im Interview betont auch Axel diese Aussagen, während er seinen Glauben analysiert: »*Viel Lobpreis, Lobpreis ist so mein Ding. Gebet auch. Bibellesen weniger als ich will. Lobpreis hat einen hohen Stellenwert*«. Neben der Sozialisation spielt die eigene Glaubensgenese bei hochreligiösen Jugendlichen eine zentrale Rolle. Bei den von uns befragten Jugendlichen glauben 97,1 % stark an Gott und dieser Gott zeigt sich ihnen durch »bedingungslose Liebe« oder das »Gott einen Plan für mein Leben hat«, aber auch durch Macht und Kontrolle, denn 96,7 % glauben: »vor Gott bleiben meine Sünden nicht verborgen«. 81,2 % glaube darüber hinaus: »Gott greift in mein Leben ein«.

Das Gottesbild der Hochreligiösen

Eine wichtige Frage zur Einordnung hochreligiösen Glaubens, stellt die Frage nach dem Gottesbild da. Hier zeigt sich zunächst ein eindeutiges Bild bei den befragten hochreligiösen Jugendlichen, denn ihr Gottesbild ist sehr positiv besetzt: So sagen 93 %, dass sie »Dankbarkeit gegenüber Gott« empfinden und sich »von Gott geliebt wissen« (83 %), 77 % gehen davon aus, dass »Gott in ihr Leben eingreifen kann und 73 % fühlen sich »von Gott geborgen«. Diese Tendenz zeigt sich auch bezüglich der Antworten, die die Jugendlichen auf die Frage gegeben haben, welche Gefühle sie Gott gegenüber haben. Sie empfinden vor allem Dankbarkeit, Liebe und Geborgenheit. Zwar gehört auch Schuld zu den häufiger vorkommenden Gefühlen, jedoch wird die Vergebung der Sünden noch häufiger empfunden. Nur selten ist man enttäuscht von Gott, gar zornig auf ihn oder hat Angst vor ihm. Sehr spannend und wieder ins Bild passend ist es, dass die Jugendlichen häufiger zornig auf Gott sind, als dass sie Angst vor ihm haben. Diese positiven Gottesbilder passen zu den Gesamtergebnissen der Studien und weichen deutlich ab von den Ergebnissen der Eltern und Großeltern.

Insgesamt ergibt sich so ein sehr deutliches Ergebnis: Die hochreligiösen Jugendlichen haben ein Bild von Gott, das als liebevoll-empathisch beschrieben werden kann. Gott ist zuerst bedingungslose Liebe. Diese Liebe zeigt sich

in seiner Gnade und Treue, beziehungsweise darin, dass er durch das Heilsgeschehen in Jesus Christus von Sünde erlöst. Gott ist Vater und Freund. Er ist den Jugendlichen und ihren Bedürfnissen sowie unseren Problemen zugewandt und grundsätzlich positiv eingestellt. Eher im Hintergrund, wie ein schwacher Schatten dieses durch und durch guten Wesens, lauert ein auch mal zorniger Gott, der straft und vor dem man auch mal Angst haben kann.

Über Gott reden? Sehr gerne – missionieren aber eher nicht

Etwa jede beziehungsweise jeder zweite Jugendliche (54 %) unterhält sich oft mit Freund/innen über Fragen des Glaubens. Interessant ist, dass es bei dieser Fragestellung kaum Unterschiede zwischen kirchlichen und freikirchlichen sowie männlichen und weiblichen Befragten gibt. Nur Ältere (zwischen 20 und 29 Jahren) reden öfter (63 %) als jüngere (zwischen 14 und 19 Jahren) Jugendliche (43 %) mit ihren Freund/innen über ihren Glauben. Hochreligiöse Jugendliche reden also gerne über ihren Glauben und fühlen sich dabei auch gut über den eigenen christlichen Glauben informiert (92 %). Sie wissen, was in der Bibel steht (78 %) und gehen davon aus, dass sie anderen ihren Glauben verständlich erklären können (74 %). Diese hohen Werte geben die selbstbewusste Selbsteinschätzung der Jugendlichen wieder und erklären auch die hohe Auskunftsfähigkeit hochreligiöser Jugendlicher. Deutlich niedrigere Werte hat die letzte Aussage: »Ich kenne mich mit wenigstens einer anderen Religion gut aus« (51 %).

Weil die Ausdrucksweise gerade für eine Theologie von Jugendlichen zentral ist, soll an dieser Stelle nochmals besonders auf die qualitativen Interviews eingegangen werden. Nehmen wir die qualitativen Ergebnisse hinzu, ergibt sich ein interessantes Bild in Hinblick auf die Sprachfähigkeit der Jugendlichen. Auf der einen Seite bestätigt sich das erwartete Ergebnis: Je hochreligiöser die Jugendlichen sind, desto exklusivistischer ist ihr Glaube, über den sie gerne und selbstbewusst besonders mit ihren Freund/innen reden, auf der anderen Seite stehen die befragten Jugendlichen Mission eher kritisch gegenüber und wertschätzen andere Glaubensformen und Religionen. Während in den quantitativen Ergebnissen noch 63 % der hochreligiösen Jugendlichen glauben, dass vor allem ihre Religion recht hat, wurde diese Aussage in den qualitativen Interviews zunehmend relativiert. Anderen Religionen wurde zumindest das Heil beziehungsweise der Glaube nicht abgesprochen. Diese Tatsache kann sicherlich unterschiedlich interpretiert werden, deutlich wird aber, dass die zunehmende Pluralisierung auch bei den hochreligiösen Jugendlichen sichtbar wird. Dazu kommt eine weitere Kategorie von Jugendlichen, die sich mit anderen Religionen bisher kaum auseinandergesetzt haben. Einigkeit herrscht bei den meisten Jugendlichen darüber, dass die verschiedenen Religionen in friedlicher Koexistenz zusammenleben sollten. Interessant ist, dass die Aussage: *»Habe erst vor kurzem mit einem Nichtchristen über den Glauben gesprochen«*, am häufigsten in den Interviews vorkam und die Kategorie: *»Ich halte wenig von Mission, denn Glaube sollte man nicht aufzwingen«*, fast genauso

oft auftrat. Stefan bringt diese Ambivalenz gut auf den Punkt, wenn er sagt: *»Für mich wäre es mein Horrorgedanke zu wissen, dass ich jetzt irgendwie dahingehen und alle Menschen in meinem Dorf missionieren sollte. Das ist, glaube, nicht meine Art, aber ich meine, in der Stadt anzufangen und grundsätzlich zu sagen, dass ich auch nichtchristliche Freunde habe und man mit denen redet, das ist für mich die coolste Art von Mission überhaupt.«* Viele Jugendliche sehen es so wie Marco, der Mission als *»niederschwellige christliche Angebote«* sieht. Oder Christian, der meint, dass *»Mission automatisch passieren sollte und nicht erzwungen«* werden sollte.

Zusammenfassend kann festgehalten werden, dass die befragten Jugendlichen überzeugt davon sind, dass ihr eigener Glaube zum Heil führt, Mission aber dennoch tendenziell kritisch sehen. Dieses Ergebnis überrascht auf den ersten Blick, denn landläufig wird eine exklusivistische Meinung gleichgesetzt mit Intoleranz und einem starken Missionsdrang, was wir allerdings in unseren Daten nicht so eindeutig wiederfinden konnten. Interessant ist, dass sich ein ähnliches Ergebnis in der 5. Kirchenmitgliedschaftsuntersuchung der EKD (KMU V) findet. Dort heißt es, *»dass feste Glaubensüberzeugungen intolerant machen, meinen dementsprechend auch nur etwa 45 % der Evangelischen. Die Mehrheit hält eine feste Glaubensüberzeugung mit religiöser Toleranz für vereinbar. Das sehen die Konfessionslosen anders. Hier sind es etwa 70 %, die sagen, feste Glaubensüberzeugungen machen intolerant.«*[12]

---

12 Evangelische Kirche in Deutschland (Hg.). Engagement und Indifferenz Kirchenmitgliedschaft als soziale Praxis. V. EKD-Erhebung über Kirchenmitgliedschaft, Hannover 2014, 37.

Dies zeigt sich denn auch in konkreten Zahlen: so halten 53 % das Christentum für die einzig akzeptable Religion und gleichzeitig sagen 65 %, dass »alle religiösen Gruppen die gleichen Rechte haben sollten«.[13] Hier scheint sich ein neues Miteinander von exklusivistischen Glaubenseinstellungen und religiöser Pluralisierung zu entwickeln.

Kirche: Zugehörigkeit & Mitgliedschaft

Bei unserer Zielgruppe gibt es einen interessanten Unterschied zwischen Mitgliedschaft und Zugehörigkeit. Während nur knapp die Hälfte der Befragten sich zur evangelischen Kirche zugehörig fühlen (43,3 %), sind aber 66 % Mitglieder der evangelischen Kirche und nur 25 % gehören einer Freikirche an. Die Unterschiede zwischen formaler Zugehörigkeit (wie Mitgliedschaft) spielen also eine immer geringere Rolle, während die subjektiven Zugehörigkeiten (wie Teilhabe, Mitarbeit, Identifikation über Inhalt etc.) eine immer wichtigere Rolle spielen. Die signifikanten Abweichungen zwischen Mitgliedschaft einerseits und Zugehörigkeit anderseits belegen den schon länger andauernden Trend, dass Zugehörigkeit und Mitgliedschaft für Jugendliche nicht unbedingt zusammengehören und dass dazu für Jugendliche mehr als Taufe und eine kirchliche Sozialisation gehören. Für das Verständnis von Kirchenbindung in der Moderne ist zu berücksichtigen, dass der Aufbau von Nähe nicht gleichbedeutend ist mit Partizipation in Form persönlicher Präsenz bei kirchlichen Veranstaltungen oder aktiver ehrenamtlicher Mitarbeit. Der Tübinger Theologe Gerald Kretzschmar stellt dazu fest, dass Kirchenbindung auch eine Art Kommunikation ist, die geprägt wird durch das Wechselspiel von Nähe und Distanz. Die Überwindung von Distanz, so Kretzschmar, geschieht vor allem über die Identifikation mit Themen und Menschen, dazu kommen die aktuellen lebensweltlichen und biografischen Erfahrungen. Wenn wir nun davon ausgehen, dass die meisten Kirchen und Gemeinden eine gottesdienstzentrierte Kirchenidentifikation haben, viele Jugendliche sich aber mit dem Gottesdienst weder thematisch noch mit den verantwortlichen Menschen identifizieren, wird das Dilemma vor allem für die evangelischen Kirchen deutlich sichtbar.

3. Erste Deutungen und Konsequenzen aus den Ergebnissen

Im Folgenden sollen die dargestellten Ergebnisse in zwei Richtungen gedeutet werden. Zum einen soll mithilfe von Hartmut Rosa eine allgemeine Einordung der Ergebnisse vorgenommen und zum anderen soll die zu Beginn gestellte Frage nach dem Ertrag für eine Theologie von Jugendlichen beantwortet werden.

Versuch einer allgemeinen Einordnung und Deutung

Fassen wir die Ergebnisse zusammen, dann lässt sich sagen, dass wir eine neue Generation an evangelisch hochreligiösen Jugendlichen vorgefunden haben, die

13 Ebd.

ehrenamtlich hochmotiviert ist, ein äußerst positives Gottesbild[14] hat und Kirche wichtig und gut findet. Dabei wollen die Jugendlichen etwas verändern, ernst genommen werden und in Kirche verantwortlich eingebunden sein. Ihr Glaube ist erlebnisorientiert und emotional und drückt sich in Gemeinschaftserlebnissen wie Lobpreis oder auch Taizé aus. Wichtig ist den Jugendlichen neben der Emotionalisierung auch eine Ästhetisierung des Glaubens. Es geht nicht nur um das »was« des Glaubens, sondern auch um das »wie«. Dies gilt für die Formen genauso, wie für die eigenen Ausdrucksweisen. Dabei werden drei Grundsehnsüchte der Jugendlichen deutlich: a) Ich werde gesehen, b) Ich werde gehört und c) Ich werde berührt.

Der Soziologe Hartmut Rosa hat mit »Resonanz. Eine Soziologie der Weltbeziehung«[15] ein breit diskutiertes Buch geschrieben, in dem es darum geht, wie wir Menschen, in aller Unterschiedlichkeit, auf die Veränderungen unserer Welt reagieren und wie unsere Weltbeziehung dabei aussieht. Laut Rosa ist dabei das ausschlaggebende Entscheidungskriterium die Authentizität, d.h. die eigene, innere Stimme bzw. das »wahre Selbst« zu finden, auszudrücken und sich darin treu zu bleiben und nicht verbiegen zu lassen. Sie wird zum Maßstab der Selbstverwirklichung. Rosa beschreibt dann, wie Beschleunigung und Sehnsucht nach Authentizität zusammenkommen und die Beziehung zur Welt bestimmen. Diese Weltbeziehung bezeichnet Rosa als »Resonanzraum«. Er meint damit, dass wir als Menschen Resonanzerfahrungen machen und zwar in allen Situationen unseres Lebens. Rosa fasst seinen Resonanzbegriff in einem Interview gut zusammen: »*Resonanz ist ein Zustand, eine Art und Weise des Verbun-*

denseins mit der Welt, bei der tatsächlich in uns so was zu schwingen beginnt. Man kann das, glaube ich, wirklich in diese Metapher fassen, weil das eine Art des In-der-Welt-Seins beschreibt, bei dem uns Dinge noch berühren oder bewegen oder ergreifen – das sagt ja schon unsere Sprache, also etwas in Schwingung kommt –, wo wir aber auch das Gefühl haben, wir können da draußen sozusagen Klänge erzeugen, also Dinge in Schwingung bringen.«[16]

Nehmen wir nun die Ergebnisse unserer Studie auf, dann stehen evangelisch hochreligiöse Jugendliche für vieles, was wir aus der Analyse Rosas kennen. Sie leben in einer beschleunigten Welt unter dem »Diktat der Authentizität« und versuchen nun, mit den ihnen zur Verfügung stehenden Mitteln den eigenen Resonanzraum zu gestalten. Viele Jugendliche leben in einer Spannung zwischen Autonomie und dem Streben nach einem guten Leben. Wichtigstes Kriterium in diesen Spannungen ist für die Jugendlichen, dass sich ihre Entscheidungen authentisch anfühlen, für sie stimmig sind oder, um es mit Rosas Worten zu sagen: Für die Jugendlichen muss in ihrem Resonanzraum etwas zum Schwingen kommen. Eine zentrale Funktion in diesem

---

14 Eine kritische Reflexion des Gottesbildes und des emotionalen Glaubenszugangs gibt es unter »Die Therapeutisierung des Glaubens. Oder: Lobpreis als ›Tyrannei der Intimität‹, Tobias Faix / Tobias Künkler, Generation Lobpreis und die Zukunft der Kirche. Das Buch zur empirica Jugendstudie, Neukirchen-Vluyn 2018, 227ff.

15 Hartmut Rosa, Resonanz. Eine Soziologie der Weltbeziehung, Berlin 2016.

16 Hartmut Rosa: https://www.deutschland-funkkultur.de/soziologe-rosa-ueber-sein-buch-resonanz-entschleunigung-ist [1008.de.html?dram:article_id=347513, abgelesen am 13. Juni 2018].

Resonanzraum spielt dabei der eigene Körper, der eine Art »Mittlerfunktion« zwischen Selbst und Welt darstellt. Dies scheint auch für die befragten Jugendlichen wichtig zu sein und es stellt sich die Frage, welche spirituelle Vermittlung kann der Körper für die Jugendlichen und ihren Glauben einnehmen?

Nun ist der evangelische Glaube nicht gerade für eine hohe Körperlichkeit bekannt, sondern wird eher kognitiv vermittelt – im Vordergrund steht das Wort und dessen Verkündigung. Natürlich gibt es das Gesangbuch, die Liturgie oder das Abendmahl und somit auch explizit körperliche spirituelle Elemente und Erfahrungen. Jedoch sind diese Elemente für Jugendliche meist fremd. Sie suchen Elemente, die ihre (kulturelle) »Sprache sprechen«, in der sie sich ausdrücken können, kurz: die bei ihnen Resonanz erzeugen. Musik als Gemeinschaftserfahrung, ja Lobpreis scheint für viele ein solcher Resonanzraum zu sein. Emotional und körperlich wollen hochreligiöse Jugendliche ihren Glauben spüren. So wird Lobpreis für die Jugendlichen zu einer Resonanzerfahrung zwischen Gott und sich selbst.[17] Beziehen wir dies auf unsere Ergebnisse, dann geht es bei den Jugendlichen um eine Gottesbegegnung, die sich im Lobpreis zeigt. Es geht um eine Art Hermeneutik des Alltags, in der die Beziehung in der Glaubenspraxis beschrieben wird, die die Kraft hat, die eigene Welt zu verwandeln.

Versuch einer Deutung in Bezug auf Theologien von Jugendlichen

Die Gesamtschau auf die Ergebnisse zeigt uns, wie selbstbewusst und (teilweise) reflektiert der Glaube hochreligiöser Jugendliche ist. Ihnen ist sehr bewusst, was sie glauben und sie können und wollen ihren Glauben auch ausdrücken. Der Raum dafür ist aber nicht der öffentliche Raum, sondern eher der Freundeskreis und der kirchliche Kontext. Dies scheint von Bedeutung zu sein, wenn es um die unterschiedlichen Lernorte des Theologisierens geht. Nehmen wir die am Anfang erwähnte Unterscheidung von Schambeck und Saß zwischen Theologie und Theologisieren auf, dann lässt sich im Blick auf evangelisch hochreligiöse Jugendliche sagen, dass man mit Sicherheit von einem Theologisieren ausgehen kann, da die Jugendlichen ihren Glauben sehr bewusst als Teil ihrer Lebensgestaltung sehen. Stefan Huber hat zudem bei der Definition von hochreligiös, in der sogenannten Zentralität des Glaubens, aufgezeigt, dass hochreligiöser Glaube auf die ganze Person wirkt, also auf ihr Denken und Handeln.

Dies scheint besonders für die Frage nach einer Theologie von Jugendlichen interessant zu sein, denn eine der Kennzeichen der Zentralität des Glaubens ist die »intellektuelle Dimension«. Hier geht es um die Frage des Wissens, der Reflexion und der Auskunftsfähigkeit über religiöse Fragen durch das Medium des Denkens. Interessant ist, dass gerade diese Dimension bei den evangelisch hochreligiösen Jugendlichen besonders ausgeprägt ist, was sich auch, wie gesehen, in den Antworten niederschlägt. Man kann also davon ausgehen, dass die Jugendlichen in der Lage sind, ihren Glauben

---

17 Eine ausführliche Auseinandersetzung mit dem Religiösen bietet Rosa in Kapitel 9 seines Resonanz-Buches, 435–452.

zu reflektieren und darüber gegenüber Dritten Auskunft zu geben. Interessant für weitere Forschungen scheint mir der Hinweis von Saß zu sein, dass »Inkonsistenz und Authentizität gleichsam Grundmodi religiöser Kommunikationsprozesse«[18] von Jugendlichen seien. Schaut man vor allem in die 62 qualitativen Interviews im Spiegel der Gesamtergebnisse (siehe Forschungsbericht), dann scheint dies eine wichtige Spur zu sein, um religionspädagogischen und religionsdidaktischen Fragen zu Konstruktionen und Konzepten von Theologien von Jugendlichen nachzugehen. Damit sind wir, ziehen wir die Definition von Schambeck heran, bei einer Theologie von Jugendlichen. Als nächster Schritt wäre nun anhand der 62 Interviews diese quantitative Feststellung qualitativ zu überprüfen und ggf. anzureichern, was eine lohnende weitere Aufgabe darstellt, die aber in diesem Artikel aus Platzgründen nicht möglich ist.

Festzuhalten ist, dass evangelisch hochreligiöse Jugendliche nicht nur eine implizite, sondern eine explizite Theologie haben und diese in der Lage sind, zu durchdenken, zu reflektieren und zu kommunizieren. Wichtig dabei ist, dass es nicht um eine Theologie im Sinne einer theologischen Disziplin geht, sondern, wie Thomas Schlag Theologic definiert, diese als eine »dialogische bzw. beziehungsorientierte, prozesshafte, kritische und reflektierte geistige Tätigkeit aufgefasst werden kann«[19]. Wie sich dies theologischen Konstruktionen von Jugendlichen genauer darstellen, werden die weiteren Auswertungen und Studien zeigen müssen.

---

18 Saß (wie Anm. 7), 163.
19 Thomas Schlag, Von welcher Theologie sprechen wir eigentlich, wenn wir von Jugendtheologie reden?, in: Petra Freudenberger-Lötz / Friedhelm Kraft / Thomas Schlag (Hg.), »Wenn man daran noch so glauben kann, ist das gut.« Grundlagen und Impulse für eine Jugendtheologie (JaBuJu 1), Stuttgart 2013, 10.

Judith Könemann / Rebekka Krain
Jugend(verbands)arbeit in der Ganztagsschule – ein neuer Lernort?

1. Einleitung

Stellt die Ganztagsschule einen neuen Lernort für die kirchliche Jugendarbeit, insbesondere für kirchliche Jugendverbände dar? Dies Frage wird seitens der Jugendverbände seit einigen Jahren mal mehr mal weniger intensiv diskutiert. Für die einen ist der Gang in die Schule ein Verrat an den Grundprinzipien katholischer Jugendverbandsarbeit wie Freiwilligkeit, Partizipation und Selbstorganisation, für die anderen ist damit die Hoffnung verbunden, über ein Engagement in Schule wieder mehr Kinder und Jugendliche zu erreichen und für ein jugendverbandliches Engagement begeistern zu können. Welche Möglichkeiten und welche Grenzen stellt ein solches Engagement von Jugendverbandsarbeit in der Ganztagsschule dar? Und welche Bedingungen sind im Sinne der Jugendverbände förderlich oder eher hinderlich?[1]

Ausgehend von einem kurzen Blick auf die inzwischen seit 2003 etablierte Ganztagsschullandschaft und auf die katholische Jugendverbandsarbeit, möchten wir auf Grundlage eines aktuellen Forschungsprojekts[2] zum Engagement von Jugendverbänden in Ganztagsschulen erste Ergebnisse benennen, die für die Einschätzung der oben angesprochenen Frage, nach einem Engagement von Jugendverbänden in Ganztagsschulen, hilfreich sein können. Für die Vorstellung dieser Ergebnisse wollen wir vor allem die Perspektiven der Schülerinnen und Schüler als Ausgangspunkt nehmen.

2. Ganztag

Die Ganztagsschulentwicklung in Deutschland wurde seit 2003 vor allem durch das Investitionsprogramm »Zukunft Bildung und Betreuung« (IZBB, 2003–2009) der Bundesregierung vorangetrieben. Ziel war der bedarfsgerechte Auf- und Ausbau von Ganztagsschulen in allen sechzehn Bundesländern. Als Begründungen wurden maßgeblich zwei Argumente ins Feld geführt:
1. Die Diskussion über beste Rahmenbedingungen des Lernens nach den

1 Vgl. dazu auch: Claudia Gärtner / Judith Könemann, Jugendarbeit in der Schule. Katholische Träger im Ganztag, in: Angela Kaupp / Patrik C. Höring (Hg.), Handbuch Kirchliche Jugendarbeit. Für Studium und Praxis, Freiburg 2019, 294–302.
2 Aktuelle Informationen zum Projekt finden sich auf der Projekthomepage: www.kajuga-projekt.de. Das Projekt ist im Juli 2020 ausgelaufen. Eine Publikation zum Projekt folgt. *Kajuga* ist ein Kooperationsprojekt der TU Dortmund und der WWU Münster. Die Projektleitung lag bei Claudia Gärtner und Prof. Dr. Judith Könemann. Wissenschaftliche Mitarbeiterinnen im Projekt waren Laura Otte, Rebekka Krain und Lena Tacke.

Ergebnissen der OECD Studie PISA und

2. Die Notwendigkeit des Ausbaus von Betreuungsangeboten bei hohem Bedarf nach ganztägiger Betreuung zur besseren Vereinbarkeit von Familie und Beruf.

Ganztag bedeutet ausgehend von der Kultusministerkonferenz ganz konkret, dass:

- »an mindestens drei Tagen in der Woche ein ganztägiges Angebot für die Schülerinnen und Schüler bereitgestellt wird, das täglich mindestens sieben Zeitstunden umfasst;
- an allen Tagen des Ganztagsschulbetriebs den teilnehmenden Schülerinnen und Schülern ein Mittagessen bereitgestellt wird;
- die Ganztagsangebote unter der Aufsicht und Verantwortung der Schulleitung organisiert und in enger Kooperation mit der Schulleitung durchgeführt werden sowie in einem konzeptionellen Zusammenhang mit dem Unterricht stehen.«[3]

Bis heute wird einer neuen Rhythmisierung der Lernzeiten bzw. pädagogischen Begründungen für Ganztag wenig Beachtung geschenkt, es gibt aber z.B. in der Studie zur Entwicklung von Ganztagsschulen (StEG-Studie) Hinweise darauf, dass Ganztagsschulen nicht zwingend bessere Lernerfolge zeigen, bessere Lernerfolge jedoch maßgeblich von der Qualität des Ganztagsangebots abhängig sind.[4] Zudem stellt die StEG-Studie fest, dass die außerunterrichtlichen Angebote wesentlich zur Zufriedenheit der Schülerinnen und Schüler mit dem Ganztag beitragen können und dass Kinder und

Jugendliche die Qualität der Angebote bundesweit positiv bewerten.[5] Voraussetzung ist aber, dass sie als »motivierend und kognitiv herausfordernd erlebt werden, viel Bewegungsspielraum für die Entwicklungs- und Entfaltungschancen sowie Partizipationsmöglichkeiten«[6] beinhalten.

Mit Blick auf die Entwicklung der letzten Jahre zeigt sich ein kontinuierlicher Ausbau der Schulen als Ganztagsschulen. Die Realisierung des Ganztags nach Schularten ist bundesweit sehr heterogen und muss je länderspezifisch betrachtet werden. Bundesweit verfügen 67,5% aller schulischen Verwaltungseinheiten im Primarbereich und in der Sekundarschule im Schuljahr 2016/17 über Ganztagsangebote. (Im Vergleich: 2002/2003 waren es noch 16,3%).[7] In Nordrhein-Westfalen liegt der Anteil so-

---

3 Sekretariat der Ständigen Konferenz der Kultusminister der Länder in der Bundesrepublik Deutschland (21.03.2018): Allgemeinbildende Schulen in Ganztagsform in den Ländern in der Bundesrepublik Deutschland – Statistik 2012 bis 2016, 4f. Online abrufbar unter: https://www.kmk.org/fileadmin/Dateien/pdf/Statistik/Dokumentationen/GTS_2016_Bericht.pdf (Zugriff am 23.07.2019).

4 Vgl. z.B.: Das Konsortium der Studie zur Entwicklung von Ganztagsschulen (SteG): Ganztagsschule: Bildungsqualität und Wirkungen außerunterrichtlicher Angebote. Ergebnisse der Studie zur Entwicklung von Ganztagsschulen 2012–2015, 2–5.

5 Ebd., 4.

6 André Altermann / Mirja Lange / Simone Menke et al. (2018), Bildungsbericht Ganztagsschule NRW 2018, 63. Online abrufbar unter: http://www.forschungsverbund.tu-dortmund.de/fileadmin/user_upload/BiGa_2018_Webversion.pdf (Zugriff am 23.07.2019). (Im Folgenden zitiert als: Bildungsbericht Ganztagsschule NRW 2018)

7 Vgl.: https://www.ganztagsschulen.org/de/26435.php (Zugriff am 23.07.2019).

gar noch etwas höher: Rund drei Viertel (77,6%) der Schulen verfügen über einen Ganztagsbetrieb.[8] Im Primarbereich ist bundesweit der deutlichste Anstieg an Ganztagsbetrieben zu verzeichnen. Der Anteil hat sich mit jetzt 65,8% – bei Unterschieden zwischen den Bundesländern – seit 2002 versechsfacht.[9] In Nordrhein-Westfalen haben inzwischen 93% aller Primarschulen einen Ganztagsbetrieb eingerichtet. Wohingegen »der Anteil der Sekundarstufe I bei 49%.«[10] liegt. Für Nordrhein-Westfalen bedeutet das konkret, dass 50% aller Schülerinnen und Schüler den (offenen oder gebundenen) Ganztag besuchen.[11]

In NRW gibt es Ganztagsschulen in drei verschiedenen Formen: Offene und gebundene Ganztagsschulen sowie außerunterrichtliche Ganztags- und Betreuungsangebote. Alle drei unterscheiden sich hinsichtlich der Teilnahmepflicht und -möglichkeiten, so ist im gebundenen Ganztag die regelmäßige Teilnahme der Schülerinnen und Schüler verpflichtend, während sich die Schülerinnen und Schüler im offenen Ganztag für die außerunterrichtlichen Angeboten anmelden können und sich auch nur für die Dauer eines Schuljahres zur Teilnahme verpflichten.[12]

Für unser Projekt ist im Zusammenhang mit der Ganztagsschulentwicklung vor allem die Öffnung von Schule zum Sozialraum und die Zusammenarbeit mit den dort tätigen Akteuren als ein relevanter Punkt hervorzuheben. Insbesondere an diese konzeptionelle Grundlegung anknüpfend scheinen sich mit Blick auf den Ganztag hier neue Lernorte für die Zusammenarbeit von Jugendverbänden und Schulen zu eröffnen, die näherhin zu untersuchen sind.

3. Kirchliche Jugendverbandsarbeit in (Ganztags-)Schule

Eine immer wieder geäußerte These, wenn es um die Ganztagsschule geht, ist, dass die Ausweitung der Schulzeiten die Jugendarbeit in der Gemeinde erschwere und dieses vor allem die klassischen Jugendverbände beträfe, da die Schülerinnen und Schüler, weil sie länger in der Schule sind, nicht mehr im Nachmittagsbereich von den Jugendverbänden erreicht werden. Betrachtet man jedoch die Ergebnisse der StEG-Studie aus dem Jahr 2010, dann konstatiert diese eine nach wie vor nahezu gleichhohe Beteiligung von Ganztags- und Halbtagsschülerinnen und -schülern an Jugendarbeit.[13] Zu diesem Ergebnis kommt auch der Bildungsbericht Ganztagsschule NRW 2018: »Die vorliegenden Befunde belegen kaum Unterschiede zwischen Schüler(innen) in Halb- und Ganztagsschulen sowohl in ihrem Zeitbudget als auch bei Vereinsaktivitäten (…). Auch

---

8 Vgl.: Bildungsbericht Ganztagsschule NRW 2018, 8.

9 Vgl.: https://www.ganztagsschulen.org/de/26435.php (Zugriff am 23.07.2019).

10 Vgl.: Bildungsbericht Ganztagsschule NRW 2018, 8.

11 Vgl. ebd., 9.

12 Vgl.: Ministerium für Schule und Bildung NRW (MSB) (2018). »Gebundene und offene Ganztagsschulen sowie außerunterrichtliche Ganztags- und Betreuungsangebote im Primarbereich und Sekundarstufe I«. Runderlass vom 16.02.2018.

13 Das Konsortium der Studie zur Entwicklung von Ganztagsschulen (Hg.) (2010): Ganztagsschule: Entwicklung und Wirkungen. Ergebnisse der Studie zur Entwicklung von Ganztagsschulen 2005–2010. Online abrufbar unter: https://www.projekt-steg.de/sites/default/files/Ergebnisbroschuere_StEG_2010.pdf (Zugriff am 23.07.2019).

wirkt sich der Besuch einer Ganztagsschule nicht nachteilig auf das ehrenamtliche Engagement (z.B. im Rahmen der Jugendarbeit) [...] aus [...].«[14]

Es kann also nicht allein die längere Schulzeit für den Rückgang des Engagements in Verbänden ausgemacht werden. Ein wesentlicher Grund liegt im Rückgang institutionell gebundener Religiosität und in der wachsenden Konkurrenz alternativer, gerade auch nicht-religiös gebundener Angebote für Kinder und Jugendliche. Auch führen die Säkularisierungsprozesse dazu, dass die christliche Religion bei Kindern und Jugendlichen im deutschsprachigen Raum vor allem und manchmal auch fast ausschließlich durch den Religionsunterricht in der Schule präsent ist. Damit rückt der Religionsunterricht in den Mittelpunkt der religiösen Sozialisation und ist nicht mehr ein religiöser Lernort unter weiteren, wie zum Beispiel kirchlicher Jugendarbeit und Gemeinde.[15]

Was bedeuten diese Veränderungen für die Jugendverbandsarbeit? In Deutschland lehnt sich die katholische Jugendverbandsarbeit an das Kinder- und Jugendhilfegesetz an und identifiziert sich mit deren Prinzipien. Dort heißt es wörtlich: »In Jugendverbänden und Jugendgruppen wird Jugendarbeit von jungen Menschen selbst organisiert gemeinschaftlich gestaltet und mitverantwortet. Ihre Arbeit ist auf Dauer angelegt und in der Regel auf die eigenen Mitglieder ausgerichtet, sie kann sich aber auch an junge Menschen wenden, die nicht Mitglieder sind. Durch Jugendverbände und ihre Zusammenschlüsse werden Anliegen und Interessen junger Menschen zum Ausdruck gebracht und vertreten« (§ 12 Abs. 2, KJHG).

Angesichts der benannten Veränderungen gibt es auch zunehmend Stimmen, die einen Veränderungsbedarf bei den Verbänden sehen. So forderte z.B. Joachim Merchel bereits 2008, dass sich unter den gegenwärtigen Bedingungen die Legitimation der Jugendverbände »von der traditionellen Verbandsideologie [...] hin zu einem Dienstleister in der Jugendarbeit, der in der Lage ist, für junge Menschen akzeptable Angebote u.a. am Ort Schule verbindlich und kooperativ einzubringen«[16] verlagern müsse.

In der in den Verbänden kontrovers geführten Diskussion zu einem Engagement der Verbände in der Schule wird die strukturelle und kontinuierliche Einbindung in Schule auch immer wieder als explizite religionspädagogische Chance bezeichnet: Zum einen könnten darüber neue, auch kirchenferne Schülerinnen und Schüler erreicht werden, zum anderen könne im Kontext von Schule das erfahrbar werden, was früher im Raum von Gemeinde erlebbar war und derzeit im Unterricht zum Beispiel im Kontext eines performativen Religionsunterrichts (probehalber) inszeniert oder kognitiv vermittelt werden muss.[17]

14 Bildungsbericht Ganztagsschule NRW 2018, 65.
15 Vgl. auch Claudia Gärtner / Judith Könemann, Wie geht katholische Jugendverbandsarbeit in (Ganztags-)Schule?, in: Thema Jugend. Zeitschrift für Jugendschutz und Erziehung (4/2017), 8–10.
16 Joachim Merchel, Trägerstrukturen in der Sozialen Arbeit. Eine Einführung, Weinheim u.a. ²2008, 165.
17 Vgl.: Kristina Roth, Sinnhorizonte christlich gestalteter Schule. eine schulpädagogische Begründung der Schulpastoral an staatlichen Schulen, Hamburg 2013, 249f. Ferner auch: Michael Domsgen, Die Ganztagsschule – eine Herausforderung für die Religionspädagogik, in: Zeitschrift für Pädagogik und Theologie 57/2 (2005), 121.

Eine der entscheidenden Frage dabei ist, inwiefern es gelingt, die grundlegenden Prinzipien von Jugendarbeit wie Freiwilligkeit, Mitbestimmung, Ehrenamtlichkeit, Lebensweltbezug und Selbstorganisation im Kontext von Schule zu realisieren und beizubehalten bzw. wie diese jeweils zu gewichten sind.[18]

Verengt (Ganztags-)Schule nun also die Möglichkeiten für die Jugendverbandsarbeit oder eröffnet sie neue Räume? Kann die Ganztagsschule zu einem neuen Lernort von Jugendarbeit werden?

In der Religionspädagogik werden die gerade skizzierten Veränderungsprozesse – sowohl die Veränderung von Schule als Ganztagsschule als auch das Engagement von Jugendverbänden in Ganztagsschule – bislang kaum wissenschaftlich reflektiert. An diesem Desiderat setzt das Forschungsprojekt zum Engagement von Jugendverbandsarbeit in Ganztagsschulen (*kajuga*) an.[19] Das Projekt untersucht konkret die konzeptionelle Gestaltung und praktische Durchführung der Kooperation von katholischen Jugendverbänden und (Ganztags-)Schulen und nimmt dabei die unterschiedlichen Akteursperspektiven der Verantwortlichen in Schule und Verbänden, die Durchführenden der Angebote sowie die Schülerinnen und Schüler als Adressaten der Angebote in den Blick. Ziel ist es, zum einen auszuloten, inwieweit die Konzepte religiöser Bildung – wie zum Beispiel die der Jugendverbandsarbeit oder auch Schulpastoral – neu ausgerichtet werden müssen, und zum anderen einen etwaigen wechselseitigen Einfluss von kirchlicher Jugendverbandsarbeit und Ganztagsschule näher zu bestimmen.

Das Forschungsprojekt wird als qualitativ-empirische Analyse am Beispiel zweier Diözesanverbände im Bund der Deutschen Katholischen Jugend (BDKJ) durchgeführt, die in ihrem Engagement in Ganztagsschule kontrastiv vorgehen. Der eine Diözesanverband organisiert jeweils das gesamte Ganztagsangebot an einer Schule, im anderen Fall gehen einzelne Verbände mit einem spezifischen Angebot in unterschiedliche Schulen. Methodisch wurden drei Zugänge und damit Datenerhebungsquellen gewählt: a) leitfadengestützte Expertinnen- und Experteninterviews mit Verantwortlichen und Durchführenden, b) teilnehmende Beobachtung der Angebote und c) Gruppendiskussionen mit Schülerinnen und Schülern. Ausgewertet wird das Datenmaterial, indem zum einen Fallanalysen angefertigt werden und zum anderen eine transversale Analyse über die Fälle hinweg vorgenommen wird.

Im Folgenden werden erste Wahrnehmungen und Ergebnisse vorgestellt, die Hinweise auf die Beantwortung der Frage nach dem Lernort geben. Explizit wird der Blick dabei auf die Perspektive der Schülerinnen und Schüler gelenkt.

---

18 Vgl. dazu auch: Michael Kienast, Schulpastoral in der Erzdiözese Freiburg – eine Übersicht zu den Praxisfeldern, in: Joachim Burkhard (Hg.), Schulkultur mitgestalten. Pastorale Anregungen und Modelle. Freiburg 2005, 39–41; Mike Corsa, Bildung ist mehr als Schule – Ganztagsschule ist mehr als Unterricht, in: Zeitschrift für Pädagogik und Theologie 57/2 (2005), 146–149.

19 Siehe auch www.kajugaprojekt.de.

4. Perspektiven der Schülerinnen und Schüler

Grundlage der folgenden Erörterungen sind die im Projekt durchgeführten Gruppendiskussionen mit Schülerinnen und Schülern im Alter von 14–16 Jahren zu ihren Lernerfahrungen zu der im Rahmen der Ganztagsangebote einer Schule durchgeführten Juleica-AG.[20] Welche Rückschlüsse und Anstöße aus den Lernerfahrungen der Schülerinnen und Schüler gezogen werden können, wird an drei Aspekten erörtert: 1. an dem Moment »Verantwortung lernen«, 2. an der Einordnung des Angebots seitens der Schülerinnen und Schüler als schulisches oder eher vereinsorientiertes und damit als freizeitorientiertes Angebot und 3. der Wahrnehmung der Leitungsperson des Angebots.

4.1 »Verantwortung« lernen

Es fällt auf, dass die Schülerinnen und Schüler in der Diskussion mehrfach das Wort »Verantwortung« verwenden, um zu beschreiben, was ihnen die AG »bringt«. So z.B. Frida (alle Namen pseudonymisiert), die sagt:

> »Ja, was, also was gut war, dass wir selber halt Verantwortung übernehmen müssen. Und man hat halt als Kind nicht so gedacht, dass es als Gruppenleiter schwer ist, so. Man denkt, man muss einfach nur Spiele aussuchen, aber es ist viel mehr. Und man (..) man hat halt Erfahrung als Gruppenleiter dann dadurch.«[21]

Durch die Juleica-AG konnten die Schülerinnen und Schüler sich praktisch in Leitungsrollen und in der Planung von Spielen erproben, wurden aber auch für die Reflexion dieses Handelns und die dahinerstehenden Rechte und Pflichten sensibilisiert. Diese kannten sie so bisher höchstens aus der Perspektive der Teilnahme an solchen Angeboten. Ella kommentiert an einer Stelle:

> »(…) Dann mussten die [die AG-Gruppen unterschiedlicher Schulen] halt auch ein Spiel vorbereiten, was wir dann halt mit 60, 70 Leuten spielen mussten. Und das hat halt auch schon eine große Verantwortung, weil das manchmal echt zum Chaos kommen konnte. Und so musste man halt ein Auge halt darauf haben und man muss auch irgendwie Spontanität haben, wenn zum Beispiel mal irgendwie ein Spiel gerade nicht klappt.«[22]

Interessant für die jugendverbandliche Arbeit in Ganztagsschulen ist, dass die Schülerinnen und Schüler das Potential dieses Lernprozesses auf unterschiedlichen Ebenen deutlich machen. Das bedeutet, die mit dem Angebot für die Schülerinnen und Schüler verbundenen Ziele sind durchaus unterschiedlich: Gruppenleiterin oder Gruppenleiter mit Juleica zu sein, eröffnet die konkrete Perspektive, sich im Jugendverband

---

20 Die Jugendleiter/in-Card (kurz »Juleica«) ist ein bundesweit einheitlicher Ausweis für ehrenamtliche Mitarbeiterinnen und Mitarbeiter in der Jugendarbeit. Für weitere Informationen vgl.: https://www.juleica.de/ (Zugriff am 23.07.2019). Die Ausbildung, die mit Vergabe des entsprechenden Zertifikats endet, wird über den Zeitraum von einem Schuljahr in der Schule durchgeführt. Als Kooperationspartner von Jugendverbandsseite ist das regionale Jugendbüro involviert.
21 Gruppendiskussion 1 Standort (A), Interakt (im Folgenden I.) 321.
22 Ebd., I 329.

selbst zu organisieren (»Dass wir (..) vernünftig darauf vorbereitet sind, wenn wir in das Lager fahren oder so. Dass wir uns richtig verhalten und so«[23]). Es befördert für einige Schülerinnen und Schüler aber auch unabhängig davon die individuelle Persönlichkeitsentwicklung (»dass wir vielleicht ein bisschen selbstbewusster werden«[24]) und bedeutet am Ende des Kurses im Idealfall für alle, ein konkretes Zertifikat in der Hand zu halten (»Und hauptsächlich, glaube ich, dass sie darauf angelegt haben, dass wir das alle schaffen, um die Juleica dann zu kriegen«[25]), was als nützlich für spätere Bewerbungen angesehen wird (»Also wenn ich mich dann später irgendwo bewerben möchte, kommt das ja auch immer gut an, wenn man so einen Kurs gemacht hat«[26]).

4.2 Spannungsfeld »Schule« und »Verein«

Der zweite Aspekt eröffnet mit Blick auf das Angebot in den Perspektiven der Schülerinnen und Schüler ein interessantes Spannungsfeld im Zusammenspiel der Faktoren: Spaß – Freiwilligkeit – Theorie – (spielerische) Praxis – Bewertung.

Immer wieder erleben die Schülerinnen und Schüler die AG auch als Ort der theoretischen Wissensvermittlung, deutlich positiver werden jedoch die praktischen Erfahrungen hervorgehoben, die sie in und durch die AG sammeln konnten. Inhaltlich waren das vor allem Spielevorbereitungen und -durchführungen mit anderen Teilnehmerinnen und Teilnehmern. Doch unabhängig davon, ob Theorie- oder Praxiseinheit, entschei-

dend für die die Schülerinnen und Schüler ist dabei der Spaß an der AG.

Ella: »Die AG wurde ja auch so ein bisschen spielerisch gemacht (Linda: Ja, genau) und alles und das hat dann halt auch Spaß gemacht hier zu sein.«
Linda: »Es war nicht langweilig.«
Ella: »Nicht wie so Schule, wo du da sitzt.«
Mona: »Wir haben ja auch Theorie gemacht, aber er hat das wieder so im Spaß gemacht.«[27]

Der Spaß wird zum entscheidenden Unterscheidungsmerkmal des Angebots zwischen Schule und Freizeit. Das Spielerische der AG hat den Schülerinnen und Schülern gefallen und macht den Unterschied zu dem, was sonst »Schule« für sie bedeutet, und dass, obwohl die AG in einem Klassenraum der Schule stattfindet und von einem Lehrer durchgeführt wird, der die Schülerinnen und Schüler zum Teil auch unterrichtet. Dies stellt die eine Seite der Medaille dar. Im Kontext von Ganztagsschule sind dies die Aspekte, die für die Schülerinnen und Schüler diese AG wesentlich von z.B. »Mathe-Förder«[28] unterscheiden. Solche AGs wie »Mathe-Förder« werden auch eher mit der Initiative der Eltern als mit der eigenen Motivation zur Teilnahme assoziiert. Für die Juleica-AG hält Ella daher resümierend fest:

Ella: »So für dieses eine Jahr war das irgendwie so, als ob du irgendwie im Verein oder so drin bist. Dass du dich halt so ein-

---

23 Ebd., I. 414.
24 Ebd., I. 417.
25 Ebd., I. 416.
26 Ebd., I. 424.
27 Ebd., I. 450.
28 Ebd., I. 487.

mal (.) in der Woche triffst und dann hast du sogesagt, irgendwie wie beim Fußball, zum Beispiel einmal die Woche Training und dass du dann einmal in der Woche hier bist und das so machst.[29]

Vor diesem Hintergrund scheint die Hoffnung der Jugendverbände, über die AGs neue Angebote gewinnen zu können, gar nicht so abwegig. Sich in dieser Form zu engagieren, scheint den Schülerinnen und Schülern Spaß zu machen, wenngleich natürlich die Frage nach dem »tatsächlichen Übergang« in einen Verband offenbleibt.

Allerdings haben die Schüler und Schülerinnen aber auch sehr klar vor Augen, dass sie auch an der AG scheitern können, wenn sie zum Beispiel in den Praxisprojekten nicht gut abschneiden. Sich selbst als Gruppenleitung in diesem Kontext auszuprobieren, hat für die Teilnehmerinnen und Teilnehmer sehr klar auch die Komponente einer Art »Prüfung«.[30] Darin besteht die andere Seite der Medaille. So wird das bereits erwähnte Zertifikat auch mit dem schulischen Zeugnis verglichen:

Ella: »Und wenn es hier auf die AG bezogen ist, dann würde ich sagen, dass die AG so ein bisschen mit Schule hatte, weil man halt ja nebenbei so etwas gelernt hat und als Zeugnis haben wir unser Zertifikat bekommen.«[31]

Auch die enge Passung des Juleica-Programms in seiner Grundkonzeption zu schulischen Strukturen und Rhythmen – wenngleich die enge Taktung und Anpassung an Schulzeiten auch von Verbandsseite problematisiert wird – trägt zur Wahrnehmung des »schulischen« Charakters des Angebots bei. Es wird dann deutlich mit den aus dem sonstigen schulischen Alltag bekannten »Prüfungen«, »Arbeiten« und »Zeugnisse« assoziiert. Damit können andere Effekte für die Schülerinnen und Schüler schnell in den Hintergrund treten (z.B. der Spaß an der Sache und die freiwillige Teilnahme), die einen bereichernden Beitrag der Jugendverbände für die Schülerinnen und Schüler und diesen Lernort darstellen.

4.3 Durchführende Person

Als dritter Aspekt wird die Rolle der durchführenden Person beleuchtet. Im Fall dieser Kooperation ist diese ein Lehrer der Schule mit langjährigen Erfahrungen als Gruppenleiter im Zeltlager. Er wird von den Schülerinnen und Schülern als »Hauptperson«[32] in der Durchführung der AG wahrgenommen.[33] Der vorliegende Fall ist dabei nur ein Beispiel für die Durchführung jugendverbandlicher Angebote am Lernort Schule. Dieses Beispiel soll darauf verweisen, dass mit Blick auf Merkmale des Lernorts »Jugendverbandsarbeit an Schule« den durchführenden Personen der Angebote große Bedeutung zukommt.

Der durchführende Lehrer wirkt auf die Schülerinnen und Schüler höchst motiviert und begeistert sie dafür, ihre

---

29 Ebd., I. 495.
30 Ebd., I. 373f.
31 Ebd., I. 466.
32 Ebd., I. 336.
33 Von jugendverbandlicher und schulischer Seite sind in die Durchführung und Konzeption der Juleica-AG weitere Akteurinnen und Akteure eingebunden. Die Schülerinnen und Schüler beschreiben den durchführenden Lehrer jedoch als Hauptperson.

Leidenschaft als Gruppenleiterinnen und Gruppenleiter zu entwickeln. Durch die Perspektive der Schülerinnen und Schüler wird deutlich, dass sie den durchführenden Lehrer in zwei verschiedenen und für sie gleichermaßen bedeutsamen Rollen erleben. Dies zeigt sich wie folgt:

Einerseits bleibt er für die Schülerinnen und Schüler auch während der Juleica-AG derselbe Lehrer, den einige von ihnen auch vormittags im Unterricht erleben können. So wird er klar als derjenige identifiziert, der die Aufsicht hat und die Regeln für die AG macht. Auch das Feedback des durchführenden Lehrers spielt eine große Rolle und die Schülerinnen und Schüler wissen, dass der Eindruck, den der durchführende Lehrer von ihnen hat, wesentlich zum erfolgreichen Absolvieren der AG beiträgt.

Andererseits nehmen die Schülerinnen und Schüler aber auch wahr, dass er in der AG ganz deutlich eine andere Rolle als die des Lehrers leben möchte:

Tanja: »Er wollte hier nicht so als Lehrer zählen für uns, sondern als, ja, so Gruppenleiter.«[34]

Die Schülerinnen und Schüler erleben ihn daher auch als kompetentes Vorbild für die Rolle der Gruppenleitung. Nicht zuletzt, weil er zahlreiche Beispiele aus der eigenen Erfahrung als Gruppenleiter in die Gespräche einbringt. Weiterhin lässt er sich bewusst im Kontext der AG von den Teilnehmerinnen und Teilnehmern duzen. Dies wird zum einen zwar als Beziehungsangebot von den Schülerinnen und Schülern wahrgenommen, das für sie den durchführenden Lehrer auch gleich »nicht so streng wie im Unterricht«[35] und insgesamt zugänglicher erscheinen lässt. Unsere Beobachtungen

zeigen zum anderen allerdings, dass die Schülerinnen und Schüler die Trennung zwischen »Du« in der AG und »Sie« im Unterricht selbst jedoch im Kontext der AG nicht vollziehen. Der Lehrer bleibt auch in der AG fast durchgängig der »Herr XY«. Tanja kommentiert selbst, dass den Lehrer zu duzen »noch wieder etwas anderes [sei] weil wir halt in der Schule sind«.[36]

Die Schülerinnen und Schüler nehmen darüber hinaus auch noch weitere Elemente wahr, anhand derer deutlich wird, dass der durchführende Lehrer bewusst einige ansonsten in der Schule geltende Regeln für die AG lockert:

Ella: //Durchführender/Lehrer (A)// meinte auch so, wenn wir zwischendurch mal an das Handy wollen oder irgendwie auf Klo gehen, dann müssen wir da nicht Bescheid sagen, wir können einfach eben hin gehen.[37]

5. Ergebnisse

Aus diesen drei gerade beleuchteten Feldern und unter Einbezug weiterer Ergebnisse des Projekts aus den Expertinnen- und Experteninterviews lassen sich einige Rückschlüsse für die Frage nach der Schule als neuem Lernort für die Jugendverbandsarbeit formulieren.

Das Beispiel der Juleica-AG hat gezeigt, dass das spezifische Bildungspotential, das Jugendverbände klassi-

---

34 Ebd., I. 385.
35 Ebd., I. 384.
36 Ebd., I. 387.
37 Ebd., I. 374.

scherweise zur Verfügung stellen, unter bestimmten Umständen auch unter den Bedingungen von Ganztagsschule aufrechterhalten werden kann. So benennen die Schüler und Schülerinnen selbst den Topos des Verantwortungs- und Selbstorganisationslernens und auch das Feld der Persönlichkeitsbildung wird von den Schülerinnen und Schülern deutlich wahrgenommen. Gleichzeitig ist das Angebot gut mit den schulischen Strukturen und Rhythmen kompatibel und bedient selbst typisch »schulische« Aspekte, da die Ausbildung auch nicht bestanden werden kann. Mindestens in diesem Aspekt liegen schulisches und jugendverbandliches Bildungsangebot nicht sehr weit auseinander. Mit dem Angebot ist seitens der Schülerinnen und Schüler auch deutlich der Employabilityaspekt verbunden, insofern das Zertifikat sehr klar als nützlich für Bewerbungen betrachtet wird. Von Seiten der Schule wird das inhaltliche Angebot aufgrund eben jenes Employabilityaspekts im Sinne der Kompetenzvermittlung für den Arbeitsmarkt geschätzt. Ferner werden die positiven Auswirkungen auf das Schulklima positiv eingeschätzt, da die Schülerinnen und Schüler untereinander auch über die Altersgruppen hinweg in Kontakt kommen können und sich gegenseitig unterstützen.

Das Beispiel der Juleica-AG macht darüber hinaus auch deutlich, dass der Freiwilligkeitscharakter nicht unbedingt leiden muss und sich auch nicht, wie manchmal vermutet, mit den physischen Räumlichkeiten verbindet. Entscheidend ist vielmehr, dass die Schülerinnen und Schüler das Gefühl haben, dass sie das, was sie tun, freiwillig tun und sie es sind, die sich dafür entscheiden. Dass Schüle-

rinnen und Schüler der Jahrgangsstufe 9 gewonnen werden, scheint hier auch bemerkenswert, nicht zuletzt auch mit Blick auf sinkende Teilnehmerinnen- und Teilnehmerzahlen mit steigendem Alter im Ganztag. Das durchaus auch positiv zu bewertende Zertifikat hat allerdings die Kehrseite, dass es aufgrund der Bewertung eben nicht mit Freiwilligkeit assoziiert wird.

Die hier aus der Perspektive der Schülerinnen und Schüler beleuchtete Kooperation zeigt ferner, wie sehr der Erfolg des Angebots mit der durchführenden Person verbunden sein kann.[38] Die Schülerinnen und Schüler erleben in der AG einen sehr engagierten Lehrer, der sie dazu einlädt, ihn eher als Gruppenleiter auf Augenhöhe wahrzunehmen und bewusst bestehende Regeln des Systems Schule für diesen Kontext zu lockern oder ganz auszusetzen. Sie nehmen in der AG zwar den Versuch des Rollenwechsels des Lehrers wahr, selbst kommen sie aber nicht richtig damit zurecht, das Angebot des »Du« anzunehmen. Nichts desto trotz wird seitens der Schülerinnen und Schüler das Angebot des Lehrers deutlich als eine bewusst andere Gestaltung der Leitungsrolle der AG wahrgenommen. Der Lehrer ist sich seiner beiden Rollen als Lehrer auf der einen und als Gruppenleiter auf der anderen Seite sehr bewusst und gestaltet sie dementsprechend auch unterschiedlich. Damit versucht er auch dem jugendverbandli-

---

38 Vgl. zur Person als Wirkfaktor innerhalb eines Modells religiöser Bildungsprozesse: Judith Könemann / Clauß Peter Sajak / Simone Lechner, Einflussfaktoren religiöser Bildung. Eine qualitativ-explorative Studie, Wiesbaden 2017, 192.

chen Charakter der AG Rechnung zu tragen, insofern er sowohl mit der veränderten Anrede, der Lockerung der strengen schulischen Regeln sowie insgesamt mit der Gestaltung der AG und ihrer hohen Schülerinnen- und Schülerbeteiligung versucht, den jugendverbandlichen Prinzipien der Freiwilligkeit und Beteiligung auch unter den Rahmenbedingungen von Schule Rechnung zu tragen.

Wie jugendverbandliche Angebote in Schulen zum neuen Lernort werden, hängt damit auch maßgeblich mit den durchführenden Personen und den Rollen zusammen, die sie einnehmen und die ihnen von den Teilnehmerinnen und Teilnehmern zugeschrieben werden. Wichtig erscheint dies für jugendverbandliche Angebote in Schule deshalb, weil die Möglichkeit, Personen von »außerhalb« des Systems Schule in die Durchführung zu involvieren, auch Auswirkungen auf die Wirkung des Angebots bei den Schülerinnen und Schülern haben wird. Dieser Spur wird das Projekt weiter nachgehen, nicht zuletzt, um die Frage zu beantworten, ob und wenn wie im Kontext der jugendverbandlichen Angebote an Schulen religiöse Bildungsprozesse angezielt und verwirklicht werden. Denn wie schon die Würzburger Synode unter dem Stichwort »personales Angebot« festhielt, können in die kirchlichen Jugendarbeit involvierte Personen einen großen Beitrag dazu leisten, dass »Jugendlichen de[r] Zugang zu Glaube und Kirche möglich«[39] wird.

Insgesamt zeigen die bisherigen Analysen, über die hier gerade aufgezeigten Perspektiven der Schülerinnen und Schüler hinaus, folgende erste Ergebnisse:

Welches Angebot in einer Schule angeboten wird, hängt nicht nur von dem jeweiligen Jugendverband, sondern in hohem Maße von den regionalen und schulischen Umweltbedingungen, das heißt von den jeweiligen Gelegenheitsstrukturen ab. So sind zum Beispiel Zeltlager und andere Kinder- und Jugendarbeitskontexte, für die Jugendliche eine Juleica brauchen, in der Region stark präsent und bei vielen Kindern und Jugendlichen bekannt und beliebt.

Deutlich wird, dass sich beide Systeme, Schule wie Jugendarbeit, mit Veränderungen schwertun. Dabei ist die Schule mit all ihren rechtlichen Bestimmungen das deutlich statischere System. Das heißt, die Anpassungsleistungen liegen stärker auf Seiten der Jugendverbände. Die ersten Ergebnisse machen aber deutlich, dass die Schulen es in der Regel als deutlichen Gewinn betrachten, wenn sich die Jugendverbände engagieren.

Die eingangs skizzierten unterschiedlichen Logiken der Diözesanverbände, Engagement eines Verbandes in einer Schule mit einem Angebot versus Organisation des kompletten Ganztags, führten zu unterschiedlichen Ergebnissen: So scheint es leichter zu sein, die jugendverbandlichen Prinzipien beizubehalten und zu verwirklichen, wenn das Angebot von einem konkreten Verband durchgeführt wird, als wenn ein Diözesanverband das gesamte Angebot an einer Schule organisiert. In letzterem Fall steigt die Gefahr

---

39 Gemeinsame Synode der Bistümer in der Bundesrepublik Deutschland (1976/2012): »Ziele und Aufgaben kirchlicher Jugendarbeit«, in: Gemeinsame Synode der Bistümer in der Bundesrepublik Deutschland. Offizielle Gesamtausgabe. Hg. von der Deutschen Bischofskonferenz mit einem Geleitwort von Karl Kardinal Lehmann, Freiburg im Breisgau, 299.

erheblich, dass die Verbindung zum Verband geschwächt wird.

Die Perspektiven der Schülerinnen und Schüler, die hier ja auch exemplarisch als eine Akteursperspektive beleuchtet wurden, eröffnet für die Verbände ein interessantes Lernfeld dahingehend, dass die Einschätzung von Schule, in der Regel als Zwang erlebt und Freiwilligkeit in der Regel mit Freizeit gleichgesetzt, nicht unbedingt an Räumen oder Personen hängt, sondern vielfach daran, ob für die Schülerinnen und Schüler subjektiv das Angebot freiwillig ist, und dafür ist Bewertung ein entscheidendes Kriterium. Dies führt nicht zuletzt zu der eher grundlegenden Überlegung, ob die Jugendverbände ihre Freiräume zur Verwirklichung der eigenen Prinzipien schon hinreichend ausschöpfen oder ob sie sich nicht auch zu schnell den vermeintlich starren Rahmenbedingungen der Schule etwas vorauseilend anpassen. Insgesamt bleibt mit Blick auf die Frage nach der Ganztagsschule als einem neuen Lernort, dass ein dauerhaftes Engagement von Jugendverbänden und ein stärkerer Einbezug des Engagements unter schulischen Bedingungen aller Wahrscheinlichkeit nach nicht ohne konzeptionelle Veränderungen möglich sein wird. Ob die Jugendverbände dabei immer ihre Grundprinzipien verraten müssen oder ob der Handlungsspielraum noch gar nicht ausgeschöpft ist, ist dabei noch längst nicht ausgemacht.

Katharina Karl
Der Berufswahlprozess als jugendtheologischer Ort

Die Phase von der Schule zum Beruf ist ein Übergang, der heute mehr denn je eine Herausforderung für junge Menschen darstellt. Mit der Vielzahl an Wahlmöglichkeiten ist der Lebenslauf kaum vorgezeichnet. Trotz des vergleichsweise frühen Schulabschlusses lässt sich eine Verlängerung der Jugendphase beobachten. Vielfach werden Ausbildungswege projekthaft verstanden, bilden aber dennoch schon eine Weichenstellung für das spätere Leben. So ist diese Phase gekennzeichnet von der Notwendigkeit der Orientierung, die Chancen bietet, aber auch mit Unsicherheit verbunden sein kann. Die Klärung der Eignung für eine Profession und der beruflichen Talente sowie Motivation und Engagement gehen einher mit Prozessen der Ausbildung der eigenen Identität.

Wie junge Menschen diesen Prozess für sich reflektieren und wie er von ihnen gedeutet werden kann, ist ein Thema, das auch von jugendtheologischem Interesse ist. Um dem nachzugehen, wird im Folgenden zunächst ein Blick in den Prozess der Berufsorientierung geworfen. Anhand einer aktuellen Studie zu Berufswahlprozessen werden daraufhin Felder aufgezeigt, um schließlich danach zu fragen, wo der tatsächliche Anschluss zu jugendtheologischem Forschen liegt.[1]

1. Berufswahl als biografische Schnittstelle

Das Thema Berufswahl findet im soziologischen Feld erhöhte Aufmerksamkeit und zeigt einen hohen Grad an Komplexität. »Die Schwierigkeiten sich in der ›Multioptionsgesellschaft‹ (Gross 1994) zu orientieren und für einen beruflichen Weg zu entscheiden, zeigen sich deutlich an den längeren Suchprozessen, wie auch an der Ausbildungsabbruchquote, die nach dem noch unveröffentlichten Bildungsbericht 2018 im letzten Jahr mit über 25 Prozent ein neues Rekordhoch erreicht hat.«[2]

1.1 Berufswahl als Chance und Risiko

Kennzeichen der modernen Gesellschaft ist die individuelle Freiheit. Sie ermöglicht Menschen, große und kleine

1 Zu den folgenden Abschnitten 1 und 2 vgl. K. Karl, Das ganz normale Chaos der Entscheidung. Eine pastoraltheologische Reflexion am Beispiel von Berufswahlprozessen junger Menschen, in: St. Möllenbeck / L. Schulte (Hg.), Frieden. Spiritualität in verunsicherten Zeiten, Münster 2020, 369–379.
2 K. Miess, Implikationen für die Begleitung von Berufsfindungsprozessen von Jugendlichen vor dem Hintergrund des dynamischen Wandels der Arbeits- und Lebenswelt. Unveröffentlichte Masterarbeit an der KSH München 2018, 92.

Entscheidungen für ihr Leben selbst zu treffen, während in früheren Zeiten sehr vieles durch den Stand, das Geschlecht sowie den allgemeinen, im Großen und Ganzen sehr eingeschränkten Bildungsmöglichkeiten vorbestimmt war. Die Wahlfreiheit, wie sie heute existiert, birgt große Chancen und ist zugleich höchst ambivalent. Eine Kehrseite der Entscheidungsfreiheit besteht darin, dass die Folgen der Entscheidung dem jeweiligen Entscheidungsträger zugeschrieben werden. Man muss allein für seine Entscheidung geradestehen. »Genau die Freiheiten und Möglichkeiten moderner Lebensgestaltung stellen auch die neuen Risiken und Möglichkeiten des Scheiterns dar«[3], etwa in Ausbildung, Karriere, Partnerschaft. In diesem Sinn sind Entscheidungen stets riskant. Ulrich Beck hat dafür den Begriff der »Risikogesellschaft«[4] geprägt. In der pluralen Gesellschaft, die sich in einem fortwährenden Prozess der Ausdifferenzierung befindet, sind Lebensentwürfe einer Dynamik der Entgrenzung ausgesetzt.[5]

»Entgrenzung kann […] allgemein als sozialer Prozeß definiert werden, in dem unter bestimmten historischen Bedingungen entstandene soziale Strukturen der regulierenden Begrenzung von sozialen Vorgängen ganz oder partiell erodieren bzw. bewußt aufgelöst werden. Folge ist zumindest vorübergehend eine Phase der Öffnung gesellschaftlicher Möglichkeiten mit neuen Chancen und Risiken für Betroffene.«[6] Deren soziale Verteilung ist dabei in der Regel ungleich: Es gibt Gewinner und Verlierer.[7] Menschen haben unterschiedliche Voraussetzungen für den Umgang mit Möglichkeiten und Grenzen. Sie erleben ihre Existenz als prekär und verletzlich und sind nichts-

destotrotz in hohem Maße selbst dafür verantwortlich, sie zu gestalten.

1.2 Entscheidung als Identitätsaufgabe

Die Aufgabe der Identitätsgestaltung ist also von Krisen, Entgrenzungserfahrungen und damit einhergehenden Entscheidungen geprägt. »Biographien werden selbstreflexiv: sozial vorgegebene wird in selbst hergestellte und herzustellende Biographie transformiert.«[8] Dass die Eigenverantwortung für die eigene Biografie angesichts der Komplexität von Anforderungen und Optionen häufig überfordert, erleben wir aktuell in Strömungen wie der Identitären Bewegung, im Anwachsen von Nationalismen und in anderen fundamentalistischen Tendenzen.

Der Münchner Sozialpsychologe Heiner Keupp spricht vom »Patchwork der Identitäten«. Damit macht er deutlich, dass Identitätsarbeit als konstruktivis-

3 H. Keupp, Lebensbewältigung in Kindheit und Jugend in der »Risikogesellschaft«, 33, in: K. Gabriel / H. Hobelsberger, Jugend, Religion und Modernisierung. Suchbewegungen Kirchlicher Jugendarbeit, Wiesbaden 1994, 31–49.

4 U. Beck, Risikogesellschaft. Auf dem Weg in eine andere Moderne, Frankfurt a.M. 1986, bes. Kap. V Individualisierung, Institutionalisierung und Standardisierung von Lebenslagen und Biographiemustern, 205–219, 211.

5 Vgl. U. Beck / Ch. Lau (Hg.), Entgrenzung und Entscheidung. Was ist neu an der Theorie reflexiver Modernisierung?, Frankfurt a.M. 2004.

6 G. Voß, Die Entgrenzung von Arbeit und Arbeitskraft. Eine subjektorientierte Interpretation des Wandels der Arbeit, in: Mitteilungen aus der Arbeitsmarkt- und Berufsforschung 31 (1998), H. 3, 473–487, hier 473.

7 Vgl. ebd., 473.

8 Beck, Risikogesellschaft (wie Anm. 4), 216.

tischer Prozess zu verstehen ist.[9] Das aus der Quiltkunst stammende Bild des Patchwork steht für die aktive und oft sehr kreative Eigenleistung der Subjekte bei der Arbeit an ihrer Identität. Patchwork bildet keine unstrukturierte Zufälligkeit ab, sondern arbeitet mit unterschiedlichen Mustern. Das Individuum selbst bildet solche Muster, wenn es seine Identität beschreibt. Es webt ein Netz »bedeutsamer Geschichten, das das eigene Selbst- und Weltverhältnis konstruiert.«[10] In einem reflexiven Prozess stellt es ein kohärentes Narrativ der eigenen Biografie her. »Gelungene Identität ermöglicht so dem Subjekt das ihm eigene Maß an Kohärenz, Authentizität, Anerkennung und Handlungsfähigkeit.«[11] Sie hängt an Ressourcen ökonomischer, sozialer und kultureller Art. Keupp et al. orientieren sich hier an der Theorie der Kapitalsorten von Pierre Bourdieu.[12] Diese Ressourcen müssen mit Kompetenzen einhergehen, damit Identitätskonstruktion gelingt. Eine wesentliche Kompetenz möchte ich hier hervorheben: den »aufgeklärte[n] Umgang mit bedrohter und gebrochener Identität.«[13] Identität ist notwendig bruchhaft und fragmentarisch, weil sie den Ansprüchen der eigenen persönlichen Meta-Erzählung schwer gerecht wird und die optimalen Bedingungen für eine perfekte Balance von Autonomie und Anerkennung sowie sozialen Faktoren und persönlichen Anlagen selten gegeben ist. »Die Vorstellung von einem autonomen, von den anderen abgegrenzten Subjekt, das vom ›Feldherrenhügel‹ seine Identitätsentwicklung steuert, muß notwendigerweise in Schwierigkeiten geraten, wenn es zuviel zu überwachen gibt, wenn der einzelne mehr erlebt, als er erfahren, das heißt für

sich verarbeiten kann.«[14] Erst die Anerkennung ihrer Fragilität und Fluidität[15] ist die Basis für tragfähige Entscheidungen.

2. Merkmale von Berufswahlprozessen

Als eine Schlüsselfrage der Identitätsarbeit soll die Erwerbsarbeit am Beispiel von Berufswahlprozessen näher betrachtet werden.

2.1 Individualisierung und Kontingenz von Berufswahl

»Jugendliche selbst spüren, daß die Lebensmodelle, die ihnen von Erwachsenen angeboten werden, als Basis für ihre eigene Lebensbewältigung unzureichend sind.«[16] Tradierte Lebensentwürfe fallen in ihrer Leitbildfunktion weg, die Flexibilisierung der Erwerbsarbeitszeiten und die Dezentralisierung des Arbeitsortes tragen zur Individualisierung der Berufswahl bei.[17]

Klassenunterschiede und Familienzugehörigkeit treten in Bezug auf Berufswahl in den Hintergrund. Empirische

---

9 Vgl. H. Keupp u.a., Identitätskonstruktionen. Das Patchwork der Identitäten in der Spätmoderne, Reinbek bei Hamburg 1999.
10 Ebd., 56.
11 Ebd., 274.
12 Vgl. ebd., 198–199.
13 Ebd., 281.
14 Ebd., 87.
15 Vgl. V. Pirker, fluide und fragil. Identität als Grundoption zeitsensibler Pastoralpsychologie (Zeitzeichen 31), Ostfildern 2013.
16 Keupp, Lebensbewältigung (wie Anm. 3), 32.
17 Vgl. Beck, Risikogesellschaft (wie Anm. 4), 209.

Erkenntnisse machen zwar deutlich, dass die soziale Herkunft durchaus ein Faktor für den späteren Berufsprozess ist und der Beruf der Eltern weiterhin ein relevanter Faktor für die Berufsfindung junger Menschen darstellt. Die Herkunft ist aber längst nicht so gewichtig, wie sie einmal war, sondern wird von neuen Abhängigkeiten abgelöst.[18] »So wird gerade die individualisierte Privatexistenz immer nachdrücklicher und offensichtlicher von Verhältnissen und Bedingungen abhängig, die sich ihrem Zugriff vollständig entziehen«[19], z.B. Aktienkurse und Algorithmen. Entscheidungen für einen Berufsweg sind also zunehmend kontingent. Zufälle bilden bei Entscheidungen »eher die Regel als die Ausnahme.«[20]

2.2 Konkretisierungen aus Berufswahlforschungen

Wie sich für junge Menschen die Entscheidung für einen Berufsweg konkret gestaltet, dazu gibt es etliche empirische und theoretische Untersuchungen. Berufswahltheorien beschreiben Wahlprozesse als hochkomplexe Vorgänge, in denen exogene (von Umweltbedingungen abhängige), endogene (an Anlagen hängende) Faktoren, familiärer und lebensgeschichtlicher Hintergrund zusammenspielen. In der Forschung gibt es psychologisch-entscheidungstheoretische, soziologisch-entwicklungstheoretische und andere Ansätze, die dieses Zusammenspiel jeweils unterschiedlich gewichten.[21]

Aus entwicklungspsychologischer Perspektive kann Berufsorientierung als längerfristiger, mehrdimensionaler Vorgang beschrieben werden. Dabei ist »die Herausbildung eines beruflichen Selbstkonzepts zentral, also das Wissen über die eigenen Fähigkeiten, Interessen und Werte in Bezug auf die beruflichen Möglichkeiten, die sich in der jeweiligen Lebenswelt der Individuen in den verschiedenen Lebensphasen bietet.«[22]

Oliver Dimbath publizierte 2003 eine empirische Studie zur Individualisierung von Entscheidungen im Berufswahlprozess junger Menschen. Eine Analyse zu Bewerbungsbefragungen vom Bundesinstitut für Berufsbildung der BRD von 2012 fragt danach, wie Jugendliche auf Ausbildungsberufe aufmerksam werden. Auf Basis dieser Quellen will ich im Folgenden einige Problemanzeigen wie Perspektiven darstellen.

Problemanzeigen
Problemanzeigen finden sich auf vier Ebenen, die miteinander zusammenhängen: Grundbedingungen, die Phase der Arbeitssuche, Ausbildungsabbruch und psychosoziale Prägungen.

a) Die Modernisierung führt zu Spezialisierungen, Exklusionen und Zugangsbarrieren. Junge Menschen sehen sich einem hochdifferenzierten Berufssystem gegenübergestellt, in dem sich einige sehr gut orientieren und andere steckenbleiben oder untergehen.[23]

---

18 Vgl. ebd., 211.
19 Ebd., 211.
20 B. Kracke, Der Berufsorientierungsprozess aus entwicklungspsychologischer Sicht, 17, in: Berufsbildung in Wissenschaft und Praxis 43 (2014), H. 1, 16–19.
21 Vgl. O. Dimbath, Entscheidungen in der individualisierten Gesellschaft. Eine empirische Untersuchung zur Berufswahl in der fortgeschrittenen Moderne, Wiesbaden 2003, 123–142.
22 Kracke, Berufsorientierung (wie Anm. 20), 17.
23 Vgl. Dimbath, Entscheidungen (wie Anm. 20), 266.

b) Die Suche nach einem Ausbildungsplatz gestaltet sich trotz Entspannung auf dem Arbeitsmarkt als schwierig.[24] Bei einer Befragung in Deutschland 2014 gab nur jede(r) Dritte an, problemlos einen Ausbildungsplatz gefunden zu haben.

c) 2018 haben, ebenfalls in Deutschland, mit 25,8% besonders viele Azubis die Ausbildung abgebrochen.[25] Vor allem betrifft dies schlecht bezahlte und wenig anerkannte Lehrbereiche, wie Köche und Friseure.

d) Psychosoziale Prägungen sind bereits in der frühen Kindheit zu verorten, in der die Grundlagen für das spätere Selbstkonzept gelegt werden. Der Einfluss negativer Berufserfahrungen der Eltern auf Kinder ist beispielsweise schon früh wahrnehmbar.[26] Ebenso früh werden Geschlechterstereotype aufgebaut, die für spätere Entscheidungen maßgeblich sind. In Österreich beispielsweise betrug 2016 der Anteil der weiblichen Lehrlinge nach Lehrberufsgruppen 90% im Bereich Schönheit und nur 5% im Bereich Elektronik.[27]

Unterstützende Faktoren
Faktoren, die sich positiv auf den Berufswahlprozess auswirken, sind auf der innerpsychischen und sozialen Ebene angesiedelt.

a) Innerpsychisch sind sie in einem positiven Selbstkonzept zu verorten. Das Selbstkonzept umfasst die Kognitionen und Gefühle in Bezug auf die eigene Person. Es »entwickelt sich durch Erfahrungen [Selbstreflexion] und Rückmeldungen von anderen«[28] sowie im Erleben von Freiheit und der Erfahrung von Selbstwirksamkeit und positiven Emotionen.

Auch internale Kontrollüberzeugungen wirken darauf ein.[29] Die positive Emotion, die junge Menschen für den Entwurf ihres Berufsbilds am häufigsten anführen, ist Spaß. Damit ist keine oberflächliche Gemütsregung gemeint, sondern die Freude an einem Tun, das für das Individuum erfüllend ist.[30] Daneben fallen auch die allgemein ökonomische und die Situation am Arbeitsmarkt ins Gewicht.

b) Wie entscheidend sich auf der sozialen Ebene Unterstützung und Begleitung auf die Förderung von Berufswegen auswirken, zeigt sich am Beispiel von jungen Migranten. Diese schließen dann erfolgreich ihre Ausbildung ab, wenn Paten oder Patinnen ihnen Unterstützung

---

24 Vgl. A. Krewerth / V. Eberhard / Julia Gei, Orientierung im Ausbildungsdschungel. Wie werden Jugendliche auf Ausbildungsberufe und -stellen aufmerksam?, in: Berufsbildung in Wissenschaft und Praxis 43 (2014), H. 1, 20–24.

25 Vgl. Spiegel Online vom 04.04.2018, https://www.spiegel.de/karriere/ausbildung-jeder-vierte-azubi-bricht-ab-hoechststanda-1201144.html (17.05.2019).

26 Vgl. Kracke, Berufsorientierung (wie Anm. 20), 18.

27 Vgl. H. Dornmayr, / B. Winkler, Nach der Lehre: Ausbildungs- und Berufserfolg von Lehrabsolventen und Lehrabsolventinnen in Österreich. Eine empirische Untersuchung auf Basis von amtlichen Individual-/Registerdaten und persönlicher Befragung (IBW-Forschungsbericht 186), Wien 2016, 19, online: http://www.ibw.at/components/com_redshop/assets/document/product/1476699510_fb186.pdf (26.04.2019); H. Dornmayr / S. Nowak, Lehrlingsausbildung im Überblick 2018. Strukturdaten, Trends und Perspektiven (IBW-Forschungsbericht 193), Wien 2018, 32, online: https://ibw.at/resource/download/1726/ibw-forschungsbericht-193.pdf (17.05.2019).

28 Kracke, Berufsorientierung (wie Anm. 20), 17.

29 Vgl. ebd., 17.

30 Vgl. Dimbath, Entscheidungen (wie Anm. 21), 235.

geben[31] oder sie durch Mentoring- und Tutoringprogramme an den Universitäten sowie eine qualitativ hochwertige Begleitung durch Ausbilder/innen unterstützt werden.

Die Komplexität des Prozesses der Berufswahl wird hinreichend deutlich. Es ist zu vermuten, »dass die Berufswahl nicht so frei ist wie sie scheint.«[32] Zu den genannten Faktoren spielen eine Reihe an weiteren Einflussfaktoren relationaler, sozialer, sozio-ökonomischer Art, bis hin zum Faktor Zufall mit hinein, wenn junge Menschen die Weichen für ihre berufliche Zukunft stellen.

3. Projekt »Berufswahlprozesse begleiten«

Angestoßen wurde das Forschungsprojekt »Berufswahlprozesse begleiten« von der Bischofssynode zur Jugend 2018, die in ihrem Vorbereitungsdokument anregt, »alle jungen Menschen ohne Ausnahme«[33] in den Blick zu nehmen, und einen Fokus auf die Frage der Begleitung junger Menschen in ihren Entscheidungsprozessen legt. Nicht Berufung im Sinne der Entscheidung für einen kirchlichen Beruf oder einen Lebenstand steht daher im Fokus des Interesses, sondern die Berufswahl, die als Wahlentscheidung tatsächlich alle jungen Menschen ohne Ausnahme betrifft.

Angesichts der Fülle sozialwissenschaftlicher Studien erfolgte eine Eingrenzung der Fragestellung auf relevante Forschungsfragen im Kontext einer biografieorientierten Jugendpastoral:

■ Welche äußeren und inneren Faktoren (Trends am Arbeitsmarkt, Interessen, Sicherheit, Berufung …) beschreiben

junge Menschen als leitend für ihre Entscheidungsfindung?
■ Wie beschreiben junge Menschen ihr Selbstkonzept? Woran orientieren sie sich in ihrer Zukunftsgestaltung?
■ Welche Rolle spielen Wertsystem, Weltbild und Überzeugungen in dieser Lebensphase?
■ Inwiefern wird Religion als Ressource, Motivation oder Hilfe für Wahlprozesse wahrgenommen? Welche Erwartungen und Hoffnungen haben junge Menschen diesbezüglich?

3.1 Zielsetzung und Methode

Grundlegendes Ziel der Studie ist, für die Leerstelle des Themas im Bereich der Theologie zu sensibilisieren (1), die Umbruchs- und Entscheidungssituation der Berufswahl von Jugendlichen zu thematisieren bzw. von ihnen selbst thematisieren zu lassen (2), um schließlich Impulse für jugendpastorale Begleitung von Berufswahlprozessen zu finden (3).

Die Methode des explorativ angelegten Forschungsprojekts basiert in der induktiven Vorgehensweise der Groun-

31 S. Matthes u.a., Junge Geflüchtete auf dem Weg in Ausbildung. Ergebnisse der BA/BIBB-Migrationsstudie 2016, Bonn 2018, 5, online: https://www.bibb.de/veroeffentlichungen/de/publication/download/8620 (17.05.2019).

32 Miess, Implikationen (wie Anm. 2), 90.

33 Bischofssynode. XV. Ordentliche Generalversammlung, Die Jugendlichen, der Glaube und die Erkenntnis der Berufung. Vorbereitungsdokument, Einleitung und Kapitel III.2, online: http://www.vatican.va/roman_curia/synod/documents/rc_synod_doc_20170113_documento-preparatorio-xv_ge.html (25.04.2019).

ded Theory.[34] Der Leitfaden zum teilstandardisierten Interview basiert auf der Methode von Cornelia Helfferich.[35] Die Selektion der Probanden erfolgte nach dem Schneeballsystem. Es wurden 26 junge Menschen in Ausbildung zwischen 16 und 29 Jahren befragt (Umfragezeitraum 2018/19). Der Anteil von Männern und Frauen ist ausgeglichen. 26 Interviews sind erhoben und transkribiert. In bislang vier Fachgesprächen wurden berufs- und berufungstheoretische Grundlagen diskutiert und mit den Interviews kontrastiert. Im interdisziplinären Fachaustausch wurde dabei eine Kodierung der Interviews vorgenommen, ein Kategoriensystem entwickelt und die relevanten Untersuchungsinteressen eingegrenzt. Im Rahmen dieses Beitrags werden einige erste Deutelinien vorgestellt.[36] Als explorative Studie kann sie kein Anspruch auf Quantifizierung erheben, aufgrund der kleinen Stichprobe sind die erhobenen Daten nicht repräsentativ.

3.2 Einblick in erste Ergebnisse

Von den aus dem Kodierungsvorgang entwickelten Kategorien wird der Fokus an dieser Stelle auf die Bereiche ›subjektiver Sinn und Glaube‹ sowie ›Berufung‹ gelegt. Dem vorangestellt seien einige generelle Beobachtungen zu den Daten und Inhalten der Erhebung.

3.2.1 Generelle Beobachtungen

■ Die Mehrheit der Proband/innen empfindet die getroffene Entscheidung als gut und richtig. Tendenziell wird der eingeschlagene Weg positiv bewertet.[37] Es kann vermutet werden, dass die positive Bestärkung der Entscheidung rückwirkend stärker in Erinnerung bleibt bzw. die getroffene Entscheidung im Nachhinein positiv bewertet und kohärent ins biografische Narrativ eingewoben wird.

■ Es lässt sich beobachten, dass Trends auf dem Arbeitsmarkt eine sekundäre Rolle spielen und in den Narrativen nicht maßgeblich thematisiert werden.

■ Schwierigkeiten im Berufsfindungsprozess werden von Probanden aus dem Bereich der Berufsbildungswerke bei den drei Probanden aus dem Feld des Streetwork thematisiert, wo vor allem fehlende Perspektive oder gesundheitliche Grenzen, aber auch mangelnde Unterstützung und systemische/institutionelle Hindernisse benannt werden. Abiturienten sind von der Schule weniger auf die Berufswahl vorbereitet als Absolventen anderer Schularten. Hier ist ein Freiwilliges Soziales Jahr oft entscheidend für die Wahl des Studienfachs oder der Ausbildung. Während der Phase des Studiums ist ein weiterer Klärungsprozess zur Konkretisierung des Berufsbilds nötig.

34 Vgl. B.G. Glaser / A.L. Strauss, The Discovery of Grounded Theory – Strategies for Qualitative Research, New York 1967.

35 Vgl. C. Helfferich, Die Qualität qualitativer Daten. Manual für die Durchführung qualitativer Interviews. Lehrbuch, Wiesbaden ⁴2011.

36 K. Karl, Beruf(en) leben. Berufswahlprozesse junger Menschen begleiten (BBSP 10), München 2020.

37 Im Gegensatz zu diesem exemplarischen Befund steht die statistisch sehr hohe Quote von Ausbildungsabbrüchen.

- Institutionelle Unterstützung wird vor allem von Proband/innen aus Berufsbildungswerken in Anspruch genommen. Sie durchlaufen gezielte berufsvorbereitende Maßnahmen und werden von einem Case-Manager begleitet, der eine tragende Rolle für den Erfolg der Ausbildung spielt. Andere Probanden suchen Beratung eher im persönlichen Umfeld.
- Begegnungen und Beziehungen sind Hauptmotivator und Stütze in der Entscheidungsfindung. Eine besonders wichtige Rolle spielen Begleiter/innen – seien es Eltern, Freunde, Vertreter von Berufsgruppen, Ausbilder/innen, Lehrer/innen o.a. Hier ist noch genauer zu differenzieren, welche Funktion die unterschiedlichen Beziehungsbezüge einnehmen.
- Deutlich bestätigt sich der Zusammenhang von sozialer Schicht und Wahlmöglichkeit. Es besteht aber keine Korrelation zwischen der Breite der Wahlmöglichkeiten und der Zufriedenheit mit dem Ausbildungs- oder Studienweg.
- Gerade Teilnehmer/innen an berufsbildenden Maßnahmen haben häufig wegen psychischer oder anderer gesundheitlicher Faktoren nur bedingte Auswahlmöglichkeiten. Dennoch herrscht ein hohes Maß an Identifikation mit dem Berufsbild, sobald eine Ausbildungsstelle gefunden ist.
- In der Mehrzahl der Interviews kommt zum Ausdruck, wie wichtig es ist, praktische Erfahrungen zu sammeln. Das Ausüben einer Tätigkeit und das Kennenlernen des konkreten Berufsfeldes, etwa durch Praktika, trägt maßgeblich zur Klärung bei.

3.2.2 Subjektiver Sinn und Glaube

Versteht man Berufswahl als Moment der Selbstvergewisserung im Lebenslauf, als ein Schlüsselmoment im Identitätsprozess junger Menschen, stellt sich die Frage, inwieweit der Bereich von Glaube und Wertüberzeugungen hierbei von Bedeutung ist. Ausgehend vom Religionsbegriff der religionssensiblen Erziehung (Lechner/Gabriel), dem es ja um die Erfassung eines genuin individuellen religiösen Ausdrucks geht, wird auch die existentiell-religiöse Dimension im Prozess der Entscheidung ins Auge gefasst.[38]

Die Erhebung zeigt: Inwieweit Religion als Ressource, Motivation oder Hilfe für Wahlprozesse wahrgenommen wird, ist sehr individuell ausgeprägt und unabhängig davon, ob jemand an einer Einrichtung in kirchlicher Trägerschaft ausgebildet wird. Wenige der Proband/innen sprechen von sich aus explizit über ihren Glauben, über das Gebet oder die Einbindung in eine christliche Gemeinschaft. In der Regel finden sich Fragmente religiöser Sprache und Gehalte in den Aussagen der Proband/innen, die mit der Theorie der religiösen Dispersion gedeutet werden können: »Brechung und Zerlegung religiöser Gehalte beim Auftreffen auf säkulare Felder, ihre Vermischung mit anderen Mustern der Weltdeutung und -gestaltung, ihre Überführung in andere Formen und Formate, die nicht restlos rückgängig gemacht werden können.«[39]

---

38 Vgl. M. Lechner / A. Gabriel (Hg.), Religionssensible Erziehung. Impulse aus dem Forschungsprojekt ›Religion in der Jugendhilfe‹ (2005–2008), München 2011.

39 H.J. Höhn, Postsäkular. Gesellschaft im Umbruch – Religion im Wandel, Paderborn 2007, 34.

a) Sinngebende Komponenten

Das Empfinden von subjektivem Sinn im Beruf und für den eigenen Lebensentwurf speist sich aus mehreren Faktoren. Zum einen sind es Beziehungen, die orientieren und stärken, Halt und Bestätigung geben.

Das Motiv ›Spaß‹ an der Arbeit wird durchweg als entscheidend für die Identifikation mit dem gewählten Ausbildungsweg sowie als Kriterium dafür genannt, ob sich jemand vorstellen kann, dauerhaft in diesem Feld tätig zu bleiben. Zufriedenheit, Freude und Erfüllung können als stärkste sinngebende Faktoren gelten.

Bei Probanden aus vorwiegend, aber nicht nur aus sozial schwachen Milieus folgt die Sinngebung einem klassischen Muster. Einkommen, Haus und Familie sind primäre Lebensziele. Selbstständigkeit zu erlangen ist ein sinngebendes Ziel. Sich beruflich und persönlich weiterentwickeln zu können ist eine Wertekategorie, die immer wieder in den Interviews anklingt. Sei es im Sport, in der Tatsache, dass im Beruf eine Führungsposition angestrebt wird oder einfach im Wunsch, dass kein Stillstand auftreten möge oder man an den eigenen Grenzen wachsen kann.

Lange und schwierige Erfahrungen von Ablehnung und Misserfolg wirken sich negativ auf das Prospektionsvermögen aus. Ein geflüchteter junger Mann, der alle berufliche Perspektive verloren hat, bezeichnet sich als »Baumblatt im Fluss« (19,394). Das Gefühl, dass das Leben mehr bereithält, hat er verloren.

b) Gott explizit und implizit

»Ich würde schon sagen, dass ich da sehr viel Wert drauf lege, wenn Gott gesprochen hat, weil er für mich im Leben an erster Stelle stehen soll und ich weiß, dass Gott keine Fehler macht und das, was er sagt, auch stimmt, und es mir auch ans Herz gelegt hat« (10,42–45), so ein Proband mit freikirchlichem Hintergrund. Indirekter nennt ein anderer, katholisch sozialisierter Proband den Raum der Kirche als Gebetsraum als den Ort, an dem er zu sich selber finden und seine Entscheidung treffen konnte (vgl. 8,41–51).

c) Gemeinschaft

Die Bedeutung der Gemeinde oder Gemeinschaft ist bei vom konfessionellen Milieu geprägten Probanden sehr hoch. Sie ist jedoch unterschiedlich besetzt. Der freikirchlich geprägte Proband betont die starke psychologische Stütze und den Zuspruch der Gemeinde, die für ihn auch den Willen Gottes ausdrückt. Der Proband aus dem katholisch-verbandlichen Milieu findet im »jugendpastoralen Raum« (21,63) Unterstützung, Information. Das soziale Umfeld dort gibt Halt und bietet zugleich Freiraum, sich zu entfalten. Einen Transzendenzbezug formuliert er eher indirekt, wenn er von der sozialen Struktur seines jugendpastoralen Netzwerks als einem »Leitweg« (21,186) spricht.

3.2.3 Berufungskonzepte

Eine Füllung des Begriffs Berufung liegt recht nahe an den qualitativen Merkmalen für die Kategorie des subjektiven Sinns, ist also nicht trennscharf zu unterscheiden, da ja das Empfinden von Berufung mit dem Empfinden von Sinn verknüpft ist.

Als eine Frage zum Selbstkonzept zielt im Leitfaden eine Frage auf das Konzept von Berufung ab, das die Proband/innen äußern. Unabhängig von der religiösen Prägung kann die Mehrheit der Befragten etwas mit dem Begriff ›Berufung‹ anfangen und bejaht ihren gewählten Beruf als Berufung. Dem liegen natürlich äußerst unterschiedliche Vorstellungen und Konzepte von Berufung zu Grunde.

a) Helfen und retten
In einigen Narrativen wird Berufung mit dem Dasein für andere bzw. die Natur verbunden:

> »Ja. Zu was ich mich berufen fühle. Ich fühle mich berufen, dass ich der Natur das gebe, was die Menschheit zerstört. Ich möchte, dass diese Natur, wir haben nur eine Erde, leider Gottes ist das so. Aber ich möchte, dass diese Erde auf dem wir leben, ergrünt, erblüht und dass das, was die Natur uns schenkt, so beibehalten wird und nicht durch den Menschen noch mehr kaputt gemacht wird, wie der Regenwald zum Beispiel. Ich möchte einfach nur der Welt helfen, sich wieder zu regenerieren« (3,161–169).

Für eine Probandin ist die eigene Berufung, Menschen zu stärken, glücklich zu machen, zu positiver Einstellung zu sich selbst zu verhelfen (vgl. 5,425).

Der helfende Aspekt findet sich vor allem bei Probanden mit sozialer Ausbildungsrichtung. Den Zusammenhang von eigenem Glück und dem Glück anderer betont aber auch eine Probandin aus dem Feld der Wirtschaft (vgl. 22) oder er ist sehr prägend beim jungen Mann, der eine Polizeilaufbahn anstrebt (vgl. 8).

b) Ich selbst werden
Berufung wird, hier von einer Probandin, die davon berichtet, dass sie mit ihrer Essstörung kämpft, definiert als Wille:

> »ja, und vor allem Interesse. Und wenn ich weiß, das ist das Richtige für mich, dann/ ja, dass ich mich sozusagen richtige fühle, weil manchmal habe ich auch das Gefühl, bin ich da überhaupt richtig, gehöre ich da überhaupt mit dazu? Das Zweifelgefühl, das geht gar nicht mehr gut, das soll weg irgendwie. Das muss erst mal weg. Das ist eine große Baustelle, die Zweifel dann auch und die Angst und so weiter, Versagensängste, die müssen weg« (4,250–255).

Eine Probandin formuliert auf die Frage nach ihrem Verständnis von Berufung allgemein: »dass jeder bei sich bleibt«, »seine eigene Entwicklung gehen kann«, »sich nicht verstellen« braucht (5,392).

Berufung, so eine andere Befragte, muss von innen kommen: »Ich hab' mich ja von der Außenwelt inspirieren lassen« (6,282), so die Probandin, dann kann es eigentlich keine Berufung sein. Sie hat aber vorher schon Beruf als Chance definiert, sich frei entfalten zu können, »eine Sache, was mir das Herz anschwellen lässt« (6,258), sieht sich »angekommen in der zweiten Heimat« (6,263).

Einen direkten Bezug zu Gott stellt eine Probandin her. Sie will durch ihr Tun und ihren Beruf zeigen, dass Gott in ihrem Leben eine substantielle Veränderung bewirkt hat. Bestätigung findet sie hier in einer Aussage ihrer Mutter,

> »dass sie es interessant fand, weil ich schon früher vor Jahren gesagt habe, dass ich mir so vorstellen könnte, mit welchen Jüngeren auch aus meinem Alter zu machen, keine Büroarbeit, sondern was mit Menschen zusammen, dass mir das irgendwie auf dem Herzen liegt und

mir liegt. Und ich denke, aufgrund meiner Vergangenheit, ich habe ja auch eine gewisse Vergangenheit hinter mir, sonst würde ich nicht ein Jahr Therapie machen, und ich habe eine sehr krasse Veränderung erlebt, was meiner Meinung nach nur durch Jesus geht. Und das einfach weiterzugeben, was ich erlebt habe, und Menschen zu ermutigen, das ist, denke ich, meine Berufung. Zu ermutigen und für sie da zu sein und genau, ein Zeugnis einfach zu sein. Und ich denke, dass das meine Berufung ist, ja, bin ich von überzeugt. Aber das wird sich natürlich zeigen. Hundertprozentig weiß man das nie, bis zu einem gewissen Moment« (10,151–162).

c) Geführt sein

Schließlich findet sich – im Gegensatz zur Selbstwerdung und dem Finden der eigenen Berufung in sich selbst, die Vorstellung von Berufung als Fügung (vgl. 8,21), als etwas, »das von Anfang an klar ist« (20,143). Weil sie das nicht so erfährt, lehnt die Probandin den Begriff für sich ab: »So, dass man wirklich sagt, ja, ich bin dafür bestimmt, ich mach das jetzt mein Leben lang, ich bleibe jetzt hier und mach das. Also ich finde, das kann man irgendwie mit Beginn der Ausbildung noch nicht sagen« (20,499–500).

Zusammenfassend kann man sagen, dass sich in den Berufungskonzepten zwei Spannungsfelder auftun: Erstens lässt sich eine Spannung von innen und außen beobachten, vom Eigenen und Anderen.[40] Zweitens wird der Begriff Berufung oft zunächst mit etwas Großem, Absoluten verbunden (vgl. 21). In einem zweiten Schritt aber dann herunter gebrochen auf das, was zu den eigenen Interessen und Fähigkeiten passt, Entwick-

lung ermöglicht und glücklich macht. Das Verbindende an beidem ist, dass das Verständnis von Berufung mit Intensität in der Sinngebung konnotiert ist. Wo dies nicht einholbar scheint, wie im Fall des erwähnten Flüchtlings, hat das Konzept von Berufung keine Relevanz für die eigene Lebenswirklichkeit.

d) Beruf und Berufung

Bei der engen Verknüpfung der Felder von Beruf und Berufung, wie sie in der Umfrage hergestellt wurde, darf nicht der falsche Eindruck entstehen, dass beides gleichgesetzt würde. Auch wenn sich Aussagen finden, wie »Beruf sein« und in so manchen Interviews die Überzeugung formuliert wird, dass der Beruf auch Berufung ist, kann nicht postuliert werden, dass sich Berufung allein im Beruf verwirklicht.

Zum einen legen sich die Probanden in der Regel nicht fest, wie der berufliche Weg zukünftig weitergeht. Zum anderen wäre durch eine Engführung von Berufung auf Beruf gescheitert, wer seinen Traumberuf nicht findet oder ausüben kann. Interessanterweise geht das Nachsynodale Schreiben »Christus Vivit«[41] auf dieses Spannungsfeld ein, indem es das Verhältnis von Beruf und Berufung thematisiert:

---

40 Eine systematisch-theologische Anknüpfung wäre hier der Diskurs zu Berufung als Freiheit der Notwendigkeit, vgl. M. Höffner, Berufung im Spannungsfeld von Freiheit und Notwendigkeit (Studien zur systematischen und spirituellen Theologie 47), Würzburg 2009.

41 Papst Franziskus, Nachsynodales Schreiben »Christus vivit« an die jungen Menschen und an das ganze Volk Gottes (2019) Online: http://w2.vatican.va/content/francesco/de/apost_exhortations/documents/papa-francesco_esortazione-ap_20190325_christus-vivit.html (02.05.2019).

»Wenn jemand entdeckt, dass Gott ihn zu etwas ruft, dass er für etwas gemacht ist – es kann die Krankenpflege sein, die Tischlerei, der Kommunikationsbereich, das Ingenieurwesen, das Unterrichten, die Kunst oder irgendeine andere Arbeit –, dann wird er in der Lage sein, seine besten Fähigkeiten opferbereit, großzügig und hingebungsvoll aufzubieten.« (CV 273)

Mit einem realistischen Blick wird benannt, dass die »harten Grenzen der Wirklichkeit« (CV 272), wie etwa die Jugendarbeitslosigkeit, es nicht immer erlauben, die eigenen Fähigkeiten im Beruf entfalten zu können und so Arbeit nicht ohne Differenzierung mit Berufung gleichgesetzt werden kann. Darüber hinaus eröffnet Franziskus eine andere Dimension, wenn er die jungen Menschen im Schreiben anspricht:»Deine Berufung besteht nicht bloß in der Arbeit, die du zu tun hast, auch wenn sie sich darin ausdrückt« (CV 255). So sehr Erwerbstätigkeit als eine Säule von Identität angesehen werden kann, ist sie nicht erschöpfend – und wird von den jungen Menschen in der Regel auch nicht als solche angesehen.

adressiert. Die Haltung der Interviewer unterstützt ebenfalls das jugendtheologische Anliegen, den Befragten als Subjekt zu nehmen. Unterstützt durch das Herangehen und den Kommunikations- und Gesprächsstil der Interviews[44] stehen die »eigenen Annäherungen an die großen Fragen des Lebens durch Suchbewegungen charakterisiert, die in einem weiten Sinn als eine theologische Praxis im Sinn der Beschäftigung mit Gottes- und Sinnfragen angesehen werden können«[45], im Mittelpunkt des Forschungsinteresses. Die Anknüpfung liegt nicht in der Methode, sondern im Anliegen der Jugendtheologie. Es nimmt »eher die Beleuchtung und Interpretation konkreter Kommunikationsakte […] in einem heuristischen Sinn in den Blick.«[46]

Junge Erwachsene theologisieren implizit, wenn sie ihre biografischen Prozesse reflektieren. Sie tun dies in dem Sinne, dass ihren Erzählungen biografischer Prozesse theologischer Gehalt zugemessen werden kann. Auch da, wo die Gottesfrage und die Fragen nach Religiosität nicht explizit formuliert werden, wird im Sinne des dreifachen Religionsbegriffs der Existenzglaube zum Aus-

4. Berufswahl als Ort von Jugendtheologie?

Das Forschungsvorhaben zur Erhebung von Berufswahlprozessen wurde methodisch nicht explizit jugendtheologisch angelegt.[42] So kommt etwa kein partizipatives Erhebungsverfahren zum Tragen.[43] Der teilstandardisierte Leitfaden gibt die Forschungsfrage vor, die jungen Menschen werden jedoch als Experten für ihren Wahlprozess verstanden und so

42 Vgl. B. Roebben / Th. Schlag, Jugendtheologie: Basisannahmen und Konkretisierungsmöglichkeiten für die kirchliche Jugendarbeit, in: A. Kaupp / P.C. Höring (Hg.), Handbuch Kirchliche Jugendarbeit, Für Studium und Praxis (Grundlagen Theologie), Freiburg i.Br. 2018, 444–459.

43 Vgl. Beitrag von Laura Otte im vorliegenden Band.

44 Dieser ist angelehnt an: I. Langer, Das persönliche Gespräch als Weg in der psychologischen Forschung, Köln 2000.

45 Roebben / Schlag, Jugendtheologie (wie Anm. 41), 447.

46 Ebd., 447.

druck gebracht. Es finden sich Spuren im Sinne der oben erläuterten Theorie der Dispersion von Religion.

Besonders der Bereich der Sinngebung und des Selbstkonzeptes, wie es die Probanden in ihrem Berufungsbegriff beschreiben, macht deutlich, wie sie die Welt verstehen und wie theologische Fragen in ihrem Lebenskontext und eigenen Ausdrucksformen zu Tage treten. Sie können Anregung für weiteres (pastoral) theologisches Nachdenken über den Themenkomplex der Berufswahl und ihrer Prozesse geben.

Britta Hemshorn de Sánchez

»Von meiner Haltung hängt vieles ab!« Überlegungen zu einer professionellen Haltung beim Theologisieren mit heterogenen Gruppen von Jugendlichen*

Die Herausforderungen, die besonders durch heterogene Lerngruppen entstehen, sind in der Pädagogik ein virulentes Thema.[1] Dabei stellen sich zunächst zwei Fragen. Erstens: Gibt es Gruppen von Jugendlichen, die nicht heterogen sind? Zweitens: Worin liegt die pädagogische Herausforderung?

Nach Klärung dieser Fragen möchte ich kurz darstellen, was unter dem Theologisieren mit Jugendlichen zu verstehen und welche pädagogische Haltung dafür angemessen ist. In einem letzten Schritt soll dann bedacht werden, was ein Fortbildungsangebot für (Religions-)Pädagog/innen abdecken sollte, um diese Haltung und den dafür notwendigen Halt zu finden und zu pflegen.

1. Konstruktionen von Heterogenität

Was kann unter einer »heterogenen Lerngruppe« verstanden werden?[2] Mögliche Differenzlinien wären beispielsweise Lebensalter, kognitive, emotionale, sprachliche oder soziale Kompetenzen, körperliche Einschränkungen, Geschlecht, sexuelle Orientierung, soziale Herkunft, religiöse Zugehörigkeit, familiärer Kontext oder Muttersprache. Wenn wir diese Differenzlinien konkret betrachten, ist kaum eine »homogene« Lerngruppe vorstellbar. Allenfalls empfinden wir eine Gruppe homogener

als die andere. Es stellt sich die Frage, ob sich Unterschiedlichkeiten dem Grad nach wahrnehmen lassen? Unsere Wahrnehmung ist von Konstruktionen bestimmt, die nicht als neutral betrachtet werden können. Unsere Konstruktionen von der Wirklichkeit hängen u.a. vom Kontext, von verbreiteten Voreinstellungen und Vorurteilen ab, die unsere »Normalitätsvorstellungen« und Maßstäbe prägen. Diese Normalitätsvorstellungen zeitigen eine Wirkung und Wechselwirkung, die wiederum die Bilder in unseren Köpfen verstärken und unser Denken und Handeln entsprechend in »Wir«-»Ihr«-Konstruktio-

* Passagen aus Abschnitt 2.2.2.1, 2.2.2.2 und 4 wurden bereits veröffentlicht in: B. Hemshorn de Sánchez, Anerkennung, in: Inklusive Religionspädagogik der Vielfalt. Konzeptionelle Grundlagen und didaktische Konkretionen, Münster 2020, 283–292. Ebenso Passagen aus Abschnitt 3 in: B. Hemshorn de Sánchez, Theologisieren mit Jugendlichen im Horizont gegenwärtiger Inklusionsaufgaben, in: »Jedes Mal in der Kirche kam ich zum Nachdenken«, JaBuJu 4, Stuttgart 2016, 216–223.
1 Vgl. R. Werning, Welche Chancen bieten heterogene Lerngruppen? (Denkanstöße), hg. vom VBE NRW, Dortmund 2010, online: http://www.vbe-nrw.de/downloads/PDF%20Dokumente/DA1_Lerngruppen.pdf (08.01.2019).
2 Vgl. J. Standop, Lässt sich das Konstrukt Heterogenität für die schulische Unterrichtsentwicklung zweckmäßig modellieren?, in: Schulpädagogik heute 7 (2016), H. 13, 1–18.

nen münden lassen, die schnell zu diskriminierendem Verhalten führen.[3]

Des Weiteren ist die intersektionale Perspektive zu beachten. Denn Menschen können zumeist nicht nur unter einer einzelnen Differenzkategorie betrachtet werden.[4]

Daher erscheint es sinnvoll, grundsätzlich von einer vielfältigen Verschiedenheit in den Lerngruppen auszugehen und die individuellen Erwartungen, Bedürfnisse, Interessen und Vorerfahrungen der Jugendlichen so weit wie möglich in Erfahrung zu bringen. Nur so können die Jugendlichen optimal bei ihren (religiösen) Lernprozessen begleitet werden. Ein solcher pädagogischer Ansatz nimmt das Anliegen der seit 2009 in Deutschland rechtsverbindlichen Inklusion auf[5] und kommt in einer Pädagogik der Vielfalt[6] bzw. Religionspädagogik der Vielfalt[7] zum Ausdruck.

1.1 Inklusion[8] und religiöse Bildungsprozesse

Heterogenität als Normalfall zu betrachten und einen Rahmen für Teilhabe und Teilgabe für alle Menschen in ihrer viel-

in interkultureller, feministischer und integrativer Pädagogik, Opladen 2006, 181–184. Hier kommen die Erkenntnisse der Intersektionalitätsforschung zum Tragen, nach denen jede Differenzlinie nur einen Aspekt einer Person oder Gruppe ausmacht. Daraus ergibt sich die Forderung, plurale, sich überschneidende Differenzlinien im Blick zu behalten: vgl. L. McCall, The Complexity of Intersectionality, in: Signs. Journal of Women in Culture and Society 30 (2005), H. 3, 1771–1800; A. Prengel, Pädagogik der Vielfalt (wie Anm. 4); A. Prengel, Inklusion pädagogisch – Grundverständnisse, Voraussetzungen und Konzeptionen, in: V. Elsenbast, M. Otte, A. Pithan (Hg.), Inklusive Bildung als evangelische Verantwortung. Dokumentation einer Fachtagung vom 31. Januar bis 1. Februar 2013 in Hofgeismar, Münster 2013, 6–14. Neben der Binnendifferenzierung jeder Gruppe wird die Aufmerksamkeit sowohl auf die Differenz zwischen Individuen als auch auf die innerpsychische Heterogenität, d.h. verschiedene Persönlichkeitsanteile, gelenkt: vgl. A. Prengel, Pädagogik der Vielfalt, 182f.

5 Vgl. BRK (Übereinkommen über die Rechte von Menschen mit Behinderungen vom 13. Dezember 2006), 2008, online: https://www.institut-fuer-menschenrechte.de/fileadmin/user_upload/PDF-Dateien/Pakte_Konventionen/CRPD_behindertenrechtskonvention/crpd_b_de.pdf (15.01.2019); Deutsche UNESCO-Kommission e.V. (Hg.): Bonner Erklärung zur inklusiven Bildung in Deutschland, verabschiedet von den Teilnehmenden des Gipfels »Inklusion – Die Zukunft der Bildung« am 20. März 2014 in Bonn, online: http://www.unesco.de/gipfel_inklusion_erklaerung.html (01.04.2014).

6 Vgl. A. Prengel, Pädagogik der Vielfalt (wie Anm. 4).

7 Vgl. Comenius-Institut (Hg.): CI-Informationen (2014), H. 1; Comenius-Institut (Hg.): Inklusive Religionslehrerbildung. Module und Bausteine, Münster 2014.

8 Der Begriff »Inklusion« grenzt sich von anderen Begriffen ab, die den Umgang mit Verschiedenheit in Bezug auf Bildung kennzeichnen: erstens Exklusion, bei der bestimmte Lernende von Bildung ganz ausgeschlossen werden, zweitens Separation, die bestimmten Lernenden in separierten Einrichtungen (Sonder-Schulen) Bildung zukommen lässt, drittens Extinktion, bei der bestimmte Lernende vernichtet werden, wie etwa im Nationalsozialismus, und schließlich viertens Inte

---

3 In der Soziologie, besonders in der Diskriminierungsforschung werden solche Prozesse als »Othering« bezeichnet. Vgl. http://www.bpb.de/dialog/194569/offensichtlich-und-zugedeckt-alltagsrassismus-in-deutschland (19.02.2019).

4 Vgl. K. Walgenbach, Intersektionalität – eine Einführung, 2012, online: http://portal-intersektionalitaet.de/theoriebildung/ueberblickstexte/walgenbach-einfuehrung/ (18.05.2019). Vgl. dazu auch Prengels demokratischen Differenzbegriff unten und ihr Verständnis von Differenz als soziokulturellem Konstrukt: vgl. A. Prengel, Pädagogik der Vielfalt. Verschiedenheit und Gleichberechtigung

fältigen Verschiedenheit zu ermöglichen, ist das, was mit dem Begriff »Inklusion« gefasst wird. Ich gehe dabei von einem weiten Inklusionsverständnis aus, das Inklusion als Ergebnis fortschreitender Differenzierung in der Menschenrechtstradition versteht. Inklusion als Menschenrecht ist eine Herausforderung an die gesamte Gesellschaft und damit auch an die schulische und außerschulische Religionspädagogik. Seit 2009 ist sie in Deutschland rechtsverbindlich und soll entsprechend auf allen Ebenen umgesetzt werden. Für schulische und außerschulische Lernprozesse heißt Inklusion dann, Verschiedenheit aller Lernenden

zum Ausgangspunkt aller Konzeptionierung und Planung für das gemeinsame Lernen und Leben zu machen und daraus resultierende strukturelle und inhaltliche Anpassungen zu gewährleisten und individuell angemessene Vorkehrungen auf allen Ebenen des Bildungswesens zu treffen.[9]

Die Menschenrechte verweisen auf die Menschenwürde als Ausgangs- und Zielpunkt. In einer pluralen Gesellschaft ist aber die Begründung und inhaltliche Füllung dessen, was genau Menschenwürde ausmacht, nicht automatisch gegeben, sondern muss immer wieder mit

---

gration, die vom Vorhandensein kategorialer Unterschiede ausgeht und die durch sonderpädagogische Unterstützung der einen Gruppe versucht, sie an die vermeintlich homogene Lerngruppe der anderen und die dort geltenden Normen anzupassen: vgl. S. Flake / I. Schröder, Inklusive Pädagogik – Eine Herausforderung für die Religionspädagogik?!, 33–39, in: K. Kammeyer / E. Zonne / A. Pithan, A. (Hg.): Inklusion und Kindertheologie, Münster 2014, 30–64. Diese verkürzte Darstellung wird der Integrationspädagogik nicht gerecht und bezieht sich weniger auf die differenzierte Theorie der Integrationspädagogik als auf die praktische Umsetzung, die überwiegend zu einer Ergänzung im System der Regelschulen wurde und weniger zu einer nachhaltigen Veränderung beigetragen hat: vgl. A. Hinz, Inklusive Pädagogik in der Schule – veränderte Orientierungsrahmen für die schulische Sonderpädagogik!? Oder doch deren Ende??, in: Zeitschrift für Heilpädagogik 60 (2009), H. 5, 171–179; A. Hinz, Von der Integration zur Inklusion – terminologisches Spiel oder konzeptionelle Weiterentwicklung?, in A. Pithan, W. Schweiker, (Hg.): Evangelische Bildungsverantwortung Inklusion. Ein Lesebuch, Münster 2011, 18–28; A. Sander, Konzepte einer inklusiven Pädagogik, in A. Pithan / W. Schweiker (Hg.), Evangelische Bildungsverantwortung: Inklusion. Ein Lesebuch, Münster 2011, 13–17.

9 Vgl. S. Flake / I. Schröder, Inklusive Pädagogik (wie Anm. 8), 33. Der Index für Inklusion wurde für die konkrete Umsetzung von Inklusion im schulischen Bereich entwickelt: vgl. I. Boban / A. Hinz, Index für Inklusion. Lernen und Teilhaben in der Schule der Vielfalt entwickeln, Halle / Wittenberg 2003. Im Vorwort des Index (vgl. ebd., 3) knüpfen Boban und Hinz ausdrücklich an die Pädagogik der Vielfalt und ihren nicht-hierarchischen, demokratischen Umgang mit Heterogenität an, so dass die Sinnhaftigkeit der Nutzung dieser Systematik für die schulische Praxis explizit gegeben ist (vgl. ebd., 17). Der »Index Inklusion für Bildungseinrichtungen der EKD« versteht sich in Anlehnung an diesen Index für Inklusion als Leitfaden für die Institute, um Grundhaltungen, Strukturen ihrer Organisation, Aktionsformen und Angebote so zu verändern, dass sie sich der Vision von Teilhabe- und Chancengerechtigkeit für alle immer weiter annähern; vgl. Kirchenamt der EKD (Hg.): Index Inklusion für Bildungseinrichtungen in der EKD, 010, online: http://www.ekir.de/pti/Downloads/Index-Inklusion-fuer-Bildungseinrichtungen-EKD-5-2010.pdf (02.02. 2019), 1. Die »zehn Grundsätze für inklusiven Religionsunterricht« des Comenius-Instituts greifen ebenfalls die Anregungen des Index für Inklusion (vgl. I. Boban / A. Hinz, Index für Inklusion) auf und spezifizieren sie in stark gekürzter Form für den Religionsunterricht.

den verschiedenen gesellschaftlichen Gruppen ausgehandelt werden. Daraus ergibt sich für Bildung allgemein und besonders für die Religionspädagogik die Aufgabe, neben didaktisch-methodisch vielfältigen Zugängen zu ihren Themen, die Dialogfähigkeit der Lernenden zu fördern.[10] Die Kompetenz zum Übersetzen zwischen verschiedenen Diskursen und zum Aushandeln zwischen verschiedenen Positionen, Perspektiven, Interessen und Bedürfnissen ist entscheidend für Lernsettings, in denen Inklusion konsequent Beachtung finden soll. Diese Kompetenzen können mit den verschiedenen Ansätzen der Religionsdidaktik und in besonderer Weise beim Theologisieren mit Jugendlichen eingeübt werden. Denn das Theologisieren kommt den menschenrechtlich orientierten Prinzipien einer Pädagogik der Vielfalt[11] bzw. Religionspädagogik der Vielfalt[12] besonders entgegen: »Selbstachtung und Anerkennung der Anderen in egalitärer Differenz«, Subjektorientierung und Offenheit. Sinnvoll ergänzt wird der Ansatz des Theologisierens durch konstruktivistische religionspädagogische Prinzipien, da sie in besonderer Weise der Anerkennung der Anderen entsprechen, indem sie Konstruktionen und Ko-Konstruktionen der Lernenden bzw. der Anderen ernst nehmen und von verabsolutierenden Wahrheitsansprüchen absehen.[13]

2. Herausforderungen und ihre Bearbeitung

2.1 Was erleben religionspädagogische Lernbegleiter/innen als »Herausforderung«?

Herausforderungen werden von Lernbegleiter/innen auf struktureller und individueller Ebene wahrgenommen, gesellschafts-, schul- bzw. sozialpolitische

10 Vgl. H. Bielefeldt, Menschenwürde. Der Grund der Menschenrechte, hg. vom Deutschen Institut für Menschenrechte, Berlin 2008, online: https://www.institut-fuer-menschenrechte.de/uploads/tx_commerce/studie_menschenwuerde_2008.pdf (17.02.2019).
11 Vgl. Prengel, A.: Pädagogik der Vielfalt (wie Anm. 4).
12 Vgl. Comenius-Institut (Hg.): CI-Informationen; Comenius-Institut (Hg.): Inklusive Religionslehrerbildung; T. Knauth / R. Möller / A. Pithan (Hg.), Inklusive Religionspädagogik der Vielfalt. Konzeptionelle Grundlagen und didaktische Konkretionen, Münster 2020.
13 Vergleiche dazu unten Kapitel 2.2.2.2. Dieterich nennt drei Gründe für die Affinität zwischen konstruktivistischem Ansatz und Theologisieren mit Jugendlichen: Erstens gehen sowohl die reformatorische Theologie als auch die Religionspädagogik von der Unverfügbarkeit des Glaubens aus und damit auch von der »Nicht-Lehrbarkeit« von Religion (vgl. V.-J. Dieterich, Hier stehe ich und kann auch anders! Kirchengeschichtliche (Re)Konstruktionen in Theologie, Kunst und Religionspädagogik, 28f, in: G. Büttner (Hg.): Lernwege im Religionsunterricht. Konstruktivistische Perspektiven, Stuttgart 2006, 23–39). Zweitens liefern die Fragen der Heranwachsenden einen deutlichen Hinweis auf die »prinzipielle Unabschließbarkeit theologischer Überlegungen«, womit der kontinuierliche Konstruktionsprozess angesprochen ist. Drittens erscheint ihm Religionsunterricht durch seine curricularen und sonstigen Freiheiten dafür prädestiniert, »einen offenen Raum für das eigene Nachdenken, Suchen und Experimentieren der Schülerinnen und Schüler« anzubieten (vgl. ebd., 129).

Rahmenbedingungen werden als nicht förderlich oder sogar hinderlich erlebt. Leitung von Institutionen werden als nicht unterstützend erlebt und auf der persönlichen Ebene werden die Beziehungen zu Lernenden, Eltern und Kolleg/innen und schließlich die pädagogischen und fachlichen Ansprüche an sich selbst als Herausforderung erlebt.

2.2 Zum Umgang mit Herausforderungen

Längerfristig können wir auf ein gesellschaftspolitisches Engagement setzen, das auf bessere Rahmenbedingungen zielt. Für die aktuellen Herausforderungen im Beziehungsbereich müssen wir allerdings nüchtern einsehen, dass wir andere Menschen nicht direkt verändern können. Wir können nur uns selbst, unseren Blick auf die Situation bzw. die jeweilige Beziehung ändern und durch unser eigenes, verändertes Verhalten den Rahmen so gestalten, dass eine positive Entwicklung möglich wird. Ich konzentriere mich in diesem Artikel entsprechend auf Herausforderungen in der Lerngruppe, die sich beim Theologisieren mit Jugendlichen ergeben können.[14]

2.2.1 Pädagogisch

Pädagogisch kann für die geforderten eigenen Veränderungs- und Sensibilisierungsprozesse mit verschiedenen Arten von *Vielfalts-Trainings* hingearbeitet werden, die die Selbstreflexion vertiefen, sowie die Wahrnehmungs- und Deutungskompetenzen erweitern.[15] Für den Umgang mit Herausforderungen, die als »Störungen« erlebt werden, kann auf den *systemischen Ansatz* zurückgegriffen werden, bei dem alle Beteiligten als Teil der

Dynamik verstanden werden.[16] Instrumente sind hier beispielsweise das Bilden von Hypothesen, die die Situation aus verschiedenen Perspektiven betrachten, Verhalten vielfältig deuten (Re-Framing) und Ausnahmen von diesem Verhalten wahrnehmen, so dass neue, kreative Interventionen möglich werden. Auch der Ansatz der »*Neuen Autorität*«[17] hat sich als hilfreich erwiesen.

14 Vgl. J. Schwol / T. Sturm (Hg.): Inklusion als Herausforderung schulischer Entwicklung. Widersprüche und Perspektiven eines erziehungswissenschaftlichen Diskurses, Bielefeld 2010; E. Zonne-Gaetjens, Inklusion. Bildungspolitische Vorgabe und religionsdidaktische Herausforderung, in: B. Schröder / M. Wermke (Hg.): Religionsdidaktik zwischen Schulformspezifik und Inklusion. Bestandsaufnahme und Herausforderungen, Leipzig 2013, 269–284.

15 Zum Beispiel Anti-Bias-Training, vgl.: http://www.anti-bias-werkstatt.de/?q=de (20.02.2019) oder Kompetenztraining »Pädagogik der Vielfalt«: vgl. U. Sielert u.a., Kompetenztraining »Pädagogik der Vielfalt«. Grundlagen und Praxismaterialien zu Differenzverhältnissen, Selbstreflexion und Anerkennung, Weinheim 2009.

16 Vgl. R. Werning, Umgehen mit Unterrichtsstörungen. Jahresheft Unterrichtstörungen, 2015; C. Hubrig / P. Herrmann, Lösungen in der Schule. Systemisches Denken in Unterricht, Beratung und Schulentwicklung, Heidelberg ³2010.

17 M. Lemme / B. Körner, »Neue Autorität« in der Schule: Präsenz und Beziehung im Schulalltag, Heidelberg 2016. Während traditionell Autorität auf Amt, Alter oder Status gegründet war, gründet sich die »Neue Autorität« auf einer Stärke, die geprägt ist durch: die eigene, nachhaltige und beharrliche Anwesenheit, die eigene Selbstkontrolle, die innere Überzeugung, die Absicht zur Beziehungsverbesserung bzw.-stabilisierung, eine »Wir-Kultur« und daraus folgende Handlungen. Autorität also nicht als Eigenschaft, sondern als Haltung verstanden. Diese Haltung bedarf einer Grundentschei-

2.2.2 Religionspädagogisch

Fachlich, theologisch entspricht dies einer konstruktivistischen »*Religionspädagogik der Vielfalt*«[18], bei der die zentrale Bedeutung des Beziehungsgeschehens, das Ernstnehmen aller Beteiligten und ihrer Konstruktionen bzw. Ko-Konstruktionen von Wirklichkeit und die Aushandlungsprozesse dessen, was für alle Beteiligten als plausibel akzeptiert werden kann, kennzeichnend sind.

2.2.2.1 Pädagogik der Vielfalt

Grundlage für eine Religionspädagogik der Vielfalt ist die von Annedore Prengel bereits in den neunziger Jahren entworfene Pädagogik der Vielfalt, die sich um einen gerechten Umgang mit Differenz bemüht.[19] Aus der Analyse der Emanzipationsbewegungen der siebziger Jahre (feministische, interkulturelle und integrative Pädagogik) entwickelt Prengel die Elemente einer Pädagogik der Vielfalt, die sie in siebzehn Punkten zusammenfasst.[20]

Alle siebzehn Elemente leiten sich aus dem Grundprinzip »Selbstachtung und Anerkennung der Anderen« ab[21], das für Prengel im schulischen Bereich sowohl für Lernende als auch für Lehrpersonen gilt[22] und meines Erachtens der theologisch und menschenrechtlich verankerten Würde aller Menschen Rechnung trägt sowie Grundlage einer religionspädagogischen Haltung sein sollte. Prengels Schwerpunkte liegen dabei auf intersubjektiver Anerkennung in egalitärer Differenz, Verständnis von Lernen und Identität als Prozess, Infragestellung von Normen und Mehrperspektivität. Das zentrale Bildungsziel einer Pädagogik der Vielfalt charakterisiert Prengel folgendermaßen:

»Die Achtung vor der Einzelpersönlichkeit der Kinder und Jugendlichen ist ein Prinzip, das Parteilichkeit der Lehrenden für die Einzelnen begründet und als zentrales Bildungsziel vermittelt werden soll. Anerkennung der Einzelpersönlichkeit kann Selbstachtung, liebevolle Selbstwahrnehmung, Fähigkeit zur Artikulation der eigenen Erfahrung und des eigenen Willens und zum Handeln im eigenen Interesse bewirken. Das Bildungsziel Selbstachtung gilt für jede, für jeden, gilt darum immer für mich und für die Anderen. Selbstachtung und Anerkennung der Anderen gehen hervor aus der einen Haltung des Respekts, die das gleiche Recht auf Lebensglück für die Verschiedenen gelten lässt.«[23]

Prengel bezieht sich dabei auf Axel Honneths sozialphilosophische Theorie der Anerkennung[24]. Honneth zufolge können Subjekte nur dann handlungsfähig sein,

dung: Erziehende übernehmen die Verantwortung für die Prozesse, die im Rahmen ihres Auftrags und Einflussbereiches auftauchen und machen dies nach außen hin deutlich. Sie übernehmen die Verantwortung für das Wiederherstellen (guter) Beziehungen. »Neue Autorität« speist sich aus der Quelle der Präsenz.

18 Die Religionspädagogik der Vielfalt versteht sich als Fortentwicklung der Pädagogik der Vielfalt im Hinblick auf Religionspädagogik. Der Begriff wurde zuerst ausführlicher erläutert in A. Pithan u.a. (Hg.): Gender – Religion – Bildung. Beiträge zu einer Religionspädagogik der Vielfalt, Gütersloh 2009, 9–28.

19 Vgl. Prengel, A.: Pädagogik der Vielfalt (wie Anm. 4).

20 Vgl. ebd., 185–196.

21 Vgl. ebd., 185–187.

22 Vgl. ebd., 194f.

23 Ebd., 186.

24 Vgl. A. Honneth, Kampf um Anerkennung. Zur moralischen Grammatik sozialer Konflikte, Frankfurt a.M. [7]2012.

wenn sie aufgrund von wechselseitigen Anerkennungserfahrungen eine positive Selbst-Beziehung entwickeln, in der sie sich selber zu achten und zu vertrauen lernen. Bleibt derartige soziale Zustimmung aus oder geschieht Missachtung, entstehen Kränkung, Verachtung, Wut oder Scham.[25]

»Honneth unterscheidet drei Formen der Anerkennung: emotionale Achtung (Liebe), rechtliche Anerkennung sich selbst und anderen gegenüber (gleiche Rechte) und wechselseitige Anerkennung zwischen soziokulturell unterschiedlich individuierten Personen (Solidarität bzw. egalitäre Differenz)«[26].

Auf den schulischen Kontext übertragen, bezöge sich die »emotionale Achtung« auf die personale Ebene zwischen Lehrenden und Lernenden und unter den Lernenden gegenseitig. Die »rechtliche Anerkennung« beträfe die gleiche Zugangsberechtigung aller Lernenden für die eine Schule für alle mit einem an die Individuen angepassten System. Die »wechselseitige Anerkennung« beträfe z.B. das Lernklima und die Art der Leistungsrückmeldungen. Das selektive Schulsystem führt strukturell systematisch bei einem Teil der Lernenden, den Leistungsschwächeren, zu einer Erfahrung von Missachtung im Honnethschen Sinn. Deshalb sieht Prengel Schule mit der Herausforderung konfrontiert, eine anerkennende Pädagogik für alle zu entwickeln.[27] »Schulorganisatorisch entsprechen dieser Forderung eher die sechsjährige Grundschule und die integrierte Gesamtschule, aber in jeder Schulform sind Annäherungen an eine Pädagogik der Anerkennung möglich!«[28].

Der Einfluss, den pädagogische Institutionen auf die Gesellschaft hinsichtlich der verschiedenen Ebenen von Anerkennung haben, ist Prengel zufolge begrenzt. Was hingegen in ihrer Verantwortung

25 Vgl. Prengel, A.: Pädagogik der Vielfalt (wie Anm. 4), 60.
26 Ebd., 60.
27 Honneths Theorie wurde inzwischen von anderen Autor/innen aufgegriffen und zu Ansätzen einer Pädagogik der Anerkennung weiter entwickelt wie etwa von F. Bohnsack, Wie Schüler die Schule erleben. Zur Bedeutung der Anerkennung, der Bestätigung und der Akzeptanz von Schwäche, Opladen 2013; B. Hafeneger / P. Henkenborg / A. Scherr. (Hg.): Pädagogik der Anerkennung. Grundlagen, Konzepte, Praxisfelder, Schwalbach am Taunus 2013; M. Jäggle, u.a. (Hg.): Kultur der Anerkennung in der Schule. Würde – Gerechtigkeit – Partizipation für Schulkultur, Schulentwicklung und Religion, Baltmannsweiler 2013; M. Jäggle / T. Krobath / R. Schelander (Hg.): lebens.werte.schule. Religiöse Dimensionen in Schulkultur und Schulentwicklung, Berlin 2009; T. Krobath, A. Lehner-Hartmann, R. Polak (Hg.): Anerkennung in religiösen Bildungsprozessen. Interdisziplinäre Perspektiven, Göttingen 2013; T. Krobath / E. Schwarz, Reich-Gottes-Verträglichkeitsprüfung, in: M. Jäggle u.a. (Hg.): Kultur der Anerkennung in der Schule, 317–322; A. Prengel, Pädagogische Beziehungen zwischen Anerkennung, Verletzung und Ambivalenz, Opladen 2013; A. Schäfer / C. Thompson (Hg.), Anerkennung, Paderborn 2010; R. Schelander, Gerechtigkeit, Anerkennung, Bildung. Der anerkennungstheoretische Ansatz von Krassimir Stojanov, in: M. Jäggle u.a. (Hg.): Kultur der Anerkennung in der Schule, 123–128; K. Stojanov, Bildung und Anerkennung. Soziale Voraussetzungen von Selbst-Entwicklung und Welt-Erschließung, Wiesbaden 2006; T. Sturm, Inklusion und Bildungsgerechtigkeit – anerkennungstheoretische Überlegungen, in: S. Seitz, u.a. (Hg.): Inklusiv gleich gerecht? Inklusion und Bildungsgerechtigkeit, Bad Heilbrunn 2012, 100–106. Auf diese Entwicklung kann hier nicht weiter eingegangen werden.
28 A. Prengel, Pädagogik der Vielfalt (wie Anm. 4), 61.

liegt, ist die Möglichkeit, in ihrem Rahmen für Gerechtigkeit im Sinne »intersubjektiver Anerkennung« für alle Lernenden in ihrer je einzigartigen Lebenslage zu sorgen.[29] Pädagogik der Vielfalt lässt sich damit auch »als Pädagogik der intersubjektiven Anerkennung zwischen gleichberechtigten Verschie-denen« verstehen.[30] Als gleich betrachtet Prengel Lernende hinsichtlich ihrer Rechte, wie Menschen- und Kinderrechte, und hinsichtlich ihrer Grundbedürfnisse nach Nahrung, Wärme, Schutz etc. Als verschieden werden sie anhand unterschiedlicher Differenzlinien wahrgenommen.

Prengel verwendet einen egalitären, demokratischen Differenzbegriff, der von der Gleichheit der Verschiedenen ausgeht und Hierarchien und Diskriminierung in Frage stellt.[31] Differenz bezieht sich auf mehrere Ebenen menschlicher Heterogenität[32]: zwischen dominanten und inferiorisierten gesellschaftlichen Gruppen, die durch verschiedene Heterogenitätsdimensionen gekennzeichnet sein können wie etwa Kultur, Geschlecht, Behinderung. Innerhalb jeder dieser Gruppen gibt es wiederum Untergruppen, z.B. Jungen in der Minderheitskultur.

Differenz versteht Prengel als soziokulturelles Konstrukt. Daher wendet sich der egalitäre Differenzbegriff gegen essentialistische und biologistische Entwürfe. Entsprechend sieht sie auch somatische Phänomene wie Hautfarbe oder Geschlecht als konstruiert. Differenz ist laut Prengel immer als Gewordene zu fassen, als Konstrukt, das sich historisch ständig verändert und kulturell unterschiedlich interpretiert und gestaltet wird.[33] Aus dieser Erkenntnis und der Tatsache heraus, dass Selbstachtung

und Anerkennung nur prozesshaft angeeignet werden können, leitet Prengel die Prozesshaftigkeit der Identität einerseits und der Lernprozesse andererseits ab, und betont die Unbestimmbarkeit des Menschen.[34]

Die Arbeit mit dem egalitären Differenzbegriff bedeutet, sich Offenheit für Unvorhersehbares zu bewahren und auf Konstruktionen wie Symmetrie, Polarität, Komplementarität zu verzichten, denn diese schaffen binäre Strukturen. Stattdessen soll vielfältiges Anderssein in den Blick genommen werden. Nicht die Anderen sollen als anders betrachtet werden, sondern alle werden als heterogen wahrgenommen.[35] Mit der »Option für Differenz« schließlich will Prengel zum Ausdruck bringen, dass differente Lebensweisen teilweise zum Schweigen gebracht wurden und nicht mehr sichtbar sind. Sie müssen neu entdeckt, zu ihrer eigenen Sprache gebracht und in ihrem Wert anerkannt werden.[36] Denn unterschiedliche Lebensformen haben das gleiche Existenzrecht, gesellschaftlich sichtbar, anerkannt und wirksam zu sein.[37] Darin sieht sie die menschenrecht-

---

29 Vgl. ebd., 61.
30 Vgl. ebd., 62.
31 Vgl. ebd., 181–184.
32 Vgl. ebd., 181f.
33 Vgl. ebd., 182.
34 Vgl. ebd., 190.
35 Vgl. ebd., 181. Suess (1995, 2009) betont ebenfalls die Gegenseitigkeit der Anerkennung der Verschiedenen: vgl. P. Suess, Über die Unfähigkeit der einen, sich der Anderen zu erinnern, in: Arens, E. (Hg.), Anerkennung der Anderen. Eine theologische Grunddimension interkultureller Kommunikation, Freiburg i.Br. 1995, 64–94.
36 Vgl. A. Prengel, Pädagogik der Vielfalt, 182.
37 Vgl. ebd., 183f.

lich verbriefte Freiheit aller Menschen realisiert.[38]

Für die didaktische Umsetzung dieser Elemente einer Pädagogik der Vielfalt knüpft sie an die Reformpädagogik an. Sie favorisiert eine »freiraumlassende Didaktik« mit Formen des offenen Unterrichts wie Freiarbeit, Wochenplanarbeit, Gesprächskreise, Individualisierung und Differenzierung, Lernbuffet mit reichhaltigem Material.[39] Allerdings weist sie nachdrücklich darauf hin, dass ein solcher offener Unterricht klare Regeln und Verlässlichkeit bietende Rituale erfordert, um allen Lernenden die nötige Sicherheit bieten zu können.[40] »Grenzen setzen und Grenzen respektieren lernen sind zentrale Bildungsziele der Pädagogik der Vielfalt, ohne die die Haltung von Selbstachtung und Anerkennung der Anderen keinen Boden hat«[41].

2.2.2.2 Konstruktivistische Religionspädagogik

Lerntheoretisch entspricht dem unterrichtlichen Umgang mit Zukunftsoffenheit einerseits und den vielfaltspädagogischen Prinzipien »Selbstachtung und Anerkennung der Anderen« und »Prozesshaftigkeit von Lernen und Identität« andererseits am ehesten der Ansatz des gemäßigten Konstruktivismus[42], dessen Ausgangspunkt sich wie folgt darstellt:

»Über die Sinnesorgane eingehende Impulse werden im erkennenden Subjekt nach verschiedenen Filterprozessen in bereits bestehende Konstrukte (vorhandenes ›Weltwissen‹) eingepasst bzw. prägen diese auf je eigene Weise im Laufe von sich wiederholenden Erkenntnisprozessen. Unser Wissen von der Welt stellt also ein sehr individuelles Konstrukt dar, welches jeder Erkennende selbst herstellen muss«[43].

38 Vgl. A. Prengel, Inklusion pädagogisch – Grundverständnisse, Voraussetzungen und Konzeptionen, in: V. Elsenbast / M. Otte / A. Pithan (Hg.), Inklusive Bildung als evangelische Verantwortung (wie Anm. 4), 8.

39 Vgl. A. Prengel, Pädagogik der Vielfalt (wie Anm, 4), 193.

40 Vgl. A. Prengel, Vielfalt durch gute Ordnung im Anfangsunterricht, Opladen 1999.

41 Prengel, A.: Pädagogik der Vielfalt (wie Anm. 4), 194.

42 Vgl. G. Büttner, Konstruktivistische Perspektiven für den Religionsunterricht – Einleitende Überlegungen, in: G. Büttner (Hg.), Lernwege im Religionsunterricht: konstruktivistische Perspektiven, Stuttgart 2006, 9–21; H. Mendl, Konstruktivismus, pädagogischer Konstruktivismus, konstruktivistische Religionspädagogik. Eine Einführung, in: H. Mendl (Hg.), Konstruktivistische Religionspädagogik. Ein Arbeitsbuch, Münster 2005, 9–28; K. Reich, Konstruktivistische Didaktik. Das Lehr- und Studienbuch mit OnlineMethodenpool (5. erweiterte Aufl.), Weinheim 2012. Ich konzentriere mich auf den gemäßigten Konstruktivismus, der im Kontext von Unterricht – gegenüber dem radikalen Konstruktivismus – relevant ist (vgl. G. Büttner, Konstruktivistische Perspektiven, 10). Es gibt eine hohe Affinität zwischen konstruktivistischem Religionsunterricht und der Kindertheologie bzw. dem Theologisieren mit Kindern. Dieterich nennt dafür drei Gründe: Erstens gehen sowohl die reformatorische Theologie als auch die Religionspädagogik von der Unverfügbarkeit des Glaubens aus und damit auch von der »Nicht-Lehrbarkeit« von Religion: vgl. V.-J. Dieterich, Kirchengeschichtliche (Re-)Konstruktionen in Theologie, Kunst und Religionspädagogik (wie Anm. 13), 128f. Zweitens liefern die Fragen der Heranwachsenden einen deutlichen Hinweis auf die »prinzipielle Unabschließbarkeit theologischer Überlegungen«, womit der kontinuierliche Konstruktionsprozess angesprochen ist (vgl. ebd., 129). Drittens erscheint ihm Religionsunterricht durch seine curricularen und sonstigen Freiheiten dafür prädestiniert, »einen offenen Raum für das eigene Nachdenken, Suchen und Experimentieren der Schülerinnen und Schüler« anzubieten (vgl. ebd., 129).

43 H. Mendl, Konstruktivismus, pädagogischer Konstruktivismus, konstruktivistische Religionspädagogik (wie Anm. 42), 15.

Für Büttner, der den Konstruktivismus religionspädagogisch fruchtbar macht, gehört es »zur menschlichen Grundausstattung, dass wir bereit und fähig sind, in den uns begegnenden Zeichen einen ›Sinn‹ auszumachen«[44]. Dies bedeutet aber auch, dass sich nicht alle Menschen dasselbe Bild von einem Gegenstand machen. So kann ein Donnerschlag z.B. für manche die Zornesäußerung einer Gottheit sein und für andere hingegen ein physikalisch erklärbares Phänomen. Überträgt man dies auf den Bereich der religiösen Bildung, ergibt sich Folgendes: Erstens gilt es die Unabgeschlossenheit dogmatischer Wahrheitsaussagen zu akzeptieren, denn auch Transzendenzerfahrungen unterliegen der eigenen Wirklichkeitswahrnehmung. Zweitens wird deutlich, dass Verständigung durch »Prozesse der gemeinsamen Findung von Bedeutung« realisiert werden muss.[45]

Für die didaktischen Konsequenzen hieraus bezieht sich Büttner[46] pädagogisch auf Reich, dessen konstruktivistische Didaktik Lernenden eigene Wahlmöglichkeiten eröffnen und gleichzeitig dafür sorgen soll, dass sie Anschluss an die Kultur halten können. Reich sind daher zwei Aspekte besonders wichtig: Erstens gilt es zu akzeptieren, dass jede/r Lernende darüber entscheidet, was und wie sie/er Impulse aus der Lernumgebung aufnehmen kann und will. Die Angebote der Lehrperson können also als solche angenommen werden oder nicht, oder aber sie werden auf eine Weise angenommen, die ursprünglich nicht beabsichtigt war. Daraus ergibt sich zweitens, dass der Lernmotivation durch die Lehrperson hohe Bedeutung zukommt und damit wird der Beziehungsaspekt besonders wichtig.[47] Lernmotivation und

Aneignung von Lernstrategien erhalten gegenüber Inhalten einen relativen Vorrang.[48] Dies wiederum entspricht dem Desiderat des selbsttätigen Aneignens und der eigenen Lernwege jedes lernenden Subjekts sowohl in der BRK als auch in der Pädagogik der Vielfalt.

Büttner weist außerdem darauf hin, dass Grundschulkinder und Erwachsene Gleichnisse unterschiedlich verstehen und dies u.a. auch entwicklungspsychologisch zu erklären sei. Dies ist einerseits von Bedeutung für eine Kinder- und Jugendtheologie, die Kindern und Jugendlichen eine theologische Kompetenz zutraut und davon ausgeht, dass ihre Deutung von Geschichten oder Erfahrungen eigenständig und sinnhaft ist.[49] Andererseits bedeutet es für Vorbereitung und Gestaltung des Unterrichts, dass damit zu rechnen ist, dass die Impulse und Absichten der Lehrperson bei allen Lernenden auf unterschiedliche Weise ankommen bzw. unterschiedlich re- und ko-konstruiert werden können.[50]

---

44 G. Büttner, Konstruktivistische Perspektiven für den Religionsunterricht (wie Anm. 42), 9.

45 Vgl. ebd., 10. Vgl. dazu das Dialogverständnis von David Bohm: F. Hartkemeyer / M. Hartkemeyer, Die Kunst des Dialogs. Kreative Kommunikation entdecken. Erfahrungen, Anregungen, Übungen, Stuttgart 2005, 32–34.

46 Vgl. G. Büttner, Konstruktivistische Perspektiven für den Religionsunterricht (wie Anm. 42), 13ff.

47 Dies wird auch durch die Ergebnisse der Hattie-Studie erhärtet: vgl. A.C. Hattie, Visible Learning. A Synthesis of over 800 metaanalyses relating to achievement, London 2009.

48 Vgl. G. Büttner, Konstruktivistische Perspektiven für den Religionsunterricht (wie Anm. 42), 14.

49 Vgl. ebd., 12.

50 Vgl. ebd., 12.

Entsprechend teilt Büttner fachdidaktisch Rothgangels »antiontologische Überlegung, dass die Generierung von Wissen in den Fachwissenschaften nicht anders als im schulischen Kontext immer ein konstruktiver Akt ist«, der sich als gemeinsames Konstruieren und Forschen gestaltet.[51] Die Sinnkonstruktion der Lernenden wird nicht immer mit der wissenschaftlichen Sinnkonstruktion übereinstimmen. Der Umgang mit diesen Unterschieden wird in konstruktivistischer Sicht nicht durch Bewertung als richtig und falsch bestimmt, sondern durch die Prüfung auf Viabilität der Konstruktionen,[52] also durch einen Aushandlungsprozess über die Passfähigkeit.

Hier wird das dialogische Prinzip der Pädagogik der Vielfalt eingehalten und die egalitäre Differenz zwischen wissenschaftlicher und schulischer Wissensgenerierung bei Lernenden prägnant.

Für den Religionsunterricht folgert Büttner dreierlei. Erstens können wir von Gott nur »reden in der Weise, wie er uns begegnet«[53] und das bedeutet, z.B. das Bilderverbot in der Weise zu verstehen, dass wir uns niemals ein vollständiges Bild von Gott machen können.[54] Zweitens muss konstruktivistischer Unterricht eine entsprechende Lernumgebung schaffen, um bestimmte Lernleistungen zu provozieren. Dazu kann auf bestehende Konzepte wie etwa Freiarbeit, Kirchenpädagogik oder Theologisieren mit Kindern zurückgegriffen werden.[55]

Büttner hat bereits betont, dass der konstruktivistische Ansatz auch Elemente aus anderen Ansätzen aufnehmen kann und muss, um eine anregende Lernumgebung zu schaffen.[56] Der Pluralität der Lernenden und dem Anspruch auf Mehrperspektivität entspricht auch eine Pluralität der religionspädagogischen Ansätze. Je größer die Angebotsvielfalt, desto höher die Wahrscheinlichkeit, möglichst viele Lernenden mit ihren je individuellen Lernzugängen zu erreichen.

2.2.2.3 Konstruktivistische »Religionspädagogik der Vielfalt«

Im Folgenden soll veranschaulicht werden, inwieweit die Pädagogik der Vielfalt religionspädagogisch fruchtbar gemacht werden kann.

Religiöse Bildung muss pädagogisch verantwortet werden und muss das Selbstverständnis der Religionen ernst nehmen.[57] Die Fragen nach Wahrheit und Einheit müssen dabei ihr Recht behalten, aber sie dürfen nicht von der Warte der Überlegenheit her beantwortet werden, sondern sind pädagogisch und theologisch im Modus der Kommunikation, im Dialog zu entfalten. Vielfalt kann nur religiöse Hegemonie bedrohen, nicht aber

---

51 Vgl. ebd., 14.
52 Vgl. ebd., 15.
53 Vgl. ebd., 16.
54 Vgl. ebd., 16.
55 Vgl. ebd., 17.
56 Vgl. ebd., 17.
57 Lechner bestimmt die Aufgabe von Religionsunterricht als »religionssensible« Pädagogik, die durch »Achtsamkeit, Feinfühligkeit, Behutsamkeit und Respekt gegenüber dem subjektiven wie öffentlichen Phänomen der Religion« charakterisiert ist und »einfühlsam die explizite wie implizite Religion von Kindern und Jugendlichen wahrnimmt, wertschätzt, herausfordert und begleitet« (Lechner, zitiert nach R. Schelander, Sensibilität für Pluralität. Pluralität als Herausforderung von Schule und Religionsunterricht, 194, in: T. Krobath / A. Lehner-Hartmann / R. Polak (Hg.), Anerkennung in religiösen Bildungsprozessen (wie Anm. 27), 189–195).

religiöse Identität[58]. Daraus folgt, dass die Moderation von Individualität und Heterogenität als didaktische Schlüsselforderung sich religionspädagogisch entsprechend insbesondere auf die Moderation religiöser Pluralität bezieht.

Für die angesprochene Moderationsaufgabe haben Schröder und Wermke einige notwendige Kompetenzen benannt:[59]

Für die Wahrnehmung dieser Moderationsaufgabe(n) wird allen Lehrenden eine erhöhte sog. *adaptive Lehrkompetenz* (Erwin Beck u.a.) abverlangt. Diese Kompetenz hat jeweils pädagogisch-didaktische und fachwissenschaftliche Facetten. Im Falle der Religionslehrer und im Blick auf ihre Tätigkeit in einer zukünftig inklusiven Schule gehören zu den fachspezifischen Anforderungen an eine adaptive Lehrkompetenz, auf pädagogisch-didaktischer Seite etwa:
– diagnostische, d.i. religionsanalytische Kompetenz,
– förderpädagogische Elementarbildung,
– Fähigkeit zum Aufbau pädagogischer und personaler Beziehungen,
– Kompetenzen im Blick auf Binnendifferenzierung,

auf fachwissenschaftlicher Seite etwa:
– die Fähigkeit (verbale und non-verbale) Äußerungen von Schülern genauso kundig wahrnehmen und interpretieren zu können wie theologische Texte[60],
– religions- und konfessionskundliche Kompetenz,
– Sensibilität für gesellschaftliche und politische Spannungsfelder religiöser Provenienz,

– Vertrautheit mit den Lehr-Lern-Traditionen wichtiger nicht-christlicher Religionsgemeinschaften.[61]

Die Herausforderungen an eine Religionspädagogik der Vielfalt sind also beträchtlich, allerdings bietet die bestehende Religionspädagogik auch schon viele Anknüpfungspunkte für die Weiterarbeit.

Denn die Anforderungen, die an inklusiven Unterricht gestellt werden, sind in vielerlei Hinsicht in dem, was zu einem »guten Religionsunterricht« erarbeitet wurde, bereits vorhanden.[62]

58 Vgl. H.-G. Ziebertz, Religiöse Identitätsfindung durch interreligiöse Lernprozesse, in: Religionspädagogische Beiträge 36/1995, 83–106.
59 Vgl. B. Schröder / M. Wermke, Religionsdidaktik zwischen Schulformspezifik und Inklusion – zusammenfassende Thesen, in: dies. (Hg.), Religionsdidaktik zwischen Schulformspezifik und Inklusion. Bestandsaufnahme und Herausforderungen, Leipzig 2013, 427–434.
60 Vgl. EKD-Denkschrift 1994.
61 Vgl. B. Schröder / M. Wermke, Religionsdidaktik zwischen Schulformspezifik und Inklusion (wie Anm. 59), 430. Der Katalog theologisch-religionspädagogischer Kompetenzen des Kirchenamts der EKD (2008) muss nach Schröder & Wermke (vgl. ebd., 431) z.T. entsprechend modifiziert werden.
62 G. Adam und M. Rothgangel (vgl. G. Adam / M. Rothgangel, Was ist guter Religionsunterricht? In: M. Rothgangel / G. Adam / R. Lachmann (Hg.), Religionspädagogisches Kompendium (7., grundlegend neu bearbeitete und ergänzte Aufl.), Göttingen 2012, 416–433); die unterschiedlichen Studien zu gutem Unterricht (vgl. A.C. Hattie, Visible Learning; H. Meyer, Was ist guter Unterricht? [5. Aufl.], Berlin 2008) und zu gutem Religionsunterricht (vgl. R. Englert, Was ist gelingender Religions-unterricht? Die Sicht von Anwärter/innen für das Lehramt an Grundschulen, in: D. Fischer / V. Elsenbast / A. Schöll (Hg.), Religionsunterricht erforschen. Beiträge zur empirischen Erkundung von religionsunter-

So wurde die von der Pädagogik der Vielfalt geforderte Subjektorientierung einerseits als Haltung vieler Religionslehrpersonen nachgewiesen[63] und andererseits findet Subjektorientierung schon seit Jahrzehnten Eingang in verschiedene religionsdidaktische Konzeptionen[64]. Exemplarisch seien hier einige genannt: reformpädagogische, ästhetisch-performative, symboldidaktische, geschlechtsspezifische, konstruktivistische und kindertheologische Ansätze sowie Modelle interkulturellen und interreligiösen Lernens[65].

Religionspädagogik, die den mehrperspektivischen Ansatz der Pädagogik der Vielfalt aufnehmen will, kann also an vorausgehende Veröffentlichungen zu unterschiedlichen Heterogenitätsdimensionen in der Religionspädagogik anknüpfen.[66] Einerseits bieten diese Vorarbeiten eine gute Grundlage und Hil-

richtlicher Praxis, Münster 2003, 226–242; B. Schröder, Fachdidaktik zwischen Gütekriterien und Kompetenzorientierung, in: A. Feindt, u.a. (Hg.): Kompetenzorientierung im Religionsunterricht. Befunde und Perspektiven, Münster 2009, 39–56; W. Tzscheetzsch, Was macht Qualität von RU aus?, in: E. Nordhofen / K. Schimöller / T. Sternberg (Hg.), Religionsunterricht macht Schule stark. Qualität entwickeln in Schule und Religionsunterricht, Münster 2001, 15–20) untersucht haben, stellen abschließend einen Katalog mit zwölf Merkmalen auf, der nach Prozess-, Ergebnis-, Struktur- und Konzeptqualität gegliedert ist (vgl. G. Adam / M. Rothgangel, Was ist guter Religionsunterricht? 430f). Diese Merkmale sind zu weiten Teilen mit der einer Religionspädagogik der Vielfalt kompatibel. Allerdings stehen manche Merkmale bei Adam und Rothgangel miteinander in einem Spannungsverhältnis, ohne dass dies reflektiert wird. Beispielsweise heißt es im Merkmal Nr. 6 zum Umgang mit Heterogenität »Niemand darf verloren gehen« während unter Merkmal Nr. 8 die Orientierung an Ziel- und Kompetenzorientierung und Bildungsstandards genannt werden. Im Sinne der Pädagogik der Vielfalt ist in jedem Fall der abschließende Kommentar zu den zwölf Merkmalen, in dem Adam und Rothgangel darauf hinweisen, dass die Reflexion dessen, was einen guten Religionsunterricht ausmacht, ein kontinuierlicher Prozess sein muss. Außerdem beanspruchen sie diese kontinuierliche Überprüfung auch für sämtliche religionspädagogischen Ansätze (vgl. ebd., 431f). Vgl. zum Thema Bildungsgerechtigkeit auch: Kirchenamt der EKD (Hg.), »Niemand darf verloren gehen!« Evangelisches Plädoyer für mehr Bildungsgerechtigkeit, Münster 2010.

63 Vgl. I. Schröder / H. Noormann, Subjektorientierung und Diversität als Kategorien der Religionspädagogik, 254, in: K. Hauenschild / S. Robak / I. Sievers (Hg.), Diversity Education. Zugänge – Perspektiven – Beispiele, Frankfurt a.M. 2013, 252–264.

64 Vgl. H. Mendl / M. Pirner, Differenzierung im katholischen und evangelischen Religionsunterricht, in: M. Eisenmann / T. Grimm (Hg.), Heterogene Klassen – Differenzierung in Schule und Unterricht (2. Aufl.), Baltmannsweiler 2011, 173–191.

65 Vgl. S. Flake / I. Schröder, Inklusive Pädagogik (wie Anm. 8), 49.

66 Exemplarisch seien dazu folgende Veröffentlichungen genannt: Zur Dimension der geschlechterbewussten Religionspädagogik können angeführt werden: A. Pithan u.a. (Hg.): Gender – Religion – Bildung; A. Qualbrink / A. Pithan / M. Wischer (Hg.), Geschlechter bilden. Perspektiven für einen genderbewussten Religionsunterricht, Gütersloh 2011; A. Volkmann, Eva, wo bist Du? Geschlechterperspektive im Religionsunterricht am Beispiel einer Religionsbuchanalyse zu biblischen Themen, Würzburg 2004. Für die interkulturellen, ökumenischen und interreligiösen Dimensionen seien genannt: Comenius-Institut (Hg.): Bildungslernen im Globalen Dorf. Interkulturell – ökumenisch – geschlechtergerecht – nachhaltig. Fachtagung 26.–28. April 2006 in Gelnhausen, Münster 2006; W. Haußmann, J. Lähnemann, Dein Glaube – mein Glaube. Interreligiöses Lernen in Schule und Gemeinde, Göttingen 2005; S. Leimgruber, Interreligiöses Lernen, München 2007; M. Schambeck, Interreligiöse Kompetenz: Basiswissen für Studium, Ausbildung und Beruf, Göttingen 2013; P. Schreiner / U. Sieg /

festellung für Religionslehrpersonen, andererseits stellen sie angesichts der Breite eine große Herausforderung dar, wenn Lehrpersonen sowohl in allen genannten Heterogenitätsdimensionen als auch didaktisch-methodisch immer auf dem aktuellen Stand sein sollen. Die arbeitsteilige Kooperation in Teams könnte hier Abhilfe schaffen,[67] besonders wenn sie multiprofessionell zusammengesetzt sind. Ebenso ist das fächerübergreifende Lernen stärker einzubeziehen.[68] Wichtig ist in jedem Fall, eine Haltung zu entwickeln, die grundsätzlich differenzsensibel und offen für mögliche neue Entwicklungen und Perspektiven ist.

V. Elsenbast (Hg.): Handbuch Interreligiöses Lernen, Gütersloh 2005; F. Schweitzer u.a., Entwurf einer pluralitätsfähigen Religionspädagogik. Gütersloh 2002; S. Altmeyer, Anerkennung zuerst! Theologische Orientierung für das interreligiöse Lernen, in: T. Krobath / A. Lehner-Hartmann / R. Polak. (Hg.), Anerkennung in religiösen Bildungsprozessen (wie Anm. 26), 15–24; R. Schelander, Sensibilität für Pluralität. Pluralität als Herausforderung von Schule und Religionsunterricht, in: T. Krobath / A. Lehner-Hartmann / R. Polak (Hg.), Anerkennung in religiösen Bildungsprozessen (wie Anm. 27), 189–195; K. Winkler, Vom (religions-)pädagogischen Umgang mit kultureller und religiöser Diversität. Zur Genese und Geschichte von Pluralität, Perspektivität und Anerkennung im Raum Schule, in: A. Roggenkamp / M. Wermke (Hg.), Religiöse Sozialisation, Erziehung und Bildung in historischer Perspektive. Arbeitsfelder historischer Religionspädagogik, Leipzig 2014, 331–342. Auch das diakonische Lernen kann im Hinblick auf soziale Differenz ein wichtiges Lernfeld sein: M. Hänig, Diakonie: Praktische und theoretische Impulse für sozialdiakonisches Lernen im Unterricht, Leipzig 2010; H.D. Toaspern, Diakonisches Lernen. Modelle für ein Praxislernen zwischen Schule und Diakonie, Göttingen 2007. Zu dem Bereich Sonderpädagogik seien genannt: S. Anderssohn, Gott ist die bunte Vielfalt für mich

2.2.2.4 Biblisch-Theologische Anknüpfungspunkte

Für die theologische Verortung einer Religionspädagogik der Vielfalt, die zur »intersubjektiven Anerkennung zwischen gleichberechtigten Verschiedenen«[69] bei-

– Einblicke in die Religiosität von Menschen mit geistiger Behinderung, Neukirchen-Vluyn 2007; A. Müller-Friese, Miteinander der Verschiedenen. Theologische Überlegungen zu einem integrativen Bildungsverständnis. Weinheim 1996; dies.: Arbeitshilfe Religion inklusiv. Grundstufe und Sekundarstufe I. Praxisband: Bibel – Welt und Verantwortung, Stuttgart 2012; dies.: Der Beitrag des Religionsunterrichts zur Inklusion, in: Loccumer Pelikan 20 (2012), H. 2, 67–70; dies. / S. Leimgruber, Religionspädagogische Aspekte eines integrativen Religionsunterrichts, in: A. Pithan / W. Schweiker (Hg.), Evangelische Bildungsverantwortung Inklusion, 111–120; V. Pantlen, Vom gemeinsamen Gegenstand und der präsentativen Symbolisierung im Religionsun-terricht. Wie kann Religion inklusiv vermittelt werden?, Hamburg 2012; A. Pithan / G. Adam / R. Kollmann (Hg.), Handbuch integrative Religionspädagogik, Gütersloh 2002; A. Pithan / W. Schweiker, (Hg.): Evangelische Bildungsverantwortung Inklusion; H.-J. Röhrig, Religionsunterricht mit geistigbehinderten Schülern – aber wie? Perspektivwechsel zu einer subjektorientierten Religionsdidaktik, NeukirchenVluyn 1999; A.-K. Szagun, Arrangements für heterogene Lerngruppen, in: G. Adam (Hg.), Methodisches Kompendium für den Religionsunterricht. 2. Aufbaukurs, Göttingen 2002, 385–406 und die Veröffentlichungen des Forums für Heil- und Religionspädagogik.

67 Vgl. A. Lübbe / M. Rieger, »Das geht bei uns nur im Team!« Ein inklusives Förderkonzept entwickeln, in: Hamburg macht Schule. Zeitschrift für Hamburger Lehrkräfte und Elternräte 25 (2013), H. 2, 16–17.

68 Vgl. M. Schreiner, Das Verhältnis des Religionsunterrichts zu anderen Fächern, in: M. Rothgangel / G. Adam / R. Lachmann (Hg.), Religionspädagogisches Kompendium (wie Anm. 62), 192–206.

69 A. Prengel, Pädagogik der Vielfalt (wie Anm. 4), 62.

trägt, lassen sich folgende Anknüpfungspunkte skizzieren:

Das Recht auf Anerkennung jedes Menschen gründet auf seiner Würde. Die Einzigartigkeit und Würde jedes Menschen ist rechtfertigungstheologisch in der gerecht machenden Gnade Gottes begründet, die allen Menschen gilt, unabhängig von allen menschlichen Fähigkeiten oder Wesensmerkmalen.[70] Die schöpferische Macht von Gottes »Verkennung«, in der Gott den Menschen trotz »Sünde« als sein geliebtes Geschöpf ansieht, »wirkt, was sie anerkennend vollzieht; der Sünder wird gerecht in den Augen Gottes; und diese schöpferische Macht wirkt weiter – mit dem Ziel ihrer Vollendung in der vollendeten Gemeinschaft des Menschen mit Gott«[71]. Dies ist in (pädagogischen) Beziehungen bedeutsam für den Umgang mit »Störung«.

Schöpfungstheologisch wird Würde mit der Gottebenbildlichkeit[72] begründet. Die Andersheit der/des Anderen wird dabei als Bereicherung betrachtet (Gen 1,27): Der Mensch wird in Verschiedenheit als Ebenbild Gottes geschaffen, und diese Verschiedenheit ist »fruchtbar«.

Im trinitarischen Gottesverständnis erscheint auch Gott selbst als in sich verschieden. In dreierlei Gestalt als Vater, Sohn und Heiliger Geist ist er mit sich selbst im Dialog.[73] Insofern ist in Gott sowohl die Vielfalt als auch die kommunikative Struktur unseres Daseins als ursächlich verortet.

Um Differenz wahrnehmen zu können, benötigen wir Kategorien bzw. Bilder, um diese zu beschreiben. Das birgt allerdings die Gefahr von Zuschreibungen und Festlegungen, die der von Prengel geforderten Prozesshaftigkeit von Identität und der Unbestimmtheit von Differenz widersprechen.[74] Dieses Dilemma wird theologisch im Bilderverbot aufgenommen. »Die Weisung, sich kein Bild zu machen, von dem, was oben im Himmel ist, noch von dem, was unten auf der Erde ist, schließt Bilder vom Menschen deutlich ein«[75]. Dabei geht es nicht darum, sich gar kein Bild zu machen, denn auch die Bibel spricht von Gott und Mensch in Bildern, sondern es geht darum, sich nicht nur ein einziges Bild zu machen und dieses zu verabsolutieren.[76] Damit sind alle Vorstellungen von Normalität theologisch zu hinterfragen. Die Gleichwertigkeit aller Menschen sieht Nipkow auf zweierlei Weise begründet: Schöpfungstheologisch haben alle Menschen durch die Gottebenbildlichkeit Anteil an derselben Vollkommenheit und christologisch betrachtet, sind alle Menschen auf die gleiche Weise fehlbar

70 Vgl. O. Fuchs, Inklusion als theologische Leitkategorie, 31, in: Behinderung & Pastoral 10 (2012), H. 2 (= 18), 29–39; R. Anselm, Rechtfertigung und Menschenwürde, 478, in: E. Herms (Hg.), Menschenbild und Menschenwürde, 471–481, Gütersloh 2001.

71 V. Hoffmann, Rechtfertigung als Gabe der Anerkennung, 171, in: ÖR 60 (2011), H. 2, 160–177.

72 Vgl. K. Kammeyer, Inklusion theologisch – Begründungen, Deutungen, Impulse, 17ff, in: V. Elsenbast / M. Otte / A. Pithan (Hg.), Inklusive Bildung als evangelische Verantwortung (wie Anm. 4), 15–27; F. Schweitzer, Menschenwürde und Bildung. Religiöse Voraussetzungen der Pädagogik in evangelischer Perspektive, Zürich 2011, 51–56.

73 Vgl. S. Flake / I. Schröder, Inklusive Pädagogik, 45.

74 Vgl. A. Prengel, Pädagogik der Vielfalt (wie Anm. 4), 18.

75 K. Kammeyer, Inklusion theologisch (Anm. 72), 17.

76 Vgl. S. Schroer / T. Staubli, Die Körpersymbolik der Bibel (2., überarbeitete Auflage), Darmstadt 2005, 91.

und endlich und insofern erlösungsbe-
dürftig.[77] Beide Sichtweisen gehören für
Nipkow unauflöslich zusammen und sind
die »zwei tragenden Säulen des Gleich-
heitsgedankens«[78].

Neutestamentlich ist die Rede vom
einen Geist und den vielen Gliedern (1.
Kor 12,4ff) ein Bild für die Anerkennung
von Unterschiedlichkeit ohne Hierarchie.
Gerade in der Verschiedenheit der Gaben liegt der »Nutzen« für die Gemeinschaft. Das Gleichnis vom barmherzigen
Samariter ist ein weiteres Beispiel für die
Anerkennung der Anderen. Jesus stellt
den Samaritaner, diesen religiös und kulturell »Fremden«, als Vorbild hin, lässt
ihn aber weiterhin sein, wer er ist und
wo er ist. Er wird in seiner Andersheit
anerkannt.[79] Da, wo die Andersheit als
Fremdheit beschwerlich erscheinen mag,
wird biblisch an die eigene Leidenserfah-
rung als Fremde und an die damit verbundene Befreiungstat Gottes erinnert
(Ex 22,21–27; Dtn 10,17–19; 24,17ff).

Polak zufolge kann Anerkennung
als eine konkrete Praxisform von Liebe
und Gerechtigkeit verstanden werden.
Folglich kann der Anerkennungsdiskurs
Möglichkeiten eröffnen, wesentliche
Dimensionen der Botschaft vom Reich
Gottes, in dem Liebe und Gerechtigkeit
unauflöslich zusammengehören, gesellschaftlich und auch religionspädagogisch
zu konkretisieren.[80]

Abschließend lässt sich sagen, dass es
nicht sinnvoll ist, nach einem Gesamt-
entwurf einer Theologie der Inklusion
zu suchen, der eher Statik und Eindeutigkeit beanspruchen würde, wo Mehrdeutigkeit und Dynamik gefragt sind.
Angesichts von Pluralität erscheint es
hingegen angemessen, die theologischen
Entwürfe, die bereits Teilaspekte[81] in

den Blick nehmen, mit einander ins Gespräch zu bringen und zu vernetzen.[82]

77 Erlösungsbedürftigkeit spielt auch bei Ulrich
Bach eine zentrale Rolle: vgl. U. Bach, Boden
unter den Füßen hat keiner. Plädoyer für eine
solidarische Diakonie, Göttingen 1980.

78 Nipkow zitiert nach S. Flake / I. Schröder,: Inklusive Pädagogik, (wie Anm. 8), 47f.

79 Vgl. S. Flake / I. Schröder, Inklusive Pädagogik
(wie Anm. 8), 44f.

80 Vgl. R. Polak, Anerkennung: Eine Herausforderung für Kirche und Pastoral. Ein Versuch,
315, in: T. Krobath / A. Lehner-Hartmann /
R. Polak (Hg.): Anerkennung in religiösen Bildungsprozessen (wie Anm. 27), 315–344.

81 So etwa die Theology of Disability (N. Eiesland,
The Disabled God. Towards a liberatory Theology of Disability, Nashville 1994), Theologie des
Imperfekten (A. Krauß, Barrierefreie Theologie.
Das Werk Ulrich Bachs vorgestellt und weiterge-
dacht, Stuttgart 2014), Theologie der Religionen
(P. Schmidt-Leukel, Gott ohne Grenzen: eine
christliche und pluralistische Theologie der Re-
ligionen, Gütersloh: 2005; ders.: Eine christliche
und pluralistische Theologie der Religionen, in:
P. Ulin Agan, P. (Hg.): Pluralistische Religions-
theologie und Mission, Nettetal 2011, 31–54), die
Komparative Theologie (R. Bernhardt / K. v.
Stosch, Komparative Theologie. Interreligiöse
Vergleiche als Weg der Religionstheologie, Zü-
rich 2009) oder die Kommunikative Theologie
(B.J. Hilberath / B. Hinze / M. Scharer, (Hg.),
Kommunikative Theologie, Wien 2007).

82 Exemplarisch seien für solche Vernetzungsbe-
mühungen die Folgenden genannt: für Gender
und (Inter)-Kultur (M. Kalsky, Christaphanien:
Die Re-Vision der Christologie aus der Sicht
von Frauen aus unterschiedlichen Kulturen,
Gütersloh 2000; dies., Heilsame Differenzen.
Interkulturelle und postkoloniale Herausforderungen aus feministischer Sicht, in: Comenius-
Institut (Hg.), Bildungslernen im globalen Dorf,
23–36), Gender und Interreligiöses (D. Strahm,
Damit es anders wird zwischen uns: interreligiöser Dialog aus der Sicht von Frauen, Mainz
2006), Armut und Behinderung (A. Bieler / H.-
M. Gutmann, Rechtfertigung der »Überflüssi-
gen«. Die Aufgabe der Predigt heute, Gütersloh
2008). Der Arbeitskreis der Initiative ÖKUFEM
hat zu den Aspekten interkulturell, ökumenisch,
geschlechtergerecht und nachhaltig Thesen für
ein vernetztes Denken und Handeln veröffentlicht: vgl. Comenius-Institut (Hg.): Bildungslernen im Globalen Dorf, 49–54.

Die Einsicht in die Unabgeschlossenheit und Fragmentarität[83] allen Lebens und damit auch aller theologischen Entwürfe schenkt die Freiheit und Offenheit, die für eine Entwicklung der Religionspädagogik der Vielfalt nötig ist.

3. Was ist unter Theologisieren mit heterogenen Gruppen von Jugendlichen zu verstehen und welche Haltung ist dabei angemessen?

Die Ansätze des Theologisierens von, mit und für Kinder(n) und Jugendliche(n) können als gelungene Umsetzung einer konstruktivistischen Religionspädagogik der Vielfalt betrachtet werden.[84]

In den Jahren nach Inkrafttreten der Kinderrechtskonvention führte der katholische Religionspädagoge Bucher als erster den Begriff »Kindertheologie« in die Religionspädagogik ein. Er gründete 2002 mit Büttner in ökumenischer Kooperation die Reihe »Jahrbuch für Kindertheologie« und der Deutsche Evangelische Kirchentag von 2005 in Hannover lud unter dem Motto: »Wenn Dein Kind Dich morgen fragt …« zum Theologisieren ein. Kinder bzw. Jugendliche als Theolog/innen wahr und ernst zu nehmen, ihr Theologisieren als »Laientheologie«[85] oder »kontextuelle Theologie«[86] zu würdigen, hat sich als Programm in der Religionspädagogik etabliert[87]. Schweitzer[88] unterscheidet drei Dimensionen des Begriffs Kindertheologie: Theologie der Kinder, Theologie mit Kindern und Theologie für Kinder.[89] Nach Freudenberger-Lötz kommt der Lehrperson dabei jeweils eine andere Rolle zu: als aufmerksame Beobachterin, als stimulierende Moderatorin und als »Expertin«, die den Kindern zwar Antwortmöglichkeiten anbietet, ohne ihnen diese jedoch als »richtige« Antworten aufzudrängen.[90] Beim

83 Vgl. H. Luther, Religion und Alltag. Bausteine zu einer Praktischen Theologie des Subjekts, Stuttgart 1992.

84 Ich benutze im Folgenden die Begriffe Kinder- bzw. Jugendtheologie, Theologisieren mit Kindern oder Jugendlichen synonym, weil es mir um das Prinzip, und nicht um einzelne Differenzierungen geht. Zur Jugendtheologie vgl. auch T. Schlag / F. Schweitzer, u.a., Jugendtheologie. Grundlagen – Beispiele – kritische Diskussion, Neukirchen-Vluyn 2012.

85 W. Härle, Was haben Kinder in der Theologie verloren? Systematisch-theologische Überlegungen zum Projekt einer Kindertheologie, in: A.A. Bucher, u.a. (Hg.): »Zeit ist immer da«. Kinder erleben Hoch-Zeiten und Fest-Tage, Stuttgart 2004, 11–27.

86 K. Kammeyer / E. Zonne / A. Pithan (Hg.): Inklusion und Kindertheologie (wie Anm. 8), 24.

87 Vgl. H. Roose, Kindertheologie und schulische Alltagspraxis: eine Explorative Studie zum Verhältnis von kindertheologischen Normen und eingeschliffenen Routinen im Religionsunterricht, in: Theo-Web. Zeitschrift für Religionspädagogik 13 (2014), H. 1, 140–163.

88 Vgl. F. Schweitzer, Was ist und wozu Kindertheologie?, in: A.A. Bucher u.a. (Hg.): »Im Himmelreich ist keiner sauer«. Kinder als Exegeten, Stuttgart 2003, 9–18.

89 1.Theologie der Kinder bzw. von Kindern als eigene Reflexion der Kinder. Diese sieht er in Entwicklungs- und religionspsychologischen Untersuchungen erwähnt. Er kritisiert, dass es dort aber lediglich um die Untersuchung religiöser Vorstellungen von Kindern geht und nicht über ihr Nachdenken über religiöses Denken, dass es also kein theologisches Denken im eigentlichen Sinne sei. 2. Theologie mit Kindern im Fokus der didaktischen Praxis, als Gespräch zwischen Kindern und Lehrperson. 3. Theologie für Kinder erscheint ihm notwendig im Hinblick auf das Recht auf religiöse Erziehung. In elementarisierter Form sollen Kinder mit theologischen Inhalten bekannt gemacht werden, um Orientierungswissen zu erhalten (Vgl. ebd., 10, 15).

90 Vgl. P. Freudenberger-Lötz, Theologische Gespräche mit Kindern. Untersuchungen zur Professionalisierung Studierender und Anstöße zu forschendem Lernen im Religi-

Theologisieren mit Kindern geht es explizit nicht um den fragend-entwickelnden Stil, bei dem die Lehrperson die Lernenden zu dem ihr selbst bekannten Ergebnis hinzuführen versucht, sondern Ziel der Kindertheologie ist es, Kinder zur Entwicklung eigener Fragestellungen anzuregen, sie zum eigenständigen Nachdenken über Religion und Glauben zu motivieren und sie bei der Reflexion ihres Nachdenkens zu begleiten.[91]

Flake und Schröder[92] machen in diesem Zusammenhang auf die Bedeutung des von Röhrig geforderten erweiterten Reflexionsbegriffs aufmerksam, der über den rein kognitiven hinausgeht:

> »Ein rein kognitiver Reflexionsbegriff birgt die theologisch-anthropologisch nicht akzeptable Gefahr, zum Beispiel jüngeren Mädchen und Jungen oder Schülerinnen und Schülern mit individuellem Förderbedarf, die Möglichkeit des Theologisierens abzusprechen. Es geht um einen breiten, mehrdimensionalen ästhetischen Reflexionsbegriff, der allen Mädchen und Jungen die Kompetenz des Theologisierens zuspricht. Über kreative Zugänge – wie das Bilder malen und zeichnen, Puzzeln, Tonarbeiten, über Standbilder, Rollenspiele etc. – haben sie die Möglichkeit, das Wahrgenommene und Erfahrene auszudrücken und auf einer zweiten Ebene zu ›reflektieren‹«.[93]

Anders als Schweitzer sieht Röhrig in den kreativen Formen der Auseinandersetzung nicht nur reine Ausdrucksformen, sondern Formen des Reflektierens, die dazu anregen, Erfahrungen und Wahrnehmungen in eine bestimmte Form zu bringen und damit auch zu systematisieren.[94] Grundlage für ein solches Vorgehen ist ein vielfältiges Angebot von Zugangs- und Aneignungsformen.[95] Entscheidend ist dabei die Beachtung der vier Zugangsweisen: basal-perzeptiv, konkret-handelnd, anschaulich-modellhaft und abstrakt-begrifflich.[96] Dies kann Lernen am gemeinsamen Gegenstand in

onsunterricht, Stuttgart 2007, 130–139. Bei angstbesetzten Gottesvorstellungen der Kinder kann auch eine »aufklärende« Funktion wichtig sein: vgl. M. Hilkert, Theologisieren mit Kindern, Stuttgart 2013, 3, online: http://www.calwer.com/media/39/ZM_4150_Theologisieren_mit_Kindern.pdf (27.07.2014).

91 Vgl. H. Roose, Kindertheologie und schulische Alltagspraxis (wie Anm. 87), 140f. Dabei werden alle Beiträge »von Sinnsuche, die einen Bezug auf Gott vornehmen, als Theologie gewürdigt« (K. Kammeyer / E. Zonne / A. Pithan (Hg.), Inklusion und Kindertheologie [wie Anm. 8], 10). Kraft und Schreiner betonen ebenfalls einen weiten Theologiebegriff: vgl. F. Kraft / M. Schreiner, Zehn Thesen zum didaktisch-methodischen Ansatz der Kindertheologie, 21, in: Theo-Web. Zeitschrift für Religionspädagogik 6 (2007), H. 1, 21–24.

92 Vgl. S. Flake / I. Schröder, Inklusive Pädagogik.

93 Ebd., 54.

94 Vgl. ebd., 54.

95 Diese Formen finden sich z.B. bei W. Schweiker, Arbeitshilfe Religion inklusiv. Grundstufe und Sekundarstufe I: Basisband: Einführung, Grundlagen und Methoden, Stuttgart 2012; A. Müller-Friese, Arbeitshilfe Religion inklusiv.; dies. / W. Schweiker, Inklusives Lernen im Religionsunterricht, in: V. Elsenbast / M. Otte / A. Pithan (Hg.), Inklusive Bildung als evangelische Verantwortung (wie Anm. 4); K. Kammeyer / E. Zonne / A. Pithan (Hg.), Inklusion und Kindertheologie. Inwieweit sie auch für Jugendtheologie (T. Schlag / F. Schweitzer u.a., Jugendtheologie [wie Anm. 84]) genutzt werden bzw. sich nutzen lassen, kann hier nicht ausgeführt werden. Kraft und Schreiner geben in zehn Thesen einen guten Überblick über den didaktisch-methodischen Ansatz der Kindertheologie: F. Kraft / M. Schreiner, Zehn Thesen zum didaktisch-methodischen Ansatz der Kindertheologie (wie Anm. 91).

96 Vgl. A. Müller-Friese / W. Schweiker, Inklusives Lernen im Religionsunterricht, 42–45.

binnendifferenzierter Weise ermöglichen.[97]

Beim Theologisieren geht es darum, die Jugendlichen zu motivieren, existenziell bedeutsame Fragen zu entwickeln und gemeinsam tragfähige Antworten darauf zu finden, die allen Beteiligten plausibel erscheinen. Das entspricht der oben von Prengel angeführten »Option für Differenz«, mit der Forderung, bisher nicht oder nur leise gehörte Stimmen zur Sprache zu bringen. Theologische Erkenntnisse dürfen dabei anregend als Angebote eingebracht werden, aber nicht als Maßstab gesetzt oder gar als Ergebnis eingefordert werden.

Für die Lehrperson wiederum bedeutet dies, je umfangreicher ihr Fachwissen, desto spontaner und sicherer kann sie mit ungewöhnlichen Antworten umgehen. Darüber hinaus ist sie dann in der Lage, Bezüge zu verwandten theologischen Thesen oder Fragestellungen herzustellen, und damit die Relevanz der Fragen oder Aussagen der Jugendlichen zu heben. Die Vorbereitung auf einen solchen Unterricht erfordert eine breit angelegte Auseinandersetzung mit dem jeweiligen Thema und weiteren Unterthemen, die zur Sprache kommen könnten.[98]

Ob und in wieweit das Theologisieren mit Jugendlichen den Elementen einer Religionspädagogik der Vielfalt entspricht, hängt jeweils von der Gestaltung der Gespräche und besonders von der Haltung der Lehrperson ab.[99]

Wer das Theologisieren mit und von Jugendlichen ernst nimmt, wird eine gleichberechtigte Haltung anstreben.[100] Dazu gehört Zutrauen in die Fähigkeiten und Erfahrungen der Jugendlichen, echtes Interesse an ihren Fragen und Antwortversuchen, ehrliches Erforschen

97 G. Feuser, Entwicklungslogische Didaktik, 89, in: A. Kaiser u.a. (Hg.), Didaktik und Unterricht Stuttgart 2011, 86–100.

98 Vgl. E. Zonne, Thesen zur Kindertheologie in einem von Lehrplänen beeinflussten Kontext, 77, in: K. Kammeyer / E. Zonne / A. Pithan (Hg.), Inklusion und Kindertheologie (wie Anm. 8), 65–81; F. Kraft / M. Schreiner, Zehn Thesen zum didaktisch-methodischen Ansatz der Kindertheologie (wie Anm. 91), 23.

99 Vgl. G. Büttner, Theologisieren: Einübung in einen Habitus, in: KatBL 138 (2013), H. 2, 138–143; H. Roose, Kindertheologie und schulische Alltagspraxis (wie Anm. 87); H. Schluß, Kindertheologische Differenzierungen – Zwei Fragen zur Kindertheologie, 21, in: A.A. Bucher u.a. (Hg.): »Sehen kann man ihn ja, aber anfassen ...? Zugänge zur Christologie von Kindern, Stuttgart 2008, 21–24. Aber auch die sich durch die unterschiedlichen Lehrpläne in den Bundesländern ergebenden Rahmenbedingungen haben einen Einfluss darauf: vgl. E. Zonne, Thesen zur Kindertheologie in einem von Lehrplänen beeinflussten Kontext, 65–81. Je nachdem, ob das Setting im Religionsunterricht monokonfessionell, interkonfessionell oder interreligiös ist, muss das Theologisieren modifiziert werden. Die Anforderungen an die fachliche Vorbereitung und die Wahl der Themen fallen dementsprechend unterschiedlich aus. Da sich aber ohnehin keine klare Grenze zwischen Theologisieren und Philosophieren mit Kindern ziehen lässt (vgl. P. Klutz, Philosophisch und theologisch denken. Ein Beitrag zur Entwicklung eines Curriculums, Kassel 2010), ist der Ansatz in jedem Fall auch für religiös heterogen zusammengesetzte Gruppen fruchtbar zu machen.

100 Roose hat eine explorative Studie durchgeführt, um das Verhältnis von kindertheologischen Normen und eingeschliffenen Routinen im Religionsunterricht zu untersuchen: vgl. H. Roose, Kindertheologie und schulische Alltagspraxis (wie Anm. 87). Dabei zeigte sich, dass die kindertheologische Norm der Selbsttätigkeit der Kinder zwar in den Stunden sichtbar wurde, aber sie war entkoppelt von der fachlichen Norm der Zielorientierung. Normen der Selbsttätigkeit konkurrierten mit Normen der Zielorientierung, statt beide zu verbinden. Daraus ergibt sich für Roose die Frage, wie ein entsprechender Habitus bei Lehrpersonen so verinnerlicht werden kann, dass er auch unbewusst in komplexen Unterrichtssituationen zur Verfügung steht.

und Einbringen der eigenen Standpunkte ohne dabei überheblich den eigenen Wissensvorsprung zu betonen. Fachkenntnisse und Wissenschaft sind als Wege neben anderen Wegen der Wissensgenerierung zu achten.

Entscheidend sind des Weiteren Einfühlungsvermögen und kommunikative Kompetenzen. So sollte etwa die Art des Fragens Jugendliche motivieren und Raum für eigenes Nachdenken öffnen. Schreiner hat Fragen nach unterschiedlichen Funktionen kategorisiert und Beispielfragen zusammengestellt, die sich als Impuls eignen, um das Nachdenken der Kinder anzuregen. Er unterscheidet dabei Fragen, die klären helfen, die Voraussetzungen aufspüren, die nach Begründungen und Wahrheit suchen, die den Horizont für verschiedene Meinungen öffnen, die Konsequenzen aufspüren und schließlich Fragen, die das Fragen reflektieren.[101] Auch »Mehrsprachigkeit« zählt zu den kommunikativen Kompetenzen der Lernbegleiter/innen. Ein Hin- und Her-Übersetzen-Können zwischen Fachsprache, Milieusprache, Alltagsjargon, Jugendsprache etc. fördert die Anerkennung in egalitärer Differenz.

4. Fortbildung für Religionspädagog/innen zur Anbahnung einer professionellen Haltung für das Theologisieren mit Jugendlichen

Wie muss das Fortbildungsangebot für Menschen, die theologische Gespräche mit Jugendlichen führen möchten bzw. das Theologisieren von und mit Jugendlichen als wesentlichen Teil ihrer Arbeit begreifen, konzipiert werden? Was benötigen sie pädagogisch, theologisch und spirituell, um Halt für die oben beschriebene Haltung zu finden und zu pflegen? Wie eingangs schon thematisiert, werden Prozesse des Wahrnehmens, Denkens, Fühlens und Handelns durch Konstruktionen und Normalitätsvorstellungen beeinflusst. Das immer neue Hinterfragen der eigenen Normalitätsvorstellungen ist wichtig, um beispielsweise nicht vorschnell bestimmte Meinungen bestimmter Jugendlicher zu unterstützen bzw. zu unterdrücken. Dieses Hinterfragen eigener Normalitätsvorstellungen kann am besten in Vielfalts-Trainings geübt werden, da sie neben der kognitiven Ebene auch die emotionale berücksichtigen.[102]

Gerade beim Theologisieren kommt es darauf an, die eigene Glaubensbiografie, eigenen Zweifel und offene und ungelöste Fragen zu reflektieren und dafür einen Umgang und eine Sprache zu finden, die für die Jugendlichen verständlich ist. Die Fragen und theologischen Gedanken der Jugendlichen, können für die Lernbegleiter/innen eine ernsthafte Anfrage oder Infragestellung bedeuten, daher ist neben theologischem Fachwissen und pädagogischem Instrumentarium auch persönliche Sicherheit gefragt, um mit eigener Ratlosigkeit oder Nichtwissen umgehen zu können und sie im weiteren Gespräch fruchtbar werden zu lassen. Diese persönliche Sicherheit kann durch die Erfahrung von grundsätzlichem Anerkannt-Sein und durch den ehrlichen Austausch in einer Fortbildungsgruppe gestärkt werden. Halt und Haltung

---

101 Vgl. H. Hilkert, Theologisieren mit Kindern (wie Anm. 90), 5.
102 Vgl. U. Sielert, Umgang mit Heterogenität, online: https://www.sozialpaedagogik.uni-kiel.de/de/forschung/umgang-mit-heterogenitaet (11.12.2018).

hängen zusammen. Eine angemessene Haltung zu entwickeln und durchzuhalten braucht die Erfahrung von Halt. Fortbildungsangebote sollten so gestaltet sein, dass Lernbegleiter/innen dort einen Raum zur Verfügung gestellt bekommen, wo sie offen über Fragen und Zweifel, eigene Unsicherheiten im pädagogischen oder theologischen Bereich sprechen und reflektieren können. Fortbildungen sollten also einen geschützten Raum, einen »Ermöglichungsraum« gestalten, in dem ohne Angst und Konkurrenzdenken gearbeitet werden kann. Gegenseitiges Vertrauen und Fehlerfreundlichkeit sollte nicht nur ein thematischer Inhalt der Fortbildung sein, sondern schon das Prinzip der Fortbildung. In meiner eigenen Fortbildungspraxis habe ich dazu immer wieder die Rückmeldung bekommen, wie selten Pädagog/innen in ihrem Berufsalltag Gelegenheit für diese Anliegen haben und wie bereichernd sie es erleben, wenn ihnen dies in der Fortbildung ermöglicht wird.

Halt bzw. die Gewissheit gehalten zu sein, macht das Wesen unseres Glaubens aus, ist aber nicht jederzeit »verfügbar«. Daher sind Fortbildungsmodule zur Einübung und Pflege einer spirituellen Praxis durch Achtsamkeitsübungen ebenfalls anzubieten.

Die Teilnehmenden in wissenschaftlich-theologischen, aber auch in verwandten Disziplinen auf dem aktuellen Stand zu halten, ist ebenfalls Aufgabe von Fortbildung. Denn je breiter das Wissensfundament ist, desto besser können Verknüpfungen zwischen den Anliegen der Jugendlichen und theologischen Aspekten in den Gesprächen hergestellt werden.

Didaktisch-methodisch ist ebenfalls ein großes Repertoire anzulegen, das den verschiedenen Lernwegen und -bedürfnissen in der »heterogenen«(!) Gruppe entspricht.

Es bieten sich Fortbildungsformate an, die über längere Zeiträume an dieser Haltung arbeiten und Kompetenzen vertiefen. Denn Arbeit an der eigenen Haltung ist ein Prozess. Einzelveranstaltungen können nur anregen, aber nicht vertiefen. Sinnvoll ist es mit derselben Gruppe zu arbeiten, so dass die Vertrauensbasis für den Austausch mit der Zeit wächst. Darüber hinaus tragen so angelegte Fortbildungsmaßnahmen zur Bildung von Netzwerken gegenseitiger Unterstützung unter den Kolleg/innen bei.

Tobias Petzoldt
Der »Jesusfaktor« in der kirchlichen Jugendarbeit. Aktuelle Entwicklungen am Beispiel der Evangelischen Jugend in Sachsen

»Ihr mit eurem hohen Jesusfaktor«. Dieser Satz fällt gelegentlich, wenn irgendwo im Bundesgebiet von sächsischen Christen über ihre Erfahrungen mit christlicher Jugendarbeit in Sachsen berichtet wird. Dahinter verbirgt sich die Wahrnehmung, dass es junge Menschen dort mit ihrem Glauben besonders »ernst« meinen.

In der Tat weichen die Identifikationswerte junger Christen mit Glaube und Kirche im Osten Deutschlands zu denen in anderen Regionen Deutschlands ab. Im Folgenden sollen einige aktuelle sächsische Tendenzen im Blick auf junge Menschen im Glaubensbildungsraum Kirche skizziert werden.

1. Wenige Mitglieder sind intensiver dabei

Die Minderheitensituation in der DDR bis zum Jahr 1989 mit zum Teil intensiven staatlichen Repressionen gegen Christen einerseits sowie die pietistische Prägung weiter Teile Sachsens andererseits ließen bei vielen Mitgliedern der *Ev.-Luth. Landeskirche Sachsens* (EVLKS) eine traditionell hohe Verbundenheit mit dem Glauben entstehen. Diese wird häufig durch Eltern und Großeltern an die nächsten Generationen weitergegeben. Dabei gehören nur etwas weniger als 18% aller jungen Menschen in Sachsen einer Kirche an, die meisten davon der EVLKS. Die Zahl konfessionell verorteter junger Menschen ist also erheblich kleiner als im Bundesdurchschnitt. Dies zeigt sich auch in jugendgemäßen Übergangsritualen. So erlebten im Freistaat gemäß der Angaben der jeweiligen Veranstalter im Jahr 2019 etwa 12.500 junge Menschen die (konfessionslose) »Jugendweihe« (2010: 10 000), während nur 5.000 konfirmiert (Tendenz leicht sinkend) und 730 gefirmt wurden (Tendenz leicht steigend).

Die Glaubensweitergabe durch die Erziehung wird in den meisten Kirchgemeinden der EVLKS institutionell durch ein engmaschiges Netz gemeindepädagogischer Angebote (z.B. Christenlehre, Jungschar, Pfadfindergruppen, Kinderchorarbeit u.v.a.) unterstützt. Dort werden Kinder und Jugendliche i.d.R. von hauptberuflichen Gemeindepädagoginnen und -pädagogen entwicklungsbezogen mit christlichem Glauben und Gemeindeleben in Verbindung gebracht. Das »Outsourcen« der kirchlichen Kinder- und Jugendarbeit an Vereine stellt auf dem Gebiet der EVLKS eher eine Ausnahme dar.

Diese Faktoren – also (sub-)kulturelle Prägung, familiäre Sozialisation, kirchliche Bildungskonzeption – führen dazu, dass auch bei jungen sächsischen Christinnen und Christen oftmals eine hohe Identifikation mit ihrem Glauben festzustellen ist. So ist deren Verbundenheit mit Glaube und Kirche in Ostdeutschland grundsätzlich höher als im gesamten Bundesgebiet. Die V. Kirchenmitgliedschaftsuntersuchung (EKD, 2014) stellt fest, dass 40% der ostdeutschen Jugendlichen (14–21 Jahre) ihrer Kirche »stark« oder »ziemlich stark« verbunden sind, während dies in der gleichen Altersgruppe in Westdeutschland nur 22% angeben. Auch die Wichtigkeit religiöser Erziehung für die eigenen Kinder wird in dieser Kohorte im Osten mit 58% gegenüber 39% im Westen signifikant höher eingeschätzt.

Im Kontakt mit christlichen Jugendlichen und jungen Erwachsenen in Sachsen werden häufig »hochreligiöse Tendenzen« (Stefan Huber)[1] deutlich. Diese zeigen sich vor allem in einer bewusst gelebten Glaubenspraxis, zu der bei vielen evangelischen jungen Menschen auch die Verortung in kirchlichen Gruppen, Kreisen und Projekten *nach* der Konfirmation gehört.

2. Stetige Nachfrage nach Gruppenangeboten

Christliche Jugendarbeit findet auch in Sachsen je nach regionalen Prägungen in vielfältigen Formen statt. Hierzu zählen Freizeitreisen ebenso wie musisch-kulturelle, sportliche und erlebnispädagogische Projekte oder Events wie Jugendtage, Kirchentag oder Christival. Daneben darf jedoch nicht vergessen werden, dass kontinuierliche »Gruppen (…) für die evangelische Kinder- und Jugendarbeit von Anbeginn konstitutiv gewesen (sind). Trotz vieler Veränderungen in den Formen ist Gruppenarbeit nach wie vor die zentrale Arbeitsform«.[2] Die große Bedeu-

tung einer regelmäßigen Gruppenarbeit wird nicht nur immer neu wissenschaftlich reflektiert, sondern zeigt sich auch in praktischen Erfahrungen und Entwicklungen auf dem Gebiet der *Evangelischen Jugend in Sachsen* (Evjusa). Hier, also dem strukturellen Gebiet der EVLKS, ist Jugendgruppenarbeit traditionell eine wichtige Säule christlicher Jugendarbeit.

Etwa 6.500 junge Menschen besuchen regelmäßig die etwa 650 Jugendkreise im Gebiet der EVLKS.[3] Die Teilnehmendenzahlen in diesen Jugendgruppen sind u.a. durch Geburtenrückgang, Abwanderung, Strukturveränderungen und kürzere Verweildauer seit 1990 kontinuierlich sinkend. Dennoch erscheinen auch die aktuellen Daten in einem weltanschaulich pluralisierten Umfeld bemerkenswert.

Der Hauptteil dieser regelmäßigen, i.d.R. wöchentlich stattfindenden gemeindebezogenen Jugendgruppenarbeit findet in den *Jungen Gemeinden* (JG) statt. In einer JG treffen sich junge Christinnen und Christen der Kernzielgruppe von 14 bis 18 Jahren. Das Ziel dieses Angebots ist eine religionspädagogisch profilierte kirchengemeindliche Glaubensbildungsarbeit. Sie ist geprägt von

■ einer beständigen Beschäftigung mit Fragen christlichen Glaubens, der

1 Vgl. Stefan Huber, Aufbau und strukturierende Prinzipien des Religionsmonitors, in: Bertelsmann Religionsmonitor 2008, Bertelsmann Stiftung (Hg.), Gütersloh 2008

2 Mike Corsa / Michael Freitag, Jung und evangelisch in Kirche und Gesellschaft. Bericht über die Lage der jungen Generation und die evangelische Kinder- und Jugendarbeit. Hannover, 2014, 148

3 Angaben nach Tobias Bilz, Vortrag des Landesjugendpfarrers auf der Herbstsynode der EVLKS im Herbst 2018.

Lebensgestaltung und anderer Sinnfragen, oft in unterschiedlichem Maß begleitet von Hauptberuflichen,

- die Möglichkeit zu vielfältigem spirituellen, kognitiven, körperlichen, personalen und sozialen Kompetenzerwerb durch ein Höchstmaß an Beteiligungsmöglichkeiten,
- eine sinnvolle Freizeitgestaltung in der Begegnung und Gemeinschaft mit Gleichaltrigen,
- das Erleben von »Kirche« in vielfältigen Formen und die Möglichkeit zur Identifikation mit und Beheimatung in der Kirchengemeinde sowie
- die Möglichkeit des Einübens geistlichen Lebens in einem geschützten Umfeld.

In vielen Jugendgruppen gibt es für einen JG-Abend ritualisierte Abläufe. Dazu gehören musikalische Lobpreiszeiten und eine Kurzandacht am Beginn ebenso wie ein gemeinsames Abendgebet oder eine Gebetsgemeinschaft nach einer thematischen Beschäftigung. Das jeweilige Abendthema bringt häufig lebensweltliche Fragen und Glaubensaspekte zusammen. Viele Jugendgruppen entwickeln zudem eigene Segenssprüche, die am Schluss der Zusammenkunft gemeinsam gesprochen werden. Nach Erfahrung des Verfassers fordern viele Jugendliche solche geistliche Rituale im Jugendkreis bewusst ein, auch wenn – oder vielleicht weil – diese in ihrem sonstigen Alltag weniger vorkommen. Zum Programm eines Jugendabends gehört in vielen Jungen Gemeinden, christlichen Traditionen folgend, auch das gemeinsame Essen.

3. Mehr Teilnehmende bei Projektereignissen wie »Rüstzeiten«

Neben der nach wie vor konstant und nahezu flächendeckend stattfindenden Jugendgruppenarbeit ist im Bereich der EVLKS eine stärkere Orientierung an Projekten und Ereignissen wahrnehmbar. So ist die Gesamtzahl der Teilnehmenden bei Kinder-, Konfirmanden- und Jugendfreizeiten in den letzten 10 Jahren kontinuierlich steigend. Während 2007 etwa 22.000 Mitfahrende erfasst wurden, waren es 11 Jahre später fast 32.000.[4] Dabei ist auffällig, dass sich die Gesamtdauer dieser Freizeitmaßnahmen verringert hat, die Zahl der Angebote aber gestiegen ist.

Diese thematisch orientierten Freizeitfahrten werden im Bereich der EVLKS traditionell als *Rüstzeit* bezeichnet. In dieser Begrifflichkeit spiegelt sich, analog zur katholischen Einkehr- oder Exerzitienarbeit, das herrschende Konzept dieses Angebots wider: eine geistlich-thematische Besinnungs- und Zurüstungszeit mit oft starker biblischer Fundierung, bei welcher der beschriebenen Sehnsucht junger Menschen nach geistlicher Tiefe Rechnung getragen wird.

Klassischerweise ist eine Rüstzeit gleichermaßen geprägt von freizeitpädagogischen und religionspädagogischen Angeboten. Zu letzteren gehört einerseits das Einüben spiritueller Rituale. Diese finden sich zum Beispiel in Morgenandachten und Abendgebeten, beim gemeinsamen Singen geistlicher Lieder sowie den Gebeten vor den Mahlzeiten. Oftmals

---

4 Ebd.

beginnt der Tag auch mit Bibellesen in Kleingruppen, dem Gespräch darüber oder gemeinsamen Schweigen im Rahmen einer »Stillen Zeit«. Bei manchen Rüstzeiten stehen zudem spezielle Lobpreis- und Gebetsabende und/ oder das Zusprechen individueller Segensworte im Rahmen eines »Segnungsabends« auf dem Programm. Auch Möglichkeiten zu persönlichen Gesprächen über Lebens- und Glaubensfragen (Seelsorge) gehören zum Konzept einer solchen Maßnahme.

Daneben bietet eine Rüstzeit auch die Möglichkeit, biblische Texte über einen längeren Zeitraum zielgruppengerecht zu entfalten. Unter bestimmten Themen und Zielstellungen werden im Rahmen einer Freizeitfahrt biblische Personen, christliche Lehren und daraus folgende mögliche Lebensimpulse vorgestellt und diskutiert. Religionspädagogische Fachkräfte sorgen im optimalen Fall dafür, dass die Theologie *der* Jugendlichen und theologische Aspekten *für* Jugendliche angemessen zusammenfinden.

Durch Gruppendynamik, emotional tiefgehende spirituelle Rituale (z.B. Lobpreis, persönlicher Segen) und theologische Erkenntnisse entstehen bei Rüstzeiten für die teilnehmenden Jugendlichen oft sehr verdichtete Zeiten mit individuellen geistlichen Erfahrungen. Diese religionspädagogisch und gruppendynamisch angemessen zu begleiten, gegebenenfalls aufzufangen oder bei Bedarf gegenzusteuern und gute Übergänge in den Alltag zu ermöglichen, ist dabei ein wichtiger Auftrag für die pädagogischen Begleiter.

Ein spezielles Format von Freizeitfahrten sind daneben die »Tage ethischer Orientierung (TEO)«. Dahinter verbirgt sich ein schulergänzendes Bildungsange-bot des Ev.-Luth. Landesjugendpfarramtes Sachsens, bei dem Schülerinnen und Schüler verschiedener Klassenstufen einige Tage gemeinsam unterwegs sind, oft mit erlebnispädagogischen Methoden arbeiten und über zentrale ethische Fragen nachdenken. Diese Tage werden gemeinsam von Fachkräften der evangelischen Jugend, Lehrerinnen und Lehrern und ehrenamtlichen Teamerinnen und Teamern vorbereitet und durchgeführt. Dabei kommen schulische und kirchliche Bildungsarbeit projektbezogen zusammen.

Neben der quantitativ steigenden Freizeit- oder Rüstzeitarbeit ist in der Evangelischen Jugend in Sachsen jüngst zudem ein Ansteigen der Teilnehmendenzahlen bei (oft überregionalen) Jugendgottesdiensten und Sonderveranstaltungen, z.B. regionalen Jugendtagen und -festivals, festzustellen. So wurden im Jahr 2017 mehr als 47.000 Jugendliche bei 335 Veranstaltungen gezählt, im Jahr 2015 waren es dagegen nur ca. 42.600 bei 285 Ereignissen. Hier wachsen die Zahlen vor allem bei Veranstaltungen, die von Jugendlichen und Jungen Erwachsenen maßgeblich teilhabeorientiert vorbereitet und durchgeführt werden und/ oder klare geistliche Profile aufweisen. Die beschriebene Sehnsucht nach eigenen spirituellen Erfahrungen zeigt sich auch in hohen Teilnehmendenzahlen bei Lobpreisabenden oder Taize-Nächten.

4. Hohe Partizipation der Kernzielgruppe

Die Jugendarbeit in der Evangelischen Jugend in Sachsen folgt dem Grundsatz einer hohen Beteiligungsorientierung –

sie geschieht konzeptionell verortet *mit* jungen Menschen, nicht *für* sie. Mitwirkung und Mitgestaltung sind dabei u.a. jugendverbandlich charakterisiert (SGB VIII, §§11f) und zeigen sich u.a. in Gremienarbeit und Strukturen. Daneben sind diese auch in Prozessen der Planung, Durchführung und Evaluation sowohl in administrativen, organisatorischen wie auch in inhaltlichen Abläufen evident.

Hauptberufliche, v.a. aus dem Bereich Gemeindepädagogik, begleiten die Jugendlichen lokal und regional und begreifen sich dabei vor allem als Türöffner und Impulsgeberinnen, Seelsorgerinnen und Ermöglicher sowie als Anwalt der Zielgruppe gegenüber Gremien und Geldgebern. Der Partizipationsanspruch ist dabei nicht allein pragmatisch begründet, sondern v.a. bildungstheoretisch und religionspädagogisch: Junge Menschen sollen durch Teilhabe im Jugendverband einen umfassenden Kompetenzerwerb erleben und zudem durch Mitarbeit eine höhere Identifikation mit Glaube und Kirche aufbauen.

Im Jahr 2017 engagierten sich so fast 2200 junge Menschen ehrenamtlich in unterschiedlichen Arbeitsbereichen der Evangelischen Jugend in Sachsen. Dabei ist in den letzten Jahren statistisch eine steigende Tendenz junger Menschen bei Teilhabe und Mitbestimmung erkennbar.

5. Herausforderungen für hauptberufliche Begleiter

Das beschriebene Interesse junger Menschen an jugendgemäßen kirchlichen Lebensäußerungen und Glaubensthemen kann gerade für Hauptberufliche im Pfarrdienst und Gemeindepädagogik als positiv wahrgenommen werden und ist nicht selten ein Ergebnis deren engagierten Dienstes. Daneben sind aber auch Problemfelder wahrnehmbar, die für die Mitarbeitenden im Blick auf strukturelle Identifikation und theologisch-pädagogischer Qualitätssicherung relevant sind. Zwei davon sollen kurz skizziert werden:

5.1 Bedingte Identifikation mit verfasster Kirche

Der gegenwärtig empirisch oft benannte Pragmatismus und die Institutionsdistanz weiter Teile der jungen Generation zeigen sich auch in deren geistlicher Beheimatung. Während viele Teilnehmende an Angeboten der Evangelischen Jugend in Sachsen wie erwähnt eine hohe Identifikation mit dem christlichen Glauben artikulieren, ist das Verhältnis zu »Kirche« ambivalent. Bei einer Umfrage unter Studierenden des Fachbereichs Gemeindepädagogik an der Evangelischen Hochschule Moritzburg im Januar 2019 wurde zunächst bei 95 % der Befragten (N = 65) eine starke Verbundenheit mit dem christlichen Glauben deutlich. Bei der Verbundenheit mit »verfasster Kirche« variieren die Werte jedoch enorm: Zwar wurde eine hohe Verbindung mit der eigenen Heimatkirchgemeinde angegeben (ca. 80% der Befragten), gleichzeitig fielen die Identifikationswerte im Blick auf »Landeskirche« und »EKD« (je ca. 22 %) signifikant ab.

Das wird auch bei der Frage nach dem »Gottesdienstbesuch« deutlich. Dort gab mehr als ein Drittel der Befragten an, regelmäßig Gottesdienste freier Gemeinden zu besuchen. Hier wurde v.a. der ICF (International Christian

Fellowship) genannt. Begründet wurde dies mit lebensweltlichen und (jugend-) kulturellen Aspekten sowie Möglichkeiten einer organisational niedrigschwelligen und gabenorientierten Mitarbeit. So werden z.B. die hohe Zahl Gleichaltriger, zeitgemäße Musik, lebensweltnahe Glaubenskommunikation und ansprechende Ästhetik als wichtige Teilnahmemotivatoren genannt.

Weil junge Menschen in analogen und digitalen Welten zugleich aufwachsen, kennen und schätzen sie zudem flache Hierarchien, schnelle Kommunikationswege, Teilhabe und die Notwendigkeit der Selbstkontrolle. Landeskirchlich etablierte Ämterstrukturen, amtskirchliche Verordnungen und strukturelle Topdown-Entscheidungen werden gerade in geistlichen Dingen als befremdlich wahrgenommen.

5.2 Unreflektierte Wohlfühltendenzen

Während noch vor einigen Jahren vom Verfasser an dieser Stelle auf die Gefahr einer angstmotivierten und gesetzlich geprägten Gottesbeziehung in Teilen der Ev. Jugend in Sachsen hingewiesen worden wäre, sind derzeit andere theologische Tendenzen erkennbar. So wächst die Generation der »digital natives« im Nebeneinander der und einer »Sowohl-als-auch«-Sicht auf Religionen, Kulturen und Meinungen auf. Das betrifft auch die soziologisch als »hochreligiös« bezeichneten jungen Menschen. Sie stehen zwar zu ihren Überzeugungen, können aber leicht andere und anderes stehen lassen. Ethische und moralische Widersprüche werden diskutiert und zumeist akzeptiert.

Der kleinste geistliche Nenner scheint dabei auch in Sachsen ein mystischer zu sein: Lobpreiszeiten und Taizé-Gebete stehen oft stärker im Kurs als qualifizierte Lehre, theologische Bildung und Verkündigung. Gott wird häufig als eine Mischung aus »göttlichem Butler und kosmischem Therapeuten« begriffen.[5] In Gesprächen mit jungen Menschen der sogenannten »Generation Lobpreis« werden als wichtige Glaubensfaktoren oft vor allem die Sehnsucht nach individueller Gottesnähe und einem positiv-emotionalen Glaubensleben genannt. Es besteht dabei die Gefahr, dass charakteristische christliche Lehren und Bekenntnisse sowie die Breite des Evangeliums partiell einer allzu individualisierten Glaubenssicht weichen und evangelischer Glaube auf die eigene Bedürfnislage reduziert wird. Folgende Worte sollen das pointiert verdeutlichen:

LOBPREIS. Ein kritischer Einwand:
Die Hände. Zum Himmel.
Und lasst uns selig sein, denn:
WIR MACHEN LOBPREIS
mit geschlossenen Lidern,
mit offenen Lippen,
mit allem, was uns gut tut
MACHEN WIR LOBPREIS
mach uns frei, Albert,
wir machen uns frei und richten
uns aus, richten uns auf, denn
WIR MACHEN LOBPREIS
immer mehr und immer höher
und immer näher kommen wir
zu uns und zu ihm, denn
WIR MACHEN LOBPREIS

5 Vgl. Tobias Faix / Tobias Künkler, Generation Lobpreis und die Zukunft der Kirche, Neukirchen-Vluyn 2018, hier 182.

wir singen um unser Leben,
wir hauchen in höchsten Tönen:
König und Löwe und Lamm
WIR MACHEN LOBPREIS
im Kunstnebel können wir
den Nächsten kaum sehen und
selten darüber hinaus, aber
WIR MACHEN LOBPREIS
und schließen ein
die Welt ins Gebet
und belassen sie dort
WIR MACHEN LOBPREIS
als ließe sich sowas machen,
als könne das Leben
nicht Lobpreis sein

Tobias Petzoldt

6. Fazit

Die Gegenwart evangelischer Jugendarbeit in Sachsen zeigt, dass »Kirche« als wichtiger religiöser Bildungs- und Erfahrungsort erfahrbar werden kann. Gruppenorientierte Formate haben ebenso wie Freizeitfahrten eine hohe Bedeutung für junge Menschen und deren Beheimatung in Glaube, Gemeinde und Kirche. Gerade für viele hochverbundene, engagierte und glaubenssuchende junge Menschen kann eine kontinuierliche Gruppenarbeit wie z.B. die Junge Gemeinde einen angemessenen Rahmen zur Glaubensbildung und -entwicklung bieten. Während dort im EVLKS-Gebiet die Teilnehmendenzahlen auf hohem Niveau stagnieren bzw. leicht sinken, ist daneben eine steigende Nachfrage bei projektbezogenen Ereignissen wahrnehmbar. So spielen die beschriebenen Rüstzeiten oder regionale Jugendfestivals für viele Jugendliche als herausgehobene Zeiten im Jahreskreis eine wichtige Rolle. Dies wird umso

deutlicher, wenn junge Menschen selbst Möglichkeiten zur Mitwirkung haben.

Über besondere Projekte hinaus zeigt sich die geistliche Verortung vieler junger sächsischer Christinnen und Christen in der Teilnahme an gemeindlichen Jugendkreisen oder Schülerbibelkreisen, die neben den Tagen ethischer Orientierung oft das einzige Format sind, bei dem »Schule« und »Kirche« zusammenfinden. Darüber hinaus sind diese beiden Lernwelten in Sachsen abgesehen von wenigen regionalen Ausnahmen in aller Regel voneinander separiert und können tatsächlich als »getrennte Welten« gelten. Das ist sicherlich auch eine Folge der eingangs beschriebenen geschichtlichen Prägungen Ostdeutschlands.

In theologischen Fragen, wie z.B. denen nach Gottesbild, ehrenamtlichen Engagement, Mission und Bibelverständnis, finden sich bei vielen evangelischen Jugendlichen in Sachsen große Schnittmengen zu den Ergebnissen der Untersuchungen von Faix/Künkler zu »hochreligiösen Jugendlichen«.[6] Viele Angebote evangelischer Jugendarbeit in Sachsen nehmen diese Glaubenssehnsucht junger Menschen auf, bzw. steuern sie bewusst an. So weisen die meisten kirchenbezirklichen, verbandlichen und gemeindlichen Anbieter evangelischer Jugendarbeit insbesondere in Südsachen oft pietistische, evangelikale und/oder charismatische Prägungen auf. Dabei ist zu beobachten, dass junge Menschen, analog zu empirischen Erkenntnissen diverser Jugendstudien, oft undogmatisch und pragmatisch darauf reagieren und manche Lebensentscheidungen mitun-

---

6 Vgl. ebd.

ter paradox zu postulierten, möglicherweise sozial erwünschten Glaubensaussagen scheinen. Daneben ist, z.B. in Nordsachsen und im urbanen Kontext, in den letzten Jahren auch eine Zunahme erlebnispädagogischer Angebote und ein Erstarken der Pfadfinderarbeit im Kinder- und Jugendbereich erkennbar.

Die verfasste Kirche steht vor der Herausforderung, Menschen im Jugend- und Jungen-Erwachsenen-Alter vielfältige Möglichkeiten selbstbestimmter Teilhabe und Integration zu bieten und die Schönheit zeitloser Glaubensartikulation mit zeitgemäßen kulturellen Ausdrucksformen zu verbinden. Die trotz knapper Kassen noch immer nahezu flächendeckende Unterstützung durch gemeindepädagogische Fachkräfte auf dem Gebiet der EVLKS dient dazu, Glaubensbildungsräume zu eröffnen, orts- und ereignisbezogen zu konzeptionieren sowie theologisch fundiert und pädagogisch verantwortungsvoll zu begleiten. So kann besagter »Jesusfaktor« nicht allein eine jugendzeitbezogene Variable sein, sondern als feststehende Konstante ein lebensbegleitender Faktor werden.

Oliver Reis
Lernortspezifische Jugendtheologie als Marker religionspädagogischer Grundfragen – ein Tagungsprotokoll

1. Lernortspezifische Jugendtheologie als zentrale Lücke im Arbeitsprogramm

Eine Stärke der Kinder- und Jugendtheologie ist es sicherlich, dass sie seit den Anfängen anhand von Stichproben aus der Praxis zeigen kann, zu welchen theologischen Leistungen Kinder und Jugendliche zu den verschiedensten Themen in der Lage sind. So sind unzählige Transkriptionen von Theologischen Gesprächen und Dokumentationen von Unterrichtsprozessen entstanden, die darauf verweisen, was mit Kindern und Jugendlichen an Tiefe in theologischen/theologienahen und zugleich personnahen Lernprozessen erreicht werden kann. Schon bisher sind auch Bände erschienen, die sich mit den (schulischen) Rahmenbedingungen der Kinder- und Jugendtheologie auseinandersetzen und dabei die komplexen Gelingensbedingungen der dokumentierten erfolgreichen Lernprozesse hinterfragen. So untersucht z.B. der Sonderband *»Jesus würde sagen: Nicht schlecht!« – Kindertheologie und Kompetenzorientierung*[1] (2011) den Zusammenhang mit der intentionalen Lernzielsteuerung oder der Band *»Da muss ich dann auch alles machen, was er sagt« – Kindertheologie im Unterricht*[2] (2016), wie sich die Kinder- und Jugendtheologie zu den konkreten Unterrichtslogiken verhält. Bei-

de Bände weisen darauf hin, dass die Kinder- und Jugendtheologie mit solchen Rahmenbedingungen von Schule grundsätzlich umgehen kann und sich auf Unterrichtsstrukturen und zielorientierte Unterrichtssteuerung in Schule beziehen lässt, dass aber zugleich solche Rahmungen auf die Theologischen Gespräche und die Vorstellungen der symmetrischen, partizipativen und ergebnisoffenen Kommunikation wirken. Aber wie stark? Passt die Kinder- und Jugendtheologie mit ihren starken Voraussetzungen wie dem Interesse an religiösen Fragen, der Bereitschaft zur Positionalität und zur Expressivität eigenen religiösen Denkens in die Schule[3]? Sind nicht vielleicht außerschulische religiöse Lernorte dafür viel geeigneter? Andererseits werden sich außerschulische Lernorte vielleicht mit der Anforderung der diskursiven Aushandlungsbereitschaft bzw. der Ambiguitätstoleranz

1 Friedhelm Kraft / Petra Freudenberger-Lötz / Elisabeth E. Schwarz (Hg.), »... Jesus würde sagen: Nicht schlecht!«: Kindertheologie und Kompetenzorientierung (Jahrbuch für Kindertheologie, Sonderband), Stuttgart 2011.
2 Hanna Roose / Elisabeth E. Schwarz (Hg.), »Da muss ich dann auch alles machen, was er sagt«: Kindertheologie im Unterricht (Jahrbuch für Kindertheologie 15), Stuttgart 2016.
3 Vgl. den Beitrag von Mirjam Zimmermann in diesem Band.

oder der durchaus stark kognitiven ziel- und lernorientierten Arbeitskultur schwertun. Wie ist das also nun mit dem richtigen Ort für die Kinder- und Jugendtheologie?

Die Netzwerktagung »Getrennte Welten? Lernortspezifische Jugendtheologie in Schule und Gemeinde« vom 11.–13. März 2019 an der Universität Paderborn hat diese Frage in doppelter Richtung weiter verfolgt: aus Sicht der Lernorte und der Jugendtheologie. Die verschiedenen gehaltenen und diskutierten Vorträge sowie die hier dokumentierten Beiträge kommen dabei zu sehr unterschiedlichen Ergebnissen, je nachdem wie stark man die Jugendtheologie oder die Lernorte vereindeutigt. Mal scheint eine klare Zuordnung zu den Orten angesagt, mal scheint eine Zuordnung unmöglich, weil sowohl die Lernorte in ihrer Differenz verschwimmen oder auch die Jugendtheologie in ihrer Bestimmtheit. *Hanna Roose* kommt in ihrer Analyse von Gesprächssequenzen in der Konfirmandenarbeit und des Religionsunterrichts zu folgendem Schluss: »Im Rahmen dieser unterrichtlichen Interaktionslogik, die das schulische und das kirchliche Handlungsfeld (fast) gleichermaßen prägt, erscheint das theologische Gespräch an *beiden* Lernorten als Fremdkörper.«[4]

Auffällig daran ist, dass dieser Satz eben auch an außerschulischen Orten gilt, wie z.B. den Bischofskatechesen des Weltjugendtages,[5] an denen man solche unterrichtlichen Settings nicht vermuten würde. Offenbar hat der theologische Bezug der Jugendtheologie nicht nur das strukturelle Problem, dass damit die Annahme eines Glaubensbezugs vorausgesetzt wird,[6] sondern auch selbst eine

unterrichtliche Struktur, auf die sich Jugendtheologie *parasitär* aufsetzt.[7] Und diese Kopplung von Verunterrichtung der Interaktionsdynamik und der intensiven diskursiven Vernetzung von Glaubenspositionen sorgt für eine starke interne Spannung, die die Jugendtheologie offenbar ortlos macht oder – und dieser These soll an dieser Stelle nachgegangen werden –, sie markiert damit genau die Kopplung von zwei Momenten[8], die zum religiösen Lernen eines konfessionellen Religionsunterrichts konstitutiv gehören, die aber gerade in der Praxis nicht gekoppelt sind. So wird die Heterotopie der Jugendtheologie aufgrund der behaupteten Kopplung der polarisierenden Momente zum Marker für ein religionspädagogisches Grundproblem, das sich an der Jugendtheologie stellvertretend ausagiert.[9] Diese These versuche ich entlang der Vorträge der Tagung und der Beiträge weiter zu entfalten.

---

4 Hanna Roose, Theologische Gespräche in Schule und Kirche und die Elementarstrukturen unterrichtlicher Interaktion: Verhältnisbestimmungen, in diesem Band.
5 Vgl. den Beitrag von Janieta Bartz in diesem Band.
6 Vgl. den Beitrag von Bernhard Grümme in diesem Band.
7 Vgl. den Beitrag von Hanna Roose, Theologische Gespräche in Schule und Kirche und die Elementarstrukturen unterrichtlicher Interaktion: Verhältnisbestimmungen in diesem Band.
8 Bert Roebben spricht in seinem Beitrag zu diesem Band von den zwei Modi der Religiosität und Theologizität, die in der Jugendtheologie programmatisch verbunden werden.
9 Diese These ist das Ergebnis eines fortlaufenden visuellen Tagungsprotokolls an der Tafel, das hier nun als Beitrag explizit und in den beiden Abbildungen etwas bereinigt wiedergegeben wird.

2. Jugendtheologie und das Problem der Lernortadressierung

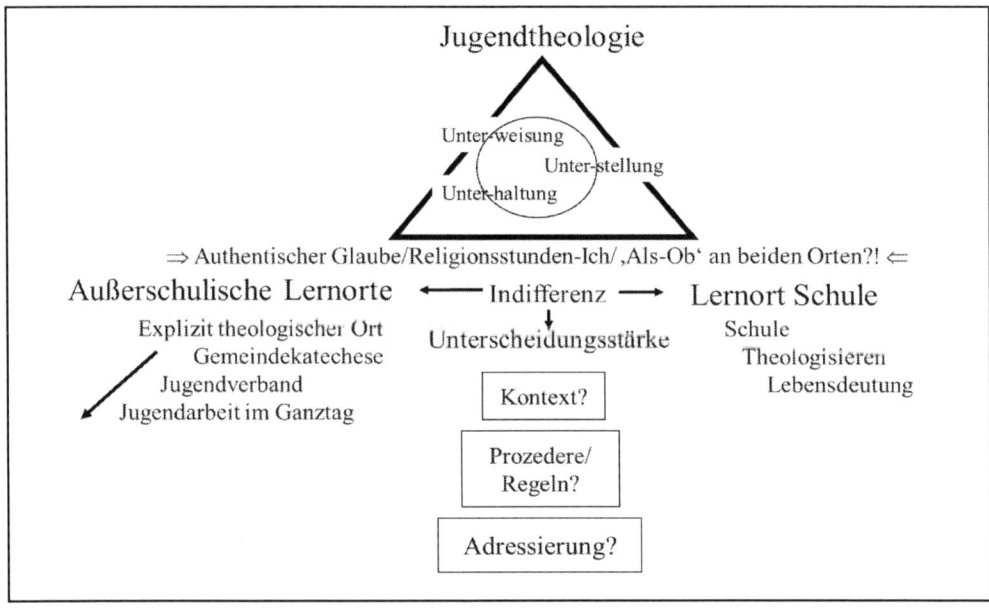

Abb. 1: Grenzen der Zuordnung der Jugendtheologie an einen Lernort

Wenn man auf die Vorträge der Tagung und die Beiträge des Jahrbuchs schaut, dann zeigt der Vortrag von *Bernhard Grümme* zum Auftakt noch einmal den Vorbehalt, welcher der Jugendtheologie an der Schule gegenübertritt: Mit dem Bezug auf die Theologie setzt die Jugendtheologie einen Glaubensvorbehalt, den die Schule programmatisch nicht einlösen könne. In Zeiten von zunehmender Heterogenität werde die Jugendtheologie entweder den Bezug zu wirklicher Theologie aufgeben oder den Religionsunterricht überfordern. In der üblichen Unterscheidung von Katechese und Religionsunterricht ordnet Grümme unter diesen Voraussetzungen die Jugendtheologie der Katechese und der Gemeinde zu, da hier diese Voraussetzungen als erfüllt vorausgesetzt werden könnten. Damit ist die Frage nach den Lernorten

als Orte mit differenten Voraussetzungen für die Jugendtheologie eröffnet.

Harry Schroeter-Wittke und Matthias Gronover nehmen diese Lernortunterscheidung durchaus auf, unterlaufen sie beide auf ihre Weise. *Gronover* fasst die Lernorte als Kontexte der Jugendtheologie, deren religiöser Bildungsanspruch nicht durch den formalen institutionellen Rahmen bestimmt wird, sondern in der Praxis davon, wie die Akteure den Kontext in der wechselseitigen Abgrenzung normativ fassen und sich insgesamt mit dem Phänomen der religiösen Indifferenz in der Öffentlichkeit auseinandersetzen. Lassen sie diese dominieren oder setzen sie darauf, dass die religiöse Perspektive einen Unterschied macht? Es gibt Religionsunterricht, der persönlich berührt und betrifft, und es gibt Katechese, die sich zu der Glaubensentscheidung neutral verhält und ein reflexives Diskursangebot macht. Aus dieser Sicht wäre die Unterscheidung vor allem eine wechselseitige Zuschreibung von Verantwortung mit dem Ziel der eigenen Verantwortungsentlastung. *Schroeter-Wittke* unterstreicht, dass die den Orten zugeschriebene Unterscheidung von persönlichem, authentischem Glaubensstandpunkt und reflexiv-distanziertem Zugang, von kirchlicher Reproduktion und schulischem Bildungsauftrag, von doing religion und performing religion insgesamt künstlich ist. An jedem Lernort wird religiöses Lernen vage lassen müssen, wie authentisch ein Lernvollzug ist. Immer bleibt der didaktisch inszenierte Raum des Als-Ob der Rahmen. Genauso widerspricht der christlichen DNA die Vorstellung, den Religionsunterricht zum geschützten Ort gegenüber den nach Übernahme rufenden Geltungsansprüchen von Religion zu erklären und damit zu meinen, die Jugendlichen in der Gemeindearbeit diesen Ansprüchen ungebremst aussetzen zu können. Immer gehören die Momente der Unter-Weisung, Unter-Stellung und Unter-Haltung zusammen – im Sinne des unterscheidenden Hinweisens, des Stützens und Mittragens der Positionsentwicklung und des einfach zusammen gute freudvolle Dinge Erlebens –, so dass sich auch eine dauerhafte Verteilung von Asymmetrie und Symmetrie, von autoritärem und liberalem Stil, Inhalts- und Subjektorientierung auf die Orte verbietet. In dieser Perspektive entstehen die beiden Lernorte eher in einer institutionellen und rollenspezifischen Abgrenzung voneinander, ohne dass die Lernorte essentialistisch gefasst werden können. Diese These wird unterstützt durch die

Beobachtungen von Roose, dass z.B. die EKD die Konfirmandenarbeit selbst als gegenüber der Schule subjektorientiert versteht und gerade nicht von den Glaubensinhalten her die Jugendlichen überformend.

3. Die Lernortszuschreibung als Lösung für das Kopplungsproblem zweier Logiken

Systemtheoretisch könnte man Schroeter-Wittkes Beobachtungen so fassen, dass die Institutionen in den Selbstbeschreibungen zu Verfahrensgeschichten, Regeln usw. kommen, die nur auf der Meta-Ebene als Ortskultur kontextuell wirksam werden, ohne das Handeln an dem Ort zu determinieren. Begriffe wie »Lebensdeutung« oder »Theologisieren« werden deshalb von beiden Orten beansprucht und in den Autologiken der Kontexte und den konkreten Entscheidungen aus auf sehr eigene, zuweilen widersprüchliche Weise integriert. Der von *Hanna Roose* beobachtete Verweis beider Lernorte, dass der andere Ort der richtige für das eigene Unbearbeitete ist, verschärft das Problem für die Jugendtheologie, da diese damit aus jeweils anderen Gründen nicht zum Zuge kommen kann oder dabei auf den dem anderen Ort zugeordneten Teilaspekt verzichten müsste. Der wechselseitige Verweis auf den anderen Lernort wird zur Entschuldung dafür, ein wesentliches Moment des religiösen Lernens außer Acht lassen zu können. Dabei ist es auch wieder nicht so, dass definiert ist, was an einem Ort ausgeblendet wird. So unterscheiden die Beiträge von *Laura Otte / Anna Hans* und *Theresa Kohlmeyer* einerseits deutlich zwischen dem zielorientierten, argumentativen Sprechen und der personbezogenen Deutung in jugendtheologischen Settings, ordnen ihre Beobachtungen aber umgekehrt den beiden Lernorten der Jugendarbeit/Sakramentskatechese bzw. dem Religionsunterricht zu. *Mirjam Zimmermann* spielt an der Leitdifferenz von Resonanz und Echo die Frage der Authentizität, dem echten Berührtsein durch und zeigt an der Figur des Religionsstunden-Ichs, dass auch hier formales Funktionieren und authentisches personales Agieren aufeinander bezogen sind und sich je nach Situation anders auf die Lernorte verteilen.

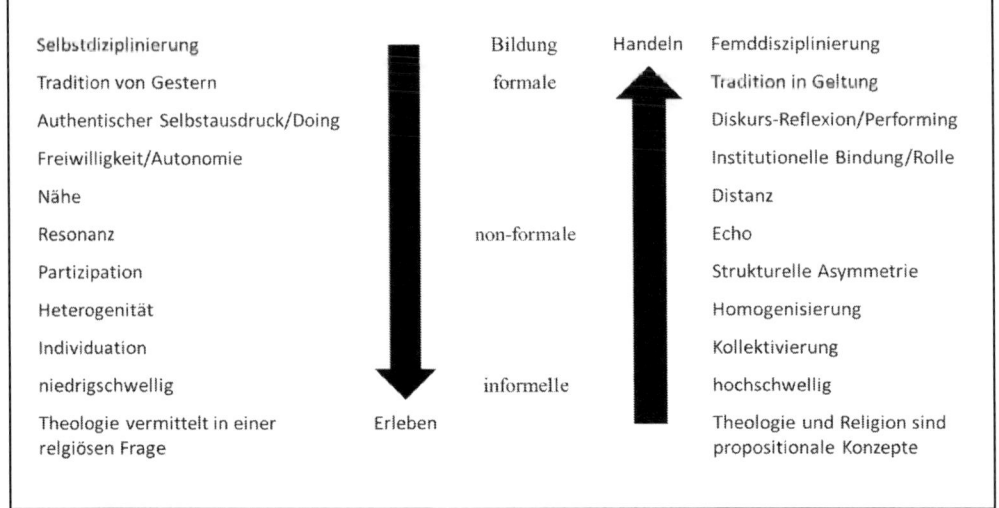

Abb. 2: Polaritäten, die in der Jugendtheologie konzeptionell gekoppelt sind

An dem Artikel zur Firmkatechese von *Sandra Biebl* und *Reinhold Boschki* zeigt sich dieser Umpolungseffekt sehr deutlich: wie es trotz eigentlich vom Katechesekonzept her idealen Bedingungen in der realen Situation nicht gelingt, die subjektive Deutung und die Theologisierungsform stabil zusammenzubringen. Je stärker der Ort scheinbar von Ansprüchen des Unterrichtens befreit ist und dies im Sinne einer verstärkten Subjektorientierung formuliert wird, umso weniger wird die theologische Ebene erreicht, auch weil die Unterrichtsstruktur aufgegeben wird. Der gleiche Effekt zeigt sich aber auch dann, wenn sich bei der kirchlichen Jugendarbeit am Ort der Ganztagsschule als Gegenort zur schulischen Logik trotz des kirchlichen Trägerrahmens und des Erhalts von Formen der Partizipation, Freiwilligkeit und der Beziehungssymmetrie inhaltliche Theologisierung nicht ereignet, – wie *Judith Könemann* und *Rebekka Krain* herausarbeiten. Hier fehlt offenbar im Rahmen zum einen Adressierung als religiöse Subjekte und zum anderen die Unterrichtsstrukturen, damit überhaupt ein jugendtheologisches Setting entstehen kann. Und umgekehrt: Je stärker die theologischen Gegenstände und eine methodisch-zielgerichtete Unterrichtsstruktur gesetzt sind, umso formaler und in persönlicher Distanz formulieren die Jugendlichen.

Henrik Simojoki spielt zwei Unterscheidungen ein, die hilfreich sind: Er unterscheidet erstens zwischen einem informellen, einem formalen und einem non-formalen Lernen. Lernen an außerschulischen Lernorten ist gerade kein informelles Lernen, sondern kann je nach Institutionalisierungs- und Bindungsgrad der Jugendlichen non-formal oder auch formal sein. Formal wird es, wenn die Zertifizierung die Motivation strukturiert und damit Rollen erzeugt werden, die systematisch zwischen Performing und Doing differenzieren. Und auch der Religionsunterricht kennt non-formale Momente, die einen höheren Grad an Autonomie, Partizipation und inhaltlicher Kontingenz eröffnen. So lassen sich beide Formen nicht einem Lernort zuordnen. Noch wichtiger ist aber, dass die Jugendtheologie im Grunde non-formale und formale Elemente gleichermaßen verbindet. Er macht sich zweitens dafür stark, die Begründungsfiguren an den Lernorten ernstzunehmen, die in den letzten 100 Jahren an beiden Orten einerseits die Transformation vom gesellschaftlich-kirchlichen Christentum hin zum privaten Christentum vollzogen haben, aber in ihren formalen Vollzügen weiterhin auf unterrichtende Wissenslogiken setzen. Die Beobachtungen von *Biebl / Boschki* oder *Roose* lassen sich dementsprechend als Inkonsistenz im Übergang von sozial-institutionalisierten hin zu individuellen Wissensformen lesen, die traditionelle theologische Muster mit institutioneller Geltung nur bedingt als formalen Rahmen des individuellen Wissens benötigen. Wer benötigt die Theologie *für* Jugendliche, wer hat das Bedürf-

nis, theologische Konzepte auf das eigene Denken zu beziehen? Wer gewinnt wirklich etwas durch eine Formalisierung des eigenen religiösen Denkens?

Vor allem die Beiträge von *Tobias Faix* und *Tobias Petzoldt* zeigen, wie stark die Notwendigkeit zu theologischer Reflexion von der Geschlossenheit der sozialen Bezugssysteme abhängt, die nicht unbedingt individualisierte und pragmatische Rezeptionen verhindert, aber nicht auf die Produktion heterogener Individuationen abzielt – woran sich die Jugendtheologie implizit abarbeitet. Natürlich konzentrieren sich *Faix* und *Petzoldt* auf Jugendliche, die sich selbst als sehr religiös bezeichnen würden, aber hier wird auch deutlich, wie stark sich die Jugendtheologie auf eine bestimmte Form der Adressierung konzentriert hat, die institutionell und sozial-gedachte Religiosität nicht erwartet, ohne zu klären, wie ohne diese Adressierung die Dynamik der religiösen Überzeugungen in den Austausch treten können. Reicht dafür auf lange Sicht die Annahme, dass Individuen schon genügend religiöse Fragen in sich tragen? Zeigt nicht z.B. gerade die Leidfrage, wie voraussetzungsvoll es ist, diese Frage überhaupt als eine zu stellen, die Religion betrifft.[10] Oder wenn

---

10 Vgl. die Debattenlinie um Karl Ernst Nipkow, Werner H. Ritter und Eva-Maria Stögbauer, die deutlich weg von der Ontologisierung der Einbruchsstelle geführt hat: Karl Ernst Nipkow, Erwachsenwerden ohne Gott? Gotteserfahrungen im Lebenslauf, Gütersloh ⁵2000, 49–52; Werner H. Ritter / Helmut Hanisch / Erich Nestler / Christoph Gramzow, Leid und Gott aus der Perspektive von Kindern und Jugendlichen, Göttingen 2016, 15f; Eva-Maria Stögbauer, Die Frage nach Gott und dem Leid bei Jugendlichen wahrnehmen. Eine qualitativ-empirische Spurensuche (Religionspädagogische Bildungsforschung 1), Bad Heilbrunn 2011, 222–286.

die Forschungsgruppe Religion und Gesellschaft zu der Eucharistiekatechese
darauf hinweist, wie stark überhaupt die
Nutzung religiöser Sprache und zugleich
der Aufbau einer persönlichen Beziehung
in der Sprache zu den Gegenständen von
der Vorsozialisierung, Habitualisierung
und damit auch Selbstdizilinierung
abhängt.[11] Und wenn man heute in der
jugendtheologischen Arbeit diese Voraussetzungen – Sprachfähigkeit und persönliche Betroffenheit von der Frage – als
gegeben annimmt, dann wird man die
Jugendlichen eben auch so adressieren.
Und genau damit ist man wieder beim
Vorbehalt von *Grümme*, der aber nach dem
Wissensfortschritt der Tagung eben nicht
mehr durch den Verweis auf außerschulische Lernorte bearbeitet werden kann.

4. Jugendtheologie als eigener Ort und als Utopie für eine ungelöste religionspädagogische Frage

Was diese Adressierung produktiv auslösen kann, zeigen die in den Jahrbüchern dokumentierten Theologischen
Gespräche mit Jugendlichen. Aber sie
zeigen nach dieser Analyse weniger theo-
logiebegabte Jugendliche, sondern eher
Adressierungen, Passungen von den Voraussetzungen zu dieser Adressierung,
Lehrkräfte, die in den Gesprächen eine
eigene Denkwelt erschaffen, die gerade nicht kontextualisiert ist – weder in
Schule noch in außerschulischen Lernorten – und sie zeigen Narrationen, die in
der Komposition eben genauso wirken,
dass Theologische Gespräche möglich
sind. Diese gelingenden Beispiele zeigen
verheißungsvolle Sonderorte – oder Zwi-
schenorte nach *Thomas Schlag* –, wenn

über die Jugendtheologie eine eigene
Lernkultur geschaffen wird, die es in
sich vermag, Polaritäten zusammenzu-
halten und damit die Grundfrage zu be-
arbeiten, wie überhaupt Person, Religion,
gelebte Religion und Religiosität in Zeiten ohne klaren sozialen, institutionelle
Rahmen einander zugeordnet werden
können. Wie kann die sich verstärkende
Heterogenität der Überzeugungen und
Lebensstile überhaupt noch auf die ho-
mogenisierende Funktion von Theologie
als rationaler Denkrahmen für alle bezogen werden, wenn die Tradition nicht
mehr der normative Rahmen ist? Wie
kann die axiomatisch gefasste Autonomie
der religiösen Subjekte mit der Lernnot-
wendigkeit des Unterrichtssettings und
der Normativität der Gegenstände zu-
sammengebracht werden? Dieser Band
greift hinter die zahlreichen dokumentierten Gespräche zurück und macht
deutlich, wie stark diese Narrationen
von den konkreten Kontexten und ihren
Voraussetzungen abstrahiert sind, die
scheinbar mühelos die hier besprochenen
Polaritäten überspringen können, aber bei
den kritischen Beobachter/innen der Jugendtheologie immer auch den Eindruck
einer ortlosen Künstlichkeit erwecken
können.

Der bloße Verweis auf das mündige,
sich durch *eigene Entscheidungen* religiös
bildende Subjekt, das in dem Diskurs
sein eigenes Denken frei weiterentwickelt, wie es sich religionspädagogisch
als Standard-Akteurs-Konzept hält,
greift hier meines Erachtens vor allem

11 Vgl. Stefan Altmeyer / Dieter Hermann / Ni-
cole Toms, »Wer hat, dem wird gegeben«. Eine
Evaluation der Erstkommunionkatechese, in:
ThQ, 194. Jg. 2014, 22–38.

aus zwei Gründen zu kurz. 1. Subjekte entstehen praxistheoretisch in Rahmungen und in den Praktiken, in die sie sich hineinstellen.[12] Aus logischer Perspektive könnte man sagen, sie entstehen durch die Prädikationen, die sie tragen. Sie sind nicht ohne diese Prädikationen. Die Passungen der Jugendtheologie sind keine allgemeinbildenden Passungen für alle, sondern basieren auf Voraussetzungen wie z.B. dem Bedürfnis reflexiver Religiosität, die nicht nur in ihren sprachlichen Leistungsvoraussetzungen, sondern auch in den religiösen Lernzielmotivationen bestimmte Gruppen wie z.B. sozial benachteiligte Jugendliche ausschließt.[13] D.h., dass die Vorstellung einer personnahen Kommunikation in bestimmten Formen selbst schon ein massives Subjektkonstrukt ist, das die Jugendtheologie zwar legitimiert, dass aber in der Adressierung von Jugendlichen ›als passend‹ erhebliche Modellierungen mitlaufen, die Lehrkräfte auch aus didaktischen Gründen nicht an allen Lernorten unbedingt teilen. Damit stößt die Jugendtheologie an ein Modellierungsproblem der Lernenden, das sie stellvertretend für die ganze Religionspädagogik bearbeitet: Wie kann man Lernende unter dem Axiom der Subjektorientierung und unter Bedingungen der Heterogenität adressieren, ohne inhaltlich beliebig zu werden oder in gleich-gültiger Distanz zu sachkundlichen Mustern zu greifen.[14]

2. Religion und auch religiöse Bildung vollziehen sich in der Luhmannschen Unterscheidung von Erleben und Handeln[15] nicht konsequent im Modus des Handelns, bei dem ein Ereignis als Folge der eigenen Verursachung beschrieben wird. Genau dies wird aber in der Figur der Entscheidung des Subjekts sugge-

riert. Religion und religiöse Bildung sind vielmehr komplexe Verarbeitungen von formenden Ansprüchen, in denen induktive und edukativ-transformierende Prozesse zusammenwirken.[16] Jugendtheologie kombiniert in der Theologie der Jugendlichen (Handeln), der Theologie für Jugendliche (Erleben) und der Theologie mit Jugendlichen (Handeln im Modus des Erlebens) auf sehr geschickte Weise das Handeln, das Konstruieren im vollen Bewusstsein, mit dem Herausgefordertsein durch Positionen, zu denen man sich wieder in Distanz setzen kann, aber nur, um die Herausforderung, auf die die Positionen reagieren, in einer sozialen Form weiter zu verfolgen. Dieses Herausgerufensein durch eine Position setzt voraus, sich zumindest zeitweise in ihren Denkrahmen zu stellen. Aber genau wie sich die Jugendtheologie in den verschiedenen Beiträgen damit an

12 Vgl. Andréa Bellinger / David J. Krieger, Einführung in die Akteur-Netzwerk-Theorie, in: Andréa Belliger / David J. Krieger (Hg.), ANThology. Ein einführendes Handbuch zur Akteur-Netzwerk-Theorie, Bielefeld 2006, 13–50, 38.

13 Vgl. Dörte Vieregge, Wer bleibt außen vor? Exklusionen im Kontext einer lebenslauforientierten Religionspädagogik, in: Theo-Web, 17. Jg. 2018, Heft 2, 142–155.

14 Vgl. Claudia Gärtner, Konfessioneller Religionsunterricht – kulturelle Vielfalt als Herausforderung eines auf Homogenität konzipierten und auf Identität zielenden Faches, in: Franz Gmainer-Pranzl / Beate Kowalski / Tony Neelankawil (Hg.), Herausforderungen interkultureller Theologie, Paderborn 2016, 89–104.

15 Vgl. Niklas Luhmann, Erleben und Handeln, in: ders., Soziologische Aufklärung, Opladen 1981, 67–80.

16 Vgl. Rudolf Englert, Zum Bildungswert religiösen Lernens, in: Ders. (Hg.), Religionspädagogische Grundfragen, Stuttgart 2007, 161–172, hier: 166.

den schulischen und außerschulischen Lernorten schwertut, so ist dies auch eine der wesentlichen Herausforderungen, die Rudolf Englert und die Essener Forschungsgruppe für die Praxis des Religionsunterrichts in den verschiedenen Kompensationsformen der Korrelationsdidaktik oder in dem gegenwärtigen Umgang mit dem Wahrheitsanspruch der religiösen Gegenstände beschreiben.[17]

Hier stößt die Religionspädagogik an ihre Grenze, weil sie sich mit der Frage des normativen, vereindeutigenden Umgangs mit den sozialen Glaubensüberzeugungen der gelebten Religion im Rahmen ihrer eigenen Axiomatik als konsequent subjektorientierte Reflexionswissenschaft schwertut. Die Tagung zur lernortspezifischen Jugendtheologie weist darauf hin, dass erstens die in den Jahrbüchern dokumentierten Lernsituationen durch die Narrationen der starken schillernden religiösen Individualität der Jugendlichen zwar eine vermittelnde Lösung des Problems präsentieren, diese Lösung sich aber an den Lernorten nicht wiederholt, wenn man nicht auf eine gelingende Narration abhebt. Zweitens löst die Lernortzuordnung kein Problem, die Lernortunterscheidung ist selbst zu schwach dafür. Vielmehr zeigt sich in dem Zueinander der Lernorte, wie halbiert reale jugendtheologische Prozesse an einem Lernort sind. Und dabei ist aus meiner Sicht die Kinder- und Jugendtheologie das einzige und darin ehrgeizigste Programm überhaupt noch an der Vermittelbarkeit der Pole zu arbeiten. Das macht an ihr die ganze Schwierigkeit echter religiöser Bildungsprozesse sichtbar – dafür ist aber zu danken.

---

17 Vgl. Rudolf Englert / Elisabeth Hennecke / Markus Kämmerling, Innenansichten des Religionsunterrichtes. Fallbeispiele – Analysen – Konsequenzen, München 2014, 105–135; Rudolf Englert, Wird aus der Religionsdidaktik eine Sachkunde ›Religion‹?, in: Rudolf Englert / Helga Kohler-Spiegel / Elisabeth Naurath / Bernd Schröder / Friedrich Schweitzer (Hg.), Religionspädagogik in der Transformationskrise. Ausblick auf die Zukunft religiöser Bildung (Jahrbuch der Religionspädagogik 30), Neukirchen-Vluyn 2014, 207–217.

Thomas Schlag
Kirche und Schule – zwei unterschiedliche Sprach-Welten?

1. Problemanzeige

Die Sondierung von unterschiedlichen Lernorten und den damit verbundenen Lebens- und Sprach-Welten wirft von Beginn an nicht nur die Frage nach dem jeweiligen Profil dieser Orte und Welten, sondern auch nach den Grenzen, Grenzziehungen, Grenzübergängen und Grenzbereichen zwischen diesen auf: Wie getrennt oder verknüpft sind beide Welten? Wer sind die Grenzwächter und wie muss man sich die Grenzgänger und möglichen Passagen vorstellen?

Sollte man sich an den Berliner Check Point Charlie und das Warnschild »You Are Leaving The American Sector« – das ultimative Warn- und Verbotsschild schlechthin – erinnern? In diesem Fall würde man Orts-Schilder so verstehen, dass sie nicht primär orientieren, sondern vor allem das Vertraute vom Unbekannten, ja möglicherweise das »Eigene« vom Fremden und Gefährlichen unterscheiden. Abgrenzungen solcher Art sind dann nicht nur Warnung, sondern signalisieren und markieren zugleich abgeteilte Welten und nicht selten verbotene Zonen und einen Grenzbereich des Niemandslandes – im schlimmsten Fall von beiden Seiten vermint. Tertium non datur.

Oder stellen wir uns die Welten mitsamt denkbarer Grenzgänge und Zwischenbereiche so vor, dass man sich in diesen, aber eben auch zwischen diesen hin- und herbewegen kann? Also als einen Bereich zwischen den Sprach-Welten, zwischen den Lern- und Lebensorten, einen Übergangsbereich der freien Wanderung und Erkundung – sozusagen diesseits der Verbots- oder Warnschilder, mit Brücken, Passageren und Wegweisern hin und her? Kein Niemandsland, sondern ein Bereich des fröhlichen Wechsels mit Erkundungsgängern, Brückenbauern, Flaneurinnen Wander- und Reiseführerinnen. Tertium datur.

Wie steht es nun um die Welten und Grenzziehungen von Schule und Kirche – oder auf unsere Thematik übertragen: Was ist eigentlich das Problem bei der näheren Sondierung von Jugendtheologie und Lernortspezifik? Ist nicht die Aufgaben-, Raum und Sprachverteilung zwischen Kirche und Schule bereits bestens und allgemein verbindlich geregelt?

Die immer wieder geäußerte Ansicht ist ja, dass, weil es sich um zwei unterschiedliche, eben formale und non-formale Bildungs-Kontexte handelt, »dort« jeweils nicht einfach in derselben Weise gesprochen werden kann oder gesprochen werden darf wie »hier«, da es ansonsten zu unsachgemäßen und verhängnisvollen Grenzüberschreitungen kommen müsse.

Aus durchaus berechtigten Gründen wird die Frage gestellt, ob denn ein Theologisieren am Ort der Schule nicht von bestimmten Glaubenserfahrungen und Gewissheiten ausgehe, die gerade im schulischen Kontext weder vorausgesetzt werden könnten noch dürften. Demnach seien jugendtheologische Gespräche mit einer stark persönlichen Dimension, vielleicht sogar einer bekenntnishaften Sprache verbunden, und dafür könne am Ort der Schule kein Platz sein – die Kritiker in dieser Sache sind bekannt. Tatsächlich ist ja, wenn man Art. 7.3 GG angemessen interpretiert, die Schule gerade kein Ort der missionarischen Eingemeindung in einen bestimmten Glauben. Droht also im schlimmsten Fall durch jugendtheologische Sprach-Spiele kommunikative Übergriffigkeit oder unbotmässige Indoktrination?

Andererseits wünscht man sich natürlich auch im Kontext des schulischen Religionsunterrichts substanzielle und existenziell bedeutsame Kommunikation und nicht einfach nur ein Reden über Religion. Auch hier kann wieder Art. 7,3 GG und der implizite Verweis auf die Bekenntnisgebundenheit des Faches herangezogen werden: Es geht natürlich darum, dass Schülerinnen und Schüler mit den Glaubenstraditionen und Inhalten von Religion aus einer spezifischen konfessionellen Perspektive bekannt und auch vertraut werden. Welches Problem hat also die Schule mit Jugendtheologie?

Um nun aber auch den Blick auf das kirchliche Terrain zu werfen: Aus kirchlicher Perspektive heraus hat man es aus guten Gründen bisher vermieden, Formen und Zielsetzungen schulischer Lernprozesse zum Leitstern der eigenen religiösen Bildungsarbeit zu machen – und natürlich gilt auch hier das pädagogische Indoktrinationsverbot. Es ist nicht absehbar, dass etwa die Kompetenzde-

batte auch auf den kirchlichen Bildungsbereich durchschlägt oder hier großflächig verbindliche Lehrmittel eingeführt werden – wobei, nebenbei gesagt, schon zu bedenken ist, ob man nicht im Zusammenhang kirchlicher Gesamtkatechese zukünftig durchaus stärker curricular denken sollte.

Begreift man bei einer solchen recht strikten Trennung den kirchlichen Bildungskontext als Refugium für vermeintlich eindeutige religiöse Sprache, die sich dadurch auszeichnen will, dass hier andere Dinge gesagt und gedacht werden können als im schulischen Kontext? In einem solchen Fall würde jugendtheologische Arbeit sozusagen als sicherer Boden verstanden, auf dem nun endlich »das Eigentliche« artikuliert und vermittelt werden kann. Welches Problem hat dann aber die Kirche mit Jugendtheologie?

Tatsächlich gehört es zur Logik der Institutionen, dass in ihnen unterschiedliche Welten repräsentiert sind und dementsprechend unterschiedliche Sprachspiele stattfinden. Und es ist ebenso verständlich wie legitim, dass jeweils auch ganz unterschiedliche Rahmenbedingungen institutionenlogischer Art gegeben sind: in Hinsicht auf rechtliche Vorgaben, den allgemeinen Bildungsauftrag, Kompetenz- und Bildungsstandards-Bestimmungen, Lehrpläne und nicht zuletzt das jeweilige Professionsverständnis der Lehrenden und Bildungsverantwortlichen.

Tatsächlich ist weder Schule Kirche, noch Kirche Schule. Natürlich ist eine funktional bestimmte Trennung zwischen beiden Bildungsbereichen so richtig wie notwendig. In institutionenlogischer wie auch in pädagogischer Hinsicht gibt es beste Gründe, diese beiden Welten deutlich voneinander zu differenzieren und nicht einfach in eins zu setzen. Dies gilt aber auch in theologischer Hinsicht: Nicht zuletzt die klassisch reformatorische Unterscheidung zwischen weltlichem und geistlichem Bereich markiert hier von Beginn an wichtige Unterscheidungen und eben Grenzbestimmungen.

Kann und muss man also strikt diese Bildungs-Welten und damit dann eben auch die dort erfahrbaren und praktizierten Sprach-Welten trennen bzw. als getrennt verstehen, so dass eben kein Raum für Grenzgänge und Übergangsräume mehr besteht?

Ist es ein Unterschied und macht es einen Unterschied, ob man jugendtheologische Gespräche im schulischen oder im kirchlichen Kontext initiiert und durchführt? Und wenn ja, für wen eigentlich? Wie sehr ist der Bereich zwischen Kirche und Schule Niemandsland oder dann eben doch mit Brücken und Wegweisern ausgestattet? Gibt es also Verbindungen, Passagen zwischen den non-formalen und formalen Bildungs-Welten und wie könnten diese eigentlich aussehen?

2. Eine These zur *einen* Lebenswelt Jugendlicher

Im Folgenden sei die These vertreten und ausgeführt, dass religiöse Bildung an den verschiedenen Bildungs-Orten zwar klar zu differenzieren ist, gerade eine solche Unterscheidungs-Kunst aber dann der Sache nach auch Möglichkeiten eröffnet, beide Sprach-Welten als eng miteinander verbunden zu denken. Denn beide Kontexte zeichnen sich aufgrund der *einen* Lebenswelt der Jugendlichen wie auch der Zielsetzung religiöser Sprachfähig-

keit und Mündigkeit durch gemeinsame Herausforderungen und Anforderungssituationen aus.

Dass beide Bildungs- und Sprach-Welten in enger Verbindung zueinander zu denken sind, legt sich schon allein aufgrund der Tatsache nahe, dass man es an beiden Orten sozusagen »der Idee und Realität nach« mit denselben Jugendlichen zu tun hat. Wer wollte ernsthaft behaupten, dass diese je nach Kontext auf einmal »ganz andere« seien oder auf einmal in ganz anderer Weise ansprechbar oder artikulationsfähig wären. Damit ist dann aber auch klar, dass die Rede vom Glauben keineswegs selbstverständlich als exklusiver Identitätsmarker kirchlicher Bildung verstanden werden kann. Es ist durchaus gerechtfertigt, auch im schulischen Bildungskontext nach »Lernwegen auf Glauben hin«[1] zu suchen – womit dann aber die pädagogische und theologische Arbeit überhaupt erst vor ihrer eigentlichen Herausforderung steht.

Auf der Seite der Lehrpersonen bzw. der Bildungsverantwortlichen stellt sich im Prinzip dieselbe Frage: Unterscheidet sich für diese je nach Arbeitszusammenhang ihre jeweilige Artikulationsweise und können sie von den Schüler/innen je nach Ort unterschiedliche Ausdrucksformen wünschen oder gar einfordern? Käme dies nicht einer künstlichen Trennung, um nicht zu sagen einer »professionellen Schizophrenie« gleich, die jedenfalls die Frage pädagogischer Authentizität aufwirft?

---

1 Ingrid Schoberth, Diskursräume religiösen Lernens. Zu den Konturen einer Religionsdidaktik, Göttingen 2018, 22.

Jugendtheologische Arbeit sollte damit gerade als pädagogische und theologische Möglichkeit verstanden werden, beide Lebens- und Sprachwelten in einem starken und engen Bezug zueinander zu denken. Natürlich macht die Unterscheidung zwischen »Sprechen über Religion« und »religiösem Sprechen« Sinn.[2] Aber gerade eine jugendtheologische Arbeit ermöglicht die differenzierte Konkretisierung dessen, was man als Kommunikation des Evangeliums näher fassen kann.

Für eine solche differenzierte Komplementarität soll sowohl in bildungstheoretischer, sprachtheologischer wie religionspädagogischer Hinsicht argumentiert werden. Dies sei im Folgenden zuerst in einem bildungstheoretischen Rückgriff näher zur Sprache gebracht.

3. Begründungslinien

3.1 Bildungstheoretische Begründungslinien

Einen denkbar engen Zusammenhang zwischen Bildung und Sprache stellt Charles Taylor her. In Rezeption v.a. von Hamann, Herder und Humboldt kommt er zum Schluss, dass der eigentliche Sinn von Sprache und Sprechen zum einen jenseits der Weitergabe von Informationen liegt, zum anderen eben jener Sinn in der schöpferischen, konstitutiven Kraft von Sprache[3] und dabei im Diskurs selbst liegt. Sprache ist folglich nicht bezeichnungstheoretisch-instrumentell, sondern im expressiv-konstitutiven Sinn[4] – mit Humboldt – als Gewebe[5] verstanden. Sprache macht, so Taylor Humboldt aufnehmend, »von

endlichen Mitteln einen unendlichen Gebrauch«.[6]

Dabei ist es gerade das Erzählen, das als solches Bedeutung erschafft – als »Berichten über in eine Erzählung eingebundene Personen und deren komplexe Beziehung zueinander.«[7] Erzählen ist »schöpferisches beziehungsweise konstitutives Merkmal von Sprache«.[8] Geschichten zeigen somit etwas über »das Faktum der Heterogenität«[9] und sagen damit »etwas über die Conditio humana« selbst aus: »Geschichten können uns neue Kategorien der Lebensdeutung schenken sowie ein Empfinden für menschliche Möglichkeiten und für die wichtigen Entscheidungen, die wir treffen müssen.«[10] Oder noch prägnanter: »Erst durch Geschichten gelingt es uns, Mittel und Wege zu entdecken oder zu entwerfen, die ein erträgliches Leben in der Zeit ermöglichen.«[11]

Der Erkenntnisgewinn von Geschichten liegt hier im Gewinn »an autobiographischem Selbstverständnis über-

---

2 Vgl. Stefan Altmeyer, Zum Umgang mit sprachlicher Fremdheit in religiösen Bildungsprozessen, in: Andrea Schulte (Hg.), Sprache. Kommunikation. Religionsunterricht. Gegenwärtige Herausforderungen religiöser Sprachbildung und Kommunikation über Religion im Religionsunterricht, Leipzig 2018, 191–205.
3 Charles Taylor, Das sprachbegabte Tier. Grundzüge des menschlichen Sprachvermögens, Frankfurt/M. 2017, 551.
4 Ebd., 98.
5 Ebd., 45, 100, 220.
6 So ebd., 219, in Aufnahme von W. v. Humboldts »Über die Verschiedenheit des menschlichen Sprachbaues und ihren Einfluß auf die geistige Entwicklung des Menschengeschlechts« (1836).
7 Ebd., 551.
8 Ebd., 600.
9 Ebd., 561.
10 Ebd., 565.
11 Ebd., 605.

haupt«,[12] wobei dieses Hinundherpendeln zwischen Text und Kritik als »Verstehen der eigenen Person oder anderer Personen auf biographischem Weg ein potentiell endloser Prozeß ist.«[13] Bildung wird hier von Taylor also verstanden als Erschließung über individuelle Sprache und Sprachprozesse. Bildung entsteht und entwickelt sich im und durch den Diskurs.

Und dies wird von Taylor seinerseits in einem weiterreichen anthropologischen Sinn gefasst, wenn er formuliert: Wir bauen »uns ganze Landschaften aus Bedeutungen, und zwar sowohl aus menschlichen Bedeutungen als auch aus zwischenmenschlichen Verhältnissen.«[14] Und er fährt fort: »Wir sorgen dafür, daß diese Bedeutungen für uns existieren, indem wie sie enaktiv umsetzen, sie sodann ausdrücken, benennen, kritisch untersuchen, sie im Meinungsstreit thematisieren und (manchmal) um sie kämpfen.«[15] Sprache überbrückt seiner Ansicht nach somit »nicht nur den Grenzgraben zwischen ›Geist‹ und Körper, sondern auch den zwischen dem Dialogischen und dem Monologischen.«[16] Dass dies möglich ist, liegt in der »Fähigkeit zu gemeinsamer Aufmerksamkeit, zur Verbundenheit«[17], kurz im anthropologischen Faktum, »zoon echon logon«[18] zu sein – oder mit Plessner[19] – in der exzentrischen Positionalität des Menschen und seinem prinzipiellen freiheitlichen Unterscheidungsvermögen begründet.

3.2 Sprachtheologische Begründungslinien

Im Anschluss an dieses Sprach-Verständnis soll nun von einer theologischen Perspektive aus danach gefragt werden, von woher beide Sprach-Welten als Leben-Welten in theologischem Sinn miteinander verbunden sind bzw. im Grenzbereich einer gemeinsamen Lebenswelt durch eine gemeinsame Perspektive auf das Leben miteinander verbunden sind.

Zum einen ist dies in *theologisch-anthropologischem* Sinn der Fall: Es macht gerade die theologische Perspektive aus, Jugendliche in ihrer Geschöpflichkeit und Bildsamkeit, zugleich aber auch in ihrer schöpferischen Kreativität zu verstehen. Bildung ist demzufolge eng mit der theologischen Überzeugung der ursprünglich angelegten Fähigkeit der individuellen expressiven Selbst- und Welterschließung verbunden. Eine solche theologisch-anthropologische Perspektive nimmt ihren Ausgangspunkt bewusst bei den Potentialen der Jugendlichen und deren individuellen Möglichkeiten eigener kreativer Sinn-Produktion.

Zum zweiten ist dies in einer *theologisch-ethischen* Hinsicht der Fall: Auch wenn sich die Jugendlichen in Kirche und Schule in unterschiedlichen Bildungszusammenhängen befinden, sind doch deren je aktuelle und individuelle Lebensherausforderungen in Bezug auf die eigene Lebensorientierung in den pluralistischen Kontexten dieselben. Dies eröffnet Möglichkeiten einer bewusst auf individual- und sozialethische Lebensfragen hin ausgerichteten Bildung. Man kann hier angesichts der

---

12 Ebd., 582.
13 Ebd., 596.
14 Ebd., 626f.
15 Ebd.
16 Ebd., 628.
17 Ebd., 631.
18 Ebd., 639.
19 Ebd., 644, wiederum in Anschluss an Herder.

ethischen Fragen, die eben an beiden öffentlichen Bildungsorten Kirche und Schule permanent »mitlaufen«, von einer ganz bewusst schulisch und kirchlich öffentlichen, auch partizipativ und demokratisch verantworteten Jugendtheologie sprechen.

Zum dritten sei in einer *systematisch-theologischen* Perspektive darauf verwiesen, dass alle Kommunikationsakte in ihrem relationalen Charakter als Beziehung zu Gott selbst verstanden werden können. Die Rede von Gott ist damit nicht nur Ausdruck »unserer Sprache«, sondern zugleich als Sprachgeschehen Anrede Gottes an die Menschen und als zusprechendes und zumutendes Wortereignis näher zu fassen, das seinerseits menschliches Hören und eigenständiges, freies Reden überhaupt erst ermöglicht. Damit kommt in sprachtheologischer Hinsicht die Einsicht Luthers zur Geltung, dass sich die Gottesbeziehung im freien gnadenhaften Akt Gottes selbst zur Sprache bringt – und auf Seiten des Empfangenden nicht mehr als ein Hören und Vertrauen auf eben jenes Sprachereignis notwendig ist.[20]

Diese Annäherungen mögen nun auf den ersten Blick einigermaßen abstrakt klingen. Und doch kann man sich eine solche theologische Perspektive sehr wohl ganz konkret vorstellen. Hier kommen dann mindestens zwei Aspekte genauer ins Spiel. Diese betreffen zum einen die Initiierung und Durchführung jugendtheologischer Gespräche, zum anderen die professionelle Haltung der Lehrenden selbst.

In Hinsicht auf jugendtheologische Gespräche selbst sei hier nochmals die bekannte Trias des »von«, »mit« und »für« ins Feld geführt. In allen drei Kommu-

nikationsmodi ist ein solches Einspielen theologischer Deutungen möglich und gefragt. Man kann insofern diese Trias theologisch als eine theologiebezogene Wahrnehmungs-, Erschließungs- und Orientierungspraxis durchbuchstabieren.[21] Unter dem oben genannten Zusammenhang von Bildung und Sprache als narrativem und diskursivem Selbst- und Welterschließungsprozess ist dabei in allen drei Modi Dialogizität und Wechselseitigkeit vorausgesetzt.

Dabei ist von einem Theologiebegriff auszugehen, der weder dogmatische Richtigkeiten konstatiert noch einfach theologiekundliches Wissen produziert oder präsentiert. Um es auf den Aspekt der theologischen *Orientierung* zu konzentrieren: Es macht gerade diesen Vollzug aus, in kompetenter Weise das

---

20 »Die wahre Identität, die zugesagte Identität in Christo beginnt im Gespräch, im Geschehen von Zusage und Hören, welches im Sich-Verlassen auf die Zusage gelingt, wirklich zu werden – statt in einer menschlichen Substanz bzw. ihrem Selbstverständnis, einem Selbstsein im richtigen Denken zu bestehen«, Tom Kleffmann, Die Erbsündenlehre im sprachtheologischen Horizont. Eine Interpretation Augustins, Luthers und Hamanns, Tübingen 1994, 228.

21 Alternativ ließe sich religiöse Sprachbildung auch »Wahrnehmen und Ausdrücken« (performativer Weg), »Sprechen lernen« (kommunikationstheoretischer Weg), »Auskunft geben lernen« (diskursorientierter Weg) und »Verstehen lernen« (hermeneutischer Weg) ausdifferenzieren, vgl. Altmeyer, Zum Umgang mit sprachlicher Fremdheit (wie Anm. 2) 199f, der zu Recht darauf hinweist, dass darüber hinaus auch die »Ränder des religiösen Sprachfelds« zukünftig stärker didaktisch zu reflektieren sind; dies dürfte gerade im Zusammenhang jugendtheologischer Kommunikationsmodi so herausfordernd wie verheißungsvoll sein.

Blickfeld der Jugendlichen so auszuweiten, dass ihnen deutlich wird, inwiefern eine theologische Dimension die eigene Positionierung in hilfreicher Weise zu erweitern vermag. Es geht damit nicht um die »fromme Überwölbung« oder gar Überwältigung jugendlicher Einstellungen, sondern um ein Orientierungsangebot, das das eigene Wissen substantiell erweitert, das eigene Verstehen und die eigene Positionierung bereichert und im besten Fall den weiteren Austausch auf einer »höheren Ebene« befördert. An Taylor anknüpfend kann gesagt werden, dass es das jugendtheologische Sprechen selbst ist, das durch es selbst Unterscheidungsvermögen und Verbundenheit untereinander ermöglicht.

3.3 Religionspädagogische Begründungslinien

Ich will diese Komplementarität im Folgenden an einem konkreten Beispiel, dem der alttestamentlichen Prophetie deutlich machen. Vorausgeschickt sei hier, dass diese Thematik sowohl im schulischen wie im kirchlichen Kontext einen wesentlichen Stoff entsprechender Curricula, Lern- und Lehrmaterialien und wohl auch der Unterrichtwirklichkeit ausmacht.

Die Herausforderung einer prozessualen theologischen Verstehenspraxis besteht darin, nicht nur in aller notwendigen Differenzierung auf die Vielfalt prophetischer Einzelgestalten und Phänomene hinzuweisen. Sondern zugleich ist deutlich zu machen, dass hinter dieser Überlieferungtradition ein bestimmtes Verständnis und Selbstverständnis der Propheten im Blick auf

ihre Gottesbeziehung steht. Insofern ist es eben auch zeit- und altersangemessen, die Prophetengestalten nicht einfach als »religiöse Genies« zu präsentieren, damit deren Verkündigungsanspruch sozusagen zu verabsolutieren und so von vornherein staunende Sprachlosigkeit auf Seiten der Jugendlichen zu produzieren.

Sondern vielmehr besteht die Herausforderung darin, prophetische Verkündigung in der Komplexität von Gewissheit und Unsicherheit, Eindeutigkeit und Offenheit, Anspruch und Wirklichkeit zur Sprache zu bringen – die Propheten also im wahrsten Sinn des Wortes in ihrer menschlichen Grundeigenschaft suchender, zweifelnder, klagender, hoffender und verstehen wollender religiöser Wesen zum Vorschein zu bringen. Wird dabei zugleich auf die Tradition prophetischer Kritik verwiesen, muss auch dies in aller Offenheit geschehen und es dürfen hier weder Klischees noch vermeintlich klare Wahrheiten unter dem Label angeblicher prophetischer Eindeutigkeit verbreitet werden. Und weshalb sollte hier in pädagogischer wie theologischer Hinsicht ein qualitativer Unterschied zwischen den Lernorten Kirche und Schule gemacht werden? Denn gerade die Herausforderung prophetischer Thematisierung schafft in sich sogleich lernortübergreifende Sach- und Lebenszusammenhänge und setzt zugleich unterschiedlichste Möglichkeiten von Grenzgängen zwischen den Großinstitutionen aus sich heraus. Dann aber muss man die Rede von der prophetischen Kraft der Jugendlichen nochmals sehr viel differenzierter verstehen und ernst nehmen als dies auf den ersten

Blick erscheint.[22] Möglicherweise liegt diese eben nicht nur in deren aufklärerisch-kritischen Potentialen, sondern gerade in deren freier Artikulation und mündigen Suche nach dem, was das eigene Leben in allen faktischen Lebensbezügen und damit eben an allen Lernorten als Lebensorten wirklich wertvoll und schützenswert macht.

Wichtig ist in diesem konkreten Zusammenhang auch, dass prophetische Tradition nicht nur im Zusammenhang verbaler Sprech-Akte zum Thema wird – weder seinerzeit noch gegenwärtig. Gerade weil prophetische Überlieferung voller Zeichenhandlungen, Symbole und einprägsamer Propheten-Bilder ist, braucht und kann sich die jugendtheologische Beschäftigung nicht nur auf verbale Sprech-Akte fokussieren, sondern lebt – um nochmals an Taylor anzuknüpfen – vom zeichenhaften Verbundensein der Gesprächspartner, ihrer Suche nach gelingender Beziehung. Dazu gehört auch, dass prophetische Narrativität das Stockende und Stammelnde konstitutiv mit umfasst. Prophetische Verkündigung bleibt bei aller Emphase eben immer auch unsicher, unabgegolten, suchend, zweifelnd und leidend – dies ist vielleicht nicht das schlechteste Paradigma für das, was jugendtheologische Gespräche leisten können und sollten.

Und schließlich – auch dies soll hier mit angesprochen werden – ermöglicht eine solche Annäherung an die prophetische Überlieferung auch die Verbindung zwischen alttestamentlicher und neutestamentlicher Überlieferung – aber hier nun nicht im Sinn, dass das Neue einfach aus dem Alten erklärt wird, sondern indem eine Sensibilität für die vielfältigen Entstehungs- und Entdeckungszusammenhänge der Bibel als ganze »erzeugt« wird und somit die Bibel selbst als zeitübergreifender, immer wieder neu zu entdeckender Diskursraum des »Göttlichen und Allzumenschlichen« vor Augen kommt.

Im Blick auf die Lehrenden und deren notwendige professionelle Haltung ist es von dort aus so richtig wie angemessen, diese Haltung des unbedingten Vertrauens und der Empathie gegenüber den Jugendlichen nicht nur als pädagogische Grundtugend zu verstehen, sondern diese ihrerseits in jugendtheologischer Hinsicht mit der je eigenen, persönlichen und theologischen Weltdeutung zu verbinden bzw. von dort her zu begründen. Oder anders gesagt: Inwiefern die Lernorte sich in ihrer eigenen Profilbildung selbst über Ab- und Ausgrenzungen definieren oder eben genau solche gemeinsamen Übergangs- und Resonanzräume eröffnen, gründet nicht zuletzt in der Verantwortlichkeit der Lehrenden und deren Bereitschaft zum physischen und intellektuellen Grenzgängertum selbst.

4. Fazit

In bildungstheoretischer, sprachtheologischer und religionspädagogischer Hinsicht macht die Unterscheidung der kirchlichen und schulischen Sprach-Welten zwar in rechtlicher und pädagogischer Hinsicht durchaus Sinn. Doch wird Theologie, wie angedeutet, in einem solchen diskursiv-narrativen und

---

22 Vgl. Ottmar Fuchs, Prophetische Kraft der Jugend? Zum theologischen und ekklesiologischen Ort einer Altersgruppe im Horizont des Evangeliums, Freiburg im Breisgau 1986.

erschließenden Sinn verstanden, dann ist deutlich, dass diese theologischen Sprach-Deutungs-Vorgänge nicht auf zwei voneinander abgegrenzte Bildungs-orte sozusagen segregierend aufgeteilt werden können. Theologisch sensible Jugendtheologie ist weit entfernt sowohl von künstlichen Abgrenzungen zwischen beiden Sprach-Welten wie auch von al-len Übergriffigkeiten einer Sprach-Welt in die Andere. Alle vermeintlich klaren Abgrenzungen, etwa zwischen einer rati-onal ausgerichteten schulischen Bildung einerseits und einer bekenntnisorientier-ten kirchlichen Bildung andererseits sind damit gerade aus theologischen Gründen zu relativieren bzw. in Frage zu stellen.

Man kann es auch noch deutlicher so sagen: Gerade eine elaboriert ausdiffe-renzierte Jugendtheologie eröffnet Mög-lichkeiten, die beiden Sprach-Welten und die darin stattfindenden verbalen und non-verbalen Expressionen diffe-renzsensibel in ihrer Unterscheidung und in ihrem Zusammenhang in den Blick zu nehmen – und damit eben ei-nen Grenzbereich zu eröffnen, in dem Wanderungen von Hier nach Dort und wieder zurück möglich werden – und so den Bipolaritäten im wahrsten Sinn des Wortes zu entgehen.

Und um das Bild noch einmal etwas zu schärfen: Vielleicht sind es am Ende zwar einerseits große eigene Bildungsbereiche zur Rechten und zur Linken, in denen sich theologische Gespräche ereignen – aber gerade durch dieses Theologisieren kann andererseits ein ganz eigener Be-reich des Dazwischen entstehen, an dem die wesentlichen Fragen thematisiert werden können. Dann macht Grenzgän-gertum für alle Bildungsbeteiligten le-bensdienlichen Sinn.

Nur um Missverständnisse zu vermei-den: Dieser Bereich des Dazwischen ist nicht notwendigerweise ein geographi-scher Raum, sondern eben auch eine At-mosphäre informeller Lebenserfahrung. Hier werden beide Bildungsbereiche flie-ßend ins Gespräch miteinander gebracht, in dem die jeweiligen Akteurinnen und Akteure wechselseitig voneinander pro-fitieren und am Ende vielleicht sogar ein gemeinsamer kommunikativer und insti-tutioneller Neubereich entsteht. Bekann-termaßen haben sich im damaligen Ost-West-deutschen Niemandsland höchst lebendige Biotope entwickelt.

Dass dies dann auch für die Lehren-den in beiden Welten nicht zur Schei-dung der Geister führen sollte, ergibt sich von dort aus fast selbstverständlich – einmal ganz abgesehen davon, dass nicht selten Lehrende sowohl im schulischen wie im kirchlichen Bereich tätig sind. Eine Scheu vor vermeintlich problemati-schen religiösen Übergriffigkeiten ist je-denfalls gerade dann unberechtigt, wenn sich die Lehrenden selbst eben durch eine theologisch sensible und kompeten-te Wahrnehmungs-, Sprach- und Erzähl-praxis auszeichnen.

Dies bedeutet aber auch, weder auf reine Rationalität noch auf Formen performativer Spiritualität zu setzen – also nicht konkurrenzhaft und auch nicht einfach im Modus der Koexis-tenz –, sondern vielmehr komplemen-tär zu denken. Gerade wenn und weil Lehrende die jeweilige Begegnungssi-tuation mit Jugendlichen auch im Licht eines zuvorkommenden, und damit im Letzten nicht planbaren Interaktions-geschehens deuten, wirft dies auf die jeweilige Begegnung eben besonderes Licht.

Sowohl im schulischen wie im kirchlichen Kontext muss jugendtheologisches Arbeiten von aufgeklärter, theologisch kundiger Klugheit wie auch von einer Sensibilität für die religiöse Dimension des Lebens gekennzeichnet sein – und nicht zuletzt aus guten pädagogischen und theologischen Gründen von der Einsicht in die Unverfügbarkeit aller Bildungsprozesse.

Dass dies für die zukünftige Aus- und Weiterbildung von Lehrenden nicht zuletzt die Frage nach dem eigenen professionellen Selbstverständnis, also sowohl der eigenen konfessionellen Verortung wie auch deren pädagogischer Grundhaltung und all dies vor dem Hintergrund ihrer eigenen theologischen Bildung aufwirft, ist von dort aus selbstverständlich und muss eigentlich kaum eigens betont werden. Insofern sind theologisch ansprechende und anspruchsvolle Grenzgänge durch kundige und aus fachlichen Gründen mutig argumentierende theologische Grenzgängerinnen und Grenzgänger gefragt. Dazu braucht es die jugendtheologisch geschärfte Differenzkompetenz, zu sehen, wo jeweils Warn- und Verbotsschilder stehen, wo Brücken zwischen den Sprach-Welten gebildet werden können und lebensdienliche Übergangsbereiche zwischen den unterschiedlichen Lern- und Lebensorten längst schon bestehen.

Buchbesprechung

■ **Gerhard Büttner/ Larissa Carina Seelbach unter Mitarbeit von Michael Klein, Kinder und die großen Antworten. Generationsübergreifende Impulse für Schule und Gemeinde, Calwer Verlag, Stuttgart 2019 (192 Seiten).**

Das Buch lädt ein zum Durchblättern und sich festlesen. Dabei bleibt man einmal an den Bildern, dann wieder an den Fragen oder den kurzen Texten hängen. Mit seinen Texten und Bildern kann es als ein ›Baukasten‹ für den Religionsunterricht oder die Gemeindearbeit dienen.

Am Anfang des kindertheologischen Diskurses stand das Interesse an Kinderfragen. Schon Kinder stellen »nicht-entscheidbare« (von Foerster ⁴2002), sogenannte ›große‹ Fragen in einem weiten Fragehorizont. Dieses Werk setzt seinen Fokus nun auf Antworten auf solche ›große‹ Fragen. In der Philosophie gibt es für ein philosophisches Gespräch mit Kindern sogenannte ›Klassiker-Texte‹. Solche Texte gibt es auch in der Theologie, sie werden aber nach Meinung des Autorenteams Gerhard Büttner und Larissa Carina Seelbach als solche bisher nicht genügend gewürdigt. Dies rühre daher, dass theologischen Texten immer der Verdacht anhafte, man müsse sie glauben. Das Buch stellt zum einen die bisher zu Unrecht vernachlässigte, wichtige und innovative Sammlung vielfältiger theologischer Antworten dar. Es stellt 24 ›große‹ Fragen,

die zum Teil überkonfessionell und inklusiv sind wie: »Warum gibt es das Böse?« oder »Kommt etwas nach dem Tod?«. Zu einem anderen Teil entstammen sie der explizit christlichen Religionsgeschichte wie: »Was bewirkt mein Glaube an Jesus Christus?« oder »Warum musste uns Jesus durch seinen Kreuzestod befreien?« Der Fokus auf die Antworten zu diesen Fragen zeigt, wie »gleichwohl dringlich« Antworten neben den Fragen sind und wie eine »große Dankbarkeit erzeugt wird, wenn Menschen Antworten geben, die sie auf ihre Weise auch mit ihrem Leben verbürgen.« (S. 7) Es ist zudem nicht nur für Kinder hilfreich zu erfahren, »dass die eigenen Fragen nicht von mir allein kommen, sondern – genau wie die Antworten! – offenbar die Geschichte der Kirche von Anfang an begleiten. ... [E]ine theologische Antwort, die ein mittelalterlicher Denker gab, ist per se nicht schlechter als die einer Theologin bzw. eines Theologen der Gegenwart.« (S. 7/8) Das Autorenteam greift auf ganz kurze Auszüge theologischer Klassiker-Texte von Augustin, Anselm von Canterbury, Thomas von Aquin und Martin Luther als Repräsentanten des »westlichen Christentums« (S. 9) zurück. Die Auswahl von vier Männern aus der Zeit vom 4. bis 16. Jahrhundert ist zeitbedingt zu erklären und ist nicht dem Autorenteam anzulasten. Die zum Teil von Michael Klein verfassten, für Kinder gut verständlichen kindgemäßen Einführungen zu den vier Theologen erhellen den Hintergrund der Klassiker-Texte im Buch. Jeder Antwort ist ein historisches Bild ebenfalls sogenannter ›großer‹ Künstler wie Lucas Cranach d.Ä., Meister Bertram, Max Pechstein oder Hieronymus Bosch vorangestellt. Die Bilder symbolisieren einzelne Aspekte der jeweiligen Frage, wie z.B. das »Jüngste Gericht« zur Begründung der Entstehung des Bösen und zum Leben nach dem Tod. Ergänzend dazu wird eine ›Antwort‹ in Textform aus der Gegenwart von Theologinnen und Theologen, der Märchenwelt oder der Literatur gegeben. Dieser Dreischritt überzeugt sehr in seiner Anlage! Klassiker-Text und moderne Antwort werden in einem weiteren Schritt zunächst textimmanent und darüber hinaus mit einem Bibelbezug erläutert. Zum Bild werden meist zielführend der Entstehungshintergrund und die Aussageabsichten skizziert. Als vierter programmatischer Schritt sind Antworten von Kindern auf die Fragen abgedruckt, die vor allem aus religionspädagogischen Kontexten in Schule und Gemeinde transkribiert wurden. Abschließend werden kurze Vorschläge für eine religionspädagogische praktische Umsetzung mit Kindern gemacht.

Der letzte Teil des Buches stellt Impulse als ›Antworten‹ auf die Fragen vor, die in der gemeindlichen Arbeit in Andachten oder theologischen Gesprächskreisen Erwachsener unterschiedlich zum Einsatz kommen können. Dadurch wird der auf Kinder gerichtete religionsdidaktische Blick des ersten Teils überzeugend generationsübergreifend erweitert.

Die Erläuterungen zu den Texten und Bildern sind absolut notwendig und vor dem Einsatz des Materials unerlässlich.

Die Kürze und Prägnanz des Materials kommt dabei der religionspädagogischen Schul-Praxis entgegen. Der direkte Einsatz der Texte im Religionsunterricht wird aber ärgerlicherweise behindert, da weder zu den Klassikern, noch zu den ›modernen‹ Texten, wie auch zu einigen Bildern die genaue (historische!) Ursprungsquelle oder das Entstehungsjahr angegeben werden. Auch bei den ›modernen‹ Antworten wären für einen verantwortbaren Einsatz in der Schule Hintergrundinformationen zu den Autor/innen unerlässlich gewesen.

Die große Stärke des Buches ist die in der Tradition der Kindertheologie stehende Zusammenschau der Antworten ›großer‹ und ›kleiner‹ Theolog/innen in Text und besonders hervorzuheben auch im Bild. Das gesprächsdidaktische Potenzial von Kinderbildern wird aber (zu) wenig ausgeschöpft, da nur ein Kinderbild gegenüber einer Vielzahl von historischen Bildern abgedruckt wird. Leider geben die Kinder ihre Antworten auch oft nur in kurzen Sätzen wieder. Komplexere Gedankengänge der Kinder werden so kaum verständlich, z.B. »Können Menschen wissen, was sie glücklich macht? Mädchen: Teils.« (S. 91) Den Kinderantworten den gleichen Platz einzuräumen wie den Erwachsenenantworten mit ihrer längeren Entfaltung von Gedankengängen, wäre zum einen dem gut nachvollziehbaren Anliegen des Buches gerechter geworden und zum anderen hätte es zur besseren Verständlichkeit der Kinderantworten beigetragen. Eine weitere Sammlung von ›großen‹ Antworten in Texten und Bildern bleibt für die Zukunft von Religionslehrkräften, Pfarrerinnen und Pfarrern außerordentlich zu wünschen!

Marion Keuchen

■ **Gerhard Büttner, Elementarisierung im Religionsunterricht. Einführung in die Praxis, Calwer Verlag, Stuttgart 2019 (182 Seiten).**

Man möchte fast sagen, seit Generationen sei das Konzept der Elementarisierung der didaktische Standard in der universitären Religionslehrerbildung. Ob als Planungs- oder Analyseinstrument, die Elementarisierung hat nun seit 40 Jahren (49) ihren festen Platz in der Religionsdidaktik und hat sich in dieser Zeit auch theorieintern ständig weiterentwickelt. Nach diesem langen Zeitraum stellt sich Gerhard Büttner mit diesem Buch der Herausforderung, die begriffliche und inhaltliche Entwicklung des didaktischen Konzepts nachzuzeichnen, damit »angehende und praktizierende Religionslehrer/innen (…), ihr religionspädagogisches Handeln besser« (9) verstehen. Vor diesem Hintergrund und Anspruch möchte er zu einem eigenen Elementarisierungskonzept kommen. Das Buch ist durchzogen von kleineren Übungsaufgaben, mit denen Büttner die Leserinnen und Leser direkt anspricht und zur direkten Auseinandersetzung mit dem Thema auffordert oder in das Thema einführt.

Das Buch »Elementarisierung im Religionsunterricht« ist dafür in vierzehn Kapitel eingeteilt, die sich gut noch einmal in fünf Sinnzusammenhänge gliedern lassen. Die ersten drei Kapitel legen eine Grundlage zum Begriff des Elementaren. Büttner macht am Beispiel der Bibelkanonisierung deutlich, dass einerseits die Auswahl des Elementaren immer exemplarisch »für das Gesamte« steht (27) und andererseits es nicht nur das eine Elementare zu einem Thema gibt. Abhängig vom Schlüssel oder der Brille, durch die jemand schaut, wird etwas anderes ele-

mentar. Luther z.B. wählte die Schriften nach einer bestimmten Christologie aus (29), so Büttner. Die Auswahl von biblischen Texten oder das Zuschneiden eines unterrichtlichen Themas ist immer perspektivisch. Als Vorausschau erläutert Büttner letztlich den Begriff des Elementaren bei Klafki.

In einem zweiten großen Sinnzusammenhang über die Kapitel vier und fünf wird die Entwicklung des Elementarisierungskonzepts vor dem Hintergrund seiner Zeit und seiner Geistesströmungen erläutert. Die Kapitel beschreiben die Anfänge, die das Konzept mit Karl Ernst Nipkow konzentriert auf den Zusammenhang von Bibel und Elementarisierung genommen hat, über die Weiterentwicklung und Ergänzung bei Friedrich Schweitzer hin zu aktuelleren Variationen und Aneignungen. Interessant ist dabei der Verweis auf Johan Valstar, der 2008 die Dimension ›elementaren Wahrheiten‹ in die ›elementaren Lebensbedeutungen‹ umbenennt und das Konzept um die Dimension ›Anreize und Medien‹ ergänzt (65).

Mit den Kapiteln sechs bis zehn nimmt Büttner die einzelnen Dimensionen in ihren ursprünglichen Bezeichnungen von Nipkow in den Blick, setzt aktuelle Schwerpunkte, wie die Diskussion um den Wahrheitsbegriff (93/94) oder die Erweiterung der elementaren Anfänge um die kontext- und gegenstandsbereichsabhängige Entwicklung (106/107), oder deutet die Dimensionen neu, wenn er die elementaren Strukturen als ›theologisch-relevante Schüsselthemen‹ (76) neu deklariert, und macht diese jeweils an zwei Beispielen deutlich. Interessant ist in diesem Zusammenhang auch die Einführung der praxistheoretischen Überlegungen zur Dimension der ›elementaren Lernwege‹, wobei hier zu fragen bleibt, welche Konsequenz diese Perspektive für die didaktischen Überlegungen und die Planung von Unterricht tatsächlich haben kann.

Im Zentrum des Buches stehen die Kapitel elf bis dreizehn, in denen der Autor seine Reformulierung des Elementarisierungsansatzes vorstellt und exemplarisch an zwei Themen erläutert. Im Kern steht für Büttner der Begriff des Modells. Für die didaktische Perspektive differenziert er zwischen den simulativen und den heuristischen Modellen (128). Die (Denk)Modelle von (Fach)Wissenschaft und unterrichtsbezogenen Vorgaben (Lehrplan, Schulbuch, Material) stehen gleichberechtigt neben den (Denk)Modellen der Lehrenden und der Lernende oder den Lehrer- und den Schülertheologien. Die Erfahrungen der Schülerinnen und Schüler bezieht Büttner viel mehr auf die Materialität des Unterrichts als auf die Themenstellung, wie es bei Nipkow ursprünglich geschieht. Damit greift er seine vorherigen Aktualisierungen der Elementarisierungsdimensionen auf. Auch der neue Ansatz kommt ohne eine Lernziel- oder Outcome-Formulie-rung aus. Damit scheint das Modell einen Schritt hinter die Lernzielorientierung zurück zu machen oder zumindest ist das Verhältnis nicht geklärt. Das Buch schließt mit Bemerkungen zum Rahmenkonstrukt »Unterricht« im vierzehnten Kapitel.

Gerhard Büttner legt mit diesem Buch einerseits ein Orientierungs- und Lehrwerk für die Elementarisierung vor, anhand dessen Studierende und Lehrende den Ansatz in seiner Entstehung und Entwicklung verstehen können, aber auch seine Grenzen kennenlernen. Andererseits präsentiert Büttner ein eigenes didaktisches Modell, welches er selbst in den Kontext der Elementarisierung setzt. Dabei fehlt etwas die kritische Reflexion, ob die Elementarisierung mit ihrem Gedankenkonstrukt und ihren Begrifflichkeiten weiterhin sinnvoll erscheint. Büttners Ansatz braucht diese Begriffe nicht und wäre ohne die Zusammenschau, aus der die Theorien sicherlich miterwachsen sind, an sich stark genug und hätte wahrscheinlich noch schärfer gezeichnet werden können, da der Ansatz mehr als sinnvoll erscheint.

Theresa Kohlmeyer

Die Autorinnen und Autoren

Janieta Bartz, Dr. theol., Akademische Rätin an der Fakultät für Rehabilitationswissenschaften der TU Dortmund.

Sandra Biebl, B.Ed., Studentische Mitarbeiterin am Lehrstuhl für Religionspädagogik an der Katholisch-Theologischen Fakultät der Eberhard Karls Universität Tübingen.

Reinhold Boschki, Dr. theol. habil., Professor für Religionspädagogik an der Katholisch-Theologischen Fakultät der Eberhard Karls Universität Tübingen.

Tobias Faix, Dr. theol., Professor für Praktische Theologie und Gemeindepädagogik und Leiter des Forschungsinstituts empirica für Jugend, Kultur & Religion der CVJM-Hochschule Kassel.

Matthias Gronover, Dr. theol. habil., Lic. Theol., Professor am und stellv. Leiter des Katholischen Instituts für berufsorientierte Religionspädagogik der Eberhard Karls Universität Tübingen.

Bernhard Grümme, Dr. theol. habil., Professor für Religionspädagogik und Katechetik an der Katholisch-Theologischen Fakultät der Ruhr-Universität Bochum.

Anna Hans, Wissenschaftliche Mitarbeiterin am Lehrstuhl für Praktische Theologie und im Forschungsprojekt *hekuru*

am Institut für Katholische Theologie der TU Dortmund.

Britta Hemshorn de Sánchez, Mag. theol., MA Inklusive Pädagogik und Inklusion, Studienleiterin für Inklusion in Schule und Gemeinde und für Globales Lernen am Pädagogisch-Theologischen Institut der Nordkirche, Standort Hamburg.

Hans-Joachim Höhn, Dr. theol. habil., Professor für Systematische Theologie und Religionsphilosophie am Institut für Katholische Theologie der Universität Köln.

Patrik C. Höring, Dr. theol. habil., Professor für Katechetik und Didaktik des Religionsunterrichts an der Kölner Hochschule für Katholische Theologie – St. Augustin und Mitarbeiter am Institut für Kinder- und Jugendpastoral des Erzbistums Köln »Religio Altenberg«.

Katharina Karl, Dr. theol. habil., Professorin an der Katholischen Universität (für Pastoraltheologie) Eichstätt-Ingolstadt und Leiterin des Jugendpastoralinstituts Don Bosco in Benediktbeuern.

Marion Keuchen, Dr. theol. habil., apl. Professorin für Religionspädagogik am Institut für Evangelische Theologie der Universität Paderborn.

Theresa Kohlmeyer, Dr. phil., Abteilungsleiterin für die Abt. Glaube, Liturgie und Kultur im Pastoraldezernat des Bistums Essen.

Judith Könemann, Dr. theol., Soziologin M.A., Professorin für Religionspädagogik, Bildungs- und Genderforschung, Leiterin der Arbeitsstelle Theol. Genderforschung der Kath.-Theol. Fakultät der Westfälischen Wilhelms-Universität Münster.

Rebekka Krain, Mag. theol., B.A. der Erziehungswissenschaft, Wissenschaftliche Mitarbeiterin im Forschungsprojekt *kajuga* bis 07/2020; Wissenschaftliche Mitarbeiterin am Lehrstuhl für Religionspädagogik unter besonderer Berücksichtigung von Inklusion der Universität Paderborn (seit 08/2020).

Laura Otte, M.Ed., Wissenschaftliche Mitarbeiterin im Forschungsprojekt *kajuga* bis 08/2019; Pädagogische Leitung im BDKJ Diözesanverband Osnabrück seit 09/2019.

Tobias Petzoldt, Dipl. Rel. Päd., M.A. Bildungsforschung, Institutsleiter und Dozent für Ev. Bildungsarbeit am Philippus-Institut für Gemeindepädagogik und Diakonie Moritzburg.

Oliver Reis, Dr. theol. Dr. phil., Professor für Religionspädagogik unter besonderer Berücksichtigung von Inklusion am Institut für Katholische Theologie der Universität Paderborn.

Bert Roebben, Dr. theol. habil., Professor für Religionspädagogik, religiöse Erwachsenenbildung und Homiletik an der Katholisch-Theologischen Fakultät der Universität Bonn.

Hanna Roose, Dr. phil. habil., Professorin für Praktische Theologie und Religionspädagogik an der Evangelisch-Theologischen Fakultät der Ruhr-Universität Bochum.

Thomas Schlag, Dr. theol. habil., Professor für Praktische Theologie mit den Schwerpunkten Religionspädagogik, Kirchentheorie und Pastoraltheologie der Theologischen Fakultät der Universität Zürich und Vorsitzender der Leitung des Zentrums für Kirchenentwicklung (ZKE).

Harald Schroeter-Wittke, Dr. theol. habil., Professor für Didaktik der Ev. Religionslehre mit Kirchengeschichte am Institut für Evangelische Theologie der Universität Paderborn.

Henrik Simojoki, Dr. theol. habil., Professor für Praktische Theologie und Religionspädagigik an der Theologischen Fakultät der Humboldt-Universität zu Berlin.

Mirjam Zimmermann, Dr. theol. habil., Professorin für Religionspädagogik und Fachdidaktik am Seminar für Evangelische Theologie der Universität Siegen.